U0142630

中國大陸著作權法令暨案例評析

蕭雄淋　幸秋妙　蕭又華　著

自序

　　由於兩岸交流密切，著作權貿易日益頻繁，且均屬WTO的成員，依據WTO的《與貿易有關的智慧財產權協議》（TRIPS），兩岸著作權應相互保護。加以民國99年6月29日台灣與大陸簽署《海峽兩岸智慧財產權保護合作協議》，兩岸著作權保護互動密切，現階段台灣無論政府或民間，均有積極了解中國大陸現行著作權相關法令、實施現況、實際案例及相關判決之必要。

　　本書包括兩大篇，第一篇為中國大陸著作權案例及評析，共蒐集中國大陸人民法院共30個案件，每一個案件原則上均就各審程序、案情摘要、訴訟爭點、原告或被告之爭訟理由、判決結果、判決理由等加以有系統條列介紹，然後就該案件以個人觀點加以評析。而案件的選定原則，以「與台灣有關」、「具指標性」、「具趣味性」或「具爭點性」為優先。

　　第二篇為中國大陸著作權法令介紹。中國大陸《著作權法》在西元1990年制定、隔年施行後，於2001年及2010年陸續有修正。而中國大陸有關著作權之法令不少，如《著作權法實施條例》、《計算機軟件保護條例》、《著作權集體管理條例》、《信息網絡傳播權保護條例》等等。有關侵害著作權之刑罰尚有《中華人民共和國刑法》及最高人民法院公布之司法解釋。此外著作權法第48條有關著作權行政管理部門對於侵權行為之行政查處制度亦極為特殊，並有《著作權法行政處罰實施辦法》、《互聯

網著作權行政保護辦法》等等配套規定。

　　中國大陸著作權相關法令頗為複雜。本書第二篇共分三章介紹，前兩章係中國大陸著作權法令的提綱介紹，包含立法沿革、歷次修法的重點、刑事責任及行政責任法規之系統介紹；第三章則臚列中國大陸最新二十九種著作權相關法規及司法解釋等，以及兩項著作權法修正草案，以供參考。

　　感謝經濟部智慧財產局委託著者研究中國大陸著作權法令暨判決。本書第一篇之判決爭點整理係由蕭又華小姐執筆，評析部分二十個由蕭雄淋律師執筆，十個由幸秋妙律師執筆。另第二篇第一、二章亦由幸秋妙律師執筆。希望本書有助於讀者了解大陸著作權法，更希望各先進賢達對本書予以指正。

著者謹誌於北辰著作權事務所

2013年11月

著者簡介

蕭雄淋律師

(一) 現任

1. 北辰著作權事務所主持律師。
2. 國立台北大學法律系大學部及博碩士班兼任副教授。
3. 財團法人台北書展基金會董事。
4. 全國工業總會保護智慧財產權委員會委員。
5. 經濟部智慧財產局著作權法修正諮詢委員會委員。
6. 經濟部智慧財產局著作權諮詢顧問。
7. 經濟部智慧財產局著作權審議及調解委員會委員。
8. 台灣文化法學會常務理事。

(二) 經歷

1. 以內政部顧問身分參與多次台美著作權談判。
2. 參與內政部著作權法修正工作。
3. 行政院新聞局錄影法及衛星傳播法起草委員。
4. 行政院文化建設委員會中書西譯諮詢委員。
5. 台灣省警察專科學校巡佐班「著作權法」講師。
6. 內政部、中國時報報系、聯合報系、自立報系等法律顧問。
7. 內政部「翻譯權強制授權」、「音樂著作強制授權」、「兩岸著作權法之比較研究」等三項專案研究之研究主持人。

8. 財團法人資訊工業策進會「多媒體法律問題研究」顧問。

9. 行政院大陸委員會「兩岸智慧財產權保護小組」諮詢顧問。

10. 台北律師公會及中國比較法學會理事。

11. 教育部國立編譯館、國史館等法律顧問。

12. 內政部著作權法修正諮詢委員會委員。

13. 內政部頒布「著作權法第四十七條之使用報酬率」專案研究之主
    持人。

14. 南華大學出版學研究所兼任副教授。

15. 國立清華大學科技法律研究所兼任副教授。

16. 國立台北教育大學教育經營與管理系文教法律碩士班兼任副教
    授。

17. 全國律師公會聯合會律師職前訓練所「著作權法」講座。

18. 台灣法學會智慧財產權法委員會主任委員。

19. 全國律師公會聯合會智慧財產權法委員會主任委員。

20. 教育部學產基金管理委員會委員。

21. 教育部「網路智慧財產權法律顧問小組」成員。

22. 財團法人台灣省學產基金會董事。

23. 行政院文化建設委員會法規會委員。

24. 經濟部智慧財產局著作權法修正諮詢委員會委員。

25. 國防部史政編譯室法律顧問。

26. 經濟部智慧財產局委託「著作權法第四十七條第四項使用報酬率
    之修正評估」之研究主持人。

27. 經濟部智慧財產局委託「國際著作權法合理使用立法趨勢之研
    究」之共同研究主持人。

28. 經濟部智慧財產局委託「著作權法職務著作之研究」之研究主持
    人。

29. 經濟部智慧財產局委託「出版（含電子書）著作權小百科」之獨

　　立編纂人。

30. 經濟部智慧財產局委託「中國大陸著作權法令　判決之研究」之研究主持人。

31. 應邀著作權法演講及座談七百餘場。

(三) 著作

1. 著作權之侵害與救濟（民國（下同）68年9月初版，台北三民書局經銷）。

2. 著作權法之理論與實務（70年6月初版，同上）。

3. 著作權法研究（一）（75年9月初版，78年9月修正再版，同上）。

4. 著作權法逐條釋義（75年元月初版，同年9月修正再版，同上）。

5. 日本電腦程式暨半導體晶片法令彙編（翻譯）（76年9月初版，資訊工業策進會）。

6. 中美著作權談判專輯（77年元月初版，78年9月增訂再版，台北三民書局經銷）。

7. 錄影帶與著作權法（77年12月初版，同上）。

8. 著作權法修正條文相對草案（79年3月初版，內政部）。

9. 日本著作權相關法令中譯本（翻譯）（80年2月初版，同上）。

10. 著作權法漫談（一）（80年4月初版，台北三民書局經銷）。

11. 翻譯權強制授權之研究（80年6月初版，內政部）。

12. 音樂著作強制授權之研究（80年11月初版，同上）

13. 有線電視與著作權（合譯）（81年1月初版，台北三民書局經銷）。

14. 兩岸著作權法之比較研究（81年12月初版，82年9月再版，同上）。

15. 著作權法漫談（二）（82年4月初版，同上）

16. 天下文章一大抄（翻譯）（83年7月初版，台北三民書局經銷）。

17. 著作權裁判彙編（一）（83年7月初版，內政部）。

18. 著作權法漫談（三）（83年9月初版，華儒達出版社發行）。

19. 著作權法漫談精選（84年5月初版，月旦出版社發行）。

20. 兩岸交流著作權相關契約範例（84年8月，行政院大陸委員會）。

21. 著作權裁判彙編（二）上、下冊（85年10月初版，內政部）。

22. 著作權法時論集（一）（86年1月初版，五南圖書公司發行）。

23. 新著作權法逐條釋義（一）（85年5月初版，90年9月修正版三刷，五南圖書公司發行）。

24. 新著作權法逐條釋義（二）（85年5月初版，90年9月二版二刷，五南圖書公司發行）。

25. 新著作權法逐條釋義（三）（85年12月初版，88年6月二版，五南圖書公司發行）。

26. 著作權法判解決議令函釋示實務問題彙編（88年4月初版，90年10月三版，五南圖書公司發行）。

27. 著作權法論（90年三月初版，99年8月七版一刷，五南圖書公司發行）。

28. 「著作權法第四十七條第四項使用報酬率之修正評估」（97年12月，經濟部智慧財產局委託）。

29. 國際著作權法合理使用立法趨勢之研究（98年12月，經濟部智慧財產局委託）。

30. 著作權法職務著作之研究（99年6月，經濟部智慧財產局委託）。

31. 出版（含電子書）著作權小百科（100年12月，經濟部智慧財產局委託）

32. 中國大陸著作權法令　判決之研究（101年11月，經濟部智慧財產局委託）

33. 電子書授權契約就該這樣簽（102年4月，文化部補助，城邦出版）

34. 著作權法實務問題研析（102年7月，五南圖書公司）

章秋妙律師

(一) 現任

1. 北辰著作權事務所律師
2. 文化部訴願審議會委員
3. 經濟部智慧財產局著作權修法諮詢委員
4. 經濟部智慧財產局智慧財產權服務團講座

(二) 經歷

1. 79年全國公務人員高考及格。
2. 81年律師高考及格。
3. 臺灣法學會智慧財產權法委員會執行秘書。
4. 台灣銀行銀行法務訓練班智慧財產權課程講座。
5. 台北市政府公務人員訓練中心著作權法課程講授。
6. 台北律師公會資訊及著作權法委員會委員。
7. 經濟部智慧財產局《著作權法第四十七條第四項使用報酬率之修正評估》研究案研究執行助理。
8. 經濟部智慧財產局《國際著作權法合理使用立法趨勢之研究》研究案共同研究主持人。
9. 行政院新聞局「99年出版專業人才培訓」數位出版實務講座。

10. 行政院文化建設委員會文化創意產業專案辦公室輔導顧問（99-100年度）。

11. 經濟部智慧財產局《中國大陸著作權法令暨判決之研究》研究案共同研究主持人。

12. 文化部（文創司）「促進民間提供適當空間供文化創意事業使用補助案」諮詢會議委員。

13. 經濟部智慧財產局102年度「中國大陸著作權法制及實務案例」講座。

14. 台灣文創平台發展基金會「藝術創作者經營系列──談藝術家的合約問題」講座。

15. 經濟部智慧財產局102年度「中國大陸著作權法制及實務案例」講座。

16. 文化部「數位授權現況研討暨反侵權系列座談會──數位授權、侵權實例」講座。

17. 文化部102年度「影視音智慧財產權合法運用宣導」講師。

(三) 相關論文及著作

1. 〈公司企業應注意的著作權法問題〉，發表於月旦法學雜誌第91期，91年12月元照出版公司出版。

2. 〈政府出版品著作權管理因應對策〉，發表於研考雙月刊第27卷第2期，92年4月行政院研究發展考核委員會發行。

3. 〈文化產業　另一個612大限〉，發表於92年4月3日聯合報民意論壇。

4. 〈非營利侵權　不是公訴罪〉，發表於92年6月10日聯合報民意論壇。

5. 〈新修正著作權法對於出版界之影響〉，發表於出版界雜誌第68期，92年10月台北市出版商業同業公會發行。

6. 〈她的情書　他的著作〉，發表於94年1月12日聯合報民意論壇。

7. 《著作權法第四十七條第四項使用報酬率之修正評估》研究報告，經濟部智慧財產局，97年12月期末報告。

8. 《國際著作權法合理使用立法趨勢之研究》研究報告，經濟部智慧財產局，98年12月期末報告。

9. 〈談著作權侵害訴訟之抗辯〉，發表於月旦法學教室第91期，99年5月元照出版公司。

10. 〈我國著作權法第53條關於障礙人士合理使用規定之檢討〉，發表於智慧財產權月刊第141期，經濟部智慧財產局99年9月出版。

11. 〈數位時代下關於著作權法第48條圖書館合理使用規定之檢討〉，發表於智慧財產權月刊第143期，經濟部智慧財產局 99年11月出版。

12. 〈學術論文非專屬授權合約範例〉，經濟部智慧財產局，101年委託案。

13. 《中國大陸著作權法令暨判決之研究》研究報告，經濟部智慧財產局，101年11月期末報告。

14. 《電子書授權契約就該這樣簽》，城邦文化102年4月25日出版。

15. 〈論中國大陸圖書館之著作權合理使用〉，刊登於智慧財產權月刊第173期，經濟部智慧財產局102年5月出版。

蕭又華小姐

(一) 現任：哈佛大學人文碩士（ALM, Master of Liberal Arts）修讀中，主修政府（Government）。

(二) 學歷：美國哈佛大學（Harvard University）人文學士（ALB, Bachelor of Liberal Arts）畢業，主修政府（Government）

(三) 經歷：加拿大多倫多大學（University of Toronto）口譯證書課程結業。英國倫敦大學國際課程（University of London International Programme）法律系進修。有豐富口筆譯經驗，服務經歷包括民事法庭口譯、加拿大聯邦選舉辯論會口譯、卑詩省國際商業仲裁中心口譯。曾任加拿大國會議員助理、外交實習生、法律事務所助理。

目　錄　CONTENTS

第二篇　中國大陸著作權法令　　　　　　　　　　291

第一章　著作權法之立法、歷次修法重點及相關法規介紹　　293

第二章　中國大陸侵害著作權之刑事責任與行政責任法規介紹　311

第三章　中國大陸現行著作權法相關法令及司法解釋　337

第壹篇

中國大陸著作權法案例及評析

案例1：電腦字型之保護

 北京北大方正電子有限公司 v. 廣州寶潔有限公司、北京家樂福商業有限公司

第一審：北京市海淀區人民法院（2008）海民初字第27047號民事判決
第二審：北京市第一中級人民法院（2011）一中民終字第5969號民事判決

一、案件程序

　　北京北大方正電子有限公司（下稱「方正公司」）於2008年對廣州寶潔公司（下稱「寶潔公司」）提起民事訴訟，主張寶潔公司產品包裝之商標侵害方正公司之著作權，要求停止侵害、銷毀侵權商品、公開道歉並賠償損失。方正公司也對北京家樂福商業公司（下稱「家樂福公司」）提起民事訴訟，主張家樂福公司販售寶潔侵權商品，亦要求停止販售並公開道歉。北京市海淀區人民法院（原審法院）受理此案，駁回方正公司全部訴訟請求。方正公司不服，於2011年提起上訴，同樣主張寶潔公司、家樂福公司侵權。北京第一中級人民法院受理此案，駁回上訴，維持原判，全案確定。

二、第一審案情摘要

　　方正公司係從事電腦漢字字庫開發之公司。1998年，方正公司與設計師齊立簽訂協議，約定由該公司獨家取得齊立創作之倩體字稿之著作權。方正依據該設計師之設計風格，請公司的技術人員將字稿數位化，完成方正倩體系列字庫之開發。倩體系列字庫於2000年首次發表[1]並於2008

1　收錄於方正所出的「方正蘭亭」字庫光碟內。

年在中國版權保護中心申請著作權登記[2]。齊立（設計師）於2004年成為方正公司員工，有參與倩體字後期的設計與製作。

寶潔公司付費延請美國NICE設計公司設計旗下產品之包裝和商標。NICE公司有使用方正所出的蘭亭字庫，在為寶潔設計的產品當中，有24款產品使用方正倩體標明「飄柔」[3]（商標）兩字。寶潔使用NICE之設計去包裝其產品於各通路販售。

方正公司所出的「方正蘭亭」光碟內含方正公司對使用者的授權協議，但並未強制用戶先點出協議、閱讀後才能安裝。根據光碟內的授權協議，字庫軟體可在一台電腦上安裝並使用，輸出成果可以在電腦螢幕顯示或用印表機列印。方正公司主張字庫軟體只限於個人或非商業性使用，若使用者有意將字庫內單字用於商業性用途，須另外取得方正公司授權。方正公司的字庫軟體並無統一的企業版，該公司對商業用途之使用授權價格皆是以個案與被授權者協議。

方正公司主張倩體在開發過程當中凝聚該公司技術人員之「創造性勞動」，每個漢字在筆畫、構造、順序方面皆具有原創性，故每個倩體字都屬於著作權法保護的美術作品。方正公司主張寶潔「飄柔」系列產品使用倩體作為標識用字，未曾向方正公司取得授權，侵犯了方正公司「倩體字庫」和「單字」的美術著作之署名權、複製權、發行權、展覽權。另方正公司更進一步主張寶潔公司在主觀上存在過錯。方正曾於2008年3月通知寶潔公司其行為已侵權，但寶潔公司在4月只有承諾調查，之後再無回音。

三、第一審訴訟爭點

具有原創性之整套電腦字體，是否可以就單一漢字用美術作品保護？

---

2 登記證上記載的完成時間是2000年7月7日，首次發表時間為2000年8月31日，推測方正2008年才去申請著作權登記應該是為了訴訟所用。

3 飄柔是洗髮護髮系列產品。

四、第一審被告抗辯理由

被告寶潔公司之抗辯理由如下：

(一) 文字是傳遞訊息的載體，具有實用價值，藝術欣賞是次要功能。字庫字體的保護應該受限，以免影響幾千年來文字基本功能的正常發揮。如果認定漢字數位化後所形成的字庫中的每個字、字母、符號都是演繹的美術作品，享有獨立著作權，那麼在50年的保護期間內，社會大眾位了避免高昂的字體使用費支出，只能退回手寫體時代。因此，方正公司要求將字庫中每個單字都作為美術著作加以保護，是濫用智慧財產權的行為。

方正公司所登記的著作權是保護字庫軟體，整套字體應該受到保護，但不能比照書法作品的作法（保護字帖中的每一個字），對軟體所產生之單字和符號單獨主張權利。寶潔公司並提供街頭多處使用方正公司倩體字的店名和招牌，認為方正公司對字體使用的限制增加了社會使用漢字的成本，是對漢字的壟斷。

(二) NICE公司購買並使用方正的字庫軟體為寶潔公司設計產品標識用字，寶潔公司已向設計公司支付設計費用，因此，寶潔公司使用設計公司的設計結果之行為並不侵犯方正公司的權利。

(三) 字庫產品中的單字本身不構成美術作品。書法家（如田英章）的字帖以及美術字設計等相關書籍，證明漢字具有特定的規則、筆畫、部首的位置關係，方正公司對公有領域的基本筆畫稍加修飾，按照漢字既有的框架作組合，這種數位上的技術運用，不具有獨創性，不應受著作權保護。再者，電腦字庫字體的特色是將統一的風格數位化，同一個藝術特點在另外一個字上可以完全呈現，與每一次創作都形成一件新的作品的書法作品完全不同。換句話說，字庫字體和被稱為書法的字是完全不同的，前者是按照一定規則製作設計，整體風格要保持一致。但後者的風格隨意多變，每次書寫都不可能完全相同。

被告家樂福公司之抗辯理由為，該公司銷售之寶潔產品都是通過正常管道進貨，來源合法，已經盡到了注意義務，不構成侵權。

五、一審判決

(一) 判決結果

駁回原告北京北大方正電子有限公司的全部訴訟請求

(二) 判決理由

字庫內單獨漢字不得作為美術作品保護。理由如下：

1. 方正公司所出之字體具有原創性，為此投入人力以及智力創作，讓具有美感的整套字體具有一定的獨創性，符合中國著作權法規定的美術作品特徵，應該受到著作權法保護。因此方正公司對倩體字庫字體內容享有著作權。

2. 不得以審視一般作品的「實質近似」標準去檢驗漢字字體，因漢字的主要功能為傳達情意，視覺審美意義是其次要功能。將漢字作為著作權法意義上的美術作品進行保護，必須要求在完全相同的筆畫和結構基礎上、其字體具有一定的獨創性。在已有的漢字基礎上增加元素，加以演繹而改變原有型態，此種方式的原創性要求不能過低，必須要形成鮮明獨特的風格，明顯區別於其他字體。否則以對一般作品所謂的「實質近似」的標準審視並認定侵權，對於基本結構和筆畫相同的漢字來說，保護範圍過寬。

3. 因字庫字體需要整體風格的協調統一，其中單字的獨特風格更受到較大限制，與書法家單獨書寫的極具個人風格的單字書法作品無法相提並論，也不同於經過單獨設計的風格極為特殊的單字。但當單字的集合作為字庫整體使用時，整體漢字風格協調統一，可與其他字庫字體產生較大區別，較易達到版權意義上的獨創性高度。對於此種字庫作品，他人針對字庫字體整體性複製使用，尤其是與軟件的複製或嵌入相配合的使用行為，可以認定侵權成立。

4. 因此，字庫字體始終帶有工業產品的屬性，是執行既定設計規則的結果。只有其整體的獨特風格和數位化表現形式才能受到保護。

5. 就字體字庫而言，如果認定字庫中的每個獨立單字都構成獨立美術作品，使用的單字與某個稱為具有獨特風格的字庫中的單字相近，

就可能因為實質近似構成侵權，這樣的結果必然影響漢字本身作為語言符號的功能性，使社會公眾無從判斷和承受自己行為的後果，也對漢字這一文化符號的正常使用和發展構成障礙，不符合著作權法保護作品原創性的初衷。

六、第二審的訴訟爭點

第二審的主要爭點，在於上訴人方正公司如欲證明兩被上訴人寶潔公司等確實侵權，本案事實必須滿足以下全部要件：

1. 涉案「飄柔」兩字構成作品；
2. 上訴人是涉案「飄柔」二字的著作人；
3. 被上訴人的爭議行為確實構成對涉案「飄柔」兩字的複製、發行；
4. 被上訴人並未取得上訴人的許可就逕行複製、發行上訴人之智慧財產。此許可行為，包括「明示許可」和「默示許可」。二審法院之爭點，在於**兩被上訴人之行為是否經過上訴人的許可**。

七、二審判決結果

二審法院認定兩被上訴人的行為已經過上訴人許可，本案不符合侵權構成要件中的第四個要件。故駁回方正（上訴人）之所有訴訟請求。

八、二審之判決理由

(一) 寶潔被控侵權的產品上所使用的「飄柔」二字，係由寶潔委託NICE設計公司採用「正版」方正倩體字庫軟體設計而成。依據本案事實可以認定，NICE公司有權利用倩體字庫軟體中的單字進行廣告設計，並將其設計成果授權予客戶進行後續的複製、發行等利用。而寶潔公司與家樂福公司之利用行為皆屬於對設計成果的後續複製與發行，故兩被上訴人之利用行為應視為經過方正公司許可的行為。

(二) 含有智慧財產的載體之消費者在合理預期的範圍內利用該載體上

內容，這樣的利用行為應視為經過權利人的默示許可。

何種情況構成「默示許可」：購買者透過消費行為，對某一承載智慧財產的客體的利用方式產生合理期待。若後續之利用無法滿足這項合理期待，會導致這次消費行為對購買者而言不具有任何實質價值。在這種情形，對該載體的購買行為即可視為購買者同時取得默示許可，可用符合合理期待的方式利用該智慧財產。購買者不需在購買行為之外另外獲得許可。

「利益平衡」是智慧財產權保護的基本原則之一。智慧財產權法在保護權利人利益的同時，還要兼顧社會公益以及其他當事人的利益，不能給予權利人絕對的保護。如果消費者購買並利用智慧財產的行為合乎合理期待，卻要求購買者另行支付費用取得權利人的許可，才可對產品內容加以利用，那購買者購買此一產品的行為將不具有實質意義。這樣的規定既不符合市場基本原則，亦不符合公平原則。

(三) 判斷何為符合合理期待的利用行為不能脫離該產品具有的本質使用功能。漢字字庫軟體的本質在於利用電腦軟體的數位運行，最終形成具體表現形式的漢字。購買者消費該軟體的目的在於利用產品中的具體單字。

購買者對於字庫軟體中具體單字的利用通常不僅限於在電腦螢幕上顯示，還包括後續利用的行為，包括非商業性的利用行為（如為個人或家庭使用目的的調用字中的單字作文字編輯）、商業性的利用行為。商業性的利用行為包括購買者在其營業範圍內利用字庫中具體單字的行為（如在經營過程中在電腦上作文字編輯、將編輯的文字列印輸出、位客戶進行廣告設計等），亦包括購買者將其使用結果進行後續再利用的行為（如公開展示編輯的文件，將廣告設計的結果授權廣告客戶作後續再利用等）。在權利人無明確、合理且有效限制的情況下，上述行為都屬於購買者合理期待的使用行為，應該視為經過權利人的默示許可。

(四) 權利人仍然可以對購買者的後續使用行為作明確限制。如果字庫產品的權利人有提出明確限制，購買者也接受了限制條款，那相

應的後續利用行為自然不屬於購買者合理期待的利用行為。但是此一限制必須是合理的限制。

何為合理限制？依據購買者的性質將產品區分為「個人/家庭版」與「企業版」，用以劃分商業性使用與非商業性使用行為，這是合理的限制。但是，漢字具有工具性，這樣的產品規劃不得對購買者或社會公眾對漢字的利用行為造成不合理的影響。

(五) 就本案，方正公司主張其蘭亭字庫裡已含有限制條款，限制消費者未經方正許可，對字庫進行商業性後續再利用。但法院認定：

1. NICE公司並未接受上述限制條款，與方正公司並無合約關係。因未涉案倩體字庫軟體中的授權協議，並非安裝的時候就必須點閱並接受，購買行為本身無法當然推知購買者接受了這一協議內容。因此，本案現有證據無法認定NICE公司有接受了該限制條款。

2. 上述限制條款並非合理的限制條款。因為方正並未將涉案倩體字庫軟體區分為個人版和企業版，這一銷售模式足以使商業性購買者合理認為上訴人並未禁止商業性使用字庫單字的行為，並基於此一認知購買該項產品。

字庫軟體的企業消費者當然會包括像NICE這樣的設計公司，購買字庫軟體的主要目的是利用軟體中的單字進行設計，並將設計成果提供給客戶進行後續利用。如果禁止企業消費者進行這種商業經營模式，或要求他們還要另外取得後續利用的授權，會阻礙企業消費者運作主要的獲利模式，這樣字庫軟體對他們將不具有實質價值，則購買軟體的行為不會帶來購買者原本合理預期的利益。因此，法院認定上述的限制條款在方正現有的產品規劃情形之下是不合理的限制。

因此，法院認定，NICE公司有權將其涉案倩體字庫軟體中的「飄柔」兩字設計的成果提供給寶潔公司進行後續複製、發行，NICE公司的行為屬於符合對涉案字庫軟體的合理期待的利用行為，應該視為已經獲得上訴人許可的行為。

九、本件案例評析

(一) 本件第二審判決並未實質解決問題

　　本件第一審認定方正公司之整組字體具有原創性，屬於美術作品，但是字庫中的單獨漢字，不得作為美術作品加以保護。

　　在第二審，基本上從合約行為判決權利人方正公司敗訴。法院認為利用人NICE公司購買字庫而設計「飄柔」商標，方正公司所生產的「方正蘭亭」光碟內含方正公司對使用者的授權協議，但並未強制用戶先點出協議、閱讀後才能安裝。故方正公司主張字庫軟體只限於個人或非商業性使用，若使用者有意將字庫內單字用於商業性用途，須另外取得方正公司授權之協議，對NICE並無拘束力。

　　而含有智慧財產的載體之消費者在合理預期的範圍內利用該載體上內容，這樣的利用行為應視為經過權利人的默示許可。再者，方正公司對於系爭「方正蘭亭」字庫光碟，並無依據購買者的性質將產品區分為「個人/家庭版」與「企業版」，用以劃分商業性使用與非商業性使用行為，其授權合約對利用人之利用限制，亦非合理。基此，二審法院認為，從商業行為來看，NICE公司就該「方正蘭亭」光碟字庫之使用，將「飄柔」二字輸出作為商標使用，已得到方正公司之默示授權。

　　二審法院的判決，係從授權理論對方正公司作敗訴判決，對於系爭「方正蘭亭」字庫光碟，是否應以美術著作加以保護？且保護僅為全部字庫本身抑或包含「飄柔」等個別字體，並未作實質認定。

　　依二審法院之判決之理由，如果方正公司對使用者的授權協議，已經強制用戶先點出協議、閱讀後才能安裝。而且方正公司對於系爭「方正蘭亭」字庫光碟，並已經依據購買者的性質將產品區分為「個人／家庭版」與「企業版」，用以劃分商業性使用與非商業性使用行為，則NICE公司將「飄柔」二字輸出，此輸出之「飄柔」二字，是否仍屬方正公司之美術作品？將亦形成爭議問題，對電腦字體是否應予保護，及保護係整體抑或包含個別的字體的若干爭議，並未解決。

(二) 二審判決的推論邏輯，頗有爭議

本件第二審判決從買賣行為上，認定方正公司對NICE公司有使用的默示授權行為，在邏輯推理上有若干瑕疵。理由如下：

1. 方正公司既然在「方正蘭亭」字庫光碟的授權協議上，限制使用範圍有「(1) 未經方正公司書面許可，不得仿製、出借、租賃、上傳此軟體的全部或部分到網路。(2) 不得將字庫軟體的全部或部分再發行（包括但不限於電視發行、電影發行、圖片發行、用於商業目的的印刷品發行等）。(3) 不得將產品字型嵌入到可攜式文件中（包括但不限於PDF等格式）。(4) 不得在網路上使用本產品，不能在多名使用者的環境中使用本產品，除非各台終端電腦都已取得授權。」此為方正公司之明示授權內容，如果說NICE公司未審閱授權協議，僅為NICE公司不受上開明示協議內容的拘束而已，在邏輯上，並非可以導出NICE因為未閱讀明示之協議內容，而認為已經得到方正公司的默示授權。默示授權之存在，係在未明示授權之情形，方有可能。方正公司既在協議上已有明示授權的條款，對NICE公司，怎麼會有默示授權的情形？NICE公司未閱方正公司的明示協議內容，僅使NICE公司因不受方正公司明示協議內容之拘束，而成立無侵害行為的故意、過失，或無違約行為，而非形成方正公司對NICE公司的默示授權的關係。

2. 第二審法院認為，含有智慧財產的載體之消費者在合理預期的範圍內利用該載體上內容，這樣的利用行為應視為經過權利人的默示許可。此一推論，在智慧財產上，似亦非宜。蓋智慧財產權之存在，乃法律之創設，法律創設何權利，創作者即有何權利，消費者自應依法律之創設而遵守法律，法律創設之權利非消費者之預期，乃對法律認識之欠缺，乃違法性認識欠缺問題，而非當然形成權利的默示授權的問題。

   例如電腦伴唱機業者將電腦伴唱機販賣給KTV業者，KTV業者不能因預期已經合法購買該伴唱機，可以自由在KTV播放，而認為無須再對音樂權利人給付公開演出的費用。法律創設音樂的公開演出權，為一般消費者所未預見，並不當然可以導出消費者已經得到

權利人的默示授權。

3. 二審法院認為，方正公司對於系爭「方正蘭亭」字庫光碟，並無依據購買者的性質將產品區分為「個人／家庭版」與「企業版」，用以劃分商業性使用與非商業性使用行為，其授權合約對利用人之利用限制，亦非合理。然而，方正公司之明示授權協議，是否不合理，乃是否違反公序良俗或強制禁止規定，使契約產生有效或無效之問題，並不當然而導出法院有權利可以指導方正公司作何種商業模式行為。易言之，法院有權利認定方正公司之明示協議限制是否有效，但是無權利告知方正公司，產業應作何種銷售方式。

問題還是在方正公司的系爭「方正蘭亭」字庫權利究竟是否存在？如果係存在，係存在在整體字庫還是包含個別輸出的「飄柔」二字？如果法律認定的權利，包含個別輸出的「飄柔」二字的權利，那麼方正公司的授權合約是企業版每年應繳若干權利金給權利人，有何不可？如果方正公司的系爭「方正蘭亭」字庫的權利，僅限於整體字庫，不包含輸出的個別字體，那麼NICE之輸出「飄柔」二字，及寶潔公司之據以作為商標，基本上不在著作權之專屬權利範圍內，即無所謂企業版或個人版可言，任何企業或個人買來即可使用，何以需勞動法院指導權利人作何種銷售模式為當？

又即使方正公司對於系爭「方正蘭亭」字庫光碟，並無依據購買者的性質將產品區分為「個人／家庭版」與「企業版」，用以劃分商業性使用與非商業性使用行為，其授權合約對利用人之利用限制，並非合理。此不合理，僅使其明示的協議條款無效而已，而限制無效與默示授權係兩回事。限制條款之不合理，與默示授權，並非有當然的邏輯關係。

(三) 電腦字體是否適宜為美術著作？

我國著作權法第5條第1項第4款規定，美術著作應予保護。而依民國81年發布之「著作權法第五條第一項各款著作內容例示」第2條規定：「本法第五條第一項所定之各款著作，其內容例示如左：…(四) 美術著作：包括繪畫、版畫、漫畫、連環圖（卡通）、素描、法書（書法）、

字型繪畫、雕塑、美術 工藝品及其他之美術著作。」其中包含「字型繪畫」在內，亦即「字型繪畫」被當作美術著作，加以保護。而電腦字體即屬「字型繪畫」[4]。

　　本件第一審基本上認定，大陸著作權法中所稱的「美術作品」，是指繪畫、書法、雕塑等以線條、色彩或者其他模式構成的有審美意義的平面或者立體的型式藝術作品。大陸方正公司對此投入了智力創作，使具有審美意義的字體集合具有一定的獨創性，符合大陸著作權法規定的美術作品的特徵，應受到著作權法保護。方正公司對倩體字庫字體內容享有著作權。然而無論是第一審或第二審，都承認字庫字體具有工業產品的屬性，以實用工具功能為主，以審美功能為輔的產品，屬於應用藝術作品。

　　在我國著作權法，美術著作中所有的「純美術」，均加以保護。而應用美術則保護「美術工藝品」及「字型繪畫」[5]。在大陸著作權法中的美術作品，是否保護到應用藝術作品？此為饒富趣味的問題。

　　中國大陸對於應用藝術是否以著作權法加以保護，在學說上有所爭論[6]。大陸1990年頒布之著作權法，並未規定應用藝術作品。然而大陸為了適應加入國際公約之需要，國務院於1992年10月制定「實施國際著作權條約的規定」，該規定第6條第1項規定：「對外國實用藝術作品的保護期，為自該作品完成時起25年。」第6條第2項規定：「美術作品（包括動畫形象設計），用於工業製品的，不適用前項規定。」而2001年修正的大陸著作權法對此亦未明確規定。因此大陸著作權法是否保護實用藝術作

4　參見下列函釋：
　　(一) 內政部85年5月16日台(85)內著會發字第8508305號函：
　　　　「『字型繪畫』亦屬繪畫之一種，係指一組字群，包含常用之字彙，每一字均具有相同特質之設計，而表達出其整體性之創意，例如印刷上經常使用之無著作權之明體字或宋體字，故字型繪畫是指整組字群整體性之繪畫，係以整組字群之文字為素材所為之藝術創作。」
　　(二) 內政部87年2月20日台(87)內著會發字第8703775號函：
　　　　「『字型繪畫』亦屬繪畫之一種，係指一組字群，包含常用之字彙，每一字均具有相同特質之設計，而表達出其整體性之創意，例如印刷上經常使用之無著作權之明體字或宋體字，故字型繪畫是指整組字群整體性之繪畫，係以整組字群之文字為素材所為之藝術創作。」
5　參見民國81年發布之「著作權法第五條第一項各款著作內容例示」第2條第4款規定。
6　參見張革新，現代著作權法，頁48至50，中國法制出版社，2006年11月。

品，仍有肯定說、否定說二種說法：

　　肯定說認為，大陸著作權法實施條例第4條規定，美術作品，即指「繪畫、書法、雕塑等以線條、色彩或者其他方式構成的有審美意義的平面或者立體的造型藝術作品。」應可以推斷出實用藝術作品，可以被包含在美術作品的範疇中[7]。

　　否定說認為，依大陸現行著作權法並沒有對實用藝術作品賦與明確保護之規定，1992年國務院頒布「實施國際著作權條約的規定」，其中第6條第1項規定，對外國人實用藝術作品的保護期，為自該作品完成時起25年，可見大陸著作權法制度中，並沒有對實用藝術作品著作權保護的普遍性規定[8]。

　　大陸著作權法對實用藝術作品是否保護，既有爭論，則對屬於實用藝術作品性格十分明顯的電腦字型賦與著作權保護，自然十分具有爭議。這亦有可能是第一審判決明確對「方正蘭亭」字庫予以著作權保護，而第二審卻對電腦字型字庫是否得以著作權法保護，迴避作實質認定的原因吧[9]。

7　參見馮曉青，著作權法，頁70-71，法律出版社，2010年9月；湯宗舜，著作權法原理，頁36，知識產權出版社，2005年7月。

8　參見盧海君，版權客體論，頁324，知識產權出版社，2011年1月。同此說見王遷‧劉有東，著作權法，頁46-47，廈門大學出版社，2006年8月。

9　在黃武雙等著譯，「計算機字體與字庫的法律保護」一書中，翻譯20個美、日有關字體是否受保護的判決，建議以著作權保護電腦字型字庫，應十分謹慎，見該書，頁41-42，法律出版社，2011年12月。

案例2：冒名著作與出版社之注意義務

 華齡出版社 v. **廖福彬（幾米）**

第一審：上海市第一中級人民法院（2003）滬一中民五（知）初字第
　　　　161號民事判決
第二審：上海市高級人民法院（2005）滬高民三（知）終字第19號民事
　　　　判決

一、案件程序

　　廖福彬（一審被告，二審被上訴人，筆名幾米，下稱幾米）認為華齡
出版社（一審被告，二審上訴人，下稱華齡出版社）所出版之書侵害其著
作權，對華齡出版社、上海季風圖書有限公司（一審被告，下稱上海季風
圖書公司）、上海書城（一審被告，下稱上海書城）、北京搜狐在線網路
信息服務有線公司（一審被告，下稱北京搜狐公司）提起民事訴訟。上海
市第一中級人民法院受理此案，判決華齡出版社須停止侵權、道歉賠償，
其餘被告停售涉案圖書，不需賠償。華齡出版社不服，提起上訴，由上海
市高級人民法院受理。二審判決除道歉一項稍做更改外其餘維持一審判
決。

二、案情摘要

　　幾米（廖福彬）為知名繪本創作者。本案系爭圖書為作者署名為幾
米之「開心辭典」和「親子銀行」二書，但幾米並未創作或出版過以上書
籍。書籍上之作者簡介也與幾米本人背景近似。書籍版權頁記載出版發行
為華齡出版社，並註有「本書由台灣非庸實業有限公司授權獨家出版發
行，翻版、盜印必究」等內容。

　　2003年，華齡出版社與北京永峰亨隆文化發展有限公司（下稱北京

永峰公司）簽訂「幾米作品聯合出版合約」，合約所涉作品即為本案系爭書籍，相關合約皆曾在北京市版權局進行著作權合約登記。永峰公司於合約第二條中同意涉案書籍為原作者書面同意授權之作品，並應把授權書原件交予華齡出版社保存。但是，華齡出版社在庭審時供稱曾看過「圖書版權授權合約」（永峰公司與台灣非庸實業有限公司之授權合約）原件，但未曾看過「幾米作品版權授權書」原件。

2003年5月，幾米委託代理人分別於上海季風圖書公司和上海書城購得「開心辭典」和「親子銀行」二書，並從華齡出版社處直接郵購獲得涉案圖書各一冊。另外，在北京搜狐公司所經營之搜狐網上，可以看到「幾米作品——開心辭典」、「幾米作品——親子銀行」等字樣、書本封面以及書價等相關資訊。

幾米根據上述事實，以華齡出版社出版、銷售假冒幾米署名的作品為由，向法院提起訴訟。要求法院根據「中華人民共和國著作權法」第47條關於「製作、出售假冒他人署名的作品的」，要求華齡出版社負起侵權之民事責任。幾米也主張至於上海季風圖書公司、上海書城、北京搜狐網銷售冒名侵權書籍，亦須負擔民事責任。

三、一審判決結果

華齡出版社停止出版署名為幾米之「開心辭典」和「親子銀行」二書，就其侵害幾米姓名權部分發聲明向幾米道歉，並賠償幾米經濟損失人民幣6萬元。

四、一審判決理由

出版社對旗下出版物是否獲得合法授權有審查之義務，並應負擔舉證責任。本案中，雖然華齡出版社提供了一系列表面上可以形成完整權利鏈的合約以證明其盡到了合理審查的義務，但未能提供所謂權利鏈中的兩份原始授權文本的原件（「圖書版權授權合約」（永峰公司與台灣非庸實業有限公司之授權合約）和「幾米作品版權授權書」）。華齡出版社亦當庭承認其並未看到過蓋有「幾米」和「非庸實業有限公司」印章的「幾米作

品版權授權書」的原件，可見，華齡出版社對於出版涉訟圖書的授權、稿件來源和署名等均未盡到合理的注意義務，理應按照著作權法的有關規定承擔停止侵權、賠禮道歉、賠償損失等民事侵權責任。

華齡出版社與永豐公司所簽合約中對於侵權責任承擔的相關條款約定只對合約雙方具有約束力，並不能對抗作為善意第三人的幾米。

上海季風公司、上海書城、北京搜狐公司雖銷售了被控侵權圖書「開心辭典」和「親子銀行」，但由於這兩本圖書均係由正規出版社出版並經正常渠道發行的出版物，故可以認為上述三名被告所銷售的涉訟圖書具有合法來源，無須對此承擔侵權的民事責任。但須停止銷售涉訟圖書以避免侵權行為之影響進一步擴大。

幾米對於被告行為侵害其名譽權之主張，但對此節未提供充分證據予以證明，故不成立。

五、二審上訴人（華齡出版社）上訴理由

華齡出版社出版涉訟書籍當時已經履行合理之注意義務。出版者是否盡到法定之合理注意義務，不應以最終出版的圖書是否構成侵權行為作為判斷之標準。涉訟書籍已在著作權主管機關處成功登記，該著作權登記等同確認華齡出版社已盡合理注意義務。如果要求出版社具有比行政主管機構更嚴格的市場審查能力，顯然超過法律所規定的合理注意義務的範圍。

六、二審被上訴人（幾米）答辯理由

華齡出版社出版冒名之侵權作品，始終未能出示合法授權的文件原件。華齡出版社沒有盡到起碼的注意義務，存在明顯過錯，應當承擔法律責任。

七、二審訴訟爭點

華齡出版社在二審時提供「圖書版權授權合約」原件，欲證明華齡出版社出版系爭圖書時已履行合理注意義務。法院是否應予採認？

華齡出版社的行為是否構成著作權侵權？

八、二審判決結果

維持原判，就道歉部分指定媒體。

九、二審判決理由

根據「最高人民法院關於民事訴訟證據的若干規定」第41條第2項之規定，華齡出版社所提供的上訴證據於一審庭審結束之前即已存在，上訴人應在一審期間向原審法院提供。因此，此一證據不屬於二審程序中的新證據。

被控侵權之兩本圖書並非幾米所創作，但在署名和作者簡介部分皆與幾米類似，意在向公眾表明該兩本圖書作者是幾米。因此，華齡出版社之行為，屬於「製作、出售假冒他人署名的作品」（中華人民共和國著作權法第47條），侵害被上訴人幾米之著作權。

出版社對其出版之圖書是否具有合法授權負有合理的注意義務，但華齡出版社無法舉證證明其對出版涉訟圖書的授權、稿件來源和署名等已經盡到了合理的注意義務。華齡出版社承認未曾看過「幾米作品版權授權書」的原件，而在二審方才提出之「圖書版權授權合同」之原件，因為不符合訴訟程序，法院無法採認。

版權主管機關對著作權合約的登記只是對有關手續進行形式審查，並不是代替著作權合約當事人審查合約的真實性和有效性。因此獲得著作權合約登記的事實並不能證明相關合約的真實性，也不能證明當事人已經對涉訟圖書的出版盡到合理注意的義務。

十、本件案例評析

(一) 出版社對權利來源應盡的注意義務

1. 本件是民事訴訟，民事訴訟與刑事訴訟不同。刑事訴訟被告僅就故意負責，而民事訴訟則須就故意與過失均應負責。本件訴訟爭點在

於出版社對權利人為侵害，係來自上游的不實的授權，出版社是否應就上游的不實授權，因自己未盡審查義務而對侵害行為負責？即所謂「過失」行為，是否包含出版社未對出版物的合法來源盡審查義務？

依第一審判決認為，出版社對旗下出版物是否獲得合法授權有審查之義務，並應負擔舉證責任。本案中，雖然華齡出版社提供了一系列表面上可以形成完整權利鏈的合約以證明其盡到了合理審查的義務，但未能提供所謂權利鏈中的兩份原始授權文本的原件（「圖書版權授權合約」（永峰公司與台灣非庸實業有限公司之授權合約）和「幾米作品版權授權書」）。華齡出版社亦當庭承認其並未看到過蓋有「幾米」和「非庸實業有限公司」印章的「幾米作品版權授權書」的原件，可見，華齡出版社對於出版涉訟圖書的授權、稿件來源和署名等均未盡到合理的注意義務，理應按照著作權法的有關規定承擔停止侵權、賠禮道歉、賠償損失等民事侵權責任。

第一審判決理由，足見法院認為出版社出版相關作品，應審查權利來源是否合法，否則即有過失，應對真正的權利人負損害賠償責任。出版社自己就所付出的賠償，再對上游求償，此對真正權利人，較有保障，而對出版社課以較高的注意義務，值得肯定。本件也是未來出版社出版書籍時，很重要參考依據。即應對權利的來源，盡相當的審查義務。

2. 再者，本件二審上訴人華齡出版社主張：涉訟書籍已在著作權主管機關處成功登記，該著作權登記等同確認華齡出版社已盡合理注意義務。如果要求出版社具有比行政主管機構更嚴格的市場審查能力，顯然超過法律所規定的合理注意義務的範圍。

而第二審法院認為：著作權主管機關對著作權合約的登記只是對有關手續進行形式審查，並不是代替著作權合約當事人審查合約的真實性和有效性。因此獲得著作權合約登記的事實並不能證明相關合約的真實性，也不能證明當事人已經對涉訟圖書的出版盡到合理注意的義務。

上述判決亦極值得出版界重視，即得著作權主管機關之登記，並不

代表權利之真實性，蓋著作權主管機關的著作權登記，只經形式審查，未經實質審查。權利的真實性與否，仍應注意到原始文件，否則真正權利人主張，仍應負損害賠償責任。

(二) 冒名著作，是否侵害著作權？

1. 本件幾米並未寫過「開心辭典」和「親子銀行」二書，而華齡出版社出版之該二書籍，卻署名「幾米」。此乃為「冒名著作」。冒名著作依我國著作權法，並非侵害著作人格權之行為，僅為侵害姓名權之行為。

   然而依大陸現行著作權法第48條規定：「有下列侵權行為的，應當根據情況，承擔停止侵害、消除影響、賠禮道歉、賠償損失等民事責任；同時損害公共利益的，可以由著作權行政管理部門責令停止侵權行為，沒收違法所得，沒收、銷毀侵權複製品，並可處以罰款；情節嚴重的，著作權行政管理部門還可以沒收主要用於製作侵權複製品的材料、工具、設備等；構成犯罪的，依法追究刑事責任：…八）製作、出售假冒他人署名的作品的。」在大陸著作權法，製作、出售假冒他人署名的作品的，究竟僅侵害姓名權，抑認為仍侵害著作人之著作人格權[1]？

2. 有關著作人格權中的姓名表示權，伯恩公約第6條之2第1項規定：「著作人不問其經濟權利是否存在，甚至在經濟權利轉讓後，仍得主張其為該著作之著作人…。」此為伯恩公約有關姓名表示權之規定。而依世界智慧財產組織（WIPO）所出版的「伯恩公約指南」的解釋，著作人的著作人格權中的姓名表示權包含冒名著作的概念[2]。

   英國於1988年制定之著作、設計及專利法（Copyright, Designs and

---

1 著作人格權在大陸稱為「人身權」。參見大陸著作權法第10條規定。
2 伯恩公約指南中謂：「憑借這一權利，作者可以制止將他的名字用在他人的作品上；任何人都不能將他人的名字加在他人未曾創作的作品上。」參見世界智慧財產權組織（World Intellectual Property Organization, WIPO）撰，劉波林譯，《保護文學及藝術作品伯爾尼公約指南》（Guide to the Berne Convention for the protection of Literary and Artistic Works, Paris Act, 1971），頁35，中國人民大學出版社，2002年7月。

Patents Act, CDPA）內，將著作人格權正式納為著作權保障範圍，並於該法第一篇第四章設置著作人格權專章規定，對於姓名表示權（Right to be identified as author or director）（第77條至79條）、禁止醜化權（Right to object to derogatory treatment）（第80條至83條）、禁止不實歸屬權（False attribution of work）（第84條），以及攝影及電影著作之隱私權（Right to privacy of certain photographs and films）（第85條）四種著作人格權[3]。

而其中CDPA第84條第1項規定：「於同條規定所列情形下，任何人（a person）享有下列二種權利：(a) 不被錯誤地歸屬（falsely attributed）為某一文學、戲劇、音樂或美術著作之著作人的權利；以及(b) 不被錯誤地歸屬為某一電影著作之導演的權利。」所謂『歸屬（attributed, attribution）』，係指明示或暗示某人為前開二類著作之著作人或導演的陳述。對於現行英國著作權法就禁止不實歸屬權之定義，得解釋為：不論是創作有既存著作之著作人或導演，抑或是未曾創作有既存著作之一般個人，任何人均享有不被錯誤標記或指涉為非其所創作著作之著作人或導演的權利[4]。足見英國著作權法承認著作人格權包含冒名著作在內。

此外，澳洲著作權法第195AC條，亦有類似英國CDPA之不實歸屬權之規定，將冒名著作納為著作人格權之一種[5]。紐西蘭著作權法第102條、美國著作權法第106條(a)項(1)款(B)目，亦將冒名著作列入著作權法保護範圍。

3. 大陸1990年著作權法第46條規定：「有下列侵權行為的，應當根據情況，承擔停止侵害、消除影響、公開賠禮道歉、賠償損失等民事責任，並可以由著作權行政管理部門給予沒收非法所得、罰款等行政處罰：…七）製作、出售假冒他人署名的美術作品的。」依1990

3　參見黃絜，著作人格權中禁止醜化權之研究──以日本法與我國法之比較為中心，頁299，台北教育大學文教法律研究所碩士論文，2012年6月。

4　黃絜，前揭書，頁300以下；英國著作權法84條文全文可參見，林利芝，英國著作權法令暨判決之研究，頁69-70，經濟部智慧財產局，2011年12月。

5　此一介紹，詳見黃絜，前揭書，頁309以下。

年大陸著作權法僅針對於「美術作品」的冒名著作有所規定，2001年修正著作權法，將「美術作品」刪除，擴及至所有作品，均有冒名著作之適用。

依大陸著作權法第10條第1項第2款所謂署名權，係指「表明作者身分，在作品上署名之權利。」光看大陸著作權法第10條有關署名權的法條文義，解釋上似不包冒名著作在內。然而著作權法第48條第8款卻有責任的規定。此冒名著作，究係是否屬於署名權之問題，抑或僅係侵害姓名權之問題？學者見解不同：

(1) 著作人格權說：認為著作權法中所管轄的冒名，非一般商品的假冒。由於作品均為精神之創作成果，假冒名作家之名，發表低劣之作品，會給該作家聲譽造成損害，此為典型之侵害精神權利。如果著作權法連此種行為均不加以控制，則著作權法精神權利之保護，即不完整[6]。此說認為冒名著作係侵害著作人格權行為。主此說之學者，尚有如馮曉青[7]、李明德、許超[8]等。

(2) 姓名權說：著作權是具體的，是就具體的作品而產生的，著作人也是針對具體的作品而言的，沒有作品就沒有著作權，離開特定具體作品之抽象的著作權是不存在的。故冒名著作，僅是侵害姓名權或名譽權之問題，而不是侵害著作權之問題[9]。主此說之學者，尚有王遷[10]等。

上述學者見解，各自成理。筆者認為，大陸著作權法第10條署名權之規定，既不包含冒名著作之概念，而著作權法第48條僅規定「有下列侵權行為的」，而未規定「有下列侵害著作權或著作鄰接權行為的」，似乎姓名權說，較為可採。

4. 我國大清著作權律第26條即規定：「冒用他人姓名發行自己之著作物者，以侵害他人著作權論。」於冒名著作即已規定。此規定迄於

---

6 參見鄭成思，《版權法》，頁143，中國人民大學出版社，1997年8月。
7 馮曉青謂：「署名權，包含禁止冒名之權。」見馮曉青，著作權法，頁87，法律出版社，2010年9月。
8 參見李明德‧許超，著作權法，頁62-63，法律出版社，2009年7月。
9 參見劉春田，知識產權法，頁70-71，中國人民大學出版社，2003年6月。
10 參見王遷，著作權法學，頁75-77，北京大學出版社，2007年7月。

民國74年著作權法，一直沿續。

民國74年著作權法第27條仍規定：「著作不得冒用他人名義發行。」然而此一規定，於民國81年著作權法修正時刪除，刪除之理由為：該條為「有關姓名權侵害之規定，而非著作權侵害之規定，民法第19條之規定，已足供規範，爰予刪除。」

觀有關冒名著作問題，英美法系多在著作權法上有所規範，大陸法系國家則有待觀察。然而伯恩公約指南既有解釋此仍為伯恩公約第6條之2之範圍，值得吾人注意。

案例3：行政審批與損害賠償的關係（一）

 北京網尚文化傳播有限公司 v. 重慶市北部新區皇朝綠色動力網吧

第一審：重慶市第一中級人民法院（2010）渝一中法民初字第131號民事判決

第二審：重慶市高級人民法院（2011）渝高法民終字第9號民事判決

一、案件程序

　　北京網尚文化傳播有限公司（一審原告，二審被上訴人，下稱「北京網尚公司」）對重慶市北部新區皇朝綠色動力網吧（一審被告，二審上訴人，下稱「重慶皇朝網吧」）提起民事訴訟，主張重慶皇朝網吧侵害北京網尚公司之著作權。重慶市第一中級人民法院受理此案，判定被告確有侵權行為，但應負擔之賠償遠低於原告所請求之金額。重慶皇朝網吧不服判決，提起上訴。重慶市高級人民法院受理二審，判定維持一審判決，第二審為終審判決。

二、案情摘要

　　「敗犬女王」是台灣三立公司股份有限公司（下稱「三立公司」）於2008年所拍攝之電視連續劇。2009年，三立公司將該劇在中國大陸之信息網路傳播權（在網路和區域網路環境下隨選視訊VIDEO ON DEMAND以及網路數位電視INTERNET PROTOCOL TELECAST之公開傳輸服務）、以及上述網路環境下播放所需利用到的傳播權、發行權、複製權、放映權、轉授權等，以獨家專有的形式授權予北京網尚公司（一審原告，二審被上訴人）。三立公司並明確授權原告以北京網尚公司之名義對非法使用授權電視劇的第三方追究法律責任。

　　重慶皇朝網吧未經授權即提供播放「敗犬女王」之服務予消費者。北

京網尚公司主張著作權遭到侵害，並請求賠償經濟損失。

　　在中國大陸，進口電視劇需要文化部和國家廣播電影電視總局的行政審批方可進行播映。重慶皇朝網吧侵權事實發生當時，「敗犬女王」仍在申請行政審批中。此為訴訟爭點之一。北京網尚公司主張中國大陸國家版權局已經同意「敗犬女王」進行著作權登記，可推斷「敗犬女王」已經獲得行政審批。

三、第一審重慶皇朝網吧之（一審被告，二審上訴人）答辯

(一)「敗犬女王」尚未獲得相關部門之行政審批，不具備在中國大陸進行傳播之資格。故權利人既不能以營利為目的在中國大陸播放「敗犬女王」，即無實際經濟損失，無權要求重慶皇朝網吧賠償。

(二) 原告北京網尚公司提出之公證書（公證在重慶皇朝網吧用電腦播放「敗犬女王」之操作過程）無證據力，因為參與公證的公證處工作人員不具有公證員資格，而且公證時間是23：38，不屬於公證處的上班時間，實為在工作時間以外從事公證行為。

四、第一審訴訟爭點

(一) 是否因原告著作權登記，即可認定涉案電視劇已經獲得行政審批，從而具備在中國大陸地區進行傳播之資格？

(二) 如果原告未獲得行政審批，是否有權獲得賠償？被告是否應當承擔道歉之民事責任？

五、第一審判決結果

　　重慶皇朝網吧確有侵權，應停止侵權並支付賠償金三千元。

六、第一審判決理由

(一) 在中國大陸傳播之資格

根據「最高人民法院關於民事訴訟證據的若干規定」第2條規定，當事人對自己提出的訴訟請求所依據的事實或者反駁對方訴訟請求所依據的事實有責任提供證據加以證明。北京網尚公司對其主張的涉案電視劇已經獲得公映行政審批的事實負有舉證責任。

著作權登記與電視劇公映行政審批係不同程序。著作權登記並非行政審批程序，以當事人意願為前提，其目的在於證明相關作品的權利歸屬，自作品產生之日即可登記。但電視劇公映行政審批屬行政許可程序，未經該程序，不得在中國大陸進行公映。因此，無法從「敗犬女王」已經獲得著作權登記之事實推斷出該劇是否已獲得電視劇公映審批。

北京網尚公司未能提出直接證據證明「敗犬女王」一劇，已獲得公映審批，故法院對該事實不予認定。

(二) 被告所應承擔之責任

台灣與中國大陸皆為伯恩公約成員。涉案電視劇之原始著作權人是台灣法人，故該劇應受「中華人民共和國著作權法」保護。重慶皇朝網吧未經授權即向消費者提供涉案電視劇，侵害北京網尚公司對該作品所享有之信息網路傳播權，被告應停止侵害行為。

儘管原告北京網尚公司未能證明涉案作品已經獲得在中國大陸的進口審批，但原告至少能證明其為制止被告繼續侵權，已支付一定費用。故被告關於原告無權獲得賠償的抗辯理由不能成立。

關於道歉問題，北京網尚公司是法人，要求被告承擔賠禮道歉的民事責任於法無據。

七、二審重慶皇朝網吧（一審被告，二審上訴人）之上訴理由

涉案電視劇尚未獲得在境內進行網路傳播的行政審批，就不能取得包

括自己從事或授權他人從事與網路傳播有關的一切商業活動及獲得報酬的
權利，故無權要求上訴人進行賠償。一審法院判決上訴人賠償三千元不合
理。

八、訴訟爭點

「敗犬女王」之電視劇無信息網路傳播之公映行政審批，是否影響請
求賠償之權利？

九、二審判決結果

駁回上訴，維持原判。

十、第二審判決理由

北京網尚公司未能提供公映行政審批，故該公司對信息網路傳播權
的行使應當僅限於阻止他人對該作品通過網路進行傳播，而不應包括自己
從事或授權他人從事與信息網路傳播有關的一切商業活動及獲取報酬的權
利。

但北京網尚公司為制止重慶皇朝網吧播放「敗犬女王」已支付相當維
權費用，故一審法院酌情確定上訴人賠償被上訴人三千元並無不當。

十一、本件案例評析

(一) 本件有無涉及大陸著作權法第4條之適用問題？

1. 本件第一審法院判決認為，北京網尚公司對其主張的涉案電視劇已
經獲得公映行政審批的事實負有舉證責任。著作權登記與電視劇公
映行政審批係不同程序。著作權登記並非行政審批程序，以當事人
意願為前提，其目的在於證明相關作品的權利歸屬，自作品產生之
日即可登記。但電視劇公映行政審批屬行政許可程序，未經該程
序，不得在中國大陸進行公映。因此，無法從「敗犬女王」已經獲

得著作權登記之事實推斷出該劇是否已獲得電視劇公映審批云云。本件第一審判決上述論點，基本上是正確的，因為著作權登記程序，不以電視劇經行政審批為前提，因此，經過著作權登記，不當然可以推論電視劇已經完成行政審批程序。

2. 依1990年頒布大陸著作權法第4條規定：「依法禁止出版、傳播的作品，不受本法保護（第1項）。」「著作權人行使著作權，不得違反憲法和法律，不得損害公共利益（第2項）。」此一規定，於2001年著作權法修正時，並未加以修正。依此規定，凡依法禁止出版、傳播的作品，不受著作權法保護。而所謂「不受著作權法保護」，雖有認為這類著作，雖然不受著作權保護，但仍有著作權[1]。惟學者多數說認為並無著作權[2]。而所謂「依法禁止出版、傳播的作品」，依學者見解，是指主管部門依據法律確定的那些作品，而不是由某一使用者，或某一個人所所確定的[3]。亦即「依法禁止出版傳播的作品，應當僅僅指內容違法的作品。出版書籍和期刊應當符合有關出版管理者的法律、法規，履行必要的報批手續，

1　2007年4月，美國就中國大陸1990年著作權法第4條規定，向世界智慧財產組織提起爭端解決之請求，認為該規定不符伯恩公約第5條第2項規定。當時中國大陸當局，對著作權法第4條第1項規定，作了如下答辯：「在第4條第1款（註：中國大陸的「第1款」，在我國相當於「第1項」）適用於作品的範圍內，其適用的結果，不是否定著作權，而是拒絕提供特定形式的私權性質的著作權實施權利。因此第4條第1款的適用並不以任何方式違反「伯爾尼公約」第5.1條也不消滅第2條授予的著作權。如果第4條第1款得予適用，其作用是拒絕對權利所有人提供私權性質的救濟權利，雖然並不被禁止的作品通常應該享有這種權利。」然而上開將「著作權」與「著作權保護」加以區分的答辯，並不為世貿組織專家組所接受。有關上述中國大陸官方的答辯文，引自陳福利，中美知識產權WTO爭端研究，頁270，知識產權出版社，2010年7月。

2　參見胡康生主編，中華人民共和國著作權法釋義，頁21，法律出版社，2002年1月；李明德‧許超，著作權法，頁50-52，法律出版社，2009年7月。在李明德‧許超所著該書中謂：「關於著作權法第4條的規定，有人曾經發過這樣的議論，即這類作品雖然不受著作權法的保護，但仍然享有著作權。顯然這是一種自相矛盾的說法。某類或者某種作品是否享有著作權，完全是由著作權法來規定的。著作權法保護某種作品，該作品就享有著作權；著作權法不保護某種作品，該作品就不享有著作權。某種作品所有享有著作權，就是由著作權法賦予的。」

3　李明德‧許超，前揭書，頁50。所謂「依法禁止出版、傳播的作品」，應是具體指定的特定特定作品而言，例如文化部於1980年6月6日禁止上演的「禁劇」通知，有「雙釘記」、「引狼入室」、「奇冤報」、大香山、海慧寺、「油滑山」…等等。參見河山‧蕭水，著作權法概要，頁50-53，人民出版社，1991年6月。

取得書號、刊號等。如果未經審批而擅自出版作品，就應當承擔相應的法律責任。但只要作品的內容，並不因為違法而被禁止出版、傳播，這類作品仍然享有著作權[4]。」

3. 上開1990年所制定著作權法第4條規定，因美國在2007年4月，向世界智慧財產組織提起爭端解決之請求，認為著作權法第4條不符伯恩公約第5條第2項規定[5]。因此在2010年著作權法修正時，第4條修改為：「著作權人行使著作權，不得違反憲法和法律，不得損害公共利益（第1項）。」「國家對作品的出版、傳播依法進行監督管理（第2項）。」即著作權之享有和行使，不應與著作之審批與否相關。本件第二審判決日期為2011年，理論上不應依1990年著作權法第4條規定，而且事實上無論第一審或第二審判決，都未引著作權法第4條規定。

(二) 未作行政審批，不能請求損害賠償，有無違反公約？

1. 本件第二審判決認為北京網尚公司未能提供公映行政審批，故該公司對信息網路傳播權的行使應當僅限於阻止他人對該作品通過網路進行傳播，而不應包括自己從事或授權他人從事與信息網路傳播有關的一切商業活動及獲取報酬的權利。亦即認定因為北京網尚公司就「敗犬女王」一劇，尚未獲得相關部門之行政審批，不具備在中國大陸進行傳播之資格。故權利人既不能以營利為目的在中國大陸播放「敗犬女王」，即無實際經濟損失，無權要求重慶皇朝網吧賠償。

2. 大陸「電影管理條例」第24條第1項規定：「未經國務院廣播電影

4　參見王遷，著作權法學，頁44，北京大學出版社，2007年7月。

5　參見李明德‧許超，前揭書，頁51-52；陳福利，中美知識產權WTO爭端研究，頁265以下，知識產權出版，2010年7月。伯恩公約第5條第1項規定：「著作人就其受本公約保護之著作，於源流國以外本聯盟各會員國境內，應享有本公約特別授予之權利，以及各該國家法律現在或將來對其國民授予之權利（第1項）。」「上開權利之享有及行使，不得要求須履行一定形式要件，且應不問著作源流國是否給予保護。是故，除本公約另有規定者外，保護之範圍，以及著作人為保護其權利所享有之救濟方式，專受主張保護之當地國法律之拘束（第2項）。」

電視行政部門的電影審查機構（以下簡稱電影審查機構）審查通過的電影片，不得發行、放映、進口、出口。」大陸「音像製品管理條例」第28條第1項規定：「進口用於出版的音像製品，以及進口用於批發、零售、出租等的音樂製品成品，應當報國務院文化行政部門進行內容審查。」在2007年美國向世界智慧財產組織提起爭端解決之請求，認為著作權法第4條不符伯恩公約第5條第2項規定時，美國即主張從未在中國提交內容審查的作品及等待中國內容審查結果的作品，有可能適用著作權法第4條第1項規定，不予保護[6]。然而本件無論是第一審及第二審判決，均認為系爭「敗犬女王」影片，因為未經行政審批，北京網尚公司無實濟經濟損失，等於實質上在請求損害賠償部分，使著作權法第4條不予保護規定復活適用。

3. 本件第二審法院判決認為，中國大陸地區與台灣地區，均為伯恩公約成員，因此應伯恩公約第5條規定應給予成員國民待遇之保護。查台灣並未加入伯恩公約，僅加入世界貿易組織，依世界貿易組織的附屬協議──「與智慧財產權有關的協議」（以下簡稱TRIPS）第9條第1項規定：「會員應遵守（一九七一年）伯恩公約第一條至第二十一條及附錄之規定。但會員依本協定所享有之權利及所負擔之義務不及於伯恩公約第六條之一規定所賦予或衍生之權利。」第二審判決雖然對台灣是否加入伯恩公約有所誤會，但是兩岸著作權保護適用伯恩公約，乃TRIPS第9條適用之結果，兩岸依伯恩公約相互保護之結論，並無不當。

伯恩公約伯恩公約第5條第1項規定：「著作人就其受本公約保護之著作，於源流國以外本聯盟各會員國境內，應享有本公約特別授予之權利，以及各該國家法律現在或將來對其國民授予之權利（第1項）。」「上開權利之享有及行使，不得要求須履行一定形式要件，且應不問著作源流國是否給予保護。是故，除本公約另有規定者外，保護之範圍，以及著作人為保護其權利所享有之救濟方式，

---

6 美國第一次書面陳述第198段，參見陳福利，前揭書，頁274以下。

專受主張保護之當地國法律之拘束（第2項）。」伯恩公約第5條
第2項規定，「著作權之享有及行使，不得要求須履行一定形式要
件」。然而本件無論是第一審或第二審，認為原告對被告請求損害
賠償，以原告電影作品經審批為前提，實質上有違伯恩公約第5條
第2項之規定精神。

再者，TRIPS第45條規定：「司法機關對於明知，或可得而知之情
況下，侵害他人智慧財產權之行為人，應令其對權利人因其侵權行
為所受之損害，給付相當之賠償（第1項）。」「司法機關亦應有
權命令侵害人賠償權利人相關費用，該費用得包括合理之律師費；
而於適當之情況下，會員並得授權其司法機關，命侵害人賠償權
利人因其侵害行為所失之利益以及（或）預設定的損害，縱使侵
害人於行為當時，不知或無可得知其行為係屬侵害他人權 利時亦
同。」上開判決，是否有違TRIPS第45條規定，亦有討論之空間。

(三) 未作行政審批，不能請求損害賠償，有無違反大陸著作權法？

1. 依大陸著作權法第49條規定：「侵犯著作權或者與著作權有關的權
   利的，侵權人應當按照權利人的實際損失給予賠償；實際損失難以
   計算的，可以按照侵權人的違法所得給予賠償。賠償數額還應當包
   括權利人為制止侵權行為所支付的合理開支（第1項）。」「權利
   人的實際損失或者侵權人的違法所得不能確定的，由人民法院根據
   侵權行為的情節，判決給予五十萬元以下的賠償（第2項）。」依
   此規定，大陸著作權法損害賠償的計算方式有三：

   (1) 權利人的實際損失：即著作權人因被告的侵害行為而遭受的損
       失。依「最高人民法院關於審理著作權民事糾紛案件適用法律
       若干問題的解釋」第24條規定：「權利人的實際損失，可以根
       據權利人因侵權所造成複製品發行減少量或者侵權複製品銷售
       量與權利人發行該複製品單位利潤乘積計算。發行減少量難以
       確定的，按照侵權複製品市場銷售量確定。」而依一般市場慣
       例和合理條件，權利會要求多少使用費，或一般的被授權人願

意出多少使用費，均為權利人的實際損失[7]。

(2) 侵害人的利潤所得：此又稱「推定賠償數額規則」[8]，即著作權法第49條所規定「實際損失難以計算的，可以按照侵權人的違法所得給予賠償」。此即侵權行為所產生的利潤，此利潤得作為侵害對權利的損害賠償的金額。

(3) 法定損害賠償：此即著作權法第49條第2項之「權利人的實際損失或者侵權人的違法所得不能確定的，由人民法院根據侵權行為的情節，判決給予五十萬元以下的賠償。」

2. 未經審批之作品，雖然公開播映、發行或在網路上傳播，會被禁止或處罰，但未必不能授權，取得授權費。本件原著作權人三立公司就系爭「敗犬女王」作品於尚未申請審批前，既然可以授權給原告北京網尚公司，取得一定的授權費。同樣的，北京網尚公司於申請審批尚未完成前，亦得將該播映「敗犬女王」一劇之權利授權給重慶皇朝網吧，取得一定的授權費。而依一般市場慣例和合理條件，權利人會要求多少使用費，或一般的被授權人願意出多少使用費，既然可以作為為權利人的實際損失，本件法院認為僅因北京網尚公司就「敗犬女王」一劇，尚未獲得相關部門之行政審批，不具備在中國大陸進行傳播之資格，因而認定權利人既不能以營利為目的在中國大陸播放「敗犬女王」，即無實際經濟損失，無權要求重慶皇朝網吧賠償。此一見解，實有瑕疵。

3. 依大陸著作權法第49條規定，侵害人的利潤所得及法定賠償，均為請求損害賠償的方法。本件重慶皇朝網吧，既然提供網吧播放「敗犬女王」電視劇之服務予消費者，即有利潤，此利潤影響未來權利人的潛在市場，即權利人的預期利益。既然侵害人有利潤，此利潤依著作權法第49條得作為權利人的損害。本件法院不依著作權法第49條第1項後段而為判決，亦有違法之嫌。況依著作權法第49條第2項規定，權利人的實際損失或者侵權人的違法所得不能確定的，由

7　李明德·許超，前揭書，頁234。

8　參見唐德華·孫秀君，著作權法及其配套規定新釋新解，頁584，人民法院出版社，2003年1月。

人民法院根據侵權行為的情節，應判給權利人法定賠償。法院不對法定賠償作斟酌，亦滋疵議。

4. 我國電影法第24條規定：「電影片除經主管教育行政機關核准之教學電影片外，非經中央主管機關檢查核准發給准演執照不得映演。」廣播電視法第25條規定：「電臺播送之節目，除新聞外，主管機關均得審查；其辦法由主管機關定之。」我國電影法、廣播電視法，對於電影、節目，亦有審查制度。然而電影或節目未審查完成前，被第三人侵害，我國法院未發現有不得請求損害賠償之案例。蓋如認為未經審查之電影不得請求損害賠償，則在海外（如美國）剛上映之電影，在台灣即被盜版，外國權利人向盜版者主張損害賠償，盜版者均謂此電影未經審查，不得在台灣放映，因而權利人無經濟損失，不得請求損害賠償，此將引起國際著作權糾紛，甚至貿易報復。大陸本件著作權判決之見解，實甚有爭議。

案例4：行政審批與損害賠償的關係（二）

 廣東中凱公司 v. **重慶市高新開發區水木年華網吧、羅昌穎**

第 一 審：重慶市第五中級人民法院（2008）渝五中民初字第228號民事
　　　　判決
第 二 審：重慶市高級人民法院（2008）渝高法民終字第62號民事判決
再　　審：最高人民法院（2010）民提字第39號民事判決

一、案件程序

　　廣東中凱文化發展公司（原審原告，終審被上訴人，再審申請人，下稱「廣東中凱公司」）認為重慶市高新技術產業開發區水木年華網吧（原審被告，終審上訴人，再審被申請人，下稱「水木年華網吧」）與其所有人羅昌穎（原審被告，終審上訴人，再審被申請人，下稱「羅昌穎」）侵害再審申請人之著作權，提起民事訴訟，原審由重慶市第五中級人民法院受理，判決原審被告確有侵權，須停止侵權並賠償兩萬元。水木年華網吧和羅昌穎不服，提起上訴，由重慶市高級人民法院受理，判定終審上訴人確實侵權，但將上訴人所需負擔之賠償金額減少至兩千元。廣東中凱公司不服，聲請再審，中華人民共和國最高人民法院受理，仍判定終審被聲請人侵權，並須賠償兩千元。

二、案情摘要

　　2007年5月，南韓MBC公司（Munhwa Broadcasting Corp.）出具「節目權益證明書」，將其擁有版權之多部電視連續劇在中國大陸地區的信息網路傳播權獨家授權予廣東中凱公司，同時也授權廣東中凱公司自行處理中國大陸境內之盜版行為。授權電視劇當中包括系爭電視劇「宮S」。同年8月，南韓著作權審議調停委員會出具證明確認南韓MBC公司擁有「宮

S」的中國地區著作權。廣東中凱公司亦提供「宮S」的DVD，封套和光碟上記載有「MBC」、「北京東方影音公司出版、廣東中凱文化發展有限公司發行」等字樣。

　　水木年華網吧未經廣東中凱公司授權，提供消費者用電腦觀賞「宮S」電視劇的服務。2007年7月26日，廣東中凱公司的代理人與公證處公證員到水木年華網吧進行證據保全。利用水木年華網吧的電腦，點選「電影」，即可搜尋並線上觀賞「宮S」。但是在一審的時候被告抗辯廣東中凱公司所提供之「進口音像製品批准單」（涉案電視劇DVD之批准單）上面所載之批准進口日期為2007年10月9日，晚於上述公證取證的日期。故公證違法。

　　水木年華網吧的涉案電視劇來源是來自向重慶網盟科技有限公司（簡稱網盟公司）購買以年計費之電影播放方案，而提供電視劇內容給網盟的來源是北京網尚文化傳播公司（下稱北京網尚公司）所經營之「網吧院線」。水木年華網吧抗辯該公司所提供的服務僅限於普通連結。但是，廣東中凱公司所提供之公證侵權過程光碟內容顯示，所若用水木年華網吧電腦播放涉案電視劇，播放頁面上的IP網址顯示為北京網尚公司和水木年華網吧的區域網路地址。在網路上直接輸入該網址無法登入網尚公司的網站。

　　水木年華網吧在一審及二審均主張應追加網盟公司和北京網尚公司為被告。

　　廣東中凱公司據此對水木年華網吧提起訴訟，主張水木年華網吧侵害該公司之信息網路傳播權，請求判令網吧停止侵權並賠償經濟損失人民幣8萬元、維權合理費用人民幣3000元。並將水木年華網吧之所有人羅昌穎亦列入被告，要求在網吧財產不足的情況下由所有人承擔補充賠償責任。

三、第一審判決結果

　　被告立即停止侵權，賠償原告經濟損失和合理費用2萬元。

四、第一審判決理由

(一) 權利歸屬：在沒有相反證據的情況下，根據合法出版之「宮S」DVD上的版權資訊等證據，可以認定南韓MBC是涉案作品的著作權人，中凱公司享有涉案作品在中國大陸的獨家信息網路傳播權。

(二) 是否侵權：水木年華網吧的證據不足以證明該公司所提供的服務僅限於普通連結，該公司已盡到合理注意和審查義務的抗辯主張。水木年華網吧未經授權就透過區域網路散播涉案作品，侵害廣東中凱公司之信息網路傳播權。

五、第二審上訴人（水木年華網吧、羅昌穎）上訴理由

(一) 南韓著作權審議調停委員會北京代表處只能從事協會會員的版權權利認證之連絡工作，不具備在中國之著作權認證資格，其出具的證明不具法律效力。

(二) 涉案作品是連結到北京網尚公司的網站進行線上播放，水木年華網吧僅提供普通連結服務，只需承擔移除侵權連結的責任，不需承擔賠償責任。

(三) 承上，連結服務提供者所需承擔的賠償責任不應與內容服務者相同。

六、第二審判決結果

水木年華網吧應停止侵權，賠償金額減少為2000元，駁回其他訴訟請求。

七、第二審訴訟爭點

(一) 上訴人要求追加北京網尚公司和網盟公司為被告，是否為必須？

(二) 水木年華網吧的行為是否侵權？

(三) 若是侵權，應當負擔賠償責任，賠償金額應為多少為合理？

八、第二審判決理由

(一) 本案並非共同侵權，非為必要共同訴訟，權利人選擇起訴網吧，得不追加網盟公司和北京網尚公司為被告。

(二) 水木年華網吧在其區域網路上播放涉案作品，侵害廣東中凱公司在中國大陸境內的信息網路傳播權。

(三) 根據水木年華網吧所提供之證據，可以認定其傳播的涉案作品係由合法設立的北京網尚公司有償提供，來源合法，應當由北京網尚公司承擔主要責任。但是水木年華網吧無法提供與北京網尚公司合作之合作協議、授權合約等證據，該公司對這類行為是否合法的審查程序有瑕疵，故仍有一定過失。按照過失程度應該負擔賠償責任人民幣兩千元（包含賠償廣東中凱公司的合理維權費用）。

(四) 因廣東中凱公司無法證明侵權行為發生時該公司已獲得涉案作品的行政審批，故無權從事與涉案作品的信息網路傳播權有關的商業活動及從中盈利，因此不能獲得經濟損失的賠償。
水木年華網吧所交付之2000元賠償內，1000元是廣東中凱公司的維權費用，另1000元廣東因中凱公司無權收取，故以不當得利予以收繳，上繳國庫。

九、再審判決結果

水木年華網吧停止侵權行為，賠償廣東中凱公司維權費用人民幣1000元，加判賠償廣東中凱公司經濟損失1000元。水木年華網吧不足以承擔賠償損失的民事責任時，羅昌穎以其個人的財產予以清償。

十、再審訴訟爭點

(一) 廣東中凱公司是否享有涉案作品的信息網路傳播權，涉案作品進口是否獲得了行政審批？

(二) 水木年華網吧是否在其區域網路散播涉案作品，侵害廣東中凱公

　　司之權利？

　　(三) 水木年華網吧是否應當承擔侵權賠償責任？

十一、再審判決理由

(一) 廣東中凱公司是否享有涉案作品的信息網路傳播權

　　南韓著作權審議調停委員會北京代表處是經中國行政主管機關批准的外國著作權認證機構在中國設立的代表機構，只能從事與認證有關的連絡活動，不能直接從事南韓影視作品在中國大陸地區的著作權認證活動。因此，其出具的涉案電視劇在中國的著作權證明不具有獨立證明的法律效力。

　　但根據廣東中凱公司所呈遞的證據，包括在中國大陸合法出版的「宮S」DVD、中國文化部所出具的「進口音像製品批准單」等，上面所記載之版權內容足以證明南韓MBC是「宮S」的著作權人。而根據南韓MBC公司在2007年在廣州所出具的「節目權益證明書」，得以認定廣東中凱公司享有「宮S」在中國大陸的獨家信息網路傳播權。

(二) 行政審批是否影響著作權人行使權利？

　　雖然涉案作品被批准進口的日期為2007年10月9日，晚於公證取證日期，但著作權人維護自己的合法利益並不以獲得進口行政審批為條件。故廣東中凱公司在2007年7月進行公證取證的行為並不違法。

(三) 水木年華網吧是否侵權？

　　水木年華網吧所提供之證據，不足以證明涉案作品係由北京網尚公司有償提供。而且，水木年華網吧所提供之北京網尚公司關於「中國網吧院線」的書面宣傳資料顯示，網吧可以自行添加或刪除其服務器中的影視劇文件。因此，不能認定水木年華網吧在傳播涉案作品時有盡到必要的注意義務。因此，水木年華網吧的行為仍屬侵權行為。

(四) 水木年華網吧的賠償責任

　　對於權利人僅起訴網吧的案件，應該考慮在區域網路傳播作品的數量、對權利人經濟利益損害的程度、網吧的侵權獲利水平等因素，合理確定賠償金額。

　　本案中，廣東中凱公司沒有提出水木年華網吧在網吧區域網路散播涉案作品的實際點播次數，也未提供合法授權網吧傳播單部影視作品的合理授權費等參考資料讓法院可以用於判斷賠償金額。因此，法院只能根據案情酌定賠償金額。二審判決酌定經濟損失額人民幣2000元（含維權合理費用人民幣1000元）是合理適當的金額，應予維持。二審法院判決沒收不當得利，適用法律不當，應予糾正。

十一、本件案例評析

(一) 有關行政審批與損害賠償的關係

1. 在北京網尚文化傳播有限公司對重慶市北部新區皇朝綠色動力網吧請求損害賠償一案（第一審：重慶市第一中級人民法院（2010）渝一中法民初字第131號民事判決、第二審：重慶市高級人民法院（2011）渝高法民終字第9號民事判決），法院認為：北京網尚公司未能提供公映行政審批，故該公司對信息網路傳播權的行使應當僅限於阻止他人對該作品通過網路進行傳播，而不應包括自己從事或授權他人從事與信息網路傳播有關的一切商業活動及獲取報酬的權利。因而第二審僅判決，北京網尚公司為制止重慶皇朝網吧播放「敗犬女王」已支付相當維權費用，維持一審法院酌情確定上訴人賠償被上訴人3000元，但是對於網尚公司請求損害賠償部分，則予駁回。

2. 然而本案，第一審雖然判決原告廣東中凱公司勝訴，被告水木年華網吧及羅昌穎應賠償原告人民幣20000元。但是第二審卻認為，因廣東中凱公司無法證明侵權行為發生時該公司已獲得涉案作品的行政審批，故無權從事與涉案作品的信息網路傳播權有關的商業活動

及從中盈利，因此不能獲得經濟損失的賠償。此項判決理由，與上述北京網尚文化傳播有限公司對重慶市北部新區皇朝綠色動力網吧請求損害賠償一案之第一審及第二審判決理由一致。

3. 本案再審受理者為最高人民法院，其判決理由具有指標性意義，依最高人民法院之判決：雖然涉案作品被批准進口的日期為2007年10月9日，晚於公證取證日期，但著作權人維護自己的合法利益並不以獲得進口行政審批為條件。故廣東中凱公司在2007年7月進行公證取證的行為並不違法。此項判決認定行政審批與請求損害賠償無條件關係，具有相當之意義，值得肯定。

4. 本件最高人民法院之判決時間為2010年，而北京網尚文化傳播有限公司對重慶市北部新區皇朝綠色動力網吧請求損害賠償一案，其第二審為：重慶市高級人民法院（2011）渝高法民終字第9號民事判決，即最高人民法院之判決，較上述重慶市高級人民法院（2011）渝高法民終字第9號民事判決為早，而上述重慶市高級人民法院（2011）渝高法民終字第9號民事判決之判決意見，竟然違反最高人民法院之意見，甚為怪異。

(二) 有關法院減少判決之金額，是否應繳交國庫問題

本件第二審法院認為，被告水木年華網吧因有過失，應損害賠償2000元，而水木年華網吧所交付之2000元賠償內，1000元是廣東中凱公司的維權費用，另1000元廣東因中凱公司無權收取，故以不當得利予以收繳，上繳國庫。

按本案為民事訴訟，而非刑事訴訟，刑事訴訟得因法院之罰金判決，而令被告將罰金上繳國庫。但是民事訴訟除非國家為原告，否則除裁判費外，人民無因當事人判決而繳交一定損害賠償給予國庫之義務。今第二審法院竟然判決書認為，1000元廣東因中凱公司無權收取，故以不當得利予以收繳，上繳國庫。其判決基本上違反民事判決的基本法理，甚為不當。幸好本案得以再審而由最高人民法院糾正第二審，認為第二審所為沒收不當得利而應繳國庫的判決，乃適用法律不當。最高人民法院此項糾正，甚屬正確，應予肯定。

(三) 損害賠償金額的算定問題

本案原告要求被告賠償經濟損失8萬元，維權費用3000元。第一審判決被告應賠償原告經濟損失及合理費用20000元。第二審認為被告應賠償2000元，其中1000元為維權費用，另1000元應繳國庫。再審時，最高人民法院認為被告應賠償原告2000元，其中經濟損失為1000元，維權費用為1000元。

上述金額從原告要求8萬元，第一審判決2萬元，到再審僅同意1000元的經濟損失，第一審到再審判決，相差達20倍，落差非常大。理由僅稱「考慮在區域網傳播作品的數量、對權利人經濟利益損害的程度、網吧的侵權獲利水平等因素，合理確定賠償額」，而未詳細列出計算基礎，無法令人信服。

再者，既然依大陸著作權法第49條第1項規定：「侵犯著作權或者與著作權有關的權利的，侵權人應當按照權利人的實際損失給予賠償；實際損失難以計算的，可以按照侵權人的違法所得給予賠償。賠償數額還應當包括權利人為制止侵權行為所支付的合理開支。」上述所稱「權利人為制止侵權行為所支付的合理開支」，依據「最高人民法院關於審理著作權民事糾紛案件適用法律若干問題的解釋」第26條第2項，應包含「人民法院根據當事人的訴訟請求和具體案情，可以將符合國家有關部門規定的律師費用計算在賠償範圍內。」本案第一審原告已經請求維權合理費用3000元，歷經第一審、第二審及再審三個程序，最高人民法院仍然判給維權費用1000元，未按審級與時增加，似亦有所未當。

(四) 本件之啓示

1. 維權費用的訂定問題

依大陸著作權法第49條第1項規定，侵犯著作權或者與著作權有關的權利的，侵權人應當按照權利人的實際損失給予賠償。賠償數額還應當包括權利人為制止侵權行為所支付的合理開支。此項「權利人為制止侵權行為所支付的合理開支」，包含搜證維權費和律師費等。雖然在大陸法院實務，「權利人為制止侵權行為所支付的合理開支」，不見得很多，但是聊

勝於無。

　　我國著作權法第88條有關侵害著作權的民事賠償，並無類似規定，致許多較小的著作權侵害案件，由於請律師維權，所花與所得到賠償不成比例，故權利人多未能主張。再者，亦因合理的律師費未在著作權法第88條規定，亦使權利人習慣提起刑事訴訟，然後以刑逼民，以達成和解要求。

　　美國著作權法第505條規定：「依本法進行之民事訴訟，除美國政府或其官員外，法院依其裁量，得裁定當事人之一方負擔全部訴訟費用。除本法另有規定外，法院亦得裁定將勝訴之當事人合理之律師費作為訴訟費用之一部，由敗訴之當事人負擔[1]。」大陸著作權法第49條第1項損害賠償包含「權利人為制止侵權行為所支付的合理開支」的規定，值得我國斟酌是否仿效。

2. 公證和著作權標示問題

　　本件最高人民法院認為，南韓「著作權審議調停委員會北京代表處」，是經中國行政主管機關批准的外國著作權認證機構在中國設立的代表機構。南韓在中國大陸設有「南韓著作權審議調停委員會北京代表處」。此代表處，究竟有何機能？是否有助於台與大陸的著作權交流活動，值得注意。

　　然而最高人民法院又謂，南韓「著作權審議調停委員會北京代表處」，只能從事與認證有關的連絡活動，不能直接從事南韓影視作品在中國大陸地區的著作權認證活動。因此，其出具的涉案電視劇在中國的著作權證明不具有獨立證明的法律效力。但根據廣東中凱公司所呈遞的證據，包括在中國大陸合法出版的「宮S」DVD、中國文化部所出具的「進口音像製品批准單」等，上面所記載之版權內容足以證明南韓MBC是「宮S」的著作權人。

　　依此，足見依伯恩公約第15條有關著作人推定的規定，在大陸司法實務普遍遵行。此規定，依大陸著作權法第11條第4項規定：「如無相反

1　詳http://www.tipo.gov.tw/ch/Download_DownloadPage.aspx?path=3670&Language=1&UID=9&ClsID=35&ClsTwoID=261&ClsThreeID=0&Page=2 (2012/7/2)

證明，在作品上署名的公民、法人或者其他組織為作者。」我國著作權法
第13條亦有規定：「在著作之原件或其已發行之重製物上，或將著作公開
發表時，以通常之方法表示著作人之本名或眾所周知之別名者，推定為該
著作之著作人（第1項）。」「前項規定，於著作發行日期、地點及著作
財產權人之推定，準用之（第2項）。」因此，台灣著作權法欲在大陸受
保護，著作原件或其重製物之著作權標示，須十分注意，此為訴訟中推定
權利人的基本證據。

案例5：行政審批與著作權的推定問題

 深圳音像公司 v. 北京時代文化藝術有線公司、湖南電視台

第一審：北京市海淀區人民法院（2008）海民初字第2582號民事判決
第二審：北京市第一中級人民法院（2008）一中民終字第16637號民事判決

一、案件程序

　　深圳音像公司（原審原告，終審上訴人，下稱「深圳音像公司」）向北京時代文化藝術有線公司（原審被告，終審被上訴人，下稱「北京時代文藝公司」）和湖南衛星電視台（原審被告，終審被上訴人，下稱「湖南電視台」）提起侵害著作權之民事訴訟，原審由北京市海淀區人民法院受理，判決北京時代文藝公司和湖南電視台並無侵權。深圳音像公司不服原審判決，提起上訴，由北京第一中級人民法院受理。該院糾正原審所認定之事實，但就結果部分仍維持原判。

二、案情摘要

　　電視劇「一簾幽夢」在中國由湖南電視台播出。本案系爭關鍵是湖南電視台所取得播映電視劇「一簾幽夢」之權利是否合法？本案當中有兩個來源聲稱自己擁有「一簾幽夢」電視劇在中國大陸的著作權，一為台灣怡人公司，一為深圳音像公司。

(一) 台灣怡人公司

　　台灣怡人傳播公司（下稱怡人公司）是作家瓊瑤的丈夫平鑫濤和兒媳何琇瓊經營之家族企業。1994年，台灣中國電視事業股份有限公司（下稱中視公司）委託怡人公司製作八點檔國語連續劇，其中一檔就是系爭

「一簾幽夢」電視劇。合約內雙方同意該節目在台灣之兩次公開播放權歸中視公司所有，於中國大陸、香港、澳門之電視頻道公開播送權歸怡人公司所有。2008年，中視公司和怡人公司又聯合發表公開聲明重申上述簽約內容。瓊瑤也出具證明，稱於1995年1月授權怡人公司將其小說「一簾幽夢」改編成電視劇，該電視劇之版權歸怡人公司所有。

怡人公司與仲杰公司簽約，授權委託仲杰公司代為處理中國大陸地區包括「一簾幽夢」在內的七部片子之二輪銷售事宜，授權區域為港澳之外的中國大陸地區，授權範圍為有線、無線、衛星電視播映權和發行權。

2006年，仲杰公司與湖南電視台簽訂版權轉讓合約，仲杰公司授予湖南電視台包括「一簾幽夢」在內等七部電視劇的電視播映權和發行權，授權期限為2005年1月1日至2010年6月30日。湖南電視台向仲杰公司付清所有瓊瑤劇授權之權利金，並取得「一簾幽夢」的播映用母帶。

(二) 深圳音像公司

1996年，深圳音像公司與香港吉人傳播公司（下稱吉人公司）簽約，約定雙方合作拍攝電視劇「一簾幽夢」，吉人公司提供劇本，深圳音像公司負責向中國廣播電影電視部申辦合作拍攝之批文手續和費用。全部拍攝費用由兩公司共同投資，深圳音像公司投資人民幣235萬元整，其餘費用由吉人公司負責。雙方亦約定深圳音像公司擁有「一簾幽夢」在中國大陸境內在合約書內所列出之各項版權，深圳音像公司也保證在銷售此節目的同時不得影響本節目在港澳台的版權。該份合約上有深圳音像公司蓋章、吉人公司蓋章、何琇瓊之簽字。但何琇瓊於2008年以書面說明她並非吉人公司註冊人，也從未簽署該份合約。吉人公司與「一簾幽夢」並無關係。

1996年，中國廣播電影電視部港澳台事務處辦公室和廣播電影電視部社會管理司分別出具同意深圳音像公司與吉人公司合拍並在全國省級無線電視台播出之審批。2007年，「一簾幽夢」辦理換證，獲得廣電總局廣外核審字（2007）第007號電視劇發行許可證，證上載明境內製作單位為深圳音像公司，境外合作單位為吉人公司。這期間內市面上「一簾幽夢」電視劇VCD封面封底也載明發行者是深圳音像公司，深圳音像公司和吉

人公司聯合拍攝等資料。

2006年，深圳音像公司和時代文藝公司簽訂「電視節目播映授權使用合約」，深圳音像公司將「一簾幽夢」之全國地面和衛星之二輪播映版權及發行權授權予時代文藝公司使用。合約當中，深圳音像公司保證擁有該劇中國大陸的合法電視播映權。合約並明定雙方確認此合約為不可撤銷之合約，除遇到合約中所約定之不可抗力因素外，不得以任何理由終止此合約，擅自終止合約即視為違約。

時代文藝公司之後發現湖南電視台聲稱已經從台灣方面獲得「一簾幽夢」的授權，向深圳音像公司反映這種情形。於是時代文藝公司和深圳音像公司在2007年6月又重簽合約，內容大致相同，添加特別約定條款：就權利糾紛問題，深圳音像公司授權時代文藝公司在期限內之與湖南電視台協商以解決版權衝突，若期限之內無法解決，時代文藝公司有權解約。若協商成功，雙方應當履行合約。

2007年8月，深圳音像公司發函給時代文藝公司終止對時代文藝公司的授權，以後將由深圳音像公司自行處理「一簾幽夢」播映事宜。

時代文藝公司於同年9月8日仍與湖南電視台簽訂播映「一簾幽夢」之授權合約。湖南電視台作證表示該公司是透過仲杰公司取得怡人公司的實質授權，何琇瓊（怡人公司負責人、瓊瑤兒媳）也確認系爭電視劇並非深圳公司所製作。但湖南電視台為了穩妥，仍向時代文藝公司取得形式上的授權。時代文藝公司沒有向湖南電視台收取權利金，也沒有給付母帶。湖南電視台的母帶來自仲杰公司。

2007年9月，深圳音像公司兩次發函予湖南電視台。第一封函為主張深圳音像公司為系爭電視劇之版權擁有人，要求湖南電視台停止播出。第二封重申該公司已經終止對時代文藝公司的授權，湖南電視台若欲播放系爭電視劇，須直接與深圳音像公司協商授權事宜。湖南電視台並未協商授權也未停止播放該電視劇。

深圳音像公司因此對湖南電視台和時代文藝公司提起著作權侵權之民事訴訟。

三、第一審訴訟爭點

(一)「一簾幽夢」之版權歸屬何人？

(二) 第一審審被告湖南電視台是否侵害原告之著作權？

四、第一審判決結果

駁回深圳音像公司的訴訟請求。

法律依據：中華人民共和國著作權法第11條第4項[1]、最高人民法院「關於民事訴訟證據的若干規定」第2條[2]之規定。

五、第一審判決理由

(一) 如無相反證明，在作品上署名之公民、法人或其他組織為作者。但國家廣播電影電視總局（下稱廣電總局）的批復和相關電視劇發行許可證所載明之權利人，由於中國行政機關僅進行形式上的審查而非實質審查，如法院經實體審查發現實際的著作權人與證書和批復的著作權人不符合，可以推翻相關記載。

涉訟電視劇、拍攝協議書、相關審批等證書上載明「一簾幽夢」由深圳音像公司和香港吉人傳播公司聯合拍攝，深圳音像公司擁有中國大陸境內之電視劇版權，但湖南電視台提供相反證據證明這些表面的署名並不真實。

台灣怡人公司係瓊瑤家族企業，而瓊瑤劇幾乎皆為該公司所製作，故湖南電視台所稱系爭電視劇是由台灣怡人公司和台灣中視公司所投資製作有其可信度。

深圳音像公司交付予廣電總局之備審文件存在缺失，未能提供能夠證明該劇確係該公司與吉人公司投資拍攝的其他證據（如吉人

---

1 第十一條　著作權屬於作者，本法另有規定的除外。第四款：如無相反證明，在作品上署名的公民、法人或者其他組織為作者。

2 第二條　當事人對自己提出的訴訟請求所依據的事實或者反駁對方訴訟請求所依據的事實有責任提供證據加以證明。沒有證據或者證據不足以證明當事人的事實主張的由負有舉證責任的當事人承擔不利後果。

公司的投資和製作情形的相關證據等）。深圳音像公司聲稱已投資100多萬元，這個金額是不可能完成該劇全部拍攝的任務。二者，即使深圳公司確實與吉人公司合作，完成報批、投資、大陸地區的部分拍攝工作，也無證據可以證明吉人公司就是怡人公司或其相關企業。證據中也沒有怡人公司同意將中國大陸地區的權利轉讓予吉人公司或深圳公司的文件。故深圳音像公司聲稱該公司擁有「一簾幽夢」在中國大陸地區獨家播映權，此事證據不足。

(二) 即使吉人公司有台灣怡人公司的授權，又確實依據該授權予深圳音像公司約定版權劃分的條款，深圳音像公司因此享有「一簾幽夢」電視劇在中國大陸地區的相關權利，但時代文藝公司和湖南電視台的行為仍不構成侵權。就時代文藝公司的部分，與深圳音像公司的合約裡面有約定若非遇到不可抗拒之因素不得單方面解約，但深圳音像公司之後單方面要求解約，於法無據，不得解約。因此，時代文藝公司依照合約內容授權予湖南電視台播出「一簾幽夢」，此行為並未侵害深圳音像公司之權利。就湖南電視台而言，該電視台經審查之後相信仲杰公司擁有從怡人公司處合法授權之相應版權，與仲杰公司簽訂授權協議並支付權利金。之後發現著作權爭議，為了確保播映合法，湖南電視台還是再向時代文藝公司取得形式上的授權。因此，無論該劇真正權利人是誰，湖南電視台都已經盡到了合理的注意和審查義務，並無侵權。

六、第二審（終審）上訴人（深圳音像公司）上訴理由

(一) 原審判決認定事實錯誤。深圳音像公司從1996年開始擁有「一簾幽夢」在中國大陸地區之著作權，並發行VCD等製品。「一簾幽夢」第一輪播映之時，包括湖南電視台在內的各大電視台都是向深圳音像公司取得授權，故二輪播映權自然還是深圳音像公司。但原審判決認定仲杰公司擁有二輪發行權，是為錯誤認定。

(二) 原審判決幾乎沒有適用法律。原審法院認定行政機關的著作權審查行為是形式審查，此為錯誤認定。

七、第二審（終審）被上訴人（時代文藝公司）之當庭口頭抗辯理由

與深圳音像公司簽訂合約之時，因深圳音像公司出示政府機關所核發之版權許可證，故時代文藝公司採信深圳音像公司是「一簾幽夢」在中國大陸境內的著作權人。

深圳音像公司單方面解約，又授權給另一家公司。原因是深圳音像公司找到更好條件之買主，為了掩飾其違約行為而提起本案訴訟。

八、第二審（終審）訴訟爭點

(一) 時代文藝公司和湖南電視台現有證據是否足以構成相反證明，用以否定深圳音像公司提供之「一簾幽夢」電視劇相關署名為核心證據的著作權權屬證明。

(二) 湖南電視台播放「一簾幽夢」連續劇的行為是否侵害深圳音像公司的相關著作權。

九、第二審（終審）判決結果

原審判決對部分事實認定有誤，但適用法律和判決結果並無不當。駁回上訴，維持原判。

十、第二審（終審）判決理由

(一) 中華人民共和國著作權法第11條第3項規定，如無相反證明，在作品上署名的公民、法人、或其他組織為作者。第一審法院將這一法律規定理解為「如有相反證據證明作品的作者另有其人，是可推翻作品形式上的署名」，並無不當。故此案之關鍵在於現有證據中是否存在足以否定深圳音像公司提供之電視劇署名證據的

相反證明。

著作權法第15條第1項規定，電影作品和以類似攝製電影方法創作的作品的著作權由製片者享有。深圳音像公司所提供之VCD等證物之署名可以初步證明「一簾幽夢」電視劇的著作權由深圳音像公司和吉人公司享有。結合該二公司在1996年所簽之協議，可初步證明該劇中國大陸地區之版權可由深圳音像公司單獨行使。

就中視公司和怡人公司於1994所簽訂之協議，2008年瓊瑤和何琇瓊所出具之相關證詞再度確認該協議內容，但兩位證人均未到庭作證並接受當事人質詢，故證言證明力較弱。又劇本著作權與電視連續劇本身之著作權歸屬並無直接關係。故涉案電視劇劇本是否由瓊瑤授權怡人公司改編使用、瓊瑤作品是否幾乎都是其家族企業參與製作、怡人公司是否為其丈夫兒媳負責的企業更與涉案電視連續劇作品之大陸地區相關著作財產權歸屬毫無直接關係。再者，即使現有證據可以證明中視公司和怡人公司參與涉案電視劇的拍攝，也不能排除製作人為使該劇進入中國大陸地區而通過合法商業運作使其大陸地區相關著作權最終由深圳音像公司享有的情形。

因此，本案現有證據不足以否定深圳音像公司提供之署名證據以證明其著作權歸屬。原審法院認定事實錯誤。

(二) 著作權法第45條規定：「電視台播放他人的電影作品和以類似攝製電影的方法創作的作品、錄影製品，應當取得製片者或者錄影製作者許可」。因此判斷湖南電視台是否取得深圳音像公司相關授權的關鍵在於時代文藝公司2007年9月8日給湖南電視台的授權是否合法有效。

時代文藝公司與深圳音像公司所簽訂之兩份授權轉讓合約，內容約定時代文藝公司獲得涉案電視劇在中國大陸地區地面和衛星二輪播映發行權，而且兩份合約均為不可撤銷之合約。由於時代文藝公司簽了第一份合約之後與湖南電視台接洽，湖南電視台告知授權衝突情形，時代文藝即與深圳音像公司重簽第二份合約，並

在第二份合約授權期間內再與湖南電視台接觸。故時代文藝公司
有權根據合約與湖南電視台接洽授權播出事宜，並無侵權。而對
湖南電視台之授權亦合法有效。

時代文藝公司授權湖南電視台播映電視連續劇「一簾幽夢」，兩
公司均不侵害深圳音像公司享有的相關著作權。

十一、本件案例評析

(一) 牽涉大陸的視聽著作境外合作案的困難點

本案係十分複雜的視聽著作的境外合作案。「一簾幽夢」是台灣作
家瓊瑤十分著名的小說，該小說改編為連續劇。本案是湖南電視台播放該
片，而該片有兩個權利來源發生爭執，一個來源是台灣怡人公司，一個是
深圳音像公司。

本案「一簾幽夢」連續劇因何人拍攝而爭執，究竟是同一部連續劇或
兩部各自獨立拍攝的連續劇發生，頗富趣味。由判決書事實看起來，1994
年台灣中視公司與台灣怡人公司就該劇的拍攝有一個合作案，由該二公司
製作該電視劇。

而1996年深圳音像公司與香港吉人公司也有一個拍攝「一簾幽夢」
的合作案。

台灣怡人公司將該劇在大陸的權利授權給仲杰公司處理，仲杰公司授
權給湖南電視台播放。而深圳公司與吉人公司的合作案所拍攝的電視劇，
則由深圳公司授權給時代文藝公司，再由時代文藝公司授權給湖南電視
台。於是發生雙重授權的情況。

本來如果由台灣的中視公司與台灣怡人公司合作所拍攝的電視劇，
與由深圳音像公司與香港吉人公司所拍攝的電視劇，分別是兩部部不同的
視聽著作，這個案子很單純。因為湖南衛星電視台放映的片子，是中視和
怡人公司所拍的連續劇，而深圳音像公司所主張的連續劇，又是另一個片
子，這是兩個不相干，而相互獨立的視聽著作，湖南電視台，應無侵害深
圳音像公司的衛星播映權的問題。因為湖南電視台，沒有拿到深圳公司的
母帶，湖南電視台，僅播中視和怡人公司合作所拍的「一簾幽夢」的電視

劇。

　　然而，判決書事實又似乎未顯示出有兩部不同的電視劇，而是同一部戲劇發生權利的爭執。這就顯示出真正的製作公司，與審批的製作公司有出入，法院如何認定權利人的問題。

　　依大陸「電影管理條例」第24條第1項規定：「未經國務院廣播電影電視行政部門的電影審查機構（以下簡稱電影審查機構）審查通過的電影片，不得發行、放映、進口、出口。」大陸「音像製品管理條例」第28條第1項規定：「進口用於出版的音像製品，以及進口用於批發、零售、出租等的音樂製品成品，應當報國務院文化行政部門進行內容審查。」為了方便審批，本案由與大陸官方較接近的深圳音像公司，取得中國廣播電影電視部港澳台事務處辦公室和廣播電影電視部社會管理司分別出具同意深圳音像公司與吉人公司合拍並在全國省級無線電視台播出的審批。

　　而如果審批所認定的製作公司與實際的製作公司有出入，行政審批的認定的製作人，在著作權法上是否即被認定是視聽著作的著作權人？這是一個爭議問題。而第一審與第二審有完全不同的認定。

　　第一審法院認為，如無相反證明，在作品上署名之公民、法人或其他組織為作者。但國家廣播電影電視總局（下稱廣電總局）的批復和相關電視劇發行許可證所載明之權利人，由於中國行政機關僅進行形式上的審查而非實質審查，如法院經實體審查發現實際的著作權人與證書和批復的著作權人不符合，可以推翻相關記載。

　　涉訟電視劇、拍攝協議書、相關審批等證書上載明「一簾幽夢」由深圳音像公司和香港吉人傳播公司聯合拍攝，深圳音像公司擁有中國大陸境內之電視劇版權，但湖南電視台提供相反證據證明這些表面的署名並不真實。

　　然而第二審卻認為，廣電總局的批復和相關許可證，可以佐證深圳音像公司對該連續劇的標示權利。而且本案所顯示之證據，都不足以作為著作權法第11條第3項的相反證明，以推翻推定深圳公司是著作權人的事實。

(二) 大陸著作權法第11條第3項的適用問題

按大陸著作權法第15條第1項規定：「電影作品和以類似攝製電影的方法創作的作品的著作權由製片者享有。」第11條第3項規定：「如無相反證明，在作品上署名的公民、法人或者其他組織為作者。」

我國著作權法第13條第1項亦規定：「在著作之原件或其已發行之重製物上，或將著作公開發表時，以通常之方法表示著作人之本名或眾所周知之別名者，推定為該著作之著作人。」

本件在實質上，中視第一集每集出資140萬元，第二集每集出資150萬元，每檔原則上40集到50集，所以中視出資光第一檔，可能達到5600萬元至7000萬元，與判決書所述深圳公司與吉人公司的投入，高出很多。

而且本件「一簾幽夢」是台灣劇，基本上以台灣的演員為班底。所以該劇如果就台灣播放和發行的視聽著作來說，製作公司應是台灣的中視公司或怡人公司，而非深圳公司。所以所謂「製片者」的署名，可能有好幾個版本。由於大陸的審批制度，深圳音像公司因為地利之便，而取得行政審批，因而在片頭上掛名製片公司，然而實際上卻非製片公司，法院卻以著作權法第11條第3項為權利的推定，令行政審批與權利的認定的糾葛，產生一定的紛擾。

本件拍「一簾幽夢」，是瓊瑤的作品，而台灣怡人公司是瓊瑤的家族企業，而香港吉人公司與怡人公司或瓊瑤根本無關。本件第一審的判決，認為深圳音像公司在廣電總局的備案材料存在缺失，其提供的投資證明存在缺陷，也未能提供能夠證明該劇確係其僅與吉人公司投資拍攝的其他充分證據（如吉人公司的投資和製作情況的相關證據等），而100多萬元的資金是不可能完成該劇的全部拍攝的。因而認定深圳音像公司的製作人署名推定被推翻，基本上似較能令人信服。

然而第二審認定上述第一審認定事實有錯誤，並未一一反駁第一審認定事實錯誤之理由，主要似在維護審批的公信力。然而著作權主管機關的著作權登記和行政審批，都只作形式審查，而未能作實質審查。本件既有著作權歸屬的爭執，第二審法院應就資金、技術、合約、合作關係等，實質調查何人為真正製作人，以判斷何人為真正權利人，才是正確的作法。

案例6：公證人侵權公證書的證據力問題

 北京稻草熊公司 v. 中國電信公司、寧波成功公司

第一審：北京市西城區人民法院（2008）西民初字第8533號民事判決
第二審：北京市第一中級人民法院（2011）一中民終字第03022號民事
　　　　判決

一、案件程序

　　北京稻草熊影視文化有限公司（一審原告，二審被上訴人，下稱
「北京稻草熊公司」）向中國電信集團公司（一審被告，二審上訴人，下
稱「中國電信公司」）、寧波成功多媒體通信有限公司（一審被告，二審
上訴人，下稱「寧波成功公司」）提起民事訴訟，主張被告二公司侵害原
告著作權。北京市西城區人民法院受理此案，判定中國電信公司和寧波成
功公司侵權，須予賠償。一審被告不服，皆提起上訴。北京市第一中級人
民法院受理此案，撤銷一審判決，駁回北京稻草熊於一審之全部訴訟請
求。

二、案情摘要

　　「男丁格爾」是由台灣巨人股份有限公司（下稱「巨人製作公
司」）所製作之電視劇。北京稻草熊公司與巨人製作公司簽約，獲得「男
丁格爾」在中國大陸之信息網路傳播權以及獨自起訴主張維權之權利。授
權範圍包括在中華人民共和國境內以及與北京稻草熊公司有合作關係的應
用平台及合作營運商平台系統覆蓋區域內的獨家授權，內容有基於IP網路
和3G技術傳輸的網路版權，或以PC、STB、手機、PDA和手持續播放設
備為終端以及其他新媒體的版權。此權利已在國家版權局登記。

　　「互聯星空」係中國電信公司經營之入口網站，「九州夢網」係寧波

成功公司經營之媒體網站，內有「港台劇場」等欄目。中國電信公司利用
其「互聯星空」業務平台和客戶資源，設置專門的入口聯結，想要觀賞電
影之使用者付費後，會被導引至「九州夢網」所提供之「港台劇場」。亦
即寧波成功公司提供線上播放、下載電影等服務，中國電信公司負責計費
及代收訊息服務費。九州夢網之港台劇場網頁上也有互聯星空的logo。

　　2007年，上海市靜安區公證處出具公證書，就使用者向中國電信公
司支付費用後可從「互聯星空」連結到「九州夢網」的港台劇場觀賞「男
丁格爾」之操作過程進行證據保全。操作過程是在原告北京稻草熊公司的
代理人之辦公室，利用代理人提供之電腦所進行。但公證書上聲明「公證
人員在檢查了上網的電腦及互聯網連線設備，無異常的情況下，監督原告
代理人黃寰在互聯網上進行了操作」。北京稻草熊公司根據此公證書內容
主張中國電信公司和寧波成功公司侵權。

三、一審訴訟爭點

　　一審被告（中國電信公司、寧波成功公司）挑戰原告北京稻草熊公司
所提供之上海市靜安區公證處公證書內容之證據力。被告認為該公證書所
載觀賞「男丁格爾」之操作過程是在原告代理人的辦公室、利用原告代理
人之電腦、由原告代理人進行操作，其公證過程作為證據存在重大瑕疵，
電腦所呈現的可能不是網路的真實內容，不應採信。

　　故訴訟爭點在於該公證書是否為侵權之有效證據？

四、一審判決結果

　　依據「中華人民共和國民法通則」第130條，「中華人民共和國著作
權法」第10條第1款第12項，第47條第1項，第48條第2項之規定。最高人
民法院「關於審理著作權民事糾紛案件適用法律若干問題的解釋」第25條
第1款、第2款之規定。

　　判決中國電信公司、寧波成功公司賠償北京稻草熊公司經濟損失及訴
訟合理支出4萬2千元。

五、一審判決理由

(一) 證據

　　系爭公證書是上海市靜安區公證處指派公證人員依照法定程序所進行，該公證書寫明「公證人員在檢查了上網的電腦及互聯網連線設備，無異常的情況下，監督原告代理人黃寰在互聯網上進行了操作」。儘管該公證書此處行文簡單，但已經表明公證人員在進行公證活動前，已對操作使用的電腦設備及網路環境進行檢查，確定無異常、可以正常進行公證活動的使用狀態。

　　目前中國大陸對於網路證據保全該如何進行公證並未做出明確的法律規定。同時，中國電信公司、寧波成功公司並未提供足以推翻公證證明的相反證據。故不能否定該公證書之效力。

(二) 實體

　　法院確信北京稻草熊公司經授權獲得電視劇「男丁格爾」之信息網路傳播權，亦有權獨立起訴主張權利，合法權益應受法律保護。

　　上述公證書有效，被告以證據瑕疵抗辯無效。中國電信公司「互聯星空」網站設立專門的網頁連結寧波成功公司之「九州夢網」網站下的「港台劇場」，向公眾提供涉案電視劇的線上播放和下載服務，構成對北京稻草熊公司對涉案電視劇作品享有之信息網路傳播權的侵害，應當承擔共同侵權的民事責任，即停止侵害、賠償原告北京稻草熊公司的經濟損失。

六、二審上訴人（中國電信公司、寧波成功公司）上訴理由

(一) 因台灣巨人製作公司授權予北京稻草熊公司之授權書未經過公證證明，故不應採信。北京稻草熊公司並未獲得「男丁格爾」在中國大陸的信息網路傳播權。

(二) 本案關鍵證據之公證書存有重大瑕疵，不應採信。根據「辦理保全證據公證的指導意見」第15條規定「辦理保全互聯網上實時數據的公證，應當使用公證機構的計算機或無利害關係的第三人的

計算機進行」。北京稻草熊所提供之公證網路保全行為並未在公
證處進行，而且使用北京稻草熊公司代理人提供的電腦，公證人
員未對公證保全的電腦的網路清潔度進行檢查，存在保全的訊息
不真實的可能性。

根據最高法院公布的指導案例中確立的此類公證書的認證原則
「公證書中對於電腦與互聯網的連接狀態，電腦硬盤中是否有
預存內容、刻錄光盤由誰提供、是否清潔等情況均未明確記
載……不能排除公證下載的網站內容並非網站…真實內容的可能
性」[1]，這原則足以否定系爭公證書之證據力。

七、二審訴訟爭點

北京稻草熊公司所提供之證據保全公證書是否有證據力？

八、二審判決結果

撤銷一審判決，駁回北京稻草熊公司全部訴訟請求。

九、二審判決理由

(一) 授權證明之效力

台灣巨人製作公司與北京稻草熊公司所簽署之「男丁格爾」信息網路
傳播權授權證明寫明該授權書之簽署地點為中國大陸北京市，即該證據之
形成地點在中國大陸地區，故無須辦理公證認證手續。二審上訴人並未提
供相反證據，故該授權證明有效。

1　北京市西城區人民法院（2008）西民初字第11349號《民事判決書》：「該公證書記載
　的公證地點是位於鄭州市黃河路十號的天中網絡休閒會所，操作人員使用的是會所中的
　電腦而並非公證處的電腦，公證書中對於電腦與互聯網的連接狀態、電腦硬盤中是否有
　預存內容、刻錄光盤由誰提供、是否清潔等情況均未明確記載。……不能排除公證下載
　的網站內容並非網站www.leizu.cn真實內容的可能性，紫禁城公司據此主張中國電信公
　司侵犯其享有的涉案影片的信息網絡傳播權證據不足，本院不予支持。」

(二) 侵權過程證據保全之公證書的證據力

　　系爭公證書之證據力應受質疑。由於網路的特性及隨著電腦技術的發展，在技術上存在可以預先在本地電腦中設置目標網頁，之後通過該電腦連上網路時，該虛擬的目標網頁與其他真實的目標網頁同時並存的可能性。因此，認定涉及網路網頁的公證證據的時候，應審查該公證證據是否能反映網路環境之中的情形，也就是公證證明的網路資訊是否來自於網路而不是本地電腦，並在此基礎上決定能否做為認定案件事實的依據。

　　如果公證所使用的電腦及連接網路的設備均為委託人所提供，而且公證書中沒有檢查該電腦之清潔性、電腦與網路的連接狀態等必要內容之記載，在對方當事人提出質疑、且無其他證據與該公證證據相互印證的情況下，對公證證明之事實不應予以認定。

　　本案系爭之公證書載明的公證地點是北京稻草熊公司代理人辦公室地址，且該公證書中未明確記載電腦的提供者、對電腦的清潔性進行檢查的過程、電腦與網路的連接狀態等必要內容，故二審法院對該公證證據不予採信。

　　因此，北京稻草熊對中國電信公司、寧波成功公司侵害該公司享有之「男丁格爾」在中國大陸之信息網路傳播權的主張缺乏事實根據。

十、本件案例評析

(一) 有關公證證據力認定的法律依據問題

1. 本件系爭被侵權的著作係台灣巨人製作公司所拍的電視劇「男丁格爾」，巨人製作公司將該電視劇有關在中國大陸之信息網路傳播權以及獨自起訴主張維權之權利，簽約授權給北京稻草熊公司，而該權利被中國電信公司、寧波成功公司侵害。

　　問題是在搜證以作證據保全時，北京稻草熊公司請上海市靜安區公證處出具公證書，就使用者向中國電信公司支付費用後可從「互聯星空」連結到「九州夢網」的港台劇場觀賞「男丁格爾」之操作過程。操作過程是在原告北京稻草熊公司的代理人之辦公室，利用代理人提供之電腦所進行。因此，被告認為其公證過程作為證

據存在重大瑕疵,電腦所呈現的可能不是網路的真實內容,不應採信。

　　第一審法院認為,系爭公證書是上海市靜安區公證處指派公證人員依照法定程序所進行,該公證書寫明「公證人員在檢查了上網的電腦及互聯網連線設備,無異常的情況下,監督原告代理人黃寰在互聯網上進行了操作」。儘管該公證書此處行文簡單,但已經表明公證人員在進行公證活動前,已對操作使用的電腦設備及網路環境進行檢查,確定無異常、可以正常進行公證活動的使用狀態。

　　第二審法院卻逆轉態度,根據「辦理保全證據公證的指導意見」第15條規定:「辦理保全互聯網上實時數據的公證,應當使用公證機構的計算機或無利害關系的第三人的計算機進行」,而北京稻草熊所提供之公證網路保全行為並未在公證處進行,而且使用北京稻草熊公司代理人提供的電腦,公證人員未對公證保全的電腦的網路清潔度進行檢查,存在保全的訊息不真實的可能性。

　　再者,根據最高人民法院公布的指導案例中確立的此類公證書的認證原則「公證書中對於電腦與互聯網的連接狀態,電腦硬盤中是否有預存內容、刻錄光盤由誰提供、是否清潔等情況均未明確記載……不能排除公證下載的網站內容並非網站…真實內容的可能性」[2],這原則足以否定系爭公證書之證據力。因而判決北京稻草熊公司敗訴。

2. 依大陸公證法第第36條規定:「經公證的民事法律行為、有法律意義的事實和文書,應當作為認定事實的根據,但有相反證據足以推翻該項公證的除外。」第39條規定:「當事人、公證事項的利害關係人認為公證書有錯誤的,可以向出具該公證書的公證機構提出複查。公證書的內容違法或者與事實不符的,公證機構應當撤銷該公

---

2 北京市西城區人民法院(2008)西民初字第11349號《民事判決書》:「該公證書記載的公證地點是位於鄭州市黃河路十號的天中網絡休閒會所,操作人員使用的是會所中的電腦而並非公證處的電腦,公證書中對於電腦與互聯網的連接狀態、電腦硬盤中是否有預存內容、刻錄光盤由誰提供、是否清潔等情況均未明確記載。……不能排除公證下載的網站內容並非網站www.leizu.cn真實內容的可能性,紫禁城公司據此主張中國電信公司侵犯其享有的涉案影片的信息網絡傳播權證據不足,本院不予支持。」

證書並予以公告，該公證書自始無效；公證書有其他錯誤的，公證機構應當予以更正。」第40條規定：「當事人、公證事項的利害關係人對公證書的內容有爭議的，可以就該爭議向人民法院提起民事訴訟。」

公證法係法律，效力位階較高。依公證法之規定，經公證之事實，並作成公證書，除非有相反的證據足以推翻該公證，否則應當作為認定事實之根據。而如果當事人欲否認為公證書有錯誤，應另提民事訴訟或向公證機關提出複查。

本件第二審判決所引「關於保全證據公證的指導意見」第15條規定，僅係中國公證協會理事會通過的公證指導事項，不應具有法律效力，尤其不應具有優先於公證法的效力。況公證書上聲明「公證人員在檢查了上網的電腦及互聯網連線設備，無異常的情況下，監督原告代理人黃寰在互聯網上進行了操作」，足見公證人已經在電腦上作檢查，而且被告也無相反證據證明原告有在電腦上作偽或有不實情事，依公證法第36條規定，在證據上應該被採認。

(二) 有關不同法院的不同認定問題

依2007年北京第二中級人民法院審理環球唱片公司訴請北京阿里巴巴公司有關《Beautiful Day》等9首歌曲侵害著作權糾紛案，依第一審判決書認定的事實[3]：

1. 「國際唱片業協會北京代表處的代理人北京市路盛律師事務所職員張旭、蔣南頓分別作為申請人，分別使用張旭提供的計算機和公證處的計算機在雅虎中文網站，對涉案9首歌曲提供音樂搜索、歌曲試聽、下載服務等過程進行公證證據保全…。」
2. 「2006年4月28日，國際唱片業協會北京代表處的代理人北京市路盛律師事務所職員杜雲作為申請人，使用杜雲提供的計算機，在雅虎中文網站對涉案歌曲《Elevation》和《Walk On》提供音樂盒服

---

3 以下三項一審判決認定的事實，全文見王振清主編，知識產權經典判例，頁322-323，知識產權出版社，2010年10月。

務的相關情況進行了公證證據保全…。」

3. 「2006年4月30日，國際唱片業協會北京代表處的代理人北京市路盛律師事務所職員蔣南頓作為申請人，使用蔣南頓提供的計算機，對雅虎中文網站對歌曲音樂信息進行搜集、整理、分類，按歌曲風格、流行程度、歌手性別等標準製作了不同的分類信息的情況進行了公證證據保全…。」

上述公證證據保全程序，皆使用原告律師之職員之電腦，依「辦理保全證據公證的指導意見」第15條規定：「辦理保全互聯網上實時數據的公證，應當使用公證機構的計算機或無利害關系的第三人的計算機進行。」上述證據應不予認定，不得採為證據。然而在環球唱片公司訴請北京阿里巴巴公司有關《Beautiful Day》等9首歌曲侵害著作權糾紛案案，無論是第一審或第二審判決[4]，使用原告代理律師職員的電腦所為的搜證程序，均予以認定，法院判決環球唱片公司勝訴[5]，認定證據與本案不同，顯然法院對此有不同見解。

(三) 本案之啓示

1. 在中國大陸訴訟，應廣泛了解其司法程序。許多訴訟的勝負關鍵在於其搜證的程序，被告律師的抗辯，無奇不有。故在請求公證員進行證據保全時，應力求程序完整，儘量使用公證員或公證機構的電腦，勿使用原告或相關利害關係人的電腦，以免證據發生瑕疵，在被告的抗辯下，無法作為有利的證據。此外，依2012年1月中國公證協會所頒布的「辦理保全互聯網電子證據公證的指導意見[6]」，其中程序步驟，尤須注意，以免證據被挑戰。

2. 在中國大陸公證員的業務範圍，十分廣泛。例如依「辦理保全證據公證的指導意見」[7]第11條規定：

---

4 第一審為：北京第二中級人民法院（2007）二中民初字第2626號民事判決，第二審（終審）：北京高級人民法院（2007）高民終字第1190號民事判決。

5 參見王振清主編，前揭書，頁320-330；王振清主編，網絡著作權經典判例（1999-2010），頁150-160知識產權出版社，2011年1月。

6 參見http://www.sdrsgz.com/Article/gzfg/201203/222.html (2012/6/22)

7 參見http://www.tedanota.gov.cn/law/gz/2010/0121/583.html (2012/6/22)

「辦理保全書證、物證和視聽資料的公證，公證員和公證機構的其他從業人員（以下簡稱公證人員）應當採取現場勘驗和當場提取證據的模式進行，並將相關的情況製作工作記錄。記錄的內容應當包括：勘驗的時間、地點；辦理保全證據公證的公證人員及在場的相關人員的人數、姓名；保全對象的基本情況；保全的模式、方法；證據取得的時間、地點、模式或者證據的存放模式、地點、現狀；取得的證據數量、種類、形式等（第1項）。

對不易收存的物證可以採取記錄、繪圖、照相、錄像、複製等模式保全（第2項）。

辦理保全物證、書證和視聽資料的公證需要由專業機構或者專業人員採用技術手段進行的，公證人員應當審查專業人員的身分和相應的資格，告知其操作的法律意義與法律後果，並對保全過程予以證明（第3項）。

保全物證、書證和視聽資料過程中，委託專業機構或者專業人員以照相、錄像、錄音、測繪、評估或者鑑定等模式形成的證據，應當由專業機構的承辦人員或者專業人員簽名並及時由公證機構封存（第4項）。

當事人申請以下列視聽模式辦理保全證據公證的，公證機構可以受理（第5項）：

(1) 以照相、錄像模式在公共場所（包括營業場所）對財產、行為辦理保全證據公證的；

(2) 以錄像、錄音模式對其與他人的談話辦理保全證據公證的。

此外，該指導意見第14條規定：

「辦理保全侵權物證的公證，公證機構可以根據當事人的要求和被保全對象的不同特點，採取客觀記錄當事人購買或者索取實物（包括索要發票、憑證）的過程、照相、錄像、詢問證人等模式，保全現場的真實情況（第1項）。

辦理侵權物證保全時，為便於申請人取證，公證人員可以不公開身分，但必須親臨現場，並進行現場記錄或者事後及時補記現場記錄。現場記錄應當載明取證的時間、地點、證據名稱、數量等，並

交由申請人或者在場人簽名（第2項）。

取證過程中取得的票據、單據等憑證，公證機構應當收存原件，有正當理由無法收存原件的，應當收存公證人核實無誤的複印件（第3項）。」

依此，足見在大陸公證員可以公證的範圍，包含代為購買盜版物、拍照、錄音、錄音、照像等等搜證方式，幾乎台灣侵害智慧財產權搜證程序，徵信社在做的業務，公證員大部分都可以做。如果我國公證法及相關法規，擴大公證人可以公證的範圍，使公證人之公證範圍，不限於辦公室，多數時間可以在侵權現場取證，此對智慧財產權之保全證據，非常有幫助，對於我國大力取締盜版，必有裨益。

案例7：ISP的幫助侵權責任（一）

 環球公司（Universal International Music B. V.）v. 阿里巴巴公司

第一審：北京第二中級人民法院（2007）二中民初字第2626號民事判決
第二審：北京高級人民法院（2007）高民終字第1190號民事判決

一、案件程序

　　阿里巴巴信息技術公司（一審被告，終審上訴人，下稱「阿里巴巴公司」）旗下之中國雅虎網站提供音樂連結，遭權利人環球國際唱片股份有限公司（一審原告，終審上訴人，下稱「環球公司」）以侵害著作權之名提起訴訟，並要求賠償五十萬元。一審由北京第二中級人民法院審理，宣告阿里巴巴公司確實侵權，但所判令之賠償遠低於環球公司所請求之金額。阿里巴巴公司與環球公司兩方皆申請上訴，終審由北京高級人民法院審理。

二、案情摘要

　　阿里巴巴公司旗下的中國雅虎網站是一搜索引擎，此案之爭議在於其搜索音樂之功能。使用者搜索所得的音樂內容並非儲存於中國雅虎網站伺服器本身之內容，而是透過搜索網站連結至第三方網站提供之音樂檔案。有爭議的音樂搜索功能一為其音樂搜索頁面。當使用者鍵入特定關鍵字，按下「搜歌曲」鍵之後，會出現歌曲列表，表中顯示歌曲名稱、歌手、所屬專輯、歌詞、試聽、鈴聲、音樂盒、格式、大小、連通速度等項目。點下其中的「試聽」欄，會出現對話框型式的試聽頁面。在此頁面點下「下載歌曲」欄，就會出現對話框形式的下載頁面，完成下載。試聽頁面和下載頁面對話框內皆有雅虎所設置之廣告資訊。

　　另一有爭議之功能是中國雅虎網站對音樂檔案之資訊進行整理分

類，使用者可選擇搜尋「搜歌曲」「搜歌詞」，或者點選「全部男歌手」「全部女歌手」「新歌飆升」「影視經典」「歐美經典」等等18個分類，或者到「新歌飆升榜」、「熱搜歌曲排行榜」等頁面點選相關歌曲試聽並下載音樂檔案。

第三項有爭議之功能是雅虎音樂搜索頁面下的「音樂盒」服務，讓使用者可以整理、儲存、分享搜索所得之音樂檔案資訊。使用者經過上述同樣程序搜尋音樂，到歌曲列表頁面點選「音樂盒」，輸入使用者之雅虎ID和密碼，即可將搜索所得之歌手、歌名、專輯、檔案網址等資訊存至音樂盒裡面。使用者可以把這些歌曲整理成自己的歌曲列表，按自己想要的順序播放，也可以把歌曲整理成「我的專輯」並儲存。若把音樂盒設定成公開，其他使用者也可以看到該使用者音樂盒中所整理的音樂檔案資訊。就這部分，中國雅虎網站主張「音樂盒」的功能類似瀏覽器的書籤功能。

環球公司出版樂團U2的「All That You Can't Leave Behind」專輯，也擁有專輯內9首歌曲之錄音製作權。該公司有授權給中國數個音樂網站提供付費下載音樂，這類付費服務網站需要註冊登錄才能下載，因此中國雅虎網站無法搜尋得到正版檔案。環球公司發現透過上述的中國雅虎網站音樂搜尋功能可以讓使用者從未得授權的網站非法下載到該公司的版權音樂。因此，環球公司透過國際唱片業協會通知北京三七二一科技有限公司（阿里巴巴公司的前身）侵權連結一事。之後，環球公司本身又發律師函通知北京三七二一科技公司，要求中國雅虎網站刪除函內列出之有演唱者和專輯相關之侵權連結。律師函內附上數個侵權連結作為說明用的範例。中國雅虎網站最後只有手動刪除律師函內所附之具體侵權連結，並未刪除涉案侵權音樂的全部搜索結果。

環球公司主張阿里巴巴公司所經營之中國雅虎網站對使用者試聽和下載涉案歌曲的現象有控制權，把其他網站的資源作為自己的資源控制且使用，複製並網路傳播環球公司享有錄音製作者權的涉案歌曲。

三、一審訴訟爭點

(一) 原告環球公司是否對涉案歌曲享有錄音製作者權？

(二) 被告阿里巴巴公司的涉案行為，是否構成對原告所享有的錄音製作者權的侵犯，是否應當承擔相應的法律責任？

四、一審判決結果

(一) 阿里巴巴公司應刪除雅虎中文網站「雅虎音樂搜索」中與「Beautiful Day」等9首涉案歌曲有關的搜索連結。

(二) 阿里巴巴公司應賠償環球公司經濟損失人民幣3600元以及為訴訟支出的合理費用人民幣11000元。

五、一審判決理由

(一) 環球公司是涉案歌曲的錄音製作者權人

依據環球公司所提供的正版錄音製品中關於涉案歌曲錄音製作者權人的署名，及國際唱片業協會相關著作權認證，可以認定環球公司對涉案歌曲享有錄音製作者權。而環球公司所登記之住所位於荷蘭。荷蘭與中國皆為伯恩公約的成員國，根據該公約及中國相關法律規定，環球公司可以依據其製作完成的錄音製品向我國有管轄權的法院提出相關訴訟主張。

(二) 阿里巴巴公司旗下之中國雅虎網站的涉案行為，是否構成侵害環球公司之錄音製作者權？

1. 有關複製和網路傳播行為

中國雅虎網站的音樂搜索功能並不符合複製、網路傳播涉案歌曲的要件。中國雅虎網站上的涉案音樂檔案，無論是關鍵字搜索所得還是分類頁面瀏覽所得，得到的搜索結果皆是連到站外第三方的網站。即便音樂盒當中所儲存的資訊仍然是涉案歌曲的站外連結，而非檔案本身。再者，被告網站的下載頁面當中都有顯示涉案歌曲的網頁來源，不會使使用者產生涉

案歌曲來自中國雅虎網站的誤解。因此，被告網站是提供試聽和下載過程的便利，並不能推導出其提供涉案歌曲的結論。被告的涉案行為並不構成複製或者通過網路傳播涉案歌曲的行為。

2. 有關幫助或共同侵權行為

網路服務提供者在收到權利人通知之後截斷與侵權內容的連結，不用承擔賠償責任。但明知或者應知所連結之內容是侵權物卻不截斷，應該承擔共同侵權責任。

中國雅虎網站設置專門的網頁提供音樂搜索服務，環球唱片已發函告知侵權事實之存在，並提供詳細涉案版權音樂作品之資料和7個具體侵權連結的網址作為範例。但中國雅虎網站僅刪除原告有提供具體網址的7個侵權連結，怠於行使刪除與涉案歌曲有關的其他侵權搜索連結的義務，放任涉案侵權結果的產生。因此，被告主觀上有過錯，屬於通過網路幫助他人進行侵權行為的行為。

因此，阿里巴巴公司的涉案行為侵害環球公司對涉案歌曲所享有的錄音製作者權中的「信息網路傳播權」和「獲得報酬權」，應當承擔共同侵權的法律責任。

第一審判決所引之法律依據，包括「中華人民共和國著作權法」第41條第1項、第47條第1款、第48條、「信息網路傳播權保護條例」第14條、第15條、第23條、最高人民法院「關於審理涉及計算機網路著作權糾紛案件適用法律若干問題的解釋」第3條之規定。

六、第二審之上訴理由

(一) 環球公司（一審原告，二審上訴人）之上訴理由

1. 請求增加賠償金額。阿里巴巴公司持續侵權時間之長，覆蓋面之廣，足以給環球公司造成不可估量的損失。而且阿里巴巴公司主觀惡意明顯，環球公司為了制止阿里巴巴公司的侵權行為耗費大量人力物力。
2. 請求糾正原審判決關於阿里巴巴公司涉案行為不構成複製或通過網

路傳播涉案歌曲的認定。阿里巴巴公司一直以來致力於提供專業音樂服務，而非僅僅是搜尋引擎。

(二) 阿里巴巴公司（一審被告，二審上訴人）上訴理由

1. 阿里巴巴公司刪除環球公司律師函中所列之具體侵權網址，已履行應盡之義務。環球公司提出刪除與涉案歌手和專輯相關的搜索結果，並非合理要求，可能侵害未侵權的第三人之合法權益。

2. 環球公司所發之兩封函件內容不符合法定通知書的要求，應視為該公司並未發出通知。這兩封函件不能成為阿里巴巴公司因「明知或者應知」而承擔共同侵權責任的理由。法定意義上的「明知或者應知」應當是使網路服務提供者完全可以據此採取相應的措施。一審判決的邏輯會導致整個搜索引擎行業遭受滅頂之災。

七、第二審之訴訟爭點

(一) 中國雅虎網站的涉案行為是否複製或通過信息網路傳播涉案歌曲？

(二) 中國雅虎網站的涉案行為是否應當承擔侵權責任？

八、第二審之判決結果

一審法院認定事實清楚，適用法律正確。駁回上訴，維持原判。

九、第二審判決理由

(一) 阿里巴巴公司之涉案行為未侵害環球公司之錄音製作者權的複製權：

儘管雅虎中國網站上顯示的音樂搜索結果是經過阿里巴巴公司進行整理、分類後形成的顯示形式，但阿里巴巴公司並不能對所連結的第三方網站上的涉案歌曲有所控制，使用者試聽或下載的涉案歌曲均是由第三方網站上傳提供試聽與下載。「音樂盒」的服務部分亦同，是將雅虎中國網站

所搜索到的相關網址進行儲存的服務，而不是將涉案歌曲儲存到雅虎網站本身。因此，阿里巴巴公司提供的音樂搜索服務是為使用者試聽和下載第三方網站所上傳的歌曲提供設施和便利，而音樂盒的服務是提供儲存相關網路連結網址提供便利。

因此，阿里巴巴公司的上述服務本質上仍然屬於搜索、連結服務，在伺服器上沒有複製、向公眾傳播侵權的錄音製品，服務方式也不會使網路使用者產生涉案錄音製品是來源自中國雅虎網站的誤認。因此，阿里巴巴公司的行為並未侵害環球國際唱片公司對涉案歌曲所享有的歌曲錄音製作者權。

(二) 阿里巴巴公司客觀上參與、幫助了被連結的第三方網站實施侵權行為，主觀過錯明顯，構成對環球公司錄音製作者權中的信息網路傳播權和獲得報酬權的侵犯，應當承擔侵權的法律責任：

1. 有關判斷過錯標準

「信息網路傳播保護條例」第23條規定：「網絡服務提供者為服務對象提供搜索或者鏈接服務，在接到權利人的通知書後，根據本條例規定斷開與侵權的作品、表演、錄音錄像製品的鏈接的，不承擔賠償責任；但是，明知或者應知所鏈接的作品、表演、錄音錄像製品侵權的，應當承擔共同侵權責任。」據此，即使在權利人沒有向網路服務者提交「信息網路傳播權保護條例」第14條所規定的通知的情況下，提供搜索、連結服務的網路服務提供者明知或者應知所連結的錄音製品侵權而仍然提供搜索、連結的，應當承擔侵權責任。

具有過錯是網路服務提供者承擔侵權責任的條件。判斷行為人有無過錯，要看行為人對其行為的不良後果是否能夠和應當預見，故應考量行為人的預見能力、預見範圍，亦要區別通常預見水平和專業預見水平等情形。這種判斷有無過錯之標準適用於提供搜索、連結服務的網路服務提供者。

2. 適用本案事實

中國雅虎網站之音樂搜索功能之各種分類搜索服務（見案件摘

要），是阿里巴巴公司按照自己的意志，在蒐集、整理、分類的基礎上，對相關的音樂資訊按不同標準製作了相應的分類訊息。阿里巴巴公司作為搜索引擎服務商，經營包括音樂搜索服務在內的業務，向用戶提供專業的音樂搜索服務並從中盈利，屬於專業性音樂網站。又有獲環球公司授權之音樂網站皆為註冊付費網站，中國雅虎網站無法由此來源擷取檔案，故涉案第三方網站均是提供侵權檔案。

　　綜合以上因素，依照過錯判斷標準，阿里巴巴公司應當知道也能夠知道其搜索、連結的錄音製品的合法性，尤其是在環球公司幾次書面通知阿里巴巴公司連結侵權一事，阿里巴巴公司更應注意到涉案歌曲錄音製品之合法性並採取相應措施。但阿里巴巴公司只有刪除環球公司提供之具體7個搜索連結，而未刪除與涉案歌曲錄音製品有關的其他搜索連結。故，阿里巴巴公司怠於盡到注意義務，放任涉案侵權行為的發生的狀態是顯而易見的，應當認定阿里巴巴公司主觀上具有過錯。

十、本件案例評析

(一) 直接侵權行為與間接侵權行為

1. 本來大陸著作權法，並無間接侵權行為的規定，但是由於英美法系有輔助侵權（contributory infringement）與替代責任（vicarious liability）制度，而且在網路服務提供者（ISP）的責任，往往分直接侵權或輔助侵權來解決ISP的責任問題。而大陸著作權法的學者理論和判決，亦受影響，著作權侵害亦有直接侵權和間接侵權（第三人責任）的區分[1]。

　　所謂直接侵權，即利用人未經授權而實施著作權法中專有權利的行為，如果利用人之行為不得主張合理使用或其他免責規定，即構成直接侵權。而著作權法中專有權利，在侵害著作權部分，著作權法第10條即規定著作權人的17種專有權利。而有關出版、表演、

---

[1] 參見李明德‧許超，著作權法，頁210-214，法律出版社，2009年7月；王遷，網路環境中著作權保護之研究，頁146以下，法律出版社，2011年3月。

錄音錄像、播放之鄰接權之專有權利，則規定在著作權法第4章（第30條以下）。

　　所謂間接侵權，係指未實施直接侵權，但故意引誘他人實施直接侵權，或明知或應知他人即將或正在實施直接侵權時，為其提供實質性的幫助，以及特定情況下直接侵權的準備和擴大其侵權後果的行為[2]。

　　在大陸民法並未有直接侵權和間接侵權的區分，但是大陸「侵權責任法」第9條第1項規定：「教唆、幫助他人實施侵權行為的，應當與行為人承擔連帶責任。」民法第130條規定：「二人以上共同侵權造成他人損害的，應當承擔連帶責任。」另2006年11月修正的最高人民法院『關於審理涉及計算機網路著作權糾紛案件適用法律若干問題的解釋』第3條規定：「網絡服務提供者通過網絡參與他人侵犯著作權行為，或者通過網絡教唆、幫助他人實施侵犯著作權行為的，人民法院應當根據民法通則第一百三十條的規定，追究其與其他行為人或者直接實施侵權行為人的共同侵權責任。」上述規定，提供網路間接侵權責任的法律基礎。

2. 本件第二審判決認為：「儘管雅虎中國網站上顯示的音樂搜索結果是經過阿里巴巴公司進行整理、分類後形成的顯示形式，但阿里巴巴公司並不能對所連結的第三方網站上的涉案歌曲有所控制，使用者試聽或下載的涉案歌曲均是由第三方網站上傳提供試聽與下載。『音樂盒』的服務部分亦同，是將雅虎中國網站所搜索到的相關網址進行儲存的服務，而不是將涉案歌曲儲存到雅虎網站本身。因此，阿里巴巴公司提供的音樂搜索服務是為使用者試聽和下載第三方網站所上傳的歌曲提供設施和便利，而音樂盒的服務是提供儲存相關網路連結網址提供便利」，因而阿里巴巴公司對原告環球公司之製音製品並未有複製行為，即無直接侵權行為。

　　此項判決基本上是正確的。蓋搜尋、鏈結功能，在雅虎網站的伺服器並未新增複本。至於搜索鏈結的行為是否為「信息網絡

2　王遷，前揭書，頁146。

傳播行為（公開傳輸行為）」雖有爭論，但鏈結搜尋行為，即使是美國ALS Scan Inc. v. Remarq Communities Inc.一案[3]，亦不認為ISP應負直接侵權責任，至多僅負間接侵權責任[4]。另在美國Perfect10 v. Google一案中，美國第九巡迴法院亦認為，「應以伺服器測試（server test）來認定直接侵權，易言之，只有將著作上傳，而在伺服器有複本之行為，方可能是直接侵權，對第三人網路提供鏈結，僅可能構成間接侵權[5]」。在大陸亦有多起訴訟均不認為直接侵權[6]，然而亦少數例外，認為係直接侵權[7]。

3. 依據「信息網絡傳播保護條例」第23條規定：「網絡服務提供者為服務對象提供搜索或者鏈接服務，在接到權利人的通知書後，根據本條例規定斷開與侵權的作品、表演、錄音錄像製品的鏈接的，不承擔賠償責任；但是，明知或者應知所鏈接的作品、表演、錄音錄像製品侵權的，應當承擔共同侵權責任。」又「最高人民法院關於審理涉及計算機網絡著作權糾紛案件適用法律若干問題的解釋」第3條規定：「網絡服務提供者通過網絡參與他人侵犯著作權行為，或者通過網絡教唆、幫助他人實施侵犯著作權行為的，人民法院應當根據民法通則第一百三十條的規定，追究其與其他行為人或者直接實施侵權行為人的共同侵權責任。」第4條規定：「提供內容服務的網絡服務提供者，明知網絡用戶通過網絡實施侵犯他人著作權的行為，或者經著作權人提出確有證據的警告，但仍不採取移除侵權內容等措施以消除侵權後果的，人民法院應當根據民法通則第一百三十條的規定，追究其與該網絡用戶的共同侵權責任。」

3　239 F.3d 619 (4th Cir.2001)

4　本案判決內容參見孫遠釗，美國著作權法令暨判決之研究，頁27-35，經濟部智慧財產局，2009年12月。

5　Perfect10 v. Google. *Inc., et al.*, 416 F. Supp. 2d 828 (C.D. Cal. 2006)

6　例如北京高級人民法院2007年高民終字第1184號民事判決。參見韓赤風‧李樹建‧張德雙等著，中外知識產權法經典案例評析，頁75-78，法律出版社，2011年9月。另王遷，網路版權法，頁113以下，中國人民大學出版社，2008年12月；陳水順主編，專家評點與建議涉外著作權案例，頁61，法律出版社，2010年10月。

7　例如2004年正東、新力和華納三大唱片公司分別對chinamp3.com的網站經營者北京世紀悅博公司提起訴訟，法院認為被告的搜索、鏈結行為構成直接侵權。參見程永順，網絡著作權判例，頁242以下，知識產權出版社，2010年6月。

　　本件二審法院認為，阿里巴巴公司「應當知道也能夠知道」其搜索、連結的錄音製品的合法性，尤其是在環球公司幾次書面通知阿里巴巴公司連結侵權一事，阿里巴巴公司更應注意到涉案歌曲錄音製品之合法性並採取相應措施。但阿里巴巴公司只有刪除環球公司提供之具體7個搜索連結，而未刪除與涉案歌曲錄音製品有關的其他搜索連結。故阿里巴巴公司怠於盡到注意義務，放任涉案侵權行為的發生的狀態是顯而易見的，應當認定阿里巴巴公司主觀上具有過錯，而認為係幫助他人實施侵權行為，應負共同侵權責任。基本上亦值得肯定，與美國及中國大陸多數判決相符。

(二) 不完整的侵權通知與ISP的責任問題

1. 大陸「信息網絡傳播權保護條例」第23條規定：「網絡服務提供者為服務對象提供搜索或者鏈接服務，在接到權利人的通知書後，根據本條例規定斷開與侵權的作品、表演、錄音錄像製品的鏈接的，不承擔賠償責任；但是，明知或者應知所鏈接的作品、表演、錄音錄像製品侵權的，應當承擔共同侵權責任。」另「侵權責任法」第36條規定：「網絡用戶、網絡服務提供者利用網絡侵害他人民事權益的，應當承擔侵權責任（第1項）。」「網絡用戶利用網絡服務實施侵權行為的，被侵權人有權通知網絡服務提供者採取刪除、屏蔽、斷開鏈接等必要措施。網絡服務提供者接到通知後未及時採取必要措施的，對損害的擴大部分與該網絡用戶承擔連帶責任（第2項）。」「網絡服務提供者知道網絡用戶利用其網絡服務侵害他人民事權益，未採取必要措施的，與該網絡用戶承擔連帶責任（第3項）。」這是有關網路服務提供者的「紅旗標準」之規定。

　　所謂「紅旗標準」，即指「如果有關他人實施侵權行為的事實和情況已經像一面鮮亮色的紅旗在網路服務商面前公然地飄揚，以至於網路服務商能夠明顯發現他人侵權行為存在，就可以認定網路服務商的『知曉』」。「紅旗標準」之作用，是在認定ISP應知第三人侵權事實的存在，即使權利人未通知，或ISP在接到通知後已

經斷開鏈結，亦應負擔間接侵權的責任[8]。

2. 大陸「信息網絡傳播權保護條例」第14條以下規定有關「ISP的避風港責任」問題。依該條例規定：

(1) 第14條：「對提供信息存儲空間或者提供搜索、鏈接服務的網絡服務提供者，權利人認為其服務所涉及的作品、表演、錄音錄像製品，侵犯自己的信息網絡傳播權或者被刪除、改變了自己的權利管理電子信息的，可以向該網絡服務提供者提交書面通知，要求網絡服務提供者刪除該作品、表演、錄音錄像製品，或者斷開與該作品、表演、錄音錄像製品的鏈接。通知書應當包含下列內容：(一) 權利人的姓名（名稱）、聯繫方式和地址；(二) 要求刪除或者斷開鏈接的侵權作品、表演、錄音錄像製品的名稱和網絡地址；(三) 構成侵權的初步證明材料（第1項）。」「權利人應當對通知書的真實性負責（第2項）。」

(2) 第15條規定：「網絡服務提供者接到權利人的通知書後，應當立即刪除涉嫌侵權的作品、表演、錄音錄像製品，或者斷開與涉嫌侵權的作品、表演、錄音錄像製品的鏈接，並同時將通知書轉送提供作品、表演、錄音錄像製品的服務對象；服務對象網絡地址不明、無法轉送的，應當將通知書的內容同時在信息網絡上公告。」

(3) 第16條規定：「服務對象接到網絡服務提供者轉送的通知書後，認為其提供的作品、表演、錄音錄像製品未侵犯他人權利的，可以向網絡服務提供者提交書面說明，要求恢復被刪除的作品、表演、錄音錄像製品，或者恢復與被斷開的作品、表演、錄音錄像製品的鏈接。書面說明應當包含下列內容：(一) 服務對象的姓名（名稱）、聯繫方式和地址；(二) 要求恢復的作品、表演、錄音錄像製品的名稱和網絡地址；(三) 不構成侵權的初步證明材料（第1項）。」「服務對象應當對書面說明的真實性負責（第2項）。」

8　參見韓赤風・李樹建・張德雙等著，前揭書，頁83-84。

(4) 第17條規定：「網絡服務提供者接到服務對象的書面說明後，
應當立即恢復被刪除的作品、表演、錄音錄像製品，或者可以
恢復與被斷開的作品、表演、錄音錄像製品的鏈接，同時將服
務對象的書面說明轉送權利人。權利人不得再通知網絡服務提
供者刪除該作品、表演、錄音錄像製品，或者斷開與該作品、
表演、錄音錄像製品的鏈接。」

　　設若著作權人未依「ISP避風港條款」作完全的通知，即未依
上開「信息網絡傳播權保護條例」第14條作通知，理論上依上述
條款ISP未必有第15條的「立即刪除涉嫌侵權的作品、表演、錄音
錄像製品，或者斷開與涉嫌侵權的作品、表演、錄音錄像製品的鏈
接」之義務。但是依「信息網絡傳播權保護條例」第23條及「侵權
責任法」第36條，並參酌「最高人民法院「關於審理涉及計算機網
路著作權糾紛案件適用法律若干問題的解釋」第3條規定，ISP又須
負「紅旗標準」的注意義務。二者標準不一，如何取擇？

3. 美國在上述ALS Scan Inc. v. Remarq Communities Inc.一案[9]，在權利
人未履行避風港的完整通知，而ISP僅對通知的鏈結移除，而未對
侵權者的所有鏈結清除，亦採取「紅旗標準」，認為ISP應負「間
接侵權」責任。在該案中法院認為：「只要侵權通知的內容所提供
的資訊，相當於一份具代表性的清單，且足以讓ISP易於辨識侵權
資料，該通知即足以符合法律的要求。在本案中，既然原告已指明
兩個內含侵權資料的網站，主張依該網站內所有的圖片皆為原告所
有，並提供兩個可以取得原告模特兒圖片及著作權資訊的網站供被
告比對，且原告也已說明相關圖片上均標示有原告的名稱及著作權
標示，第四巡迴上訴法院為如此已足認原告的侵權通知符合相關法
律規定[10]。」

　　本案中環球公司透過國際唱片業協會通知北京三七二一科技有
限公司（阿里巴巴公司的前身）侵權連結一事。之後，環球公司本

9　參見孫遠釗，美國著作權法令暨判決之研究，頁27-35，經濟部智慧財產局，2009年12
　月。
10 參見孫遠釗，前揭書，頁32。

身又發律師函通知北京三七二一科技公司，要求中國雅虎網站刪除
函內列出之有演唱者和專輯相關之侵權連結。律師函內附上數個侵
權連結作為說明用的範例。中國雅虎網站最後只有手動刪除律師函
內所附之具體侵權連結，並未刪除涉案侵權音樂的全部搜索結果。
如果按照「ISP的避風港」條款，本件中國雅虎已盡刪除義務，但
是依「紅旗標準」，則未盡刪除義務，仍有間接侵權責任。明顯
的，本件法院依第二個標準。

(三) 本案之啓示

　　我國民法未有如英美法系輔助侵權（contributory infringement）與替
代責任（vicarious liability）制度。然而我國民法第185條規定：「數人共
同侵害他人之權利者，連帶負損害賠償責任；不能知其中孰為加害者，亦
同（第1項）。」「造意人及幫助人視為共同行為人（第2項）。」與大陸
民法第130條規定相當。

　　然而我國未有如大陸2006年11月修正的「最高人民法院「關於審理
涉及計算機網路著作權糾紛案件適用法律若干問題的解釋」第3條規定：
「網絡服務提供者通過網絡參與他人侵犯著作權行為，或者通過網絡教
唆、幫助他人實施侵犯著作權行為的，人民法院應當根據民法通則第
一百三十條的規定，追究其與其他行為人或者直接實施侵權行為人的共同
侵權責任。」提供網路間接侵權責任的法律基礎。亦未有如大陸「信息網
絡傳播權保護條例」第23條規定：「網絡服務提供者為服務對象提供搜
索或者鏈接服務，在接到權利人的通知書後，根據本條例規定斷開與侵權
的作品、表演、錄音錄像製品的鏈接的，不承擔賠償責任；但是，明知或
者應知所鏈接的作品、表演、錄音錄像製品侵權的，應當承擔共同侵權責
任。」另「侵權責任法」第36條規定：「網絡用戶、網絡服務提供者利
用網絡侵害他人民事權益的，應當承擔侵權責任（第1項）。」「網絡用
戶利用網絡服務實施侵權行為的，被侵權人有權通知網絡服務提供者採
取刪除、屏蔽、斷開鏈接等必要措施。網絡服務提供者接到通知後未及
時采取必要措施的，對損害的擴大部分與該網絡用戶承擔連帶責任（第2
項）。」「網絡服務提供者知道網絡用戶利用其網絡服務侵害他人民事

權益，未採取必要措施的，與該網絡用戶承擔連帶責任（第3項）。」亦即我國未有明確的「紅旗標準」之規定，未來我國法院對ISP責任，是否僅依著作權法第90條之4以下規定，完全依「ISP避風港條款」，抑或能夠依美國或中國大陸的「紅旗標準」，對ISP課予更高的注意義務，值得觀察。上開美國及中國大陸的判決，亦值得我國實務界思索。

案例8：ISP的幫助侵權責任（二）

 迪志文化出版有限公司 v. 黃一孟、北京百度網科技有限公司

第一審：北京市第一中級人民法院（2006）一中民初字第7251號民事判決

第二審：北京市高級人民法院（2006）高民終字第1483號民事判決

一、案件程序

　　迪志文化出版有限公司（原審原告，第二審上訴人，以下簡稱「迪志公司」）起訴黃一孟（原審被告，第二審上訴人）侵害其電腦軟體著作權，也控告北京百度網科技有限公司（原審被告，本訴被上訴人，下稱「百度公司」）與黃一孟共同侵害同一軟體著作權。本案第一審由北京第一中級人民法院負責審理，認定黃一孟確有侵權，須停止侵權行為並賠償迪志公司人民幣220,000元。無證據證明百度網共同故意侵權，駁回迪志公司對百度之所有主張。迪志公司和黃一孟皆不服一審判決，向北京市高級人民法院提起上訴，兩方上訴都被駁回。

二、案情摘要

　　迪志公司製作「文淵閣四庫全書電子版」軟體，擁有著作權。2005年起，迪志公司員工利用百度入口網站（http://www.baidu.com）搜索「文淵閣四庫全書」，發現登記於黃一孟名下之Veryed.com。Veryed.com提供名為eMule的P2P共享軟體下載，並整理編排「資源頻道」，列出P2P使用者共享之檔案，包括檔案之詳細內容介紹、市價、檔案大小、流覽次數等等。其中有一網頁標題為「文淵閣四庫全書文本數據光盤」，網頁內有迪志公司此軟體的詳細文字介紹，網頁中的「eMule資源」詳細列出eMule使用者共享的此軟體相關檔案列表等下載資訊。對eMule使用者下載「文

淵閣四庫全書電子版」的行為有指引和幫助的功能。

　　迪志公司發現之後告知黃一孟和百度以上行為侵害迪志之著作權。百度得知之後根據迪志所附的侵權網頁地址撤銷百度搜索的連結。但是此一軟體已在網路上散布，迪志及至二審仍然可以從百度搜索搜得其他網頁提供此一軟體的下載資訊。百度的廣告活動也仍出現在veryed.com的網頁上。

　　迪志公司主張黃一孟侵權，要求停止侵權與賠償。迪志也主張百度共同故意侵權，須共同賠償。

三、訴訟爭點

(一) 網站提供P2P共享軟體下載，並針對P2P軟體上使用者所分享的檔案進行整理編排，是否構成侵權？本案重點在於侵權檔案並不是存在這個網站的伺服器上，而是在P2P使用者自家的電腦上。使用者利用網站上所載資訊到P2P共享軟體上搜索，再從其他使用者的電腦上點對點下載。

(二) 入口網站可搜索到侵權網頁，入口網站是否為共同故意侵權，並應負共同賠償之責任？

四、一審法院判決

　　黃一孟需停止侵權，賠償迪志公司經濟損失與訴訟費用人民幣220,000元。迪志公司對百度公司的請求全部駁回。

五、一審判決理由

(一) 黃一孟在得知迪志公司就侵權一事起訴後，仍未移除自己的網站上的侵權資訊連結，已構成明知連結侵權作品卻未移除的侵權行為，侵害迪志公司的信息網路傳播權，及由此獲得報酬的權利，應承擔停止侵權、賠償損失的民事責任。

(二) 百度公司得知迪志公司主張著作權一事後，就移除與主張之軟體

作品相關的連結地址。再者，百度公司發起廣告活動的目的和對象都不是針對涉案網站，由此推定百度公司並無與黃一孟一起侵權的共同故意，不需負擔連帶賠償責任。

(三) 賠償金額部分，法院參考迪志公司「原文及全文檢索版」網上銷售價格和軟體研發所需之投資，以及因為涉案侵權行為使迪志公司不能按原先銷售管道來銷售產品以獲取利潤等因素，酌定迪志公司經濟損失為20萬元，訴訟合理費用2萬元。

六、二審上訴人（迪志公司）上訴理由

(一) 百度公司在收到侵權通知之後，仍在侵權網站上張掛廣告活動，利用侵權網頁得利，主觀上存在過錯。

(二) 一審法院判決的賠償金額過低。

七、二審上訴人（黃一孟）上訴理由

(一) 黃一孟得知迪志公司主張著作權以後即移除侵權連結，無侵權故意。

(二) 一審判決賠償金額沒有事實和法律依據。

八、二審判決結果

駁回上訴，維持原判。

九、二審判決理由

(一) 黃一孟部分

1. 法院認定黃一孟的veryed.com上所列之四庫文書軟體檔案與迪志公司的文淵閣四庫文書電子版是同樣產品，共享軟體使用者透過veryed.com共同非法複製、非法傳播此軟體。

2. 根據中華人民共和國民法通則和著作權法規定，行為人對因過錯給

他人人身財產造成損害的行為應承擔民事責任。二者，最高法院的相關解釋亦提及，網路服務提供者（ISP）透過網路參與他人侵害著作權行為，或者透過網路教唆、幫助他人侵害著作權，可追究該ISP與其他行為人或直接侵權行為人的共同侵權責任。

3. 黃一孟的veryed.com提供eMule P2P共享軟體下載，使用者可以合理預期下載eMule的目的是為了下載veryed.com的資源頻道內所列之內容。Veryed.com的資源頻道是按照黃一孟的主觀意志加以編排分類，就eMule檔案分享內容是否侵權，黃一孟以網站所有人的身分有高於通常的預見和判斷能力。又另，veryed.com上詳細載明「文淵閣四庫全書文本數據庫光盤」之價格與檔案大小，黃一孟可清楚得知在veryed.com上散播之「文淵閣四庫全書文本數據庫光盤」未經著作權人授權。同時，黃一孟亦無積極避免涉案作品繼續在其網站上散布。

4. 故黃一孟的涉案行為在主觀上應屬故意，構成幫助侵權。應停止散布並賠償迪志損失。

(二) 百度部分

1. 根據最高人民法院的司法解釋，或者經著作權人提出確有證據的警告後，仍然提供鏈接服務，追究其相應的民事責任。據此，『明知』是提供搜索鏈接服務者的主觀過錯狀態。」

2. 百度搜索是程式搜索。本案中，百度在接到迪志公司的通知之後，截斷迪志公司所通知之侵權連結。雖然百度並未截斷其他由程式搜索所得的侵權連結，但法院考慮到前述ISP的過錯形式應是「明知」，百度主動截斷迪志公司所提供之侵權連結，此行為可視為百度公司積極避免侵權之證據。其他侵權連結，迪志公司應明確再告知百度，否則百度無義務主動尋找侵權網頁並截斷連結。據此，百度沒有主動截斷所有侵權連結並不構成「明知」侵權，百度無共同故意。

3. 百度公司舉辦的廣告活動在本質上仍然屬於提供搜索連結服務，而且百度公司舉辦之廣告活動與傳播本案侵權作品沒有必然關係，因

此百度公司有侵權故意的主張不成立。

十、本件案例評析

本件原告迪志公司有關「文淵閣四庫全書電子版」，除了在本件對黃一孟及百度公司起訴外，另外在上海第二中級人民法院亦對易趣公司及億貝公司提起訴訟[1]，原因是原告發現在兩被告共同經營的易趣網站，有第三人拍賣原告之「文淵閣四庫全書電子版」。

在該判決中，法院認為，「結合兩被告提供的『用戶協議』內容和拍賣網站的性質可以認定，易趣網站屬於網絡交易平台服務提供者，主要從事網上交易平台運營並為買賣雙方提供交易服務，而不是網絡交易的主體。網絡交易平台是由專業的網絡服務提供商設立的，用於進行商品交易的虛擬空間，用戶先通過申請註冊為網絡用戶，登錄該交易平台後，在這個交易平台上既可以進行商品瀏覽，也可以進行商品買賣，最後通過計算機系統的撮合和買賣雙方的確定，促成在線買賣交易成功。…網上的物品交易的信息和廣告，均由賣家自行上傳，並非由易趣網站上傳。而在本案中，根據原告提供的公證書、證人證言和兩被告提供的賣家個人信息，可以認定兩套盜版光盤的賣家為案外人李某，盜版光盤的拍賣信息和廣告為案外人李某上傳，案外人李某應對其行為承擔法律責任。此外，兩原告未提供證據證明易趣網站幫助案外人李某實施了侵權行為，易趣網站為案外人李某提供的交易服務並不構成幫助侵權行為[2]。」而且在原告起訴後，兩被告也及時刪除了被控侵權產品的相關網頁，並向原告提供賣家的個人信息資料，故兩被告也盡到合理的注意義務。亦即被告無幫助侵權行為。

上述判決，基本上認為ISP只是交易平台，只負ISP避風港的注意義務。而在本件迪志對黃一孟、百度公司起訴案，第二審法院認為「根據被控侵權行為發生時最高人民法院的有關司法解釋，網絡服務提供者明知有侵權行為，或者經著作權人提出確有證據的警告後，仍然提供鏈接服務的，追究其相應的民事責任。據此，「明知」是提供搜索鏈接服務者的

---

[1] 上海市第二中級人民法院（2006）滬二中民五（知）初字第103號民事判決。

[2] 判決書可見王遷，網絡版權法，頁173-178，中國人民大學出版社，2008年12月。

主觀過錯狀態。…同時，考慮到前述司法解釋關於網絡服務提供者的過錯形式應為『明知』的規定，本案中，迪志公司應當向百度公司提出明確具體的鏈接地址。監於百度公司自得知迪志公司主張『文淵閣四庫全書電子版』軟件作品著作權後已經採取積極措施，主動斷開了相關證據涉及的與該作品相關的鏈接，本院認定百度公司並不構『明知』，其行為不構成主觀過錯[3]。」

本案判決理由，似乎與先前環球公司（Universal International Music B. V.）起訴阿里巴巴公司判決不同，在後者判決引「信息網路傳播保護條例」第23條規定：「網絡服務提供者為服務對象提供搜索或者鏈接服務，在接到權利人的通知書後，根據本條例規定斷開與侵權的作品、表演、錄音錄像製品的鏈接的，不承擔賠償責任；但是，明知或者應知所鏈接的作品、表演、錄音錄像製品侵權的，應當承擔共同侵權責任。」而認為，即使在權利人沒有向網路服務者提交「信息網路傳播權保護條例」第14條所規定的通知的情況下，提供搜索、連結服務的網路服務提供者明知或者應知所連結的錄音製品侵權而仍然提供搜索、連結的，應當承擔侵權責任。

在環球公司（Universal International Music B. V.）起訴阿里巴巴公司一案，法院採「紅旗標準」，認為具有對錯是網路服務提供者承擔侵權責任的條件。判斷行為人有無過錯，要看行為人對其行為的不良後果是否能夠並應當預見，故應考量行為人的預見能力、預見範圍，亦要區別通常預見水平和專業預見水平等情形。這種判斷有無過錯之標準適用於提供搜索、連結服務的網路服務提供者。

而依照過錯判斷標準，阿里巴巴公司應當知道也能夠知道其搜索、連結的錄音製品的合法性，尤其是在環球公司幾次書面通知阿里巴巴公司連結侵權一事，阿里巴巴公司更應注意到涉案歌曲錄音製品之合法性並採取相應措施。但阿里巴巴公司只有刪除環球公司提供之具體7個搜索連結，而未刪除與涉案歌曲錄音製品有關的其他搜索連結。故，阿里巴巴公司怠

3　參見王振清主編，網絡著作權經典判例（1999-2010），頁171-172，知識產權出版社，2011年1月。

於盡到注意義務，放任涉案侵權行為的發生的狀態是顯而易見的，應當認定阿里巴巴公司主觀上具有過錯。

　　然而在本案，案情與上述環球公司起訴阿里巴巴公司一案類似，均是原告通知被告刪除鏈結，但是被告僅刪除原告所通知的鏈結，而未刪除所有相關的侵權鏈結，但是判決結果完全不同，似有不同標準。

　　在不同的標準下，作為原告為了達到使侵權的鏈結完全刪除目的，應在通知時儘量詳細地具體指出侵權鏈結，而被告作為ISP，則應在接到通知後盡量搜尋是否尚有其他未注意到的侵權鏈結，以免法院以「紅旗標準」而為被告敗訴的判決。

案例9：拍賣網站的著作權侵害問題

 中國友誼出版公司 v. 浙江淘寶網路有限公司、楊海林

第一審：北京市東城區人民法院（2009）東民初字第2461號
第二審：北京市第二中級人民法院（2009）二中民終字第15423號

一、案件程序

　　徐磊係「盜墓筆記」系列小說作者，專屬授權給磨鐵（北京）文化發展有限公司（下稱「磨鐵公司」）在中國境內出版發行該圖書，磨鐵公司又專屬授權給中國友誼出版公司（第一審原告，第二審被上訴人，以下簡稱「友誼出版公司」）以圖書形式出版「盜墓筆記4」簡體版。

　　浙江淘寶網路有限公司（第一審被告，第二審上訴人，以下簡稱「淘寶網」）經營淘寶網，是一網路拍賣平台，提供買賣方交換消費購物資訊的服務。一般人要使用淘寶網要先註冊成會員。會員想在淘寶網出售商品，需要以個人或商家的身分經過淘寶網認證程序。認證手續上，淘寶網要求賣家將真實姓名、證件號碼、交易通訊地址、電話、證件等文件資料備齊上傳或郵寄到淘寶網，完成認證以後方才可以在淘寶網上面公開發布交易廣告。第一審的時候法院認定淘寶網對賣家收取統一的服務費用，但不從單筆交易中收費。第二審的時候法院糾正這項事實，認定淘寶網案發當時對賣家並未收取服務費用。

　　淘寶網網站管理規則當中也聲明會對會員的特定行為加以管制，違反規定者將由淘寶網視情節輕重作出刪除商品訊息、限制交易權限、凍結用戶帳戶不等的處罰。管制行為包括散布侵權商品等。又淘寶網的「書籍音像製品規則補充」規定，對於價格明顯低於市場水平的違規商品，一經查實盜版證據，全部刪除。「禁止和限制發布物品管理規則」進一步聲明由於發布禁止或限制商品所引起的法律責任由相關會員完全承擔，與淘寶網

無關。

　　本案被告之一楊海林（第一審被告）在淘寶網登記為賣家，所販售的商品中包含「盜墓筆記4」盜版書。2008年，盜墓筆記4的授權方磨鐵公司受友誼出版公司委託，請人公證利用淘寶網搜尋可見到許多販售盜版系爭圖書訊息的過程，並透過淘寶向楊海林購買涉案圖書，對相關證據進行證據保全。同年12月，磨鐵公司同樣受友誼出版公司委託向淘寶網發出侵權通知，要求淘寶網刪除侵權連結、對有關網路賣家予以警告、並提供賣家的真實名稱、地址、聯絡方式。淘寶網數日後回函告知已刪除28件相關的販售侵權圖書的訊息，並提供賣家在淘寶網註冊時所登記的資料。

　　2009年，友誼出版公司提起民事訴訟，主張楊海林販售盜版系爭圖書，侵害友誼出版公司的專屬出版權。也同案對淘寶網提起民事訴訟，主張淘寶網提供網路商品交易平台，對在該平台上的賣家和所販售的涉案圖書未盡到合理審查義務，對以明顯低於市場價格銷售圖書的資訊未盡到及時刪除的義務，為違法銷售盜版圖書提供便利管道。因此可見淘寶網已經參與到被告楊海林的侵權行為的實施環節中，與楊海林構成共同侵權，應承擔連帶責任。故友誼出版出公司請求法院判令楊海林和淘寶網停止侵權、賠禮道歉、賠償友誼出版公司經濟損失20萬元、合理費用和訴訟費用另計。

二、第一審被告（淘寶網）答辯理由

(一) 淘寶網是商品交易的網路平台，提供公布資訊的平台服務，並非販售商品的賣家。不應承擔賣家經營、銷售、散布商品而引發的侵權責任。

(二) 涉案圖書的銷售訊息係由賣家自行公開發布傳輸，淘寶網在收到侵權通知之前對楊海林所販售的商品是否構成侵權並不知情。

(三) 淘寶網在收到侵權通知之後立即刪除相關販售訊息，並也回應原告要求提供賣家的註冊資料，已經盡到合理的注意義務。

三、第一審判決結果

被告楊海林、淘寶網賠償原告中國友誼出版公司經濟損失2000元，駁回中國友誼公司其他訴訟請求。

四、第一審訴訟爭點

淘寶網是否應當承擔共同侵權責任，分二點：

(一) 淘寶網在原告主張侵權環節中的行為內容為何？

(二) 淘寶網在進行上述行為的時候應負的義務內容為何？

五、第一審判決理由

(一) 淘寶網在侵權情節中的行為內容

淘寶網是網路服務商，向公眾提供交換消費購物資訊的網路平台，所扮演的角色是管理和技術支援這個交易平台。淘寶網本身並不參與資訊發布者（買家、賣家）之間的交易過程，也不曾從單筆交易中獲取收益。

(二) 在權利與義務對等的原則之下，淘寶網在實施上述行為時應負的義務內容

淘寶網雖然現階段仍是免費向公眾提供資訊交換的平台服務，但是該公司仍是以營利為目的，提供服務的目的可能是增加網站訪問量或建立網站服務品牌。因此，按照權利與義務對等原則，淘寶網在提供資訊平台服務過程當中，仍然負有相應的審查義務。原告主張被告淘寶公司負有兩種審查義務，一是對銷售主體資格的審查義務，二是及時刪除已明顯低於市價銷售涉案圖書相關資訊的義務。

1. 銷售主體資格的審查義務

按照「互聯網信息服務管理辦法」規定，網路服務商應該對信息發布者履行審查義務。法院認為，此義務又依訊息發布者身分分為兩類。若訊息發布者不是以經營為目的，淘寶網只需確認他的真實身分即符合其審查

義務。但就訊息發布者是出於經營目的開設網拍的情形，淘寶網的平台有從賣家處收取服務費用，而且確實獲得網站流量增加的好處，則須進一步審查經營主體的資格問題。原因是，按照中國相關法令，諸多行業需要具備國家相關行政部門出具的行業資格許可方得以經營，ISP應該同樣對網路店面有審查要求，否則無異於使國家的行政審批類的法律制度在網路環境下形同虛設，不利於建設社會主義法治國家和發展社會主義市場經濟。

第一審法院承認ISP在實際履行審查義務的過程當中實務上操作困難，例如難以判斷送審的資格文件真偽。但不能因為ISP的審查能力受限而否定其應該履行的審查義務。法院仍然認同淘寶網負有對會員主體資格審查的義務。

2. 主動及時刪除以低於市價販售盜版圖書的訊息

網路賣家銷售商品數量龐大，要求網路交易平台服務業者逐一審查商品實非合理要求，每一商品的「市價標準」認定困難。因此，淘寶網ISP在收到侵權通知之後，了解市場價格水準、判斷確實侵權之後將侵權訊息加以刪除的做法，在這部分已盡到審查義務。

因此，淘寶網負有對交易平台上發布訊息的經營型賣家的資格加以審查的義務，但不需要事前主動審查商品侵權和品質等義務。

(三) 淘寶網行為是否構成與楊海林共同侵權

如何界定共同侵權，法律沒有明確規定。但是根據最高人民法院「關於審理人身損害賠償案件適用法律若干問題的解釋」第17條第1款的規定，共同侵權是指兩人以上共同故意或者過失致人損失，或者無共同故意、共同過失，但其侵害行為直接結合發生同一損害後果的行為。

淘寶網並未介入楊海林和買家的交易過程，所以主觀上不存在故意。但是淘寶網對所經營的網拍交易平台上發布訊息的經營型銷售主體負有資格審查的義務，但淘寶網並未履行此項義務，存在過失。二者，淘寶網所經營之網拍平台確實對被告楊海林的侵權行為有輔助作用。因此，既然楊海林的行為確實構成侵權，淘寶網也應負擔相應的侵權責任。

六、第二審上訴人（淘寶網）上訴理由

(一) 淘寶網提供訊息存儲空間服務，第一審法院要求淘寶網對交易平台上發布經營訊息的銷售主體的資格加以審查，這項審查義務是不合理的要求，淘寶網不具有審查個人賣家經營資格的法定義務和審查能力。

(二) 淘寶網無法判斷個人賣家是否具有經營目的，對個人賣家進行實名認證的行為已經盡到合理的主體審查義務。

(三) 淘寶網並未向會員收取服務費用，第一審法院事實認定錯誤。

七、第二審判決結果

撤銷第一審判決。楊海林仍須賠償友誼出版公司經濟損失2000元，駁回中國友誼出版公司其他訴訟請求。

八、第二審訴訟爭點

(一) 淘寶網是否負有審查個人賣家經營資格的法定義務和審查能力？

(二) 淘寶網是否具有主動刪除明顯低於市價的販售商品訊息的義務？

(三) 淘寶網是否與楊海林共同侵權？

九、第二審判決理由

(一) 淘寶網不具有審查個人賣家的法定義務和能力

網拍交易平台與實體市場出租人（如出租給專櫃、攤位等）不同。其一，兩者涉及的商品類別不同。淘寶網涉及的商品數量龐大繁多，除了法律和行政法規明文禁止或限制流通的商品之外，其他所有的商品都可以透過網拍平台進行流通。但是實體市場只能根據有關部門的審批進行某些特定類別商品的流通，商品數量相對而言也是有限。其二，網拍平台的賣家有個人賣家和商店賣家。個人賣家數量龐大、情況複雜，有個人銷售自己物品，也有個體工商戶經營販售商品。實體市場的承租賣家則是符合相關

規定的商鋪經營者，數量有限。

　　以淘寶網的情形而言，商店賣家須繳交企業法人營業執照、營業執照、個體工商戶營業執照等資料給淘寶網審查。但由於目前法律並無對個人賣家的特別規定，而且考慮到上述網拍與實體市場的差異性，因此淘寶網僅審查個人賣家的真實姓名和身分證號碼即可。法院接受淘寶網關於不具有審查個人賣家的法定義務和審查能力的主張。

(二) 淘寶網沒有主動審查低於市價的商品是否侵權的義務

　　網拍販售商品數量龐大且複雜，而且法律沒有要求交易平台主動審查賣家商品的義務。

(三) 淘寶網已盡合理審查義務

　　淘寶網已經審查個人賣家的真實身分，也在接到侵權通知之後即刪除盜版圖書販售訊息，已盡合理審查義務。友誼出版公司主張淘寶網為楊海林的侵權行為提供便利管道，等同參與他的侵權行為，法院不予採信。淘寶網並未構成共同侵權。

十、本件案例評析

　　本案淘寶網是大陸知名拍賣網站，與台灣的奇摩、露天拍賣網站相仿，但是交易數量顯然超過台灣的奇摩、露天網站。2010年淘寶網的營業額超過奇摩拍賣網站的50倍，達人民幣4千億元。本案淘寶網中一個會員拍賣盜版圖書，淘寶網是否應負損害賠償責任？

　　第一審根據最高人民法院「關於審理人身損害賠償案件適用法律若干問題的解釋」第17條第1款的規定，認為淘寶網對所經營的網拍交易平台上發布訊息的經營型銷售主體負有資格審查的義務，但淘寶網並未履行此項義務，存在過失。再者，淘寶網所經營之網拍平台確實對被告楊海林的侵權行為有輔助作用。因此，既然楊海林的行為確實構成侵權，淘寶網也應負擔相應的侵權責任。

　　第二審卻認為淘寶網不具有審查個人賣家的法定義務和能力，也沒有

主動審查低於市價的商品是否侵權的義務，因此淘寶網已經審查個人賣家的真實身分，也在接到侵權通知之後即刪除盜版圖書販售訊息，已盡合理審查義務。

本案第二審法院之判決，是否合理？

本案淘寶網只是一個網站拍賣的平台，並不參與資訊發布，本身不是盜版品的販賣者。亦即淘寶網並無直接侵權行為，頂多是否有間接侵權行為，而被視為共同侵權行為而已。

按大陸著作權法，本無間接侵權行為的規定，但是由於英美法系有輔助侵權（contributory infringement）與替代責任（vicarious liability）制度，而且在網路服務提供者（ISP）的責任，往往分直接侵權或輔助侵權來解決ISP的責任問題。

大陸「侵權責任法」第9條第1項規定：「教唆、幫助他人實施侵權行為的，應當與行為人承擔連帶責任。」民法第130條規定：「二人以上共同侵權造成他人損害的，應當承擔連帶責任。」另2006年11月修正的最高人民法院『關於審理涉及計算機網路著作權糾紛案件適用法律若干問題的解釋』第3條規定：「網絡服務提供者通過網絡參與他人侵犯著作權行為，或者通過網絡教唆、幫助他人實施侵犯著作權行為的，人民法院應當根據民法通則第一百三十條的規定，追究其與其他行為人或者直接實施侵權行為人的共同侵權責任。」上述規定，提供網路間接侵權責任的法律基礎。

在大陸解決ISP問題中，在大陸「信息網絡傳播權保護條例」第14條以下規定有關「ISP的避風港責任」問題，而在「信息網絡傳播權保護條例」第23條、「侵權責任法」第36條規規定ISP的「紅旗標準」。對ISP而言，「紅旗標準」是比「ISP的避風港責任」有更高的注意義務[1]。

依「信息網絡傳播權保護條例」第23條規定：「網絡服務提供者為服務對象提供搜索或者鏈接服務，在接到權利人的通知書後，根據本條例規定斷開與侵權的作品、表演、錄音錄像製品的鏈接的，不承擔賠償責任；但是，明知或者應知所鏈接的作品、表演、錄音錄像製品侵權的，應

1　詳細參閱前述案例7：ISP的幫助侵權責任（一）。

當承擔共同侵權責任。」另「侵權責任法」第36條規定：「網絡用戶、網絡服務提供者利用網絡侵害他人民事權益的，應當承擔侵權責任（第1項）。」「網絡用戶利用網絡服務實施侵權行為的，被侵權人有權通知網絡服務提供者採取刪除、屏蔽、斷開鏈接等必要措施。網絡服務提供者接到通知後未及時采取必要措施的，對損害的擴大部分與該網絡用戶承擔連帶責任（第2項）。」「網絡服務提供者知道網絡用戶利用其網絡服務侵害他人民事權益，未採取必要措施的，與該網絡用戶承擔連帶責任（第3項）。」這是有關網路服務提供者的「紅旗標準」之規定。

　　上述紅旗標準的責任，須「明知或者應知所鏈接的作品、表演、錄音錄像製品侵權的，應當承擔共同侵權責任」、「網絡服務提供者接到通知後未及時采取必要措施的，對損害的擴大部分與該網絡用戶承擔連帶責任」、「網絡服務提供者知道網絡用戶利用其網絡服務侵害他人民事權益，未採取必要措施的，與該網絡用戶承擔連帶責任」。本件2008年12月，磨鐵公司受友誼出版公司委託向淘寶網發出侵權通知，要求淘寶網刪除侵權連結、對有關網路賣家予以警告、並提供賣家的真實名稱、地址、聯絡方式。淘寶網數日後回函告知已刪除28件相關的販售侵權圖書的訊息，並提供賣家在淘寶網註冊時所登記的資料。即使按照大陸法律有關ISP責任最嚴格的注意義務標準——「紅旗標準」，淘寶網亦已盡注意義務。

　　更何況，淘寶網係拍賣網站，本身只是提供網站平台，不參與買賣，在網路平台本身，不會呈現盜版著作本身，只呈現實體物交易的訊息，與前述環球公司（Universal International Music B. V.）v.阿里巴巴公司案及迪志文化出版有限公司v. 黃一孟、北京百度網科技有限公司案在網站本身呈現盜版數位著作的交換訊息不同。後者較深入有參與幫助交易的可能。因此，如果淘寶網在接獲會員拍賣盜版物的通知，即刪除交易訊息，並提供賣家的真實名稱、地址、聯絡方式，應認為已盡注意義務。一審認為應對交易的會員資格、交易價格作控管，對大型的拍賣網站而言，實屬強人所難，超越應有的注意義務。第二審的判決結果，應屬合理。

案例10：大陸出版社對台灣出版社的逾權授權

 王季黎、李玉玲 v. 中國醫藥科技出版社、台灣立得出版社

第一審：北京市第一中級人民法院（2009）一中民初字第1849號民事判決

第二審：北京市高級人民法院（2009）高民終字第5842號民事判決

一、案件程序

　　王季黎、李玉玲（第一審原告，第二審被上訴人）主張中國醫藥科技出版社（第二審被告、第二審上訴人，下稱「中國醫藥出版社」）、台灣立得出版社（第一審被告）侵害其著作權，提起民事訴訟，由北京市第一中級人民法院審理，判決中國醫藥出版社和台灣立得出版社確實侵權，須共同賠償原告的經濟損失。中國醫藥出版社不服判決結果，提起上訴，由北京市高級人民法院受理，駁回上訴，維持原審判決。

二、案情摘要

　　王季黎、李玉玲共同撰寫中醫藥學專著「舌診源鑒」一書，於1992年授權給中國醫藥出版社出版。中國醫藥出版社未經作者同意，於1993年授權台灣立得出版社出版發行系爭書籍的中文繁體字版。王季黎、李玉玲知悉此事之後，向北京市版權局舉報中國醫藥出版社的侵權行為。

　　1996年，北京市版權局為中國醫藥出版社和王季黎、李玉玲調解，雙方達成和解。中國醫藥出版社同意為擅自授權台灣出版社出版系爭書籍道歉，並一次性賠償作者的經濟損失。作者則追認中國醫藥出版社與台灣立得出版社簽訂「舌診源鑒」一書的授權合約，並收回中文簡體字圖書版權。中國醫藥出版社和作者從此再無經濟債權債務關係。

　　1997年，作者要求就原和解協議的基礎上再修改協議，作者拒絕追認中國醫藥出版社和台灣立得出版社簽訂的授權合約，即台灣立得出版社若再出版系爭書籍，作者不得追究中國醫藥出版社的責任。以上修改內容是列印文本，蓋有中國醫藥出版社、北京市版權局的公章。修改協議上面又有作者手寫條款，要求中國醫藥出版社負擔通知台灣立得出版社停止出版系爭書籍的義務。

　　2004年，台灣立得出版社出版「舌診辭典」，內容與「舌診源鑒」一模一樣。2006年7月，王季黎、李玉玲在台灣購得侵權圖書「舌診辭典」。2006年10月，中國醫藥出版社發函給北京市版權保護協會，說明該出版社只於1993年授權台灣立得出版社出版系爭書籍繁體字版，作者於2006年購得的「舌診辭典」與中國醫藥出版社無關。2008年，王季黎、李玉玲委託律師發函，由北京市版權局轉交給中國醫藥出版社，並要求中國醫藥出版社向版權局說明相關事宜。期間北京市版權局多次調解未果。

　　2009年，王季黎、李玉玲向北京市第一中級人民法院提起訴訟，主張中國醫藥出版社和台灣立得出版社共同侵權，請求法院判令兩被告停止侵權，負擔連帶賠償責任，賠償原告經濟損失人民幣12萬元。

三、第一審被告（中國醫藥出版社）抗辯理由

(一) 中國醫藥出版社於1996年調解協議之後，與原告王季黎、李玉玲已經沒有關係。台灣立得出版社於2004年第二次出版的「舌診辭典」並非由中國醫藥出版社授權，也未支付任何費用。

(二) 1996年中國醫藥出版社與王季黎、李玉玲所簽訂的調解協議的第二次修改版，原告承諾若台灣立得出版社再出版系爭書籍，中國醫藥出版社不須承擔任何責任。

四、第一審被告（台灣立得出版社）抗辯理由

　　台灣立得出版社於1993年透過合法管道取得中國醫藥出版社的授權出「舌診源鑒」，也有支付版稅。當時中國醫藥出版社保證其有系爭書籍的權利。

　　即使中國醫藥出版社的授權行為確實超越原作者的授權範圍，台灣立得出版社身為善意第三人，原作者不得主張侵害。

　　1996年中國醫藥出版社與兩位作者簽訂和解協議，1997年修改該協議。依據97年的協議，中國醫藥出版社應該通知台灣立得出版社著作權變動事宜，但中國醫藥出版社並未通知，台灣立得出版社無從得知出版「舌診源鑒」侵害兩位作者權益的情況。

　　兩位作者原告在1996年和1997年與中國醫藥出版社簽訂和解協議的時候就已經知道其著作權被侵害的事實，但原告到2009年才提起訴訟，已經超過中華人民共和國民法通則規定的訴訟時效。

五、第一審判決結果

　　台灣立得出版社停止出版系爭書籍。中國醫藥出版社和台灣立得出版社負擔連帶侵權責任，共同賠償原告經濟損失人民幣54000元。

六、第一審訴訟爭點

(一) 原告所提的訴訟是否已經超過訴訟時效？

(二) 中國醫藥出版社逕行授權繁體字版的行為是否侵害原告的著作權？

(三) 台灣立得出版社2004年改換書名出版「舌診辭典」，中國醫藥出版社是否應該負責？

(四) 台灣立得出版社是否為善意第三人？行為是否侵權？

七、第一審判決理由

(一) 訴訟時效

　　根據中華人民共和國「民法通則」，向人民法院請求保護民事權利的訴訟時效從知道或者應當知道權利被侵害的時候起算，期間為兩年，但可因權利人主張權利而中斷，從中斷時起訴訟時效重新計算。

　　原告作者於2006年購得侵權繁體圖書，後續即有維權行動，於2006

年和2008年皆有透過中國醫藥出版社致函北京市版權保護協會和北京市版權局發表侵權相關事宜的意見，並由版權局試圖調解。由此可見兩位作者原告在知道自己權利被侵害之後的兩年內有向主管行政機關積極主張自己的權利並尋求調解，可視為訴訟時效中斷。

　　原告於2009年提起訴訟，時間仍在訴訟時效中斷後的兩年內，訴訟仍有效。

(二) 中國醫藥出版社的行為與相應責任

1. 授權台灣立得出版社出版系爭書籍繁體版

　　中國醫藥出版社於1993年未經原告同意逕行授權台灣立得出版社出版系爭書籍繁體版，侵害兩位作者原告的複製權和發行權。

2. 未通知台灣立得出版社系爭書籍授權變動事宜

　　1996年王季藜、李玉玲與中國醫藥出版社達成調解協議，但台灣立得出版社並未參與調解過程。中國醫藥出版社身為授權方，應負有通知台灣立得出版社停止出版系爭書籍的義務。各版本的調解協議內容不影響中國醫藥出版社負有的通知義務。因此，中國醫藥出版社不得抗辯台灣立得出版社於2004年出版系爭書籍的行為與該社無關。中國醫藥出版社未盡通知義務。

3. 台灣立得出版社是否可主張善意第三人，而非屬侵權？

　　根據中華人民共和國著作權法第47條規定，「未經著作權人許可，複製、發行……向公眾傳播其作品的，應當承擔停止侵害、消除影響、賠禮道歉、賠償損失等民事責任。」台灣立得出版社未經著作權人授權就逕行出版「舌診辭典」，仍構成對原告的複製權、發行權的侵害。

八、第二審上訴人（中國醫藥出版社）上訴理由

　　中國醫藥出版社與原審原告於1996年達成的和解協議的第2條約定：「作者追認中國醫藥出版社與台灣立得出版社簽訂的『舌診源鑒』一書的版權合同作廢……如果台灣立得出版社仍按原合同辦理，乙方（作者）不

得由此追究甲方（中國醫藥出版社）的責任」。法院不得強加給上訴人通知的義務。

台灣立得出版社與中國醫藥出版社於1992年簽訂「舌診源鑒」的出版授權合約，2004年台灣立得出版社出版「舌診辭典」，並非依據92年的合約，而是出版社自行抄襲「舌診源鑒」的內容，行為與中國醫藥出版社無關。應由台灣立得出版社自行承擔侵權責任。

根據台灣立得出版社陳述，「舌診辭典」在台灣印數為500冊，每本售價折合人民幣70元，根據出版社支付10%的版稅給作者的慣例，法院判令支付給作者5.4萬元遠超過合理賠償的範圍。

九、台灣立得出版社在第二審的主張[1]

台灣立得出版社2004年出版「舌診辭典」的時候有告知中國醫藥出版社，並依據原出版合約支付版稅給中國醫藥出版社。中國醫藥出版社卻未通知台灣立得出版社不得再出版該書，台灣立得出版社不應負擔侵權責任。

王季薇、李玉玲於1996年簽訂調解協議的時候就已知系爭書籍繁體字版一事，但從未對台灣立得出版社主張權利。退萬步言，即使兩位作者在2006年購得「舌診辭典」以後才知侵害，之後透過北京市版權局對中國醫藥出版社主張權利，仍並未對台灣立得出版社主張權利。到2009年2月提起訴訟的時候已然超過訴訟時效。

原審判令的經濟損失賠償金額過高，違反中華人民共和國著作權法第48條第1項的規定。

十、第二審判決結果

駁回上訴，維持原判。

1　台灣立得出版社在終審時雖有提出上訴狀，但並未在法定期限內繳納案件受理費，故不能稱之為終審上訴人。

十一、第二審訴訟爭點

(一) 原審原告提起訴訟時是否已經超過訴訟時效？

(二) 中國醫藥出版社是否負有通知義務？

(三) 台灣立得出版社的行為是否構成侵害？

十二、第二審判決理由

(一) 向相關行業協會和行政機構主張權利可以視為訴訟時效中斷

王季藜、李玉玲在2006年購得「舌診辭典」，同年透過中國醫藥出版社致函北京市版權保護協會討論此事，2008年也致函北京市版權局尋求調解，可見得被上訴人確有積極主張權利。向相關行業協會和行政機關主張權利可視為訴訟時效中斷。被上訴人於2009年提起訴訟並未超過時效。

(二) 中國醫藥出版社負有通知義務

中國醫藥出版社1993年對台灣立得出版社的授權確定侵害被上訴人的複製權和發行權。經過1996和1997年的調解，作者和中國醫藥出版社兩方的侵權糾紛已經了結。但是由於台灣立得出版社並未參與調解過程，中國醫藥出版社身為1993年合約授權方，在著作權人並未明確免除其通知義務的前提下，有義務及時通知台灣立得出版社停止相關出版發行的行為。中國醫藥出版社並未履行該義務，造成台灣立得出版社仍繼續出版發行系爭書籍，中國醫藥出版社有明顯主觀對錯，應負擔相應之民事責任。

(三) 台灣立得出版社負有檢驗著作權人的義務

中華人民共和國著作權法第30條規定，圖書出版者出版圖書應當和著作權人訂定出版合約並支付報酬。1993年台灣立得出版社與中國醫藥出版社簽訂出版發行「舌診源鑒」的時候就未能履行應有的注意義務，沒有確認中國醫藥出版社是否有權授權出版系爭圖書。因此，台灣立得出版社確有明顯主觀對錯。

2004年台灣立得出版社出版「舌診辭典」的時候已經距離「舌診源

鑒」的授權合約有10年，應該負擔更加審慎的注意義務。無論中國醫藥出版社是否告知其相關侵權事宜，均不能免除台灣立得出版社未能履行注意義務的事實。

　　本案侵權行為之所以會發生，是因為中國醫藥出版社和台灣立得出版社均未履行相關義務，均具有過錯，故二者應負擔連帶責任。

十三、本件案例評析

(一) 本案的特點

　　本案為涉台著作權糾紛的案例，在1980及90年代，因為台灣出版社不一定可以找得到大陸作者，所以大陸出版品對台灣的授權，一般多由大陸出版社為之，較少由作者為之，由大陸出版社保證對台灣出版社有授權的權利。然而事實上，許多案例顯示，大陸出版社根本未得作者授權，即以自己的名義授權給台灣出版社出版，事後大陸作者多數在台灣提出追究，由台灣出版社認賠。雖然台灣出版社可以對大陸出版社提出索賠，但是由於到大陸訴訟費時費財，台灣出版社往往自行吸收損失。本案是大陸作者在大陸法院，對大陸出版社及台灣出版社同時提出訴訟，而且大陸作者取得勝訴判決的實際案例，在實務上值得注意。

(二) 本案大陸法院對台灣立得出版社有無管轄權？

　　依大陸民事訴訟法第22條第2項規定：「對法人或者其他組織提起的民事訴訟，由被告住所地民眾法院管轄。」第23條規定：「下列民事訴訟，由原告住所地民眾法院管轄；原告住所地與經常居住地不一致的，由原告經常居住地民眾法院管轄：1. 對不在中華民眾共和國領域內居住的人提起的有關身分關係的訴訟；2. 對下落不明或者宣告失蹤的人提起的有關身分關係的訴訟；3. 對被勞動教養的人提起的訴訟；4. 對被監禁的人提起的訴訟。」第24條規定：「因合約糾紛提起的訴訟，由被告住所地或者合約履行地民眾法院管轄。」第29條規定：「因侵權行為提起的訴訟，由侵權行為地或者被告住所地民眾法院管轄。」本案台灣立得出版社設立地點在台灣，而且被中國醫藥出版社授權的系爭書籍，係在台灣出版，即使有

侵權行為，其侵權行為地，亦在台灣，而非在大陸。且立得出版社與原告並未訂約，雙方無合約的爭議，亦無大陸民事訴訟法第23條所規定之由原告住所地管轄之情形，依法大陸法院似無管轄權。

依大陸民事訴訟法第36條規定：「民眾法院發現受理的案件不屬於本院管轄的，應當移送有管轄權的民眾法院，受移送的民眾法院應當受理。受移送的民眾法院認為受移送的案件依照規定不屬於本院管轄的，應當報請上級民眾法院指定管轄，不得再自行移送。」第38條規定：「民眾法院受理案件後，當事人對管轄權有異議的，應當在提交答辯狀期間提出。民眾法院對當事人提出的異議，應當審查。異議成立的，裁定將案件移送有管轄權的民眾法院；異議不成立的，裁定駁回。」本件台灣立得出版社，係被大陸中國醫藥出版社授權，與中國醫藥出版社授權似無犯意連絡或行為關連共同的關係，本身係善意第三人，即使成立對原告的侵害，係本身獨立未盡權利來源的審查義務而有過失行為，原告似無權在大陸提出訴訟，僅能在侵權行為地或被告出版社登記地的台灣法院提出訴訟。因此立得出版社應在大陸法院主張管轄錯誤。然而本案依判決書所載，被告立得出版社並無對管轄權作抗辯，似屬可惜。

(三) 台灣立得出版社負有檢驗著作權人的義務？

依大陸2002年10月12日最高人民法院所公布的《最高人民法院關於審理著作權民事糾紛案件應用法律若干問題的解釋》第19條規定：「出版者、製作者應當對其出版、製作有合法授權承擔舉證責任，發行者、出租者應當對其發行或者出租的複製品有合法來源承擔舉證責任。舉證不能的，依據著作權法第四十六條、第四十七條的相應規定承擔法律責任。」第20條規定：「出版物侵犯他人著作權的，出版者應當根據其過錯、侵權程度及損害後果等承擔民事賠償責任（第1項）。」「出版者對其出版行為的授權、稿件來源和署名、所編輯出版物的內容等未盡到合理注意義務的，依據著作權法第四十八條的規定，承擔賠償責任（第2項）。」「出版者盡了合理注意義務，著作權人也無證據證明出版者應當知道其出版涉及侵權的，依據民法通則第一百一十七條第一款的規定，出版者承擔停止侵權、返還其侵權所得利潤的民事責任（第3項）。」「出版者所盡合理

注意義務情況，由出版者承擔舉證責任（第4項）。」

　　本件台灣立得出版社所能舉證權利來源，乃係被大陸中國醫藥出版社授權，而授權時間係在1993年，而依1990年通過之大陸著作權法第10條即已規定：「著作權屬于作者，本法另有規定的除外（第1項）。」「創作作品的公民是作者（第2項）。」「由法人或者非法人單位主持，代表法人或者非法人單位意志創作，並由法人或者非法人單位承擔責任的作品，法人或者非法人單位視為作者（第3項）。」「如無相反證明，在作品上署名的公民、法人或者非法人單位為作者（第4項）。」系爭書籍「舌診源鑒」一書，既然署名作者為王季黎、李玉玲二人，則王季黎、李玉玲二人即為共同著作權人。台灣立得出版社尋求授權，應向王季黎、李玉玲二人為之，而非取得大陸中國醫藥出版社授權。即使大陸中國醫藥出版社保證有授權的權利，台灣立得出版社就授權來源，仍有過失，應就過失行為對原告王季黎、李玉玲二人負損害賠償責任。

　　法院認定台灣立得出版社應對王季黎、李玉玲負損害賠償，並無違誤。然而台灣立得出版社係受中國醫藥出版社授權之授權，本身即受中國醫藥出版社授權之欺騙，與中國醫藥出版社並無犯意連絡關係，是否有行為關連共同的關係，亦有疑問，法院認定台灣立得出版社，應與大陸中國醫藥出版社成立連帶損害賠償關係，似有斟酌餘地。此部分台灣立得出版社得在法院提出抗辯而未抗辯，故法院亦未審酌，亦未盡權利之防禦。

(四) 台灣立得出版社有關消滅時效之抗辯是否有理？

　　本案二審時台灣立得出版社上訴時主張，王季黎、李玉玲於1996年簽訂調解協議的時候就已知系爭書籍繁體字版一事，但從未對台灣立得出版社主張權利。退萬步言，即使兩位作者在2006年購得「舌診辭典」以後才知侵害，之後透過北京市版權局對中國醫藥出版社主張權利，仍並未對台灣立得出版社主張權利。到2009年2月提起訴訟的時候已然超過訴訟時效。

　　而法院認為，王季黎、李玉玲在2006年購得「舌診辭典」，同年透過中國醫藥出版社致函北京市版權保護協會討論此事，2008年也致函北京市版權局尋求調解，可見得被上訴人確有積極主張權利。向相關行業協會

和行政機關主張權利可視為訴訟時效中斷。被上訴人於2009年提起訴訟並未超過時效。

依中華人民共和國民法通則第135條規定：「向人民法院請求保護民事權利的訴訟時效期間為二年，法律另有規定的除外。」第137條規定：「訴訟時效期間從知道或者應當知道權利被侵害時起計算。但是，從權利被侵害之日起超過二十年的，人民法院不予保護。有特殊情況的，人民法院可以延長訴訟時效期間。」第140條規定：「訴訟時效因提起訴訟、當事人一方提出要求或者同意履行義務而中斷。從中斷時起，訴訟時效期間重新計算。」大陸民法有關時效中斷規定，並未如我國民法第130條「時效因請求而中斷者，若於請求後六個月內不起訴，視為不中斷」之規定。

本案原告王季藜、李玉玲在2006年購得「舌診辭典」，對台灣立得出版社之時效，應在2008年完成，其間雖然2008年也致函北京市版權局尋求調解，然而尋求調解，最多僅可當作「請求」，而非台灣立得出版社對債務之承認。而原告王季藜、李玉玲之尋求調解，並未通知台灣立得出版社，顯然尋求調解的對象，亦非台灣立得出版社，而係中國醫藥出版社。亦即縱使尋求調解而視為大陸民法通則的「提出要求」，其效力亦可能不及於台灣立得出版社。而即使台灣立得出版社與中國醫藥出版社成立共同侵權行為，請求權時效亦應分別起算，本件法院仍認為原告王季藜、李玉玲對台灣立得出版社的時效因中斷而尚未完成，在立論上亦有瑕疵。

(五) 法院判決金額是否過高？

本案被告中國醫藥出版社於上訴時主張，根據台灣立得出版社陳述，「舌診辭典」在台灣印數為500冊，每本售價折合人民幣70元，根據出版社支付10%的版稅給作者的慣例，法院判令支付給作者5.4萬元遠超過合理賠償的範圍。而被告立得出版社，亦主張第一審賠償金額過高，然而第二審法院對被告損害賠償金額過高的主張，完全沒有斟酌，即維持原判，判決似乎不足以服人。

(六) 本案的大陸判決，台灣是否承認？

本案係在大陸法院所作成的判決，大陸原告得否在台灣對立得出版社

為執行？依台灣地區與大陸地區人民關係條例第74條規定：「在大陸地區作成之民事確定裁判、民事仲裁判斷，不違背臺灣地區公共秩序或善良風俗者，得聲請法院裁定認可（第1項）。」「前項經法院裁定認可之裁判或判斷，以給付為內容者，得為執行名義。」「前二項規定，以在臺灣地區作成之民事確定裁判、民事仲裁判斷，得聲請大陸地區法院裁定認可或為執行名義者，始適用之。」依此規定，大陸判決在台灣執行，須符合下列要件：

1. 須為確定判決。
2. 不違背台灣地區公共秩序或善良風俗。
3. 須聲請法院之裁定認可。
4. 以在台灣地區作成之民事確定裁判得聲請大陸地區法院認可或為執行名義者始可。

上述四項中的第四項，依1998年1月15日最高人民法院審判委員會第957次會議通過，自1998年5月26日起施行之「最高人民法院關於人民法院認可臺灣地區有關法院民事判決的規定」及2009年3月30日由最高人民法院審判委員會第1465次會議通過，自2009年5月14日起施行之「最高法院關於認可臺灣有關法院民事判決補充規定」，我國法院之判決，大陸有條件的認可其效力[2]。

依我國最高法院97年台上字第2258號民事判決謂：「台灣地區與大陸地區人民關係條例第七十四條僅規定經法院裁定認可之大陸地區民事確定裁判，以給付為內容者，得為執行名義，並未明定在大陸地區作成之民事確定裁判，與確定判決有同一之效力，該執行名義核屬強制執行法第四條第一項第六款規定其他依法律之規定得為強制執行名義，而非同條項第

2　依「最高人民法院關於人民法院認可臺灣地區有關法院民事判決的規定」第9條規定：「臺灣地區有關法院的民事判決具有下列情形之一的，裁定不予認可：(一) 申請認可的民事判決的效力未確定的；(二) 申請認可的民事判決，是在被告缺席又未經合法傳喚或者在被告無訴訟行為能力又未得到適當代理的情況下作出的；(三) 案件係人民法院專屬管轄的；(四) 案件的雙方當事人訂有仲裁協議的；(五) 案件係人民法院已作出判決，或者外國、境外地區法院作出判決或境外仲裁機構作出仲裁裁決已為人民法院所承認的；(六) 申請認可的民事判決具有違反國家法律的基本原則，或者損害社會公共利益情形的。」第10條規定：「人民法院審查申請後，對於臺灣地區有關法院民事判決不具有本規定第九條所列情形的，裁定認可其效力。」

一款所稱我國確定之終局判決可比。又該條文就大陸地區民事確定裁判之規範，係採『裁定認可執行制』，與外國法院或在香港、澳門作成之民事確定裁判（香港澳門關係條例第四十二條第一項明定其效力、管轄及得為強制執行之要件，準用民事訴訟法第四百零二條及強制執行法第四條之一之規定），仿德國及日本之例，依民事訴訟法第四百零二條之規定，採『自動承認制』，原則上不待我國法院之承認裁判，即因符合承認要件而自動發生承認之效力不同，是經我國法院裁定認可之大陸地區民事確定裁判，應祇具有執行力而無與我國法院確定判決同一效力之既判力。」

　　大陸法院判決之承認與執行，在我國係採「裁定認可執行制」，而非「自動承認制」，本案大陸第一審法院判決被告台灣立得出版社應賠償王季黎、李玉玲人民幣12萬元，係以給付為內容，經我國法院裁定認可即有執名義，王季黎、李玉玲得對台灣立得出版社為執行。

　　然而民事訴訟法第402條規定：「外國法院之確定判決，有下列各款情形之一者，不認其效力：一、依中華民國之法律，外國法院無管轄權者。二、敗訴之被告未應訴者。但開始訴訟之通知或命令已於相當時期在該國合法送達，或依中華民國法律上之協助送達者，不在此限。三、判決之內容或訴訟程序，有背中華民國之公共秩序或善良風俗者。四、無相互之承認者。前項規定，於外國法院之確定裁定準用之。」民事訴訟法對外國法院的判決的承認，尚有對「依中華民國之法律，外國法院無管轄權者」、「敗訴之被告未應訴者。但開始訴訟之通知或命令已於相當時期在該國合法送達，或依中華民國法律上之協助送達者，不在此限。」等之排除條款，此二排除條款在台灣地區與大陸地區人民關係條例第74條並未明定。而本案大陸判決台灣立得出版社在訴訟管轄上或有瑕疵，依民事訴訟法第402條，可能不被承認，但是台灣地區與大陸地區人民關係條例無此規定，兩規定不相符合，立法上標準不一，似宜加以檢討。

案例11：著作之一般合理使用

 吳銳 v. 北京世紀讀秀技術有限公司

第一審：北京市海淀區人民法院（2007）海民初字第8079號民事判決
第二審：北京市第一中級人民法院（2008）一中民終字第6512號民事判
　　　　決

一、案件程序

　　吳銳（一審原告，二審上訴人）主張北京世紀讀秀技術有限公司
（一審被告，二審被上訴人，以下簡稱「讀秀網」）侵害其著作權。北京
市海淀區人民法院審理之後，認定讀秀網對吳銳作品的利用符合合理使用
的要件，駁回吳銳全部的訴訟請求（2007海民初字第8079號民事判決）。
吳銳不服，向北京市第一中級人民法院提起上訴。

二、第一審案情摘要

　　讀秀網是一圖書目錄網站，提供書籍搜索服務。該網站與關係企業
北京世紀超星信息技術發展有限公司（簡稱超星公司）合作，由超星公司
負責版權授權，讀秀網負責網站技術。該網站提供各樣圖書的封面、版權
頁、前言、以及少部分內容，主要目的是對圖書進行分類和介紹。兩公司
之法定代表人是同一人。

　　吳銳是「杏壇春秋」（專著，全書92000字）、「中國思想的起源」
（專著，共三卷，全書990000萬字）、「古史考」九卷（彙編作品，每
卷約60多萬字）的著作權人。他主張讀秀網將上述書籍的封面、總序、目
錄、前言（或引言）、以及部分正文上傳到網站上，提供予公眾閱讀、下
載。法院確認讀秀網上傳「杏壇春秋：書院興衰」前綴（包括目錄、前言
等）11頁，正文8頁，正文4232字；「中國思想的起源」前綴20頁，正文8

頁，正文5400字；「古史考」（原九卷）一至八卷前綴71頁，正文78頁，正文95500字。

　　吳銳與超星公司於2003年1月14日簽有超星數位圖書館（超星數字圖書館）個人作品收藏授權書，將其個人作品的資訊網路傳播權（信息網絡傳播權）以專有許可的方式授予超星公司。超星公司將超星數位圖書館的十年期讀書卡贈送給吳銳，到期後吳銳可繼續要求贈送讀書卡。但是吳銳在一審聲稱該合約非本人所簽署，不應成立。在一審其間法院曾應超星公司要求將合約簽名送去鑑定是否為吳銳本人之筆跡，但無定論。吳銳也並未提供更多的簽名樣本，也未要求補充鑑定。

　　讀秀網雖為超星公司之關係企業，所提供內容是來自超星數位圖書館獲得授權的圖書。但是讀秀網網站上並未寫明兩者的關係，網站中沒有超星公司的字樣，也沒有超星公司提供權利的說明。讀秀網上沒有廣告。

三、第一審訴訟爭點

　　(一) 超星公司與吳銳簽有授權合約。讀秀網是超星公司的關係企業。如此，讀秀網利用吳銳之作品是否已獲得合法授權？

　　(二) 讀秀網就吳銳作品之利用（提供書籍封面、版權頁、目錄、前言、少部分內容等），是否符合合理使用的標準？

四、第一審判決結果

　　法院駁回吳銳的全部訴訟請求。

　　超星與吳銳的授權合約成立，但是讀秀網並未透過超星間接獲得吳銳作品的合法授權。然而，讀秀網對吳銳作品的利用方式符合合理使用的標準。

五、第一審判決理由

(一) 讀秀網是否獲得吳銳作品的合法授權

　　法院認為，超星公司與吳銳簽有資訊網路傳播權（信息網絡傳播

權）的專有使用協議。法院根據筆跡鑑定的內容，結合雙方當事人的舉證情況和舉證能力，確定2003年1月14日授權書中的「吳銳」簽名係本人所簽。然而，儘管超星公司擁有對吳銳作品的資訊網路傳播權利的專屬授權，但是本案中涉案作品所刊載之讀秀網網站是讀秀網公司所有，與超星數位圖書館沒有直接關連，而且讀秀網網頁也沒有公告任何與超星數位圖書館相關的內容。由於超星公司與吳銳的授權書中沒有該公司得以轉授權或直接提供給第三方使用的條款，吳銳也否認有此合意，故超星公司向讀秀公司授權的行為已超出原來吳銳對超星數字圖書館授權的範圍，不能由超星授權書主張讀秀網擁有吳銳作品的合法授權。

(二) 讀秀網對吳銳作品的利用是否為合理使用？

讀秀網用戶能夠搜索到的圖書內容只有圖書的版權頁、前言、目錄和正文8至10頁的內容，目的是讓讀者了解圖書的主要內容，並藉由閱讀少量的正文去了解作者的基本思路和表達方式。就涉案作品而言，8至10頁的用量與全書正文內容相比所占比例甚微，僅能使讀者對該書有初步的了解，未超過不當限度，不會損害作者基於著作權的享有的人身權利和經濟利益。

著作權法既鼓勵作者創作，保護其創作成果，同時也鼓勵在不損害作者權益的前提下正常傳播資訊，以促進社會文化事業的繁榮發展。雖然作者堅持不願讓他人用這種方式利用其作品，但是其作品已經公開出版，應允許他人在正常的範圍內進行介紹和傳播，不能僅因作者個人意志就被阻止。因此，讀秀網的使用行為目的正當，未超過合理範圍，未給吳銳造成不利後果，未侵犯吳銳的著作權。

六、第二審訴訟爭點

讀秀網對圖書之利用是否符合合理使用的標準？

七、第二審上訴理由

中華人民共和國著作權法第24條規定，使用他人作品當同著作權人

訂定授權合約。讀秀網未經許可而使用吳銳作品，也未訂定任何授權合約。且讀秀網對吳銳作品的利用亦不符合著作權法第22條對著作權人權利限制的規定，應視為侵權。

八、第二審判決結果

駁回上訴，維持原判。
讀秀網的利用行為構成合理使用。

九、第二審判決理由

第二審法院引大陸著作權法第1條規定，著作權法的立法目的，既要保護著作權人的合法權利，又要維護社會公眾對作品正常合理的使用，以鼓勵優秀作品的創作和傳播，因而認為讀秀網網站上僅提供了涉案三種圖書的版權頁、前言、目錄和正文8至10頁的內容，其目的在於向讀者介紹圖書的主要內容，便於讀者閱覽少量的正文以了解作者的表達風格。讀秀網對作品的利用量在整個作品中所占比例甚小，沒有對涉案作品的市場價值造成不利的影響，也不會對涉案作品的發行和傳播構成威脅。讀秀網既未影響涉案作品的正常使用，也未不合理地損害吳銳對其作品享有的合法權益。因此，讀秀網這種利用方行為構成合理使用，無須徵得著作權人的許可，未構成對吳銳著作權的侵犯。

十、本件案例評析

(一) 本案讀秀網是否獲得吳銳合法授權部分

本案係讀秀網將吳銳的作品上網提供讀者作書籍搜索，牽涉到著作人的信息網路傳播權。依中國大陸《信息網絡傳播權保護條例》第2條規定：「權利人享有的信息網絡傳播權受著作權法和本條例保護。除法律、行政法規另有規定的外，任何組織或者個人將他人的作品、表演、錄音錄像製品通過信息網絡向公眾提供，應當取得權利人許可，並支付報酬。」本案超星公司雖然主張已取得吳銳的信息網路傳播權的專有使用權，但是

無法證明吳銳同意超星公司轉授權給讀秀網，而且事實上超星公司亦未提供授權給讀秀網的證明。

依大陸著作權法第24條規定：「使用他人作品應當同著作權人訂立許可使用合同，本法規定可以不經許可的除外（第1項）。」「許可使用合同包括下列主要內容：(一) 許可使用的權利種類；(二) 許可使用的權利是專有使用權或者非專有使用權；(三) 許可使用的地域範圍、期間；(四) 付酬標準和辦法；(五) 違約責任；(六) 雙方認為需要約定的其他內容（第2項）。」上述第24條第2項第2款之專有使用權，在學說上，未經著作權人同意，被許可人不得將許可證中權利義務轉讓給第三人。此乃因授權係基於雙方彼此的信任關係[1]。依大陸著作權法實施條例第24條亦規定：「著作權法第二十四條規定的專有使用權的內容由合同約定，合同沒有約定或者約定不明的，視為被許可人有權排除包括著作權人在內的任何人以同樣的方式使用作品；除合同另有約定外，被許可人許可第三人行使同一權利，必須取得著作權人的許可。」因此，本案超星公司與獨秀網即使是關係企業，兩公司的負責人相同，然而超星公司對獨秀網的授權，未經吳銳同意，依大陸著作權法係逾越授權範圍，不發生授權的效力。

(二) 讀秀網的行為，是否符合合理使用的規定？

1. 中國大陸《信息網絡傳播權保護條例》有關權利之限制，規定於第6條及第7條，另第8條規定教育之法定授權，第9條規定農村之法定授權。其中權利之限制規定如下：

   (1) 第6條規定：「通過信息網絡提供他人作品，屬於下列情形的，可以不經著作權人許可，不向其支付報酬：(一) 為介紹、評論某一作品或者說明某一問題，在向公眾提供的作品中適當引用已經發表的作品；(二) 為報道時事新聞，在向公眾提供的作品中不可避免地再現或者引用已經發表的作品；(三) 為學校課堂教學或者科學研究，向少數教學、科研人員提供少量已經發表

1　參見馮曉青，著作權法，頁194，法律出版社，2010年9月；曲三強，現代著作權法，頁192，北京大學出版社，2011年9月。

的作品；(四) 國家機關為執行公務，在合理範圍內向公眾提供已經發表的作品；(五) 將中國公民、法人或者其他組織已經發表的、以漢語言文字創作的作品翻譯成的少數民族語言文字作品，向中國境內少數民族提供；(六) 不以營利為目的，以盲人能夠感知的獨特方式向盲人提供已經發表的文字作品；(七) 向公眾提供在信息網絡上已經發表的關於政治、經濟問題的時事性文章；(八) 向公眾提供在公眾集會上發表的講話。」

(2) 第7條規定：「圖書館、檔案館、紀念館、博物館、美術館等可以不經著作權人許可，通過信息網絡向本館館舍內服務對象提供本館收藏的合法出版的數字作品和依法為陳列或者保存版本的需要以數字化形式複製的作品，不向其支付報酬，但不得直接或者間接獲得經濟利益。當事人另有約定的除外（第1項）。」「前款規定的為陳列或者保存版本需要以數字化形式複製的作品，應當是已經損毀或者瀕臨損毀、丟失或者失竊，或者其存儲格式已經過時，並且在市場上無法購買或者只能以明顯高於標定的價格購買的作品（第2項）。」

本案讀秀網是一圖書目錄網站，提供書籍搜索服務，皆不符合上述之規定。

2. 再者，中國大陸著作權法第22條及第23條規定「權利之限制」，而第23條係有關教科書的法定授權，與本條無關。第22條規定：「在下列情況下使用作品，可以不經著作權人許可，不向其支付報酬，但應當指明作者姓名、作品名稱，並且不得侵犯著作權人依照本法享有的其他權利：(一) 為個人學習、研究或者欣賞，使用他人已經發表的作品；(二) 為介紹、評論某一作品或者說明某一問題，在作品中適當引用他人已經發表的作品；(三) 為報道時事新聞，在報紙、期刊、廣播電臺、電視臺等媒體中不可避免地再現或者引用已經發表的作品；(四) 報紙、期刊、廣播電臺、電視臺等媒體刊登或者播放其他報紙、期刊、廣播電臺、電視臺等媒體已經發表的關於政治、經濟、宗教問題的時事性文章，但作者聲明不許刊登、播放的除外；(五) 報紙、期刊、廣播電臺、電視臺等媒體刊登或者播

放在公眾集會上發表的講話，但作者聲明不許刊登、播放的除外；
(六) 為學校課堂教學或者科學研究，翻譯或者少量複製已經發表的
作品，供教學或者科研人員使用，但不得出版發行；(七) 國家機關
為執行公務在合理範圍內使用已經發表的作品；(八) 圖書館、檔案
館、紀念館、博物館、美術館等為陳列或者保存版本的需要，複製
本館收藏的作品；(九) 免費表演已經發表的作品，該表演未向公眾
收取費用，也未向表演者支付報酬；(十) 對設置或者陳列在室外公
共場所的藝術作品進行臨摹、繪畫、攝影、錄像；(十一) 將中國公
民、法人或者其他組織已經發表的以漢語言文字創作的作品翻譯成
少數民族語言文字作品在國內出版發行；(十二) 將已經發表的作品
改成盲文出版。前款規定適用於對出版者、表演者、錄音錄像製作
者、廣播電臺、電視臺的權利的限制。」

本案情形，亦不符上述大陸著作權法第22條之任何條款規定。而
大陸著作權法及《信息網絡傳播權保護條例》，並無類似我國著作
權法第65條或美國著作權法第107條「一般合理使用」之規定。本
案法院引著作權法第1條規定，而認為被告之行為為合理使用，係
屬特例。然而此例似不可開，蓋如果在著作權法及《信息網絡傳播
權保護條例》皆未規定之情形下，直接可以援引著作權法第1條規
定，而認為本案為合理使用，則大陸著作權法第22條及《信息網絡
傳播權保護條例》第6條及第7條詳細規定權利限制之要件，有何意
義？

3. 本案第二審法院認定被告讀秀網之行為構成著作權法之合理使用之
理由為：讀秀網對作品的利用量在整個作品中所占比例甚小，沒有
對涉案作品的市場價值造成不利的影響，也不會對涉案作品的發行
和傳播構成威脅。讀秀網既未影響涉案作品的正常使用，也未不合
理地損害吳銳對其作品享有的合法權益。

然而，大陸《著作權法實施條例》第21條規定：「依照著作權法
有關規定，使用可以不經著作權人許可的已經發表的作品的，不得
影響該作品的正常使用，也不得不合理地損害著作權人的合法利
益。」此規定與伯恩公約第9條第2項、TRIPS第13條、WCT第10條

第1項所規定之「三步測試」原則相當。然而本案法院既未引大陸《著作權法實施條例》第21條規定，而直接援引著作權法第1條規定而為合理使用判決，在法律依據之引用，似有疏失。按著作權法第1條規定，係有關著作權法立法目的之規定，而非有關合理使用之規定。大陸著作權法如果嫌權利之限制規定不足，應仿效美國著作權法第107條訂定一般合理使用條款，而非援用著作權法第1條之規定。

4. 退步言之，即使認為因為大陸著作權法及相關法規定，並無「一般合理使用」之規定，故法院得於特殊情形下引著作權法第1條而主張特定案件之合理使用，然而依第一審原告確認讀秀網使用吳銳之作品，「杏壇春秋；書院興衰」前綴（包括目錄、前言等）11頁，正文8頁，正文4232字；「中國思想的起源」前綴20頁，正文8頁，正文5400字；「古史考」（原九卷）一至八卷前綴71頁，正文78頁，正文95500字等，並非少量。縱使大陸著作權法訂有類似美國著作權法第107條之合理使用之規定，恐怕亦難以通過一般合理使用四條款之檢驗。本案法院之判決，認定被告讀秀網為合理使用，而未就合理使用之四條款內容詳加分析論斷，判決亦有瑕疵。

(三) 本案之啟示

1. 本案如果發生在台灣，依我國著作權法第37條第3項規定：「非專屬授權之被授權人非經著作財產權人同意，不得將其被授與之權利再授權第三人利用。」第4項規定：「專屬授權之被授權人在被授權範圍內，得以著作財產權人之地位行使權利，並得以自己名義為訴訟上之行為。著作財產權人在專屬授權範圍內，不得行使權利。」依我國著作權法通說，著作權的專屬被授權人，未經原著作權人的同意，在被授權的範圍內，得轉授權第三人利用。故依我國著作權法，超星公司與讀秀網既係關係企業，負責人為同一人，如果超星公司將被授與的權利轉授權給讀秀網，讀秀網對吳銳作品的公開傳輸行為，即屬合法。

然而，我國著作權法有關專屬授權之被授權人得否轉授權的規定，

與中國大陸規定不同。中國大陸學者認為授權關係係基於授權人與被授權人的彼此信任關係，未經著作權人同意，被授權人即使是被專屬授權，亦不得轉授權，似有其理論依據，且與世界著作權法通例無違。我國著作權法第37條有關專屬授權得否轉授權之規定，在立法似可斟酌檢討。

2. 由本案之判決，足以推知，由於傳播工具之不斷推陳出新，各種利用方法不斷演進，著作權法有關權利限制之規定，有時而窮，因此日本著作權主管機關檢討著作權法修正，有訂定一般合理使用條款之擬議[2]，南韓更修正著作權法訂定著作權法之一般合理使用條款。我國著作權法第65條第2項，於著作權法第44條至第63條外，更規定一般合理使用條款，似有其存在之必要。

2　參見蕭雄淋律師、幸秋妙律師、嚴裕欽律師，國際著作權法合理使用立法趨勢之研究，頁234，經濟部智慧財產局，2009年12月。

案例12：網路下載圖片的認定及舉證責任的分配

 華蓋創意（北京）圖像技術有限公司 v. 中國外運重慶有限公司

第一審：重慶市第一中級人民法院（2009）渝一中法民初字第207號民事判決
第二審：重慶市高級人民法院（2010）渝高法民終字第71號民事判決
再　審：中華人民共和國最高人民法院（2010）民提字第199號

一、案件程序

　　華蓋創意（北京）圖像技術有限公司（一審原告，二審上訴人，再審申請人，下稱「華蓋公司」）認為中國外運重慶有限公司（一審被告，二審被上訴人，再審被申請人，下稱「重慶外運公司」）侵害其著作權，提起民事訴訟，由重慶市第一中級人民法院受理，判決駁回華蓋公司的訴訟請求。華蓋公司不服一審判決，提起上訴，由重慶市高級人民法院受理二審，仍判決駁回華蓋公司的訴訟請求。華蓋公司不服，申請再審，最高人民法院受理，認定重慶外運公司確有侵害，撤銷前二審判決。

二、案情摘要

　　華蓋公司是美國圖庫公司Getty Images, Inc.（下稱Getty公司）在中國的被授權人，有權在中國境內展示、銷售、授權他人使用Getty公司的圖庫資料，亦可以華蓋公司名義主動追究第三方對Getty公司著作權的侵害。

　　華蓋公司認為重慶外運公司未經授權，在其公司的企業宣傳圖冊當中使用Getty公司圖庫內的一張圖片，該圖片在華蓋公司的代理範圍內。

因此，華蓋公司提起訴訟主張重慶外運公司侵害著作權，請求法院判令其立即停止侵權、銷毀相關製品、公開賠禮道歉、賠償經濟損失10000元以及維權成本和訴訟費用等。重慶外運公司的企業宣傳圖冊是在2006年間製作。

為證明重慶外運確有侵害，華蓋公司提出一系列的證據，聲稱已形成完整的「證據鏈」。這系列證據包括：一、中國國家版權局著作權登記，證明華蓋公司擁有美國Getty公司的授權，期限為2005年8月到2010年6月；二、CN網域名稱註冊，華蓋公司從2005年8月就擁有www.gettyimages.cn的網站域名；三與四、2010年北京市公證處和大連市公證處出具的兩份公證書，證明系爭圖片上傳時間是2005年8月，在華蓋公司得到授權的期間；五、Getty公司與深圳超景圖片公司簽署之「圖像協議」，證明涉案圖片透過各種形式在大陸範圍內推廣、宣傳、銷售；六、Getty公司的圖片素材宣傳冊，證明系爭圖片透過各種形式在中國大陸宣傳推廣；七、華蓋公司與瑞源國際安全技術公司的授權合約，證明系爭圖片在2007年曾受權給其他公司合法使用。

三、一審訴訟爭點

Getty公司是否享有涉案圖片的相關權屬？華蓋公司是否有權提出訴訟？

四、一審判決結果

駁回華蓋公司所有訴訟請求。

法律依據：中華人民共和國著作權法第3條第5項、第11條，最高人民法院關於審理著作權民事糾紛案件適用法律若干問題的解釋第7條，中華人民共和國民事訴訟法第128條。

五、一審判決理由

依大陸著作權法規定，當事人提供的涉及著作權的底稿、原件、合

法出版物、著作權登記證書、認證機構出具的證明、取得權利的合約等，可以作為享有著作權的證據。華蓋公司提出於2009年製作的公證書，證明Getty公司網站上登載系爭圖片，且Getty公司網站聲明所有網站上的圖片的著作權均歸屬該公司。Getty公司是圖庫公司，網站上的圖片是由各種途徑取得，不具有內容明確、固定的特點，會隨時更新，而且圖片上都沒有顯示上傳時間。因此，華蓋公司所提出的公證書僅能證明Getty公司的網站在2009年公證當日登載有該圖片，而且從當日開始對系爭圖片享有著作權。

涉案宣傳畫冊製作完成時間是在2006年，華蓋公司無法證明在2006年的時候Getty公司享有那張圖片的著作權，因此不能根據Getty公司的授權而享有涉案圖片的相關權屬。

六、二審訴訟爭點

現有證據能否證明Getty公司在2005年8月（對華蓋公司的授權期間開始）或在2006年（重慶外運公司的宣傳冊製作日期）前對涉案圖片享有著作權？

七、二審判決結果

駁回華蓋公司的訴訟請求。

八、二審判決理由

(一) 法院質疑部分證據的證據力（華蓋公司所提出的證據鏈請參見案情摘要）

　　1.第五組證據是Getty公司與深圳超景圖片公司所簽訂的「圖像協議」，只有英文版本，無法核定真實性。二者，協議形成於香港，在香港形成的證據需要公證認證，而華蓋公司並未履行該手續。因此不能接受為證據。

　　2.第六組證據是Getty公司的素材宣傳冊，只有英文也沒有翻

譯，也沒有公證，證據形成的時間和地點均不能確定，無法確定證據真實性，故不接受為證據。

3. 第七組證據是華蓋公司與瑞源國際安全技術公司的授權合約，僅有合約無法證明瑞源國際安全技術公司的主體真實性和合約真實性，不能接受為證據。

(二) 華蓋公司提出的圖片上傳時間（第三、四組證據）無法證明著作權起始時間

1. 認定Getty公司是否在2005年8月之前或者2006年之前對涉案圖片享有著作權是本案關鍵問題，而核心證據就是系爭圖片上傳到圖庫網站的時間，也就是華蓋公司所提出的第三、四組證據。這組證據是公證人員到www.gettyimages.cn的管理介面admin.gettyimages.cn，利用管理者的名稱和密碼登入，檢索系爭圖片並列印上傳時間（2005年8月25日）。

2. 此項證據無法確認涉案圖片的準確上傳時間。第一審的時候從www.gettyimages.cn下載所得的系爭圖片上有該公司的浮水印，但第二審的時候從管理介面下載的圖片並無浮水印，可見得華蓋公司曾經透過管理介面在一審之後、二審之前對圖片浮水印部分作修改，也證明華蓋公司有能力對圖庫網站中的資料進行修改。因此，圖片上傳時間亦有可能被修改。

3. 華蓋公司抗辯其網站是委託第三方管理，無法對上傳時間修改，但是並未提出與第三方簽訂委託管理合約和第三方身分的證據，因此法院無法確認第三方管理者是否有資格能力管理，是否能保存網站資訊的原始性和準確性。

(三) 僅憑著作權登記證記載的授權期限，而無其他證據佐證，不能判斷Getty公司在2005年8月之前對系爭圖片享有著作權，因此華蓋公司不能依據Getty公司的授權享有相關著作權和提起本案訴訟的權利。著作權登記證沒有記載涉案圖片何時形成，Getty公司對圖片何時享有著作權等。華蓋公司仍然無法提出法院可以接受的相關證據。

九、再審上訴人（華蓋公司）上訴理由和新的證據

(一) 華蓋公司在三審提出公證書，證明華蓋公司在二審時所呈繳的證據圖片過小，浮水印識別不易，但該圖片上確實有浮水印，放大後就可以清晰看見。

(二) 華蓋公司提出華蓋公司與上海諾亞方舟企業形象策畫有限公司所簽訂之圖片訂購合約，載明與本案系爭圖片同樣的圖片授權費用是3000元。

十、再審訴訟爭點

(一) 華蓋公司是否取得Getty公司的合法授權，是否有權提起訴訟並主張權利？

(二) 重慶外運公司是否構成侵權？

十一、再審判決結果

撤銷一審、二審判決，重慶外運公司應停止使用系爭圖片，賠償華蓋創意公司經濟損失3000元、合理支出費用1100元。

法律依據：中華人民共和國著作權法第2條第2款、第10條第1款第5項、第6項、第10條第4款、第47條第1項、第48條，最高人民法院關於審理著作權民事糾紛案件適用法律若干問題的解釋第7條、第26條，中華人民共和國民事訴訟法第153條第3項、第186條。

十二、再審判決理由

(一) 是否擁有合法授權

1. Getty公司是否享有系爭圖片的著作權，直接關乎其對華蓋公司的授權行為是否存在瑕疵，以及華蓋公司是否有權主張權利。關鍵問題是系爭圖片何時公開發表。

2. 本案重慶外運公司使用的被控侵權圖片與Getty公司享有著作權的

圖片完全相同，但重慶外運公司未能提出任何證據證明涉案圖片的著作權不屬於Getty公司，也未能證明該公司宣傳素材上的涉案圖片的合法來源。據此，法院可以推定系爭圖片在重慶外運公司2006年使用之前已經公開發表，至於涉案圖片發表的具體時間已經不重要。

3. 根據華蓋公司在一、二審及申請再審過程中所提供的證據，可以認定華蓋公司已經取得Getty公司的合法授權，據此主張權利，依法應予支持。

4. 一審法院將華蓋公司2009年申請公證機構公證的時間作為Getty公司開始享有著作權的時間沒有法律依據。

5. 二審法院判決法律依據不足。

(二) 重慶外運公司是否侵權

1. 重慶外運公司未經授權，擅自使用涉案圖片，並用於企業宣傳推廣，侵害華蓋公司依法享有的複製權和發行權，應當負擔停止侵害、賠償損失的民事責任。

2. 重慶外運公司抗辯宣傳圖冊是委外製作，沒有侵權故意，不構成侵權抗辯的理由不能成立。對於企業宣傳畫冊製作者的責任，重慶外運公司可以依據其與該製作者簽訂的合約另案解決。

3. 華蓋公司所請求之賠禮道歉屬於侵害著作人格權所應負擔的民事責任，華蓋公司不是涉案圖片的作者，並不享有涉案圖片著作權中的人格權利。故該請求駁回。

十三、本件案例評析

(一) 本案所以受重視的理由

依據大陸最高人民法院2002年10月12日所公布的《最高人民法院關於審理著作權民事糾紛案件應用法律若干問題的解釋》第2條規定，著作權民事糾紛案件，原則上由中級以上人民法院管轄。訴訟原則上為二審，以高級人民法院為終審，向最高人民法院申請再審而被允許並形成判決

的，本來就非常有限。此最高人民法院有限的判決，往往涉及許多法律的重要爭議及爭議的司法具體權威解釋，值得重視。

再者，大陸涉外訴訟，法院往往要求權利人必須證明其權利存在。而著作權人證明著作權存在，得依大陸著作權法第11條第3項規定：「如無相反證明，在作品上署名的公民、法人或其他組織為作者。」此外，大陸《最高人民法院關於審理著作權民事糾紛案件應用法律若干問題的解釋》第7條亦規定：「當事人提供的涉及著作權的底稿、原件、合法出版物、著作權登記證書、認證機構出具的證明、取得權利的合同等，可以作為證據（第1項）。」「在作品或者製品上署名的自然人、法人或者其他組織視為著作權、與著作權有關權益的權利人，但有相反證明的除外（第2項）。」著作權人的證明，究應證明到什麼程度？是否在侵害人侵害前，著作權人在網路上或作品發行時，在網路或作品的著作人或著作權標示，就必須公證、認證？如果在侵害人侵害後，著作權人方就作品的作者或著作權人的權利標示作公證，侵害人是否可以質疑著作權人的舉證不足？蓋網路的權利標示往往可能隨時變更，即使實體作品的權利標示，亦可臨時製作。此涉及許多涉外訴訟的權利人的舉證問題，值得一提。

(二) 本案之爭點及最高人民法院解決的問題點

著作權民事訴訟之原告，往往必須證明自己是著作權人或著作權的部分被授權人。原告如果不是著作權人，而是被授權人，不僅必須證明原始授權人為著作權人，而且必須一步一步證明中間授權的權利鏈是完整的。不能有一個權利鏈無法銜接。

然而，，任何著作人在最初創作時，或著作權人在最初受讓著作權時，都不會因為預料未來權利被侵害，而預為作權利的公證。例如著作人作品在網路最初公開發表時，即對網路的作品作公開發表的公證，以表示在最初公開發表之時間點，自己即為著作人。此外，著作權的受讓人，在著作權受讓時，亦不會即作受讓文件之公證，或在受讓而公開發表作品時，即對受讓作品之著作權人標示作公證，或在網路公開發表的作品的著作權標示作公證。

尤其著作權人為外國人時，因成本的關係，被授權人在被授權時，往

往授權書往往不會同時作公證，而只在提起侵害訴訟時，方可能對原來的授權書作公證。而如果原來的授權書只有英文本，而沒有中文本，難道此授權的權利鏈即有欠缺？此關係到極多的涉外訴訟的授權慣例。

　　本案原告已提出之證據鏈，包含：一、中國國家版權局著作權登記，證明華蓋公司擁有美國Getty公司的授權，期限為2005年8月到2010年6月；二、CN網域名稱註冊，華蓋公司從2005年8月就擁有www.gettyimages.cn的網站域名；三與四、2010年北京市公證處和大連市公政處出具的兩份公證書，證明系爭圖片上傳時間是2005年8月，在華蓋公司得到授權的期間；五、Getty公司與深圳超景圖片公司簽署之「圖像協議」，證明涉案圖片透過各種形式在大陸範圍內推廣、宣傳、銷售；六、Getty公司的圖片素材宣傳冊，證明系爭圖片透過各種形式在中國大陸宣傳推廣；七、華蓋公司與瑞源國際安全技術公司的授權合約，證明系爭圖片在2007年曾受權給其他公司合法使用。

　　然而第一審卻認為，Getty公司是圖庫公司，網站上的圖片是由各種途徑取得，不具有內容明確、固定的特點，會隨時更新，而且圖片上都沒有顯示上傳時間。因此，華蓋公司所提出的公證書僅能證明Getty公司的網站在2009年公證當日登載有該圖片，而且從當日開始對系爭圖片享有著作權，因而駁回原告的請求。

　　第二審除了接受第一審所質疑的外，連圖像協議只有英文版，而無中文版本，及素材宣傳冊，只有英文而沒有翻譯，也都成為權利鏈的瑕疵。如果按照第二審的舉證標準，那麼凡權利人為外國人，而涉多重授權的案件，在大陸法院訴訟，幾乎非常難勝訴。

　　本案最高人民法院認為：「鑒於本案重慶外運公司使用的涉案片與Getty公司享有著作權的圖片完全相同，但重慶外運公司既未探交證據證明涉圖片的著作權不屬於Getty公司，亦未能證明其對涉案作品的使用有合法依據。據此，可以推定涉案圖片在在重慶外運公司2006年使用之前已經公開發表，至於涉案圖片發表的具體發表的時間，已經不重要。一審法院將華蓋公司2009年3月23日申請公證機構公證的時間，作為Getty公司享有著作權的時間沒有法律依據。二審法院以『現有證據不能證明Getty公司在2005年8月1日以前或者是在2006年前對涉案圖片享有著作權』為

由，認華蓋公司不能依據Getty公司的授權，享有相關著作權及提起本案訴訟的權利，亦法律依據不足[1]。」最高人民法院對於原告已經對著作權人的著作權推定作基本的舉證，而將舉證責任轉換給被告，被告如果無法舉反證推翻原告之舉證，而否認權利的權利，則原告之舉證責任已盡。最高人民法院此項認定舉證責任之原則，有利於涉外訴訟原告之訴訟，亦較符合涉外案件的實務運作慣例。

不過本案最高人民法院判決雖然在認定上有利於原告，然而最後判決判令被告重慶外運公司應賠償原告華蓋公司經濟損失3000元及合理支出費用1100元，並未說明此金額的計算方法及理由。

按《最高人民法院關於審理著作權民事糾紛案件應用法律若干問題的解釋》第26條：「著作權法第四十八條第一款規定的制止侵權行為所支付的合理開支，包括權利人或者委託代理人對侵權行為進行調查、取證的合理費用（第1項）。」「人民法院根據當事人的訴訟請求和具體案情，可以將符合國家有關部門規定的律師費用計算在賠償範圍內（第2項）。」本案華蓋公司為了提起訴訟，提出一系列經公證認證的證據，並經三審的訴訟，訴訟的合理開支（含律師費），絕不可能僅人民幣1100元，最高人民法院認定訴訟的合理開支，事實上，並不合理。

(三) 本案之啓示

有關本國的攝影著作的訴訟，如果侵害人對權利人的權利有所質疑，權利人不管是著作人還是著作財產權人，攝影者都可以自行在法院舉證自己該照片在何時、何地拍攝，以及如何拍攝？與何人一起拍攝？在舉證上問題不大。然而如果著作人在台灣，而授權到大陸，如何舉證，確實是一個問題。

因此，有關攝影著作如果有出版攝影集，而攝影集的版權頁上有出版日期，證明著作人問題不大。然而如果攝影著作未出版攝影集，而僅在網路公開發表，此網路公開發表，應注意須有著作人及著作財產權標示，依

1　參見奚曉明主編，最高人民法院智識產權審判案例指導，第三輯，頁382，中國法制出版社，2011年5月。

此而推定為該著作之著作人或著作財產權人。然後,在第一次公開發表不久,即應找民間公證人作網路公證,或許也是一種著作權存證的方法。

案例13：拆毀原壁畫是否侵害著作權？

 蔡迪安、田少鵬、伍振權、李宗海 v. 湖北晴川飯店有限公司、湖北晴川飯店

第一審：湖北省武漢市中級人民法院（2002）一中民初字第1849號民事判決

第二審：北京市高級人民法院（2009）高民終字第5842號民事判決

一、案件程序

　　蔡迪安、田少鵬、伍振權、李宗海等四位藝術家（第一審原告，第二審上訴人）指稱湖北晴川飯店和其關係企業湖北晴川飯店公司（原審被告，終審被上訴人，下稱「晴川飯店」與「晴川公司」）的行為導致原告四人無法享受自己作品的著作權，提起民事訴訟，由湖北省武漢市中級人民法院受理，判決駁回原告所有訴訟請求。第一審原告不服，提起上訴，由北京市高級人民法院受理，判決駁回上訴，維持原判。

二、案情摘要

　　1982年，湖北晴川飯店因二樓宴會大廳工程需要，委託湖北省美術院製作壁畫。湖北省美術院委託原告蔡迪安等四位藝術家創作「赤壁之戰」的壁畫。創作完成之後由晴川飯店工程指揮部給予稿酬並持續展示在二樓宴會大廳，但三方對壁畫著作權歸屬並無約定。接下來期間四位原告有對「赤壁之戰」壁畫拍照，以四位藝術家的名義用這作品陸續參加許多壁畫比賽並獲獎。晴川飯店與湖北省美術院對此並無異議。

　　1995年晴川飯店引進外資成立晴川公司，並將晴川飯店建築物的所有權轉予晴川公司。1997年晴川公司決定翻修晴川飯店，「赤壁之戰」壁畫在未通知作者的情形下慘遭拆毀。四位作者提起訴訟，主張：

　　(一) 蔡迪安等人對「赤壁之戰」壁畫享有著作權，晴川飯店拆毀壁畫

的行為導致作者無法行使著作權；

(二) 晴川公司毀畫以前應負有告知作者、與作者協商義務。因此請求法院判令人民幣100萬元的賠償給予四人。

三、原審判決結果

駁回原告四人的所有訴訟請求。

四、原審訴訟爭點

(一)「赤壁之戰」壁畫的著作權歸屬何人？

(二) 晴川公司拆毀壁畫是否侵害原告的著作權？

五、第一審判決理由

(一) 系爭壁畫著作權屬於作者，壁畫原畫的所有權屬於晴川公司

1. 著作權：在委託創作時沒有另外約定的情形下，根據「中華人民共和國著作權法」第17條規定，著作權依法應歸受託人，在本案是湖北省美術院。而湖北省美術院也以書面證明澄清系爭壁畫的作者蔡迪安等四人是該美術作品的著作權人，對之後創作人以作者四人名義對壁畫拍照去參加比賽也未有異議，可見依合意，本件美術作品「赤壁之戰」壁畫的著作權，歸實際創作者，即蔡迪安、田少鵬、伍振權、李宗海等四位藝術家共有。

2. 著作之所有權：晴川飯店工程指揮部支付對價之後取得系爭壁畫所有權，其後晴川公司組建後，該壁畫的所有權移歸晴川公司所有。

(二) 當美術作品原件所有權移轉後，要利用作品原件才能行使的著作權實際窮竭

1. 根據著作權法第18條規定，美術作品原件財產所有權與該作品之著作權是可分離的兩種不同權利，展覽權是由作品原件所有人享有，著作權仍歸作者所有。以本案情形判斷，原告四人將系爭作品交付

予晴川飯店之後，晴川飯店擁有此項美術作品原件的所有權和展覽權，並有權在「中華人民共和國民法通則」第71條規定的占有、使用、收益、處分的權利範圍之內行使權利，亦即晴川公司拆毀壁畫的行為是對自己的有形財產行使處分的權利，並未涉及著作權法第10條所規定的著作權權利範圍，也不在著作權法第46條規定的侵害之列。

2. 著作權屬於智力成果權，權利型態具有無形性。美術作品原件所有權移轉之後，作者對需要利用到作品原件才能行使的著作權權利實際窮竭，剩下可行使的權利主要是維權部分（禁止他人行使其著作權）。在此情況下，著作權人實際上是無法利用作品原件行使自己的權利，除非得到原件所有人的同意。因此，法院判斷，作者四人對其主張要利用作品原件才能行使著作權的權利，在作品原件轉移後，已經實際窮竭。此外，晴川公司並無在處分壁畫之前須先告知作者的義務，合約中也未另外約定。

六、第二審上訴人（蔡迪安、田紹鵬、伍振權）上訴理由

(一) 原審判決的「窮竭論」並無法律依據。「權利窮竭」應有法律依據、合約約定等合理事由，期限也應與法定著作權保護期限一致，不能在作品原件所有權移轉的時候就已「窮竭」。

(二) 原審並未充分說明為何晴川公司的毀畫行為不在著作權法第46第11項規定的「其他侵犯著作權益行為」之列。

(三) 晴川公司在毀畫之前負有通知作者、與作者協商的義務。

七、第二審（終審）判決結果

維持原判，駁回上訴

八、第二審訴訟爭點

美術作品原件擁有者與創作者各自擁有何種權利？

九、終審判決理由

(一) 著作權法第18條規定，美術作品原件所有權的轉移，不視為作品著作權的轉移，但美術作品的原件展覽權由原件所有人享有。故晴川公司擁有系爭壁畫原件的所有權和展覽權。

在並無合約約定如何行使上述兩項權利的情況下，應該回歸到「民法通則」第6、7、71條[1]和著作權法第18條的相關規定。因此，晴川公司只要不違反以上規定，在行使其上述支配系爭壁畫原件的權利時，就應享有排除他人干涉、不受限制的權利。

(二) 相對而言，蔡迪安等四位作者若要行使需要依靠作品原件才能行使的著作權權利，在作品原件所有權轉移之後，必須受到作品原件所有人是否同意、如何行使所有權和展覽權的嚴格限制，需要透過原件所有人的同意允許作者透過原件行使權利，如行使複製權等。

(三) 中國著作權法對壁畫等美術作品也以一般受保護作品看待，並未對壁畫的拆毀、更換的問題做出特殊保護規定。因此，不應認定晴川公司拆毀壁畫的行為是未盡妥善保管義務、侵害蔡迪安等四人的著作權。

(四) 若無合約事先約定，晴川公司拆毀屬於自己財產的壁畫原件，是對自己合法擁有的財產行使處分權，不屬於著作權法第46條規定的著作權侵害情形之列。法律並無相關規定要求晴川公司負有在處分壁畫之前通知或與作者協商的義務。

---

1 大陸民法通則第6條規定：「民事活動必須遵守法律，法律沒有規定的，應當遵守國家政策。」第7條規定：「民事活動應當尊重社會公德，不得損害社會公共利益，破壞國家經濟計劃，擾亂社會經濟秩序。」第71條規定：「財產所有權是指所有人依法對自己的財產享有佔有、使用、收益和處分的權利。」

十、本件案例評析

(一) 有關著作權與所有權的權利爭議

本案「赤壁之戰」壁畫係屬「委託作品」，依大陸著作權法第17條規定：「受委託創作的作品，著作權的歸屬由委託人和受託人通過合同約定。合同未作明確約定或者沒有訂立合同的，著作權屬於受託人。」既然在當初晴川飯店工程部與湖北省美術院間並無著作權歸屬之約定，且依湖北省美術院依實際四位創作藝術家之關係，系爭「赤壁之戰」壁畫之著作權，歸屬蔡迪安、田少鵬、伍振權、李宗海等四位藝術家，而最後系爭「赤壁之戰」壁畫之所有權，歸屬晴川公司所有。

值得爭議的是，依中華人民共和國民法通則第71條規定：「財產所有權是指所有人依法對自己的財產享有占有、使用、收益和處分的權利。」美術作品原件所有人毀損美術原作品，是對自己所有物的處分行為，是否同時侵害美術作品的著作權人的著作權？

依大陸著作權法第47條規定：「有下列侵權行為的，應當根據情況，承擔停止侵害、消除影響、賠禮道歉、賠償損失等民事責任：(一) 未經著作權人許可，發表其作品的；(二) 未經合作作者許可，將與他人合作創作的作品當作自己單獨創作的作品發表的；(三) 沒有參加創作，為謀取個人名利，在他人作品上署名的；(四) 歪曲、篡改他人作品的；(五) 剽竊他人作品的；(六) 未經著作權人許可，以展覽、攝製電影和以類似攝製電影的方法使用作品，或者以改編、翻譯、注釋等方式使用作品的，本法另有規定的除外；(七) 使用他人作品，應當支付報酬而未支付的；(八) 未經電影作品和以類似攝製電影的方法創作的作品、計算機軟件、錄音錄像製品的著作權人或者與著作權有關的權利人許可，出租其作品或者錄音錄像製品的，本法另有規定的除外；(九) 未經出版者許可，使用其出版的圖書、期刊的版式設計的；(十) 未經表演者許可，從現場直播或者公開傳送其現場表演，或者錄製其表演的；(十一) 其他侵犯著作權以及與著作權有關的權益的行為。」本來美術作品的原作品所有人，毀損美術作品是其所有物處分的權能，美術作品的載體，不限於原作一種，其他表現形式均可能表現原美術，毀損美術原作品，不當然侵害著作權人的著作權。依大陸

著作權法第47條規定，毀損壁畫的行為，本來就不該當該條第1款至第10款之任何行為之一，然而是否該當於該條第11款之「其他侵犯著作權以及與著作權有關的權益的行為」？

　　然而依大陸著作權法第47條第11款之「其他侵犯著作權以及與著作權有關的權益的行為」，亦必須有侵害大陸著作權法第10條或其他著作鄰接權之權利。而著作權的權利內容，依大陸著作權法第10條規定：「著作權包括下列人身權和財產權：(一) 發表權，即決定作品是否公之於眾的權利；(二) 署名權，即表明作者身分，在作品上署名的權利；(三) 修改權，即修改或者授權他人修改作品的權利；(四) 保護作品完整權，即保護作品不受歪曲、篡改的權利；(五) 複製權，即以印刷、複印、拓印、錄音、錄像、翻錄、翻拍等方式將作品製作一份或者多份的權利；(六) 發行權，即以出售或者贈與方式向公眾提供作品的原件或者複製件的權利；(七) 出租權，即有償許可他人臨時使用電影作品和以類似攝製電影的方法創作的作品、計算機軟件的權利，計算機軟件不是出租的主要標的的除外；(八) 展覽權，即公開陳列美術作品、攝影作品的原件或者複製件的權利；(九) 表演權，即公開表演作品，以及用各種手段公開播送作品的表演的權利；(十) 放映權，即通過放映機、幻燈機等技術設備公開再現美術、攝影、電影和以類似攝製電影的方法創作的作品等的權利；(十一) 廣播權，即以無線方式公開廣播或者傳播作品，以有線傳播或者轉播的方式向公眾傳播廣播的作品，以及通過擴音器或者其他傳送符號、聲音、圖像的類似工具向公眾傳播廣播的作品的權利；(十二) 信息網絡傳播權，即以有線或者無線方式向公眾提供作品，使公眾可以在其個人選定的時間和地點獲得作品的權利；(十三) 攝製權，即以攝製電影或者以類似攝製電影的方法將作品固定在載體上的權利；(十四) 改編權，即改變作品，創作出具有獨創性的新作品的權利；(十五) 翻譯權，即將作品從一種語言文字轉換成另一種語言文字的權利；(十六) 彙編權，即將作品或者作品的片段通過選擇或者編排，彙集成新作品的權利；(十七) 應當由著作權人享有的其他權利。」而就著作權人的美術作品的原作品加以毀損，既非歪曲、篡改著作權人的原作品。而大陸著作權法第10條第1項第17款雖有「應當由著作權人享有的

其他權利」，然而學者有謂此權利包含「註釋權」和「整理權」[2]，亦有謂除上述權利之外，尚包含「有線廣播權」、「製作錄音製品權」、「按照設計圖建造作品權」等[3]。然而無論如何，並未包含著作人對原作品主張不得毀損的權利。而著作權與物權不同，對著作的原載體，屬於所有人的權利，而非屬於著作人的權利。本案被告顯然並無侵害大陸著作權法第10條任何著作權的權能，本件依大陸著作權法法院之見解並無違誤[4]。

依伯恩公約第6條之2第1項規定：「著作人不問其經濟權利是否存在，甚至在經濟權利轉讓後，仍得主張其為該著作物之著作人，並反對他人將其著作物加以歪曲，割裂或竄改、或就其著作為足以損害其聲譽之其他行為。」此「就其著作為足以損害其聲譽之其他行為」，是否包含對著作原作品的毀損行為？在伯恩公約1948年布魯塞爾修正會議曾有討論，匈牙利代表提案希望將毀損作品原件之行為，納入伯恩公約第6條之2第1項後段之行為，但部分代表反對，最後該會議僅以建議書建議以各國國內法制定[5]。

有關著作載體的不當行使行為，是否侵害著作人格權？大陸著作權法無明文規定。我國著作權法第87條第1項第1款規定：「有下列情形之一者，除本法另有規定外，視為侵害著作權或製版權：一、以侵害著作人名譽之方法利用其著作者。」此規定與日本著作權法第113條第6項相當。日本著作權法第113條第6項規定：「以有害於著作人之名譽或聲望之方法利用其著作，視為侵害著作人格權之行為。」而日本著作權法上開規定，在日本1970年修正著作權法時，曾舉下列五則事例作說明：

1. 重製著作人繪製且屬藝術作品之裸體肖像畫，並將重製物作為脫衣舞劇場之廣告看板使用；

---

2 參見唐德華‧孫秀君，著作權法及配套規定新釋新解，頁143，人民法院出版社，2003年1月。
3 參見胡康生主編，中華人民共和國著作權法釋義，頁61-67，法律出版社，2002年1月。
4 參閱上海第二中級人民法院袁博法官之「損毀美術作品原件不必然侵犯著作權——對『赤壁之戰』壁畫案的反思」一文，http://www.luoyun.cn/DesktopModule/BulletinMdl/BulContentView.aspx?BulID=7779&ComName=default (2012/9/17)
5 參閱：Ricketson, Sam and Ginsburg, Jane C, International Copyright and Neighbouring Rights – The Berne Convention and Beyond, Second Edition, Volume I, Oxford University Press, 2005, p. 605.

2. 將文藝氣息濃厚的純文學小說或散文作品，收錄於商業廣告或商業宣傳文書內而予出版發行；，

3. 將高藝術價值之美術作品其重製物，作為廉價物品包裝紙使用；

4. 將莊嚴肅穆的宗教音樂著作，作為笑鬧喜劇的配樂使用；

5. 將著作人所創作之語文著作，援引作為拙劣文章之舉例，亦即，基於損害著作人名譽聲望之圖而引用其著作，進而作成有損著作人創作能力之負面評論之行為。[6]

上述規定，均不包含將原作品毀損之行為。將原作品毀損之行為，恐非屬於侵害著作人格權之行為。

(二) 大陸著作權法的檢討

1. 本案法院對於著作權原件的所有權與著作權的區分，係引用大陸著作權法第18條規定：「美術等作品原件所有權的轉移，不視為作品著作權的轉移，但美術作品原件的展覽權由原件所有人享有。」此一規定，有所瑕疵。蓋展覽權依大陸著作權法第10條第1項第8款規定，係著作權人之權利。美術著作之原件所有人，既無創作作品行為，僅係購買原件之所有權，即有原件之展覽權，此在著作權理論上，確實無法自圓其說。故大陸著作權法修正，在第二稿第20條即改為：「作品原件所有權的移轉，不產生著作權的移轉（第1項）。」「作者將未發表的美術或者攝影作品的原件轉讓給他人，受讓人展覽該原件不構成對作者發表權的侵犯（第2項）。」此項修正已經將所有人獲得著作權的法理不當，加以解決。然而第二稿將此規定，列於「著作權的歸屬中」，而非列於「權利的限制」中，亦屬體系不當。

2. 為了解決本案的問題，大陸著作權法在第二稿第20條特別增訂第3項：「陳列於公共場所的美術作品的原件為該作品的唯一載體的，該原件所有人對其進行拆除、損毀等事實處分前，應當在合理的期

6　加戶守行，著作權法逐條講義，頁665-666。著作權情報センター，2006年5訂版；黃絜，著作人格權中禁止醜化權之研究，台北教育大學文教法律研究所碩士論文，頁237-238，2012年7月。

限內通知作者，作者可以透過回購、複製等模式保護其著作權，當事人另有約定的除外。」此一規定，雖賦與原件的所有人通知的義務，然而未履行通知義務者，在著作權法修正草案第二稿第73條及第74條有關侵害的規定，並無相應的效果條款，在立法上亦有疏失。

案例14：著作權登記是否爲公開發表？

 坤聯公司 v. 八航塑膠廠、八航實業公司、他普公司

第二審：廣東省高級人民法院（2007）粵高法民三終字第12號民事判決
再　審：最高人民法院（2009）民申字第409號

一、案件程序

　　坤聯（廈門）照相器材有限公司（一審原告，二審上訴人，再審申請人，下稱「坤聯公司」）主張深圳市寶安區公明八航五金塑膠廠（一審被告、二審被上訴人、再審被申請人，下稱「八航塑膠廠」）、八航實業（深圳）有限公司（一審被告、二審被上訴人、再審被申請人，下稱「八航實業公司」）、他普實業公司（一審被告、二審被上訴人、再審被申請人，下稱「他普公司」）侵害其著作權。案子歷經原審與終審，均駁回坤聯公司的訴訟請求。坤聯公司不服判決而向最高人民法院申請再審。最高人民法院拒絕再審申請，但在裁定書中就重要的法律問題加以釐清。

二、案情摘要

　　坤聯公司的職員創作一「取景標貼」貼紙，貼在坤聯公司出產的攝影機上。坤聯公司為取景標貼於福建省版權局登記著作權，登記的作品類型為美術作品，著作權人為坤聯公司，作品完成時間為2003年10月10日，首次發表時間為2004年10月，申請登記時間為2004年5月10日。

　　由他普公司投資，八航實業公司、八航塑膠廠所出生產的攝影機在取景器下也有同樣性質的貼紙，但在細節設計上有些細微差異。坤聯公司主張八航這系列的產品侵害坤聯公司的著作權，於是提出訴訟。

三、一審判決結果

駁回坤聯公司的訴訟請求。

四、一審訴訟爭點

(一) 系爭貼紙是否具有原創性，是否能以著作權法保護？

(二) 坤聯公司是否可以證明該公司的系爭貼紙是在八航系列產品開始
銷售之前就已發表？

五、一審判決理由

(一) 系爭貼紙具有原創性，應視為著作權法上的作品加以保護。

(二) 坤聯公司負有證明系爭貼紙在八航系列產品開始銷售之前就已發
表的舉證義務，也聲稱作品在申請著作權登記時就已公開發表，
但並未舉出任何證據證明首次公開發表時間，也無法舉證八航產
品其他可能接觸到原告產品的管道。法院認為系爭作品的著作權
登記當中的公開發表時間（2004年10月）晚於登記時間（2004年
5月）不合常理。

六、二審上訴人（坤聯公司）上訴理由

著作權登記即為公開發表，因為版權局、代理機構等的工作人員均有
接觸到作品。

七、二審判決結果

駁回坤聯公司的訴訟請求。

八、二審訴訟爭點

著作權登記是否構成著作權意義上的發表？

九、二審判決理由

(一) 著作權登記過程當中代理機構和主管機構人員接觸到作品，這種形式接觸並不當然代表作品被公諸於眾，不能視為作品發表。根據「作品自願登記試行辦法」第12條規定，作品登記後對公眾開放，因而其他不特定的人都有機會接觸到該作品。

(二) 作品在登記之後，第三人要查閱到作品的內容也是需要履行登記、繳費等手續才能調閱內容。坤聯公司無法證明被上訴人有透過這種管道接觸到其作品。

十、再審裁決理由

(一) 根據國家版權局1994年發布的「作品自願登記試行辦法」第1條規定，作品登記的主要目的是維護作者、著作權人、作品使用者的合法權益，有助於解決因著作權歸屬造成的糾紛，可作為糾紛的初步證據。進行登記的主要作用在於證明權利的歸屬。

(二) 雖然試行辦法規定「作品登記應實行計算機數據庫管理，並對公眾開放」（所登記的作品應以電腦登錄並對公眾開放），但對登記機構能否對公眾提供相關作品這部分的規定模糊。

(三) 因此，作品登記不是著作權法意義上的發表。一審、二審判決正確。

十一、本件案例評析

大陸著作權法第第2條第1項規定：「中國公民、法人或者其他組織的作品，不論是否發表，依照本法享有著作權。」大陸著作權法的「發表」，相當於我國著作權法的「公開發表」。大陸著作權法及著作權法實施條例，對於「發表」，並無定義規定。

依大陸著作權法規定，作品「發表」與否，往往具有實質之意義，例如大陸著作權法第22條規定：「在下列情況下使用作品，可以不經著作權人許可，不向其支付報酬，但應當指明作者姓名、作品名稱，並且不得侵

犯著作權人依照本法享有的其他權利：(一) 為個人學習、研究或者欣賞，使用他人已經發表的作品；(二) 為介紹、評論某一作品或者說明某一問題，在作品中適當引用他人已經發表的作品；(三) 為報道時事新聞，在報紙、期刊、廣播電臺、電視臺等媒體中不可避免地再現或者引用已經發表的作品；(四) 報紙、期刊、廣播電臺、電視臺等媒體刊登或者播放其他報紙、期刊、廣播電臺、電視臺等媒體已經發表的關於政治、經濟、宗教問題的時事性文章，但作者聲明不許刊登、播放的除外；(五) 報紙、期刊、廣播電臺、電視臺等媒體刊登或者播放在公眾集會上發表的講話，但作者聲明不許刊登、播放的除外；(六) 為學校課堂教學或者科學研究，翻譯或者少量複製已經發表的作品，供教學或者科研人員使用，但不得出版發行；(七) 國家機關為執行公務在合理範圍內使用已經發表的作品；(八) 圖書館、檔案館、紀念館、博物館、美術館等為陳列或者保存版本的需要，複製本館收藏的作品；(九) 免費表演已經發表的作品，該表演未向公眾收取費用，也未向表演者支付報酬；(十) 對設置或者陳列在室外公共場所的藝術作品進行臨摹、繪畫、攝影、錄像；(十一) 將中國公民、法人或者其他組織已經發表的以漢語言文字創作的作品翻譯成少數民族語言文字作品在國內出版發行；(十二) 將已經發表的作品改成盲文出版。前款規定適用於對出版者、表演者、錄音錄像製作者、廣播電臺、電視臺的權利的限制。」欲依大陸著作權法第22條規定主張著作的合理使用，往往須以著作經「發表」為要件。

　　又依大陸著作權法第43條規定：「廣播電臺、電視臺播放他人未發表的作品，應當取得著作權人許可，並支付報酬（第1項）。」「廣播電臺、電視臺播放他人已發表的作品，可以不經著作權人許可，但應當支付報酬（第2項）。」依大陸著作權法規定，電台或電視台對於已發表的著作，可以依「法定授權」的方式加以利用；對於未發表的著作的利用，則須經權利之授權。此外，對於未發表著作的利用，除侵害著作權人的著作財產權之外，並侵害著作人的著作人格權；對於已發表之著作之利用，則僅侵害著作財產權，未侵害著作人的著作財產權。

　　由此可見，著作權之登記，是否認定為該著作已因登記而「發表」，有極顯著的不同效果。如果著作權登記認定為已「發表」，則該著

作可以作為合理使用之標的，而且可以在廣播、電視上為「法定授權」。本件最高人民法院認定著作權之登記，不得認定著作為已經公開發表，具有實務上的指標意義。

　　依大陸「作品自願登記試行辦法」第12條規定：「作品登記應實行計算機數據庫管理，並對公眾開放。查閱作品應填寫查閱登記表，交納查閱費。」依最高人民法院仍認為非「發表」。按我國著作權法第3條第1項第15款規定：「公開發表：指權利人以發行、播送、上映、口述、演出、展示或其他方法向公眾公開提示著作內容。」著作權登記，並非著作的「發行」，亦非著作的「上映」、「口述」、「演出」，但是是否為著作的「展示或其他方法向公眾公開提示著作內容」，的確引人爭議。

　　由於著作的「公開發表」與否，對著作人的權益影響極大，如果著作權的登記，即認定為著作的公開發表，則可能導致若干作者因為擔心若干權利的喪失，而無為著作權登記的意願。大陸最高人民法院的此項再審的見解，不僅可供大陸人民遵循之依據，亦足為我國理論與實務界之參考。

案例15：詞曲作家獨立主張權利與集體管理團體的關係

 葉佳修 v. 武漢新美景娛樂有限責任公司

第一審：湖北省武漢市江岸區人民法院（2010）岸知民初字第35號民事
　　　　判決
第二審：湖北省武漢市中級人民法院（2011）武知終字第00004號民事
　　　　判決

一、案件程序

　　葉佳修（一審原告，二審上訴人）主張武和新美景娛樂公司（一審被告，二審被上訴人，下稱「新美景公司」）侵害其著作權，提起民事訴訟，由湖北省武漢市江岸區人民法院受理，判決新美景公司須停止侵害，但不需負擔經濟賠償。葉佳修不服判決提起上訴，由湖北省武漢市中級人民法院受理，維持原判。

二、案情摘要

　　葉佳修是「外婆的澎湖灣」等19首歌曲的詞曲作者。2008年，葉佳修與吳某簽訂授權，將上述歌曲的著作權在中國大陸境內的維權事宜委託由吳某處理。2009年，吳某委託湖北一律師事務所負責湖北省境內的維權事宜。

　　葉佳修同時是台灣著作權集體管理機構中華音樂著作權仲介協會的正式會員，已授權給該協會集中管理葉佳修作品的「公開播送權」、「公開傳輸權」、「公開演出權」。1999年，中華音樂著作權仲介協會與中國音樂著作權協會簽約，相互授與各自管理的音樂作品的表演權。

　　2009年，湖北省武漢市公證員與前述吳某進入新美景公司所經營之卡拉OK場所，在包廂內點播包括「外婆的澎湖灣」在內的十九首歌曲，並將以上過程全程攝影並公證。經過比對，卡拉OK點唱機播放的詞曲內容與系爭歌曲的合法出版物內容相同，使用的伴唱帶則是不相關的海濱風景。伴唱帶上並未註明詞曲作者。

　　葉佳修據此向新美景公司提起民事訴訟，主張新美景公司未經授權自己的表演權、詞曲作品署名權、複製權被侵害，請求賠償。

三、一審被告（新美景公司）抗辯理由

　　卡拉OK場所內所播之伴唱帶是以攝製電影的創作而成，其權利歸製片人享有。新美景公司已向製片人取得權利。

四、一審判決結果

　　被告新美景公司侵害原告葉佳修系爭音樂作品的表演權，應立即停止侵權，並支付維權費用人民幣600元。駁回其他訴訟請求。

　　法律依據：中華人民共和國著作權法第11條、第47條、第48條，中華人民共和國民事訴訟法第128條。

五、一審判決理由

(一) 權利歸屬

　　葉佳修提供系爭歌曲的合法出版物，上面作者署名為葉佳修。在無相反證據的情形下，可認定系爭歌曲的署名權、複製權、表演權屬於葉佳修。新美景公司所使用的伴唱帶影像編排與歌詞和旋律的契合度不高，屬於以音樂作品為基礎製作的音像製品，原創性不足。不影響葉佳修主張權利。

(二) 權利侵害

　　1.新美景公司未經授權在經營場所提供卡拉OK「外婆的澎湖灣」等

歌曲點唱服務，屬於公開播送作品表演的行為，侵害音樂作品著作權的表演權。

2. 葉佳修未能提出證據證明新美景公司即是卡拉OK伴唱帶的製作者，故無法主張新美景公司侵害原告詞曲作品的署名權和複製權。

(三) 賠償問題

葉佳修已將系爭歌曲的「公開播送權」、「公開傳輸權」、「公開演出權」交由台灣中華音樂著作權仲介協會集中管理，該協會又與中國音樂著作權協會簽定表演權的相互授權合約，故葉佳修不得以自己名義行使「公開演出權」（表演權），也不得據此請求損害賠償。

(四) 著作權集體管理團體成員以自身名義主張權利問題

1. 權利託管不同於權利轉讓，權利託管代表權利人部分權能分離，而非喪失整體權利，因此著作權集體管理團體成員仍可以著作權人的身分制止他人侵權。

2. 從保護創作、制止侵權的角度而言，集體管理團體成員雖不得自行求償，但制止侵權的行為符合智慧財產權保護政策的需要。

六、二審上訴人（葉佳修）上訴理由

(一) 原審法院不應認定原審被告侵害原審原告的表演權，卻不支持原告就侵權行為請求賠償。

(二) 原審法院要求原告負擔卡拉OK曲庫和伴唱帶製作者相關事實的舉證責任（見五(二) b），違反舉證責任分擔原則。

七、二審訴訟爭點

(一) 新美景公司是否侵害葉佳修的權利？何種權利？

(二) 葉佳修是著作權集體管理組織成員，是否仍有權利主張侵害？

八、二審判決結果

維持原判。

九、二審判決理由

(一) 葉佳修對「外婆的澎湖灣」等作品享有之權利包括署名權、複製權、表演權等。新美景公司的卡拉OK伴唱帶畫面不具有原創性，是以音樂作品為基礎製作的音像製品，不得主張獨立的製作者權。

 1. 表演權：新美景公司未經葉佳修授權在營業場所提供點唱系爭歌曲的服務，是以機械方式公開表演葉佳修音樂作品的行為，侵害音樂作品著作權人的表演權。

 2. 署名權、複製權：葉佳修主張新美景公司並未告知卡拉OK點播的曲庫來源，故可以推定新美景公司是卡拉OK伴唱帶的製作人，侵害葉佳修系爭歌曲的署名權和複製權。法院認定，新美景公司的工商營業執照顯示該公司是娛樂服務行業，並非音像產品製造行業，以案件事實判斷，缺乏自行製作曲庫的能力。目前證據只能確定該公司使用內有侵權歌曲的伴唱帶曲庫，但不能推定該公司自行製作曲庫。因此，使用侵權歌曲的行為並不侵害署名權和複製權。

(二) 本案相關著作權集體管理組織的約定中並未禁止葉佳修以自己名義主張權利並制止侵權行為，因此葉佳修身為集管團體成員仍然擁有主張侵權行為人承擔停止侵害的民事責任的實體請求權。然而，由於葉佳修所加入的中華音樂著作權仲介協會已與中國音樂著作權協會簽訂相互代表約定，在此情形，表演權係著作權人享有之財產性權利，葉佳修只能透過相關著作權集管團體按照約定獲取財產性利益。因此，葉佳修因新美景公司的侵權行為而應獲得的經濟賠償須透過著作權集管團體取得。法院駁回葉佳修關於經濟損失賠償的請求。

十、本件案例評析

(一) 有關侵害重製權和署名權之部分

葉佳修在台灣加入「中華音樂著作權協會」，依據該協會的「音樂著作著作權管理契約」第1條規定：「乙方[1]將目前屬其所享有或今後在本契約有效期間內，屬其所享有之全部音樂著作著作財產權在全世界地區存在之『公開播送權』、『公開演出權』和『公開傳輸權』的權利及利益專屬授權予甲方全權管理〔以上之全部權利下簡稱為該等權利〕，以便該等權利在其存續期間及在本契約有效期間內完全歸屬甲方所享有。甲方得代表乙方於全世界地區行使該等權利及其賠償，甲方並得於國外地區委任代理人行使該等權利，而乙方不得自行授權或另委託第三人代其授權該等權利予他人為有償或無償之使用。」依此規定，葉佳修將自己所擁有歌曲權利授權給「中華音樂著作權協會」。上述葉佳修所授權者，為全世界有關『公開播送權』、『公開演出權』和『公開傳輸權』之專屬授權，因此葉佳修針對大陸侵害其重製權及署名權部分，因為尚未授權，應可以主張權利，而且可以請求賠禮道歉及賠償損失。而系爭伴唱影帶既然在新美景公司發現，新美景公司謂非其所製作，應交待來源。尤其新美景公司播出未署名葉佳修之歌曲，其播出行為本身即侵害葉佳修之署名權，此部分與葉佳修有無參加台灣的「中華音樂著作權協會」無關。法院就此部分略而未提，似有疏失。

(二) 葉佳修得否就在大陸的卡拉OK場所的演唱其歌曲提起訴訟並請求損害賠償？

依大陸著作權法第24條規定：「使用他人作品應當同著作權人訂立許可使用合同，本法規定可以不經許可的除外（第1項）。」「許可使用合同包括下列主要內容：(一)（略）；(二) 許可使用的權利是專有使用權或者非專有使用權…。」大陸著作權實施條例第24條規定：「著作權法第二十四條規定的專有使用權的內容由合同約定，合同沒有約定或者約定不

1　此即著作權人，在此處即為葉佳修。

明的，視為被許可人有權排除包括著作權人在內的任何人以同樣的方式使用作品；除合同另有約定外，被許可人許可第三人行使同一權利，必須取得著作權人的許可。」葉佳修就其著作中全世界之『公開播送權』、『公開演出權』和『公開傳輸權』均專屬授權給「中華音樂著作權協會」，葉佳修本人已無權利在大陸行使音樂之『公開播送權』、『公開演出權』和『公開傳輸權』之授權，亦即葉佳修不得在大陸就卡拉OK場所的演唱其歌曲加以授權，並收取費用。

　　茲有爭議者，葉佳修在大陸不能就卡拉OK場所授權演唱其歌曲，然而如果有第三人，未經大陸集體管理授權，而演唱其歌曲，能否以自己的名義提出訴訟，並請求損害賠償？

　　依我國著作權法第37條第4項規定：「專屬授權之被授權人在被授權範圍內，得以著作財產權人之地位行使權利，並得以自己名義為訴訟上之行為。著作財產權人在專屬授權範圍內，不得行使權利。」在我國法院實務，著作既經專屬授權，則授權人不得行使之權利，包含私法上之權利及訴訟上之權利[2]。

　　惟此項見解，在法理上頗值得商榷。蓋葉佳修與「中華音樂著作權協會」間之「音樂著作著作權管理契約」，並未提及「中華音樂著作權協會」以專屬被授權人自己名義提起訴訟所獲第三人損害賠償的分配問題。而本件被告新美景公司既未參加與大陸的集體管理團體簽約，而即使大陸的集體管理團體對新美景公司提起訴訟，新美景公司所支付的損害賠償，葉佳修亦無分配權利。因此，葉佳修應有權對新美景公司提出訴訟，並請求損害賠償。否則音樂作曲家針對未與集體管理團體簽約之侵權者，既無法得到權利金之分配，亦無法取得損害賠償之分配，作為著作權人，權利豈非完全落空[3]？

　　因此，本文認為本件葉佳修應得對被告新美景公司提起訴訟，請求停止侵害，並請求損害賠償。

2　參見智慧財產法院98年刑智上易字第139號、98年刑智上易字第130號、99年刑智上易字第45號刑事判決。

3　參見蕭雄淋，「著作財產權人於專屬授權後本身得否再行使訴訟上之權利？」一文，見 http://blog.ylib.com/nsgrotius/Archives/2008/03/10/5454（2012/9/19）

案例16：點對點的網路音樂下載的侵害

 上海步升公司 v. 北京飛行網、北京舶盛公司

第一審：北京市第二中級人民法院（2005）二終民初字第13739號（終審）

一、案件程序

　　上海步升文化傳播有限公司（一審原告，下稱「上海步升公司」）主張北京飛行網音樂軟件開發公司（一審被告，下稱「北京飛行網」）和北京舶盛舫安信息技術有限公司（一審被告，下稱「北京舶盛公司」）經營P2P軟體，侵害該公司之著作權。北京市第二中級人民法院受理此案，判定被告侵權。原告被告皆未上訴。

二、案情摘要

　　上海步升公司擁有多首流行歌曲錄音製作者權，在此案中對其中53首歌主張權利。該公司從未自行或授權他人將涉案53首歌曲上網傳播。

　　北京舶盛公司（前「大呂黃鐘公司」）與北京飛行網公司合作，約定由北京飛行網公司為北京舶盛公司提供軟體維護、網路技術等相關業務服務。此案有爭議之網站imusic.com名稱為「飛行網」，根據北京市工商行政管理局紀錄，網站所有者為北京飛行網公司，網站性質是「經營性」。飛行網連結到相關網站kuro.cn，是由北京舶盛公司所經營。一審法院也查明，工商登記資料中顯示被告北京飛行網公司和北京舶盛公司的住所地和電話號碼均一致。

　　飛行網imusic.com和相關網站kuro.cn上介紹點對點（P2P）軟體

KURO供人下載，並以會員可以透過P2P程式分享音樂為號召[1]，吸引消費者按月付費以使用飛行網KURO軟體所提供的服務。KURO軟體有幾個特色。一，將歌曲依語言（如粵語、歐美等）與音樂種類（如流行音樂、動漫音樂、電影配樂等）分類，也可以用歌手性別、團體類型（如少女團體、虛擬歌手、視覺歌手）等分類檢索。二，列出各類音樂的各式排行榜以及KTV點唱排行，也提供歌詞搜尋下載、音樂評論等資訊。三，支援「不限對象續傳」、「同時多點下載」、「全面續傳」等功能。不過在下載過程中偶爾會出現「暫時無人共享」的字句。四，提供光碟燒錄的功能。根據新聞報導，飛行網收費會員從2003年的20萬「火速漲到」40多萬。

上海步升公司主張KURO會員可以從KURO上下載該公司擁有權利之歌曲，除了用本案維護權利外，也主張其為訴訟支出合理費用共計3萬元。

三、判決結果

北京飛行網和北京舶盛公司須停止侵權行為，連帶賠償上海步升公司經濟損失20萬元及訴訟合理支出1萬元。

四、判決理由

(一) 相關法律依據

1. 錄音製作者對其製作的錄音製品，享有授權他人複製、發行、出租、通過網路向公眾傳輸並獲得報酬的權利。（大陸著作權法第41條第1款）

2. 有下列侵權行為的，應當根據情況，承擔停止侵害、消除影響、賠

1　判決書中有記載，飛行網網頁在「KURO酷樂─產品功能」中說明：「搜索：強大的搜索雷達，可一次性搜索整張專輯，方便快捷。下載：全面升級多點傳輸…」等，亦有「KURO酷樂是通過點對點（p2p）傳輸方式供會員分享音樂的平台。使用者可以通過KURO酷樂快速搜尋、下載、播放、刻錄最新流行mp3！」等語句。

禮道歉、賠償損失等民事責任；同時損害公共利益的，可以由著作權行政管理部門責令停止侵權行為，沒收違法所得，沒收、銷毀侵權複製品，並可處以罰款；情節嚴重的，著作權行政管理部門還可以沒收主要用於製作侵權複製品的材料、工具、設備等；構成犯罪的，依法追究刑事責任：(一) 未經著作權人許可，複製、發行、表演、放映、廣播、匯編、通過信息網絡向公眾傳播其作品的，本法另有規定的除外。（中華人民共和國著作權法第47條第1款）

3. 網路服務提供者通過網路參與他人侵害著作權之行為，或者通過網路教唆、幫助他人實施侵害著作權之行為，追究其與其他行為人或者直接實施侵權行為人的共同侵權責任。（最高人民法院「關於審理涉及計算機網路著作權糾紛案件適用法律若干問題的解釋」第4條）

(二) 主觀故意

主觀方面，北京舶盛公司應當知道涉案之53首歌曲很可能是未經授權即上傳之檔案。客觀方面，柏盛公司未舉證證明上傳涉案歌曲的使用者中存在合法上傳的部分，也未證明該公司曾採取任何措施避免使用者利用KURO將未經原告授權之涉案歌曲被上傳並在網路散播之情形。因此，被告北京舶盛公司上述行為具有主觀故意。

(三) KURO對所傳播之歌曲進行選擇和編排

所謂「點對點」（P2P）技術讓使用者直接搜索並下載其他線上使用者存在「共享目錄」下的文件。該技術本身可以用於在網路上傳播任何種類的文件，但KURO軟體僅提供了音樂文件的傳播。

又kuro.com.cn網站對其中的音樂文件進行多層次系統化的分類，提供多種搜索下載方法，提供了歌曲試聽和光碟燒錄的功能，並以大量廣告宣傳吸引用戶。而且，在下載歌曲過程中偶爾會出現「暫時無人共享」的情況，可見得KURO軟體對於歌曲名稱的列表並非完全是根據網路上當時尚傳歌曲的情形而定。

因此，可確定KURO軟體對於所傳播的歌曲進行了選擇和編排。

(四) 由上述行為獲得經濟利益

　　被告北京舶盛公司對歌曲進行選擇與編排，提供許多方便用戶搜索、下載、試聽、燒錄歌曲的手段，也利用大量廣告宣傳吸引用戶，並以收取註冊費的形式直接取得收益。因此，被告北京舶盛公司對於網路用戶未經權利人授權利用KURO軟體傳播歌曲的行為提供幫助，侵害原告上海步升公司對涉案歌曲所享有之錄音製作者權，依法應當承擔停止侵害、賠償損失的法律責任。

五、本件案例評析

（一）網路有關點對點（peer to peer）音樂分享檔案是否侵害著作權的案例，幾乎各國都有。例如美國的A & M Records, Inc. v. Napster, Inc.案[2]、BMG Music v. Gonzalez案[3]，英國的Polydor Ltd and others v Brown and others案[4]。而日本亦發生p2p之撰寫人是否是侵害著作權行為人的幫助犯之案例[5]。即使在我國，亦發生如KURO[6]、ezpeer[7]案。有關點對點（peer to peer）音樂分享檔案是否侵害著作權，我國已經有非多的學者為文論述、博碩士論文[8]，亦累篇積牘，難以盡述。而大陸亦出現有關點對點（peer

---

2　參見孫遠釗主持，美國著作權法令暨判決之研究，頁9-26，經濟部智慧財產局，2009年12月15日。
3　參見孫遠釗主持，前揭書，頁63-69。
4　參見林利芝主持，英國著作權法令暨判決之研究，頁350-353，經濟部智慧財產局，2011年12月7日。
5　參見黃銘傑主持，日本著作權法令暨判決之研究，頁354-364，經濟部智慧財產局，2009年12月15日。
6　台灣台北地方法院92年訴字第2146號刑事判決；台灣高等法院95年度矚上訴字第5號刑事判決。
7　台灣士林地方法院92年訴字第728號刑事判決；台灣高等法院94年上訴字3195號刑事判決。
8　博碩士論文，例如陳榮林，點對點傳輸之著作權侵害問題—以美國法為中心，交大科法所碩士論文，2002年；吳復興，網際網路點對點（Peer to Peer）傳輸檔案與著作權侵害之研究—以音樂著作網路下載行為為例，世新大學法律研究所碩士論文，2005年；鄭馨，點對點傳輸軟體提供人侵害著作權民事責任之研究，清華大學科技法律研究所碩士論文，2006年；陳建勳，點對點服務業者著作權責任問題之研究，台大國發所碩士論文，2010年。

to peer）音樂分享檔案是否侵害著作權的案例。

(二) 有關點對點（peer to peer）音樂分享檔案，程式的提供者一般沒有直接參與檔案的重製、交換、下載行為，只提供重製、交換、下載的系統平台。由會員實際作重製、交換、下載行為。在美國法上實際為重製、交換、下載者為直接侵權者，而提供平台者決定是否負輔助侵權行為責任（contributory infrigement）。有關輔助侵權責任，大陸著作權法第47條、第48條，計算機軟件保護條例第23條、第24條、信息網絡傳播條例第18條、第19條，沒有明確規定。一般僅就直接侵權行為加以規定。

然而依《最高人民法院關於審理涉及計算機網絡著作權糾紛案件適用法律若干問題的解釋》第3條規定：「網絡服務提供者通過網絡參與他人侵犯著作權行為，或者通過網絡教唆、幫助他人實施侵犯著作權行為的，人民法院應當根據民法通則第一百三十條的規定，追究其與其他行為人或者直接實施侵權行為人的共同侵權責任。」而依大陸民法通則第130條規定：「二人以上共同侵權造成他人損害的，應當承擔連帶責任。」另依「最高人民法院關於貫徹執行中華人民共和國民法通則若干問題的意見」第148條規定：「教唆、幫助他人實施侵權行為的人，為共同侵權人，應當承擔連帶民事責任（第1項）。」本案判決即依上述規定，認定被告侵害原告之著作權。大陸學者著作權法著作，亦多有關於「間接侵權」、「替代侵權」、「第三人責任」之論述[9]。本件判決，主要基於KURO對所傳播之歌曲進行選擇和編排，而認為被告有主觀故意。亦即大陸法院解決有關提供點對點音樂交換業者的侵權問題，係回歸民法侵權行為之法理，但是仍有效解決此一網路新形式的著作權侵權問題。

(三) 為解決有關提供點對點音樂交換業者的侵權問題，我國於民國96年著作權法修正，特別增訂著作權法第87條第1項第7款：「未經

9　參見馮曉青，著作權法，頁235-237，法律出版社，2010年9月；李明德‧許超，著作權法，頁212-214，法律出版社，2009年7月。

著作財產權人同意或授權，意圖供公眾透過網路公開傳輸或重製他人著作，侵害著作財產權，對公眾提供可公開傳輸或重製著作之電腦程式或其他技術，而受有利益者。」並增加第2項：「前項第七款之行為人，採取廣告或其他積極措施，教唆、誘使、煽惑、說服公眾利用電腦程式或其他技術侵害著作財產權者，為具備該款之意圖。」其理由為：

1. 部分不肖網路平台業者，以免費提供電腦下載程式為號召，並藉口收取手續與網路維修費等營利行為，在網路上直接媒合下載與上傳著作權人之文字與影音著作，卻不願支付權利金給著作權人，嚴重侵害著作權人之合法權益，及故意陷付費良善下載者於民、刑法之追溯恐懼中，上述行為至為不當，有必要明確修法來規範不肖平台業者的行為。

2. 按著作權立法一方面必須保護著作權人，使其有足夠誘因繼續創作，另方面必須確保科技創新不致因著作權保護而受壓抑，二者必須求其平衡，是以本條第一項增訂第七款。對於未經著作財產權人之授權或同意，意圖供公眾透過網路公開傳輸或重製他人著作，侵害著作財產權，對公眾提供可公開傳輸或重製著作之電腦程式或其他技術，亦視為侵害著作權之行為。

3. 本質上是對於技術提供者於符合相關要件時，課與其對技術之使用者之著作財產權侵害行為負擔法律責任。對於本條增訂第七款及第二項之規定說明如下：

   (1) 本款對於技術之提供者賦予法律責任，故本條非難之行為為「提供行為」。至於技術提供者對於使用者之後續著作權侵害行為，在民事上是否成立「共同不法侵害」、「造意」或「幫助」；刑事上是否另成立「共犯」、「教唆犯」或「幫助犯」，另行判斷。

   (2) 技術提供者必須是出於供他人侵害著作財產權之意圖，提供技術，始屬本款所規範之範圍。又意圖係行為人內心主觀之狀態，難以判斷，有必要加以補充解釋，故規定如行為人客觀上採取廣告或其他積極措施，教唆、誘使、煽惑

公眾利用該技術侵害著作財產權時，即為具備「供公眾透過網路公開傳輸或重製他人著作，侵害著作財產權」之意圖。

(3) 本條參考美國最高法院Grokster案判決："……one who distributes a device with the object of promoting its use to infringe copyright, as shown by clear expression or other affirmative steps taken to foster infringement, is liable for the resulting acts of infringement by third parties."[10]

既然世界各國幾乎均有關於「點對點的網路音樂下載的侵害」的案件，即中國大陸亦有此種案件，而以中國大陸著作權法規繁雜散見之情況，中國大陸當局亦不願為有關點對點的網路音樂下載的侵害而特別立法處理，僅以民法通則的共同侵權行為加以處理，回歸民法侵權行為的基本原則，以民法侵權法理解決。而我國卻以美國最高法院Grokster案加以明文化，針對司法個案即破壞大陸法系國家的嚴整的民法體系，實非良善解決問題的方式。

---

10 參見經濟部智慧財產局編，歷年著作權法規彙編專輯，頁455至456。

案例17：錄音製品壓製者及出版者的注意義務

　滾石音樂公司 v. 飛樂唱片公司、慶達公司、上海音像出版社

第一審：上海市第一中級人民法院（2006）滬一中民五（知）初字第388號

第二審：上海市高級人民法院（2009）滬高民三（知）終字第1號

一、案件程序

　　滾石國際音樂股份有限公司（一審原告，二審被上訴人，下稱「滾石音樂公司」）主張吉林慶達光盤科技有限責任公司（一審被告，二審上訴人，下稱「慶達公司」）、廣樂飛樂影視製品有限公司（一審被告，二審被上訴人，下稱「飛樂影視公司」）、廣樂天革唱片有限公司（一審被告，二審被上訴人、原廣樂飛樂唱片公司，下稱「飛樂唱片公司」）侵害滾石音樂公司的錄音製作者權，提起民事訴訟，由上海市第一中級人民法院受理，判決一審被告確有侵權，應負連帶賠償責任。慶達公司不服判決，提起上訴，由上海市高級人民法院受理，維持一審判決。

二、案情摘要

　　滾石音樂公司是國際大型唱片公司，在市場上發現大量未經授權就逕行出版該公司擁有錄音製作者權的音像製品。該批製品係由飛樂影視公司、飛樂唱片公司、慶達公司、上海音像出版社出版、複製、發行，共計67張專輯。滾石公司主張：一、飛樂影視公司、飛樂唱片公司侵害滾石公司的發行權，慶達公司侵害滾石公司的複製權，上海音像出版社侵害滾石公司的出版、發行權；二、四被告在全國性的報刊上登報道歉；三、四被

告應負擔連帶賠償責任，共同賠償原告經濟損失人民幣502.5萬元、維權費用5萬元。

　　在滾石公司所提之權利證明當中，財團法人國際唱片業交流基金會（下稱「國際唱片業協會」）出具錄音著作權審核證明，表示系爭錄音著作的權利確實為滾石公司所有，並列明4060首歌曲詳細資料。另外，滾石公司也提供經公證轉遞的合法出版CD光碟，光碟包裝和光碟片本身說明滾石國際音樂股份有限公司擁有版權。

系爭專輯版權

　　2002年，滾石公司授權予世紀中華公司在中國大陸境內獨家出版發行權，授權有效期間至2004年6月30日止。同年，世紀中華公司授權給廣樂美卡文化音像公司（下稱美卡公司）在中國大陸境內獨家行使滾石公司所授權歌曲之出版發行權。

　　另外，世紀中華公司於2004年5月委託飛樂影視公司在中國大陸境內經銷由滾石公司授權、世紀中華公司提供版權、上海音像出版社出版的滾石唱片CD。2004年8月31日，飛樂影視公司委託飛樂唱片公司在中國大陸境內經銷上述CD專輯。這些專輯與滾石公司主張的侵權專輯有重疊。

精選集版權

　　2002年，滾石公司也直接與美卡公司簽訂授權協議，委託美卡公司負責中國大陸境內報審、出版、發行一系列「世紀經典珍藏」精選輯的工作。精選輯的歌曲與本案系爭歌曲有部分重疊。美卡公司之後再轉授權給上海音像出版社，上海音像出版社就本批精選集等向國家版權局進行著作權合同登記，也向文化部辦理審查報批手續。

壓製廠侵權情形

　　2003年，飛樂唱片公司委託慶達公司壓製前述67張專輯的樣片各200張，承諾樣片品質若好，就交由慶達公司負責壓製正片。委託當時，飛樂唱片公司出示蓋有「上海音像出版社A & V」的委託證明、世紀中華公司出具之經銷委託書（內聲稱飛樂影視公司擁有系爭專輯在中國地區的經銷

權，由滾石公司授權、世紀中華公司提供版權、上海音像出版社出版，並詳列出版編號、專輯名稱等資訊）。慶達公司就所收到之文件上的相關批准文號向國家行證主管部門核實，確認申請出版者是上海音像公司，批准文號屬實，便逕行壓製樣片。慶達公司並未收取加工費。

三、一審被告慶達公司之抗辯理由

(一) 慶達公司已經根據飛樂唱片公司所提供的資料去確認批准文號屬實，已盡審查之義務。

(二) 慶達公司並未收取加工費，未透過重製行為得利。

四、一審被告上海音像出版社之抗辯理由

(一) 滾石公司已經將其在中國境內的錄音製作者權授權予案外人美卡公司，無權對該權利提起訴訟。

(二) 上海音像出版社並未委託慶達公司重製系爭侵權錄音製品。

五、一審訴訟爭點

(一) 原告（滾石公司）是否具有訴訟主體資格？

(二) 系爭控侵權歌曲是否享有錄音製作者權？

(三) 被告慶達公司、飛樂唱片公司、飛樂影視公司、上海音像出版社的行為是否構成侵權？

六、一審判決結果

被告飛樂影視公司、飛樂唱片公司、慶達公司停止侵害，共同賠償原告滾石公司經濟損失及合理費用人民幣185萬元，三被告互負連帶責任。

七、一審判決理由

(一) 分述如下

1.原告滾石公司註冊於台灣，出具的訴訟代理人委託書經過法定

公證、認證程序。具有訴訟主體資格。

2. 被告上海音像公司主張滾石公司已授權他人，故無權自行提起訴訟。滾石公司舉證證明飛樂唱片於2005年11月15日銷售侵權CD專輯，該銷售行為是在滾石公司給予授權的期限屆滿之後。因此，本案系爭重製、銷售行為的後果與滾石公司的利益相關。滾石公司有權就涉案侵權行為主張權利。

(二)「最高人民法院關於審理著作權民事糾紛案件適用法律若干問題的解釋」第7條規定，合法出版物或經過認證機構認證之製品上署名的自然人、法人或其他組織視為著作權、與著作權有關權益的權利人，但有相反證據的除外。滾石公司所提供之合法出版CD上標明滾石唱片的公司名稱、標識、「版權所有，翻製必究」等字樣，國際唱片業協會的版權認證報告亦證明滾石公司係系爭歌曲之權利人。因此，一審法院認為滾石公司對正版CD中與被控侵權歌曲相對應的歌曲享有錄音製作者權。

(三) 四被告是否侵權

甲、慶達公司

「音像製品出版管理條例」第23條規定，音像複製單未接受委託複製音像製品，應當按照國家有關規定，一、與委託的出版單位訂立複製委託合約；二、驗證委託的出版單位的「音像製品出版許可證」和營業執照複本及其蓋章的音像製品的樣本以及相關的證明文件複本。

被告壓製廠慶達公司是複製單位，應嚴格履行法律法規所規定的審查義務。本案中：(一) 慶達公司所提供之委託壓製證明，遭到被告上海音像公司否認，鑑定結果亦不認定該壓製委託書是由上海音像公司所出。(二)「樣片加工通知」和「經銷委託書」均不足以證明慶達公司有獲得合法授權重製侵權CD。(三) 慶達公司並未與委託的出版單位簽訂複製委託合約，並未驗證相應的複製委託書和著作權人的授權書等文件。因此，被告慶達公司對其複製行為未盡法定審查義務，存在過錯。

乙、飛樂唱片公司

飛樂唱片公司是複製委託人，未能舉證證明該公司有獲得合法授

權，便擅自委託慶達公司壓製侵權CD，侵害滾石公司對涉案歌曲享有的錄音製作者權，應與慶達公司共同承擔停止侵權、賠償損失的民事責任。

丙、飛樂影視公司

侵權CD的包裝上面均印有「飛樂影視公司經銷」等字樣。根據飛樂唱片公司委託慶達公司壓製侵權CD的時候所出示的經銷委託書上記載，世紀中華公司委託飛樂影視公司經銷系爭專輯。但是世紀中華公司委託飛樂影視公司經銷的這批CD的報批序號並非是滾石公司授權給世紀中華公司、世紀中華公司授權給美卡公司、美卡公司授權給上海音像出版社報批並出版的那批。因此，飛樂影視公司並未審查侵權CD是否經過合法授權，又未審查音像製品是否已依法報批，未盡審查義務，存在過錯，與慶達公司和飛樂唱片公司構成共同侵權，應共同承擔相應的民事責任。

丁、上海音像出版社

雖然系爭CD包裝上印有「上海音像出版社出版」字樣，但無證據證明有實際關聯。此外，慶達公司提供的委託書中（見案情摘要）經過鑑定也無法證明是由上海音像出版社所簽訂。因此，上海音像出版社無須承擔侵權責任。

八、二審上訴人慶達公司之上訴理由

(一) 慶達公司在重製光碟之前已對飛樂唱片所提供的文件進行查證，已盡必要之審查義務。

(二) 慶達公司沒有與飛樂唱片公司和飛樂影視公司共同侵權的故意，僅重製光碟，並未參與光碟出版、發行過程。不應認定慶達公司共同侵權並負連帶責任。

(三) 滾石公司所要求之賠償金額過高。

九、二審訴訟爭點

(一) 慶達公司是否已盡必要的審核義務，應承擔何種法律責任？

(二) 賠償金額是否過高？

十、二審判決結果

駁回上訴，維持原判。

十一、二審判決理由

(一)「音像製品管理條例」對音像重製單位接受委託重製音像製品應履行的手續及應審核的資料都作了明確規定。慶達公司所審查之經銷委託書，委託經銷的單位是滾石唱片公司，委託經銷「滾石唱片之產品成品」。所審查的複製委託證明，是由上海音像出版社簽章，但與慶達公司接洽者是飛樂唱片公司，不合常理。而慶達公司就這兩部分並未加以查證，難辭其咎。此外，雖然飛樂唱片公司是委託慶達公司壓製的「樣片」，理論上是為了了解品質，但對上百種唱片各壓製兩百片，已經超出檢驗品質的範圍，使用目的非常明顯。但是慶達公司仍然逕行壓製，即使不是故意，也是放任侵權行為發生。就上述理由，慶達公司行為存在過錯。

(二)慶達公司有關「樣片」的主張不能成立，因此法院以整個侵權行為為基礎確定賠償金額，要求原審三名被告共同承擔侵權責任。因此，慶達公司主張以「重製樣片」的行為單獨承擔民事侵權責任，此主張不能成立。

涉案侵權曲目千餘首。部分歌曲雖然因為出現在不同的侵權專輯裡面，被重複計算。但法院認定每次使用都構成一次獨立的侵權使用。賠償金額不需修正。

十二、本件案例評析

本案原告涉及台灣音樂被盜用，而侵害人之抗辯理由，往往係因被合法授權，而在被層層授權中，往往文件不全或偽造，授權人提供假文件，被授權人究應經如何作文件審查程序及盡注意義務，方可認定為無過失？

按大陸著作權法第42條第1項規定：「錄音錄像製作者對其製作的錄

音錄像製品，享有許可他人複製、發行、出租、通過信息網絡向公眾傳播並獲得報酬的權利。」48條第4款規定：「有下列侵權行為的，應當根據情況，承擔停止侵害、消除影響、賠禮道歉、賠償損失等民事責任；同時損害公共利益的，可以由著作權行政管理部門責令停止侵權行為，沒收違法所得，沒收、銷毀侵權複製品，並可處以罰款；情節嚴重的，著作權行政管理部門還可以沒收主要用於製作侵權複製品的材料、工具、設備等；構成犯罪的，依法追究刑事責任：…(四) 未經錄音錄像製作者許可，複製、發行、通過信息網絡向公眾傳播其製作的錄音錄像製品的，本法另有規定的除外。」本件滾石音樂公司之CD在台灣以錄音著作加以保護，在大陸則以錄音製品加以保護。侵害錄音製品的鄰接權，依大陸著作權法第48條規定，應負侵害「著作權有關之權利[1]」之責任。

　　再者，依大陸「音像製品出版管理條例」第2條第1項規定：「本條例適用於錄有內容的錄音帶、錄像帶、唱片、激光唱盤和激光視盤等音像製品的出版、製作、複製、進口、批發、零售、出租等活動。」第19條規定：「音像出版單位不得委託未取得《音像製品製作許可證》的單位製作音像製品（第1項）。」「音像製作單位接受委託製作音像製品的，應當按照國家有關規定，與委託的出版單位訂立製作委託合同；驗證委託的出版單位的《音像製品出版許可證》或者本版出版物的證明及由委託的出版單位蓋章的音像製品製作委託書（第2項）。」第23條第1項規定：「音像複製單位接受委託複製音像製品的，應當按照國家有關規定，與委託的出版單位訂立複製委託合同；驗證委託的出版單位的《音像製品出版許可證》和營業執照副本及其蓋章的音像製品複製委託書及著作權人的授權書；接受委託複製的音像製品屬於非賣品的，應當驗證經省、自治區、直轄市人民政府出版行政部門核發並由委託單位蓋章的音像製品複製委託書。」

　　又大陸《最高人民法院關於審理著作權民事糾紛案件應用法律若干問題的解釋》第19條規定：「出版者、製作者應當對其出版、製作有合法授權承擔舉證責任，發行者、出租者應當對其發行或者出租的複製品有合法

1　即著作鄰接權之責任。

來源承擔舉證責任。舉證不能的，依據著作權法第四十六條、第四十七條的相應規定承擔法律責任。」第20條規定：「出版物侵犯他人著作權的，出版者應當根據其過錯、侵權程度及損害後果等承擔民事賠償責任（第1項）。」「出版者對其出版行為的授權、稿件來源和署名、所編輯出版物的內容等未盡到合理注意義務的，依據著作權法第四十八條的規定，承擔賠償責任（第2項）。」「出版者盡了合理注意義務，著作權人也無證據證明出版者應當知道其出版涉及侵權的，依據民法通則第一百一十七條第一款的規定，出版者承擔停止侵權、返還其侵權所得利潤的民事責任（第3項）。」「出版者所盡合理注意義務情況，由出版者承擔舉證責任（第4項）。」可見大陸相關法律及最高人民法院之解釋，對於出版作品或製作、壓製錄音錄像製品之權利來源，有嚴格的審查義務規定。本件被告慶達公司對於上游飛樂唱片公司的授權權利來源，未作詳細的查證，例如慶達公司所審查之經銷委託書，委託經銷的單位是滾石唱片公司，委託經銷「滾石唱片之產品成品」。所審查的複製委託證明，是由上海音像出版社簽章，但與慶達公司接洽者是飛樂唱片公司，不合常理。而慶達公司就這兩部分並未加以查證。此外，雖然系爭CD包裝上印有「上海音像出版社出版」字樣，但無證據證明有實際關聯。慶達公司提供的委託書中經過鑑定也無法證明是由上海音像出版社所簽訂。法院認為慶達公司有過失，應負損害賠償責任，判決值得肯定。

　　我國由於對於著作權侵害之刑事訴追，並無一定條件的門檻，所以對於著作權侵害，權利人往往提出刑事訴訟，而非直接提民事訴訟。而刑事訴訟之被告之責任，係以故意為要件，故類似本案被告慶達公司因授權文件審查之疏失而壓片，在刑事上未必成立故意，但是可能形成過失。大陸有關本件之判決及有關大陸壓製、出版錄音CD應對權利來源作實質審查之規定，足為我國法院類似案件提起民事訴訟之參考。

案例18：陷阱取證問題

 北大方正公司、紅樓研究所 v. 高術天力公司、高術公司

終　審：北京高級人民法院（2002）高民終字第194號民事判決
再　審：中華人民共和國最高人民法院（2006）民三提字第一號民事判決

一、案件程序

　　北大方正集團有限公司（以下簡稱「北大方正」）、北京紅樓計算機科學技術研究所（以下簡稱「紅樓研究所」）因著作權遭到侵害，向北京高術天力科技有限公司（下稱「高術天力公司」）、北京高術科技有限公司（下稱「高術公司」）提起民事訴訟。第一審法院認定高術天力公司與高術公司確有侵權，應停止侵權、道歉、賠償原告之損失並支付原告收集侵權證據的過程中的所有開銷。

　　高術天力公司與高術公司不服，向北京高級人民法院提起上訴。二審法院認為北大方正蒐集證據過程有瑕疵，是「陷阱取證」，將高術公司和高術天力公司應給予的賠償金大幅減少，並要求北大方正自行負擔採證過程的費用（2002高民終字第194號判決）。北大方正和紅樓研究所不服，向同一法院提起再審，被駁回（高民三監字第196號）。北大方正和紅樓研究所最後向最高人民法院申請再審。最高人民法院認為該申請符合「中華人民共和國民事訴訟法」第179第1款第3項再審立案條件，由最高人民法院審理。

二、案情摘要

　　北大方正和紅樓研究所是「方正世紀RIP軟件」（以下稱方正RIP軟體）、「北大方正POST SCRIPT中文字庫」（以下稱方正字庫）、方正

合軟件V1.1版（以下簡稱方正文合軟體）的著作權人。方正RIP軟體和方正字庫軟體都是綁在一起銷售，合稱「方正RIP軟件」。上開軟體是安裝於獨立的電腦上，電腦插上雷射排版機後，即可運作軟體功能。

北大方正公司是日本網屏（香港）有限公司（以下簡稱「網屏」）的雷射排版機（激光照排機）在中國的銷售商。高術天力公司、高術公司有段時間幫助北大方正代理銷售雷射排版機的業務。1999年代理關係終止。2000年，高術公司與網屏公司簽訂雷射排版機的銷售協議，約定高術公司代理銷售KATANA-5055雷射排版機，但機器必須搭配網屏公司的正版RIP軟體或北大方正的正版RIP軟體。如果是搭配方正的軟體，高術公司必須透過網屏公司訂購該軟體。

2001年，北大方正積極蒐集高術公司盜版方正軟體的證據。北大方正員工化名向高術公司購買涉案雷射排版機，並租賃辦公室，請高術公司員工前來安裝。北大方正並申請由北京市國信公證處公證人到場。高術公司員工裝設排版機，並在方正員工自備的電腦上安裝盜版方正RIP軟體和方正文合軟體，這過程全程都有公證人現場見證，並封存排版機、電腦和軟體等證物。公證人在北大方正的安排下先後在四個不同的辦公室見證這樣的交易。另外，北京天正華會計師事務所也出具專項審計報告，載明高術天力公司、高術公司在1999年1月至2001年9月間共銷售雷射排版機82套，此數字包括單機銷售、連同RIP軟體或其他硬體銷售等情形。另外高術天力公司、高術公司還銷售未註明品牌的RIP軟體13套。

二審法院另又從北京市國信公證處的現場公證紀錄內查出，北大方正的員工化名向高術天力公司購買雷射排版機時主動提出要購買盜版的方正RIP軟體和方正文合軟體。高術天力公司員工說明該項交易不能寫入合約，但是承諾賣給北大方正盜版的軟體。

三審時，法院特別引用北京國信公證處為北大方正所公證之盜版交易內容證明高術天力公司和高術公司確實曾多次銷售盜版的方正軟體。

北大方正、紅樓研究所因此向北京市第一中級人民法院提起民事侵權之訴。高術天力公司、高術公司非法複製、安裝、銷售北大方正和紅樓研究所的軟體，侵害兩原告的著作權。北大方正和紅樓研究所要求高術天力公司和高術公司：一、停止侵權、消除影響、公開道歉；二、賠償經濟損

失300萬元；三、支付訴訟費、保全費、取證費和審計費等。

三、一審判決結果

(一) 高術天力公司和高術公司立即停止複製、銷售方正RIP軟體、方正文合軟體的侵權行為。

(二) 高術天力公司和高術公司自判決生效之日起30日內在指定之媒體刊登道歉啟事。

(三) 高術天力公司和高術公司共同賠償北大方正和紅樓研究所的經濟損失。

(四) 高術天力公司和高術公司共同賠償北大方正和紅樓研究所為本案取證所支付之開銷和本案訴訟相關的費用，包括案件受理費、財產封存費、會計師審計費。

(五) 北大方正和紅樓研究所應在高術天力公司和高術公司返還購買機台之款項之後，將雷射排版機退還予高術天力公司和高術公司。

(六) 駁回北大方正和紅樓研究所其他的訴訟請求。

四、一審判決理由

(一) 北大方正投入可觀的成本去採集高術天力公司和高術公司侵權的證據。化名購買雷射排版機和租賃房間等雖然是屬於「陷阱取證」，但這種取證方式並未為法律所禁止。法院認為這種取證所得證據應予認可。

(二) 高術天力公司、高術公司作為電腦硬體設備和軟體的經銷商，對於他人的電腦軟體負有注意義務，拒絕盜版更是其應盡之義務。又雖然安裝盜版的行為是由高術公司員工所進行，但是該員工在本案當中所從事的工作是一種職務行為，與購買人所簽之合約的當事人也是高術天力公司和高術公司。故高術天力公司和高術公司應該承擔侵權的責任。

(三) 賠償金額認定部分：
一審法院認為，就現有證據無法認定高術天力公司和高術公司的

非法複製和販售行為有達到全國性的規模。但考量到北大方正和
紅樓研究所為開發軟體投入長期的時間和資金，開發成果的著作
權被侵害，高術天力公司和高術公司仍須負起賠償責任。由於盜
版軟體的實際銷售數量和所獲利潤均難以查清，故賠償金額由法
院綜合考量軟體的開發成本、市場銷售價格、高術天力公司和高
術公司進行侵權的主觀過錯程度等因素。

(四) 北大方正取證開銷部分：

北大方正為調查取證所支付的購買雷射排版機、房租、公證等費
用，係北大方正為本案調查取證所必需。因此，該項費用應由高
術天力公司和高術公司負擔。

五、二審上訴人上訴理由

(一) 北大方正的取證方式違法，證據不應予採信。一審法院不應接受
北大方正的「陷阱取證」。

　　1. 一審時高術天力公司和高術公司主張北大方正公司員工偽裝身
分，要求高術天力公司員工把購買雷射排版機所附的正版軟體
換成盜版方正軟體。但一審法院並未接受高術天力公司及高術
公司的此項主張。

　　2. 高術天力公司員工在為北大方正安裝排版機和盜版軟體時，全
程有公證人在場。但當時公證人並未亮明身分，未當場記錄，
記錄的事實不完整，所公證的事實內容是在北大方正的違法陷
阱取證方法下所誘發的事實，故該公證書不合法。

　　3. 高術天力公司和高術公司僅在被利誘陷害的情形下安裝了涉案
的一套盜版軟體，其他並無複製銷售盜版的方正軟體的行為。
但一審法院卻認定高術天力公司和高術公司所安裝的盜版方正
軟體數量難以查清。

(二) 方正文合軟體和雷射排版機無直接或間接關係，方正RIP軟體亦
非雷射排版機必然之選。

因此上訴人高術天力公司和高術公司請求撤銷一審判決，訴訟費
用由北大方正公司、紅樓研究所負擔。

六、二審判決結果

一審法院認定事實不清，但適用法律正確。法院僅對高術天力公司和高術公司在本案盜版一套方正軟體的事實予以確認。

一審判決得以維持的部分：一、高術天力公司、高術公司立即停止複製、銷售方正RIP軟體、方正文合軟體的侵權行為；二、高術天力公司和高術公司自判決生效之日起30日內在指定之媒體刊登道歉啟事；三、駁回北大方正和紅樓研究所其他的訴訟請求。

一審判決應撤銷的部分：一、高術天力公司和高術公司共同賠償北大方正和紅樓研究所經濟損失。二、高術天力公司和高術公司共同賠償北大方正和紅樓研究所為本案支付的調查取證費。三、北大方正和紅樓研究所應在高術天力公司和高術公司返還購買機台之款項後，將雷射排版機退還予高術天力公司和高術公司。

二審判決新裁定：一、高術天力公司和高術公司向北大方正和紅樓研究所賠償的經濟損失減至130,000元；二、高術天力公司和高術公司支付北大方正和紅樓研究所為本案所支付的公證費10,000元。就一審案件受理費部分，高術公司和高術天力公司負擔2,386元，北大方正和紅樓負擔8,624元。二審案件受理費部分，高術天力公司和高術公司負擔2,386元，北大方正和紅樓負擔8,624元。

七、二審判決理由

(一) 證據不足

法院接受公證紀錄所載之內容為證據。高術天力公司和高術公司未能舉出足夠的反面證據推翻北京國信公證處所出具的公證書內容，故該公證書係合法有效的民事證據。但北大方正購買雷射排版機的取證過程長達一個月，該公證紀錄僅對五處場景做了記錄，對整個購買過程的記載缺乏連貫性和完整性。

因此，鑒於高術天力公司和高術公司並未否認其在本案中銷售盜版的行為，公證書所記載之內容為實在，法院僅能對高術天力公司和高術公

司確實在本案中銷售一套盜版的方正RIP軟體、方正文合軟體的事實予以確認。一審法院認為高術天力公司、高術公司銷售盜版軟體的數量難以查清，從而酌定高術天力公司、高術公司應予賠償的數額，係錯誤的判斷。

(二) 取證方式違反公平原則

「陷阱取證」並非獲取侵權證據的唯一途徑，但是北大方正並未用其他方式取得高術天力公司和高術公司侵害著作權的證據，而是派遣員工化名向高術天力公司購買雷射排版機，並主動提出購買盜版軟體的要求。由此可見，北大方正購買排版機是藉口，實際上是意圖獲取高術天力公司和高術公司銷售盜版方正軟體的證據。

陷阱取證有違公平原則，一旦被廣泛利用，將對正常的市場秩序造成破壞，不應予以認可。因此，北大方正為本案所支出的調查取證費（購買機台、房租、審計費用等），應由北大方正和紅樓研究所自行負擔。但公證費、證據以及財產封存費用則由高術天力公司、高術公司負擔。

八、北大方正和紅樓研究所之再審上訴理由

(一) 相關證據已經證實高術天力公司和高術公司大規模且多次侵害著作權

一、二審均認定北京市國信公證處出具的公證書合法有效，而從公證書所附之現場紀錄可以明顯看出，高術天力公司和高術公司所銷售的盜版方正軟體並非只限於銷售給北大方正的該套。

(二) 陷阱取證並無錯誤

1.北大方正的取證方法與法律、法規的禁止性規定並無衝突。
2.如果不採取此種取證方式，便無法獲得直接、有效的證據，更不可能發現高術天力公司、高術公司進行侵權行為的其他線索。

故二審法院不應改判由北大方正和紅樓研究所自行負擔調查取證費用。

(三) 二審法院認定事實和適用法律錯誤，起不到糾正侵權的作用，無形中為著作權人維護本身合法利益造成困難和障礙，不利於對智慧財產權的保護。

九、高術天力公司和高術公司之抗辯理由

(一) 公證內容無公信力

1. 北京市國信公證處的公證員明知北大方正公司員工假扮買主，利用誘騙手段取得高術公司員工侵權的證據。
2. 公證內容不是現場監督紀錄的結果，僅憑公證員的主觀回憶作出記錄，紀錄的內容不完整。這樣的紀錄不客觀也缺乏公正性，與高術天力公司和高術公司所了解的情況有很大的出入。

(二) 陷阱取證違法且不合理

北大方正採用的「陷阱取證」方式是對法律秩序、社會公德和正常商業秩序的破壞。北大方正編造理由多次要求高術公司員工為他們安裝盜版的方正軟體，此種誘騙的作法是「陷害」，違背公序良俗。

十、再審判決爭點

(一) 北大方正公司取證方式是否合法？
(二) 高術天力公司與高術公司侵權行為的性質與規模多大？
(三) 賠償數額多寡？

十一、再審判決結果

(一) 撤銷二審判決
(二) 維持一審判決以下部分：
　　1. 高術天力公司和高術公司立即停止複製、銷售方正RIP軟體，方正文合軟體的侵權行為。

　　2.高術天力公司和高術公司自判決生效之日起30日內在指定之媒
　　　體刊登道歉啟事。

　　3.高術天力公司和高術公司共同賠償北大方正和紅樓研究所的經
　　　濟損失600,000元。

　　4.駁回北大方正和紅樓研究所其他的訴訟請求。

(三) 變更一審判決的部分：

　　高術天力公司和高術公司共同賠償北大方正和紅樓研究所為本
　　案所支付的調查取證費變更為13,000元（房租3,000元，公證費
　　10,000元）。

(四) 本案一審、二審案件受理費共計22,020元，財產及證據保全費用
　　15,520元，審計費60,000元，由高術天力公司和高術公司共同負
　　擔。

十二、再審判決理由

(一) 三審確認的案件事實

1. 北京國信公證處所出具的公證書內容，幾次現場紀錄都有高術天力
   公司員工提到該公司銷售盜版軟體予其他企業的情形。高術天力公
   司和高術公司未能提出有力的反面證據推翻這些紀錄。

2. 二審判決確定後，北京方正根據現場紀錄的員工談話內容追查亦向
   高術天力公司購買同類盜版軟體的企業，並請公證員陪同公證另兩
   家公司確有向高術公司購買盜版軟體的紀錄。其後，北大方正和紅
   樓研究所對其中一家公司另案提起訴訟，法院亦判決確認該公司安
   裝的盜版軟體係從高術公司購得。

(二) 本案的取證方式

　　民事訴訟第67條規定，經過公證程序證明的法律事實，除有相反證
據足以推翻，人民法院應當作為認定事實的根據。然而，以何種方式獲取
的公證證明的事實，涉及取證方式本身是否違法。如果取證方式本身違
法，即使其為公證方式所證明，所獲取的證據亦不能做為認定案件事實的

依據。非法證據因其為公證所證明而取得合法性，那就既不符合公證機關須審查公證事項合法性的公證規則，亦不利於制止違法取證行為和保護他人的合法利益。

然而，在民事訴訟中，由於社會關係複雜，法律對於違法行為無法作窮盡式的列舉規定。故對法律沒有明文禁止的行為，應主要根據該行為實質上的正當性進行判斷。

本案涉及的取證方式合法有效。就北大方正的取證手段而言，一、其目的並無不正當性；二、其行為並未損害社會公共利益與他人的合法權益；三、電腦軟體著作權侵權行為的特點為隱蔽性強，取證難度大。採取這種取證方式有利於解決此類案件的取證困難，足以威懾並遏止侵權行為，亦符合加強智慧財產權保護的法律精神；四、本案取證手段並無侵犯高術公司和高術天力公司的合法權益。

(三) 本案侵權行為的性質

因為高術天力公司、高術公司未就其銷售的盜版軟體的來員提供相關證據，故推定其侵權行為包括複製。因此，高術天力公司、高術公司侵犯北大方正、紅樓研究所之方正RIP軟體和方正文合軟體的複製權和發行權。

(四) 複製、銷售盜版軟體的數量和損害賠償的數額問題

公證事實足以證明高術天力公司和高術公司銷售盜版軟體的數量並非只有一套。根據公證證明內容，高術天力公司的員工陳述，除了北大方正以外，高術公司銷售盜版軟體的客戶還包括其他企業，並且提供了一份「客戶名單」。向其中兩家公司銷售同類盜版軟體的事實，亦為北大方正在二審判決之後的維權行動所印證。

因此，一審法院以高術天力公司和高術公司複製、銷售盜版軟體實際數量和所獲利潤均難以查清為由，根據北大方正和紅樓研究所軟體的開發成本、市場銷售價格、高術天力公司和高術公司侵權行為的主觀過錯程度等因素，依據當時著作權法的規定，酌情判令高術天力公司和高術公司賠償600,000元予北大方正和紅樓研究所。此項判決並無不當。

十三、本件案例評析

(一) 軟體侵權的舉證與陷阱取證

在資訊化社會，軟體的開發成本極高，販賣價格相對也極高，然而被侵權非常容易而且迅速，但是很不容易被發現。販賣盜版軟體，往往極為隱秘，如果著作權人以真實身分購買取證，幾乎不可能，往往必須使用陷阱取證的方式，否則很難取得盜版侵害的證據。

然而「陷阱取證」所得的證據，在訴訟上是否得當作證據？本案本來只是很普通的軟體的侵害案，然而由於第一審、第二審看法迥異，引起社會極大的不同反應。第一審肯認陷阱取證的合法性，然而二審卻認為陷阱取證有違公平原則，一旦被廣泛利用，將對正常的市場秩序造成破壞，不應予以認可。因此合法的軟體業認為如果此種蒐證方式不可行，未來維權將遭遇極大的困難，社會上對原告北大方正和紅樓研究所不屈不撓的維護智慧財產權而訴訟的精神，亦有一定的同情，影響最高人民法院對本案的態度，肯認一定條件下的陷阱取證行為得作為證據。由於本案經最高人民法院再審，引起著作權法界極大的討論[1]。

(二) 陷阱取證在大陸法院訴訟得否作為證據？

「陷阱取證」是一種通俗的名稱，而不是法律術語。在智慧財產權的民事訴訟上，陷阱取證基本上是一種權利人透過提供侵權機會或引誘他人侵權等方式，以形成侵權結果，而獲得侵權證據的特殊取證手段。

「陷阱取證」一般分為「機會提供型」或「犯意誘發型」兩種。二者的主要區別在於侵權人是否先前已經擁有犯意？亦即「機會提供型」是被設計者在權利人設計前已經有侵權行為的犯意，權利人僅提供機會使其實

1　討論本案者，例如馮曉青主編，著作權侵權專題判解與學理研究，第一分冊，頁305-320，中國大百科全書出版社，2010年1月；馮曉青，著作權法，頁266-268，法律出版社，2010年9月；蔣強、李自柱、吳江，著作權糾紛新型典型案例與專題指導，頁1-8，中國法制出版社，2009年6月；吳曉明主編，法官評述100個影響中國的知識產權經典案例，頁306-31知識產權出版社，2010年9月；倪壽明‧柳福華，法律規則的提煉與運用—人民司法案例重述（2007-2010），頁45-52，法律出版社，2012年1月。

施侵權行為而已，而「犯意誘發型」是被設計者在權利人設計前並無侵權行為的犯意，僅因權利人的引誘，使其進行侵權行為[1]。

無論刑事訴訟還是民事訴訟，一般學者都肯認「機會提供型」取證方式的正當性，否定「犯意誘發型」取證方式的正當性[2]。例如侵害人本來即在販賣盜版品，因為權利人的購買，而使侵害人將盜版品販賣給權利人，此為「機會提供型」的陷阱取證。然而如果侵權人本來均販售正版軟體，僅因權利人不欲購買正版軟體，而欲購買盜版軟體，並給予一定之高利以誘發被設計人個別實施侵權行為，則為「犯意誘發型」之取證，不應作為有效證據。

依大陸最高人民法院2001年12月頒布的「關於民事訴訟證據的若干規定」第68條規定：「以侵害他人合法權益或者違反法律禁止性規定的方式取得的證據，不能作為認定案件事實的依據。」此一規定對民事訴訟的非法證據取得，有兩項標準：一為不得侵害他人合法權益，二為不得違反法律的禁止規定。前者例如不能以強暴脅迫方法取得證據，後者例如不能以非法侵入他人住宅而錄影等。

本件北大方正員工化名向高術公司購買涉案雷射排版機，並租賃辦公室，請高術公司員工前來安裝。北大方正並申請由北京市國信公證處公證人到場。高術公司員工裝設排版機，並在方正員工自備的電腦上安裝盜版方正RIP軟體和方正文合軟體，此過程全程都有公證人現場見證，並封存排版機、電腦和軟體等證物。此項原告員工化名取證，並租賃辦公室行為，並非法律所禁止。且高術公司員工的安裝盜版軟體行為，所取得的利益，並非合法權益，看起來原告北大方正之蒐證行為，似乎並不違反最高人民法院2001年12月頒布的「關於民事訴訟證據的若干規定」第68條規定。

至於陷阱取證的公證行為，是否可以作為證據？依據2002年10月12日《最高人民法院關於審理著作權民事糾紛案件應用法律若干問題的解釋》第8條規定：「當事人自行或者委託他人以訂購、現場交易等方式購

1　馮曉青主編，前揭書，頁315。
2　參見奚曉明，前揭書，頁311。

買侵權複製品而取得的實物、發票等，可以作為證據（第1項）。」「公證人員在未向涉嫌侵權的一方當事人表明身分的情況下，如實對另一方當事人按照前款規定的方式取得的證據和取證過程出具的公證書，應當作為證據使用，但有相反證據的除外（第2項）。」又大陸民事訴訟第67條規定「經過公證程序證明的法律事實，除有相反證據足以推翻，人民法院應當作為認定事實的根據。」本案公證人並未向高術公司員工表明公證人身分，除非高術公司可以證明公證行為有不實情事，否則其公證行為，應可以作為證據。

有疑義者，本案北大方正員工化名向高術公司購買涉案雷射排版機，並租賃辦公室，請高術公司員工前來安裝盜版軟體，是否屬於「犯意誘發型」之取證？依最高人民法院所認定之事實，根據公證證明內容，高術天力公司的員工陳述，除了北大方正以外，高術公司銷售盜版軟體的客戶還包括其他企業，並且提供了一份「客戶名單」。向其中兩家公司銷售同類盜版軟體的事實，亦為北大方正在二審判決之後的維權行動所印證。可見高術天力公司本來就有販賣盜版軟體行為，亦即在北大方正員工取證前已有販賣盜版軟體之概括犯意，因此本件北大方正員工之蒐證行為，應不屬於「犯意誘發型」之取證，而應屬於「機會提供型」之取證，得在訴訟上作為證據。

(三) 最高人民法院的其他認定

至於最高人民法院認定，因為高術天力公司、高術公司未就其銷售的盜版軟體的來員提供相關證據，故推定其侵權行為包括複製。其認事用法似乎較缺乏法律依據及邏輯依據。

又最高人民法院認為第一審判決，酌情判令高術天力公司和高術公司賠償600,000元予北大方正和紅樓研究所。此項判決並無不當。並未有詳細的計算基礎，其以高術天力公司、高術公司其他案件有被法院認定為侵害之判決作為認定損害賠償之基礎，恐怕會有重複計算之虞。

案例19：標題的著作權與不正競爭

 朱德庸 v. 唯眾影視公司、第一財經公司、北京電視台

第一審：北京市海淀區人民法院（2009）海民初字第11406號民事判決
第二審：北京市第一中級人民法院（2010）一中民終字第12577號民事
判決

一、案件程序

　　朱德庸（一審原告，二審上訴人）主張上海唯眾影視傳播公司（一審被告、二審上訴人、下稱「唯眾影視公司」）、上海第一財經傳媒有限公司（一審被告、二審上訴人、下稱「第一財經公司」）、北京電視台（一審被告）侵害其著作權，提起民事訴訟。一審由北京市海淀區人民法院審理，判定一審被告並未侵害朱德庸的著作權，但行為已構成不正當競爭，應負起相關賠償責任。北京電視台並無責任。朱德庸、唯眾影視公司、第一財經公司等不服判決，提起上訴，二審由北京市第一中級人民法院審理，撤銷一審判決，並駁回朱德庸所有訴訟請求，本案確定。

二、案情摘要

　　朱德庸是暢銷漫畫書「關於上班這件事」（以下簡稱「關」書）的作者。「關」書以漫畫描繪上班的各種情狀，平面和數位媒體也對此書大量報導，在介紹、評論該書時，往往會特別提及第一章引言的內容，即「說到每天上班八小時這件事，其實是本世紀人類生活史上最大的發明，也是最長一齣集體悲喜劇。你可以不上學，你可以不上網，可以不上當；你就是不能不上班」（以下簡稱「第一章引言」）。朱德庸主張，第一章引言內容廣為公眾熟悉，在媒體上出現頻繁，已成為「關」書標誌性的內容。

　　北京電視台於2008年1月至12月播放一檔以職場話題為內容的談話性

節目「上班這點事」，節目由唯眾公司製作，著作權由唯眾公司與第一財經公司共有。節目宣傳大量使用朱德庸「關」書第一章引言。第一，「上班這點事」初播出時的宣傳短片內容是節目嘉賓對著鏡頭說：「你可以不上學，可以不上網，也可以不上當，但是你不能不上班」。

唯眾公司、第一財經公司、北京電視台均稱該短片是唯眾公司應北京電視台的要求所作。節目的宣傳海報的人物語言也直接使用「關」書第一章引言，並加註「所以，你不能不看『上班這點事』。」該海報運用範圍包括節目的官方部落格、MSN中文網的視頻欄目以及相關宣傳活動等。唯眾公司承認上述海報的文字稿係由該公司提供。但是，涉案節目內容本身並未利用到「關」書，主要是以來賓上節目自由發言為主。

朱德庸主張北京電視台、唯眾公司、第一財經公司未經他的允許就利用「關」書內容宣傳，而「關」書第一章引言是全書最關鍵核心之內容，曝光率及辨識率高，故利用引言是侵害朱德庸的著作權，請求50萬元侵害著作權造成之經濟損失賠償。又朱德庸於2005年與橙天智鴻影視製作公司（下稱「橙天公司」）簽約授權橙天公司獨家改作拍攝真人版之電視劇「關於上班這件事」。因此，朱德庸也主張，北京電視台的「上班這點事」利用「關」書引言宣傳，有引導觀眾誤認該節目是朱德庸授權改編之節目的嫌疑，是與之後會開拍的授權真人版節目不正當競爭行為。

三、第一審訴訟爭點

(一) 一審被告的行為是否有侵害原告的著作權？
(二) 一審被告的行為是否構成不正當競爭？
(三) 被告共有三名，若有侵權與賠償責任，應當如何分配？

四、一審判決結果

唯眾公司和第一財經公司需刊登聲明為朱德庸消除影響，賠償朱德庸經濟損失5萬元及合理訴訟支出2500元。駁回朱德庸對北京電視台的訴訟請求。

法律依據：中華人民共和國反不正當競爭法第2條、第9條第1款、第

20條第1款。

五、一審判決理由

(一) 被告的行為並未侵害著作權。雖然涉案節目的節目標題、宣傳海報、宣傳短片都有利用與朱德庸作品的書名和第一章引言相同或近似的內容，但朱所主張被侵權的部分僅佔「關」書極小比例，並未構成該作品主要或核心部分。第二，節目內容本身並未利用朱德庸的涉案作品。因此，上述相同或近似內容的出現，尚未達到侵害「關」書著作權的程度。

(二) 著作權人有權對自己作品進行商業利用，包括授權或與他人合作利用該作品製作相關影視戲劇節目等，並就此獲得經濟利益。朱德庸已授權予橙天公司將「關」書製作電視劇。因為媒體報導「關」書時反覆引用第一章引言，社會大眾可以輕易將這段話與朱德庸這本書作連結。北京電視台「上班這點事」在節目標題和宣傳素材上同樣利用第一章引言，加上節目內容確實與上班有關，以此廣泛宣傳，足以誤導閱聽公眾認為該節目與「關」書有關，進而損害朱德庸對該作品享有的合法權益。因此，被告的利用行為構成不正當競爭。

(三) 唯眾公司是涉案節目的製作者，應當負擔不正當競爭的法律責任。第一財經公司與唯眾公司共同掛名著作權人，也在其網站上明示該公司與唯眾公司共同打造涉案節目，並在介紹該節目的時候使用與宣傳海報內容相近的敘述。因此，應與唯眾公司共同負擔責任。

(四) 朱德庸主張之50萬元經濟損失缺乏相應證據，法院會考慮「關」書與「上班這點事」節目的影響範圍、損害後果等因素酌情另確定。

(五) 北京電視台僅是節目播出者，要求其對節目宣傳短片的內容負擔審查義務有失公允也不可行，因此北京電視台無須負責。

六、二審上訴人（朱德庸）上訴理由

(一) 原審不應認定利用部分所佔比例不足就不構成侵害。一審被告將「關」書標誌性的精華內容（第一章引言）用於節目標題和宣傳素材，而且侵權內容在宣傳當中所佔比例甚高，對吸引觀眾之目的有舉足輕重的影響。

(二) 被上訴人共同侵權，應負連帶責任。涉案節目的宣傳短片乃是應北京電視台要求所製作，故北京電視台負有審查義務，卻未予審查，也應負擔侵權責任。

七、二審上訴人（唯眾公司）上訴理由

(一) 「反不正當競爭法」僅規定損害賠償，並無消除影響與道歉的規定，故一審判決要求唯眾公司與第一財經公司在網頁上刊登聲明無法律依據。

(二) 原審賠償經濟損失5萬元的判決並無事實依據。朱德庸負有舉證賠償金額之責任，但於一審當庭表示並無損害證據，故不應給予賠償。

(三) 並無事實可證明一審被告的行為構成不正當競爭。朱德庸雖然與橙天公司簽訂著作權授權協議，但在兩年的授權期間內皆無任何「關」書改編之影視作品出現，截至訴訟期間「關」書都還是一部漫畫作品，與「上班這點事」談話性節目並無競爭關係。

(四) 「關」書是漫畫作品，表現形式以美術圖畫為主，文字為輔，因此從第一章引言在整部作品所佔比例及重要性判斷，並不構成全書的標誌性內容。

(五) 「關」書的主題是「上班」，但上班是現代社會普遍現象，並非朱德庸所獨有。涉案節目製作之宣傳素材也是描述「上班」此一社會現象，上訴人的行為不屬於誤導觀眾之虛假宣傳。

基於以上理由，唯眾公司要求二審法院撤銷一審判決，駁回朱德庸之訴訟要求。

八、二審上訴人（第一財經公司）上訴理由

(一) 朱德庸與橙天公司所簽訂之授權改編合約與「上班這點事」節目並不存在競爭關係。該合約內容是將「關」書改編為影視作品，而「上班這點事」是談話性節目，來賓講述上班之體驗，內容並無腳本，沒有改編內容也不需授權。涉案節目和「關」書在內容上並無關連性。

(二) 宣傳短片並無宣稱「本節目改編自朱德庸漫畫」之用語，並無誤導觀眾的虛假宣傳。

(三) 原審法院所判之不正當競爭所導致的經濟損失賠償並無法律依據。朱德庸在一審時未能提供任何證據證明涉案節目之播出影響到朱的授權影視節目或「關」書銷售。而朱德庸的代理人主張之50萬元賠償是著作權侵權賠償。原審法院既然判定涉案行為並不構成著作權侵害，就不應主動為朱德庸主張不存在的不正當競爭所導致的損失。

(四) 第一財經公司並無審核節目宣傳素材的義務，所有宣傳素材的製作都是北京電視台與唯眾公司之間的協議，並非節目的一部分，第一財經公司無法預知。

九、二審訴訟爭點

(一) 系爭行為是否侵害「關」書之著作權？
(二) 系爭行為是否構成不正當競爭？

十、二審判決結果

撤銷一審判決，駁回朱德庸全部訴訟請求。

十一、二審判決理由

(一) 是否侵害著作權部分

　　「上班這點事」的節目標題與宣傳素材所使用的語句與「關」書第一章引言近似，但節目所利用之內容只佔「關」書比例極小部分，並未構成該作品的實質或核心，尚未達到侵害「關」書之著作權的程度。朱德庸僅以利用內容在「關」書中所佔位置、媒體引用率等理由來主張上述內容是作品的主要或核心部分，法院不認同這種主張。

(二) 是否構成不正當競爭

　　「反不正當競爭法」第2條規定，不正當競爭是經營者損害其他經營者的合法權益、擾亂社會秩序的行為。第9條規定，經營者不得利用廣告或其他方法，對商品的品質、製作成分、性能、用途、生產者、有效期限、產地等作引人誤解的虛假宣傳。「最高人民法院關於審理不正當競爭民事案件應用法律若干問題的解釋」規定，經營者進行以下行為造成公眾誤解者，可認定違反不正當競爭法規定之「引人誤解的虛假宣傳行為」：(一) 對商品作片面的宣傳或者對比；(二) 將科學尚未定論的觀點、現象等當作定論的事實用於商品宣傳；(三) 以歧異性語言或者其他引人誤解的方式進行商品宣傳。此外，人民法院應當根據日常生活經驗、相關公眾的一般注意力，發生誤解的事實和被宣傳對象的實際情況等因素，對引人誤解的虛假宣傳行為進行認定。

　　朱德庸所主張的不正當競爭行為是「上班這點事」節目標題、宣傳短片、海報中出現與「關」書第一章引言近似的內容，根據上述標準，並不屬於透過廣告或其他方法，對節目的質量、製作者、內容、來源等進行虛假陳述，難以認定是虛假宣傳。再者，「關」書是漫畫，「上班這點事」是談話性節目，兩項作品表現形式迥異，根據相關公眾一般日常生活經驗不致有誤認兩者關係之虞。第三，「上班」是可公開評論之社會現象，「關」書與「上班這點事」的唯一共通點是兩者均在討論「上班」話題。朱德庸不能因為著有「關」書就禁止其他人創作不同內容和形式的作品，否則將會妨礙社會公共利益。

　　基於上述理由，系爭行為並無不正當性，不會損害朱德庸基於其作品產生的合法權益，也不會擾亂社會經濟秩序。因此不構成不正當競爭。

十二、本件案例評析

　　本案關係到台灣著名漫畫家朱德庸暢銷漫畫書「關於上班這件事」第一章引言的內容：「說到每天上班八小時這件事，其實是本世紀人類生活史上最大的發明，也是最長一齣集體悲喜劇。你可以不上學，你可以不上網，可以不上當；你就是不能不上班」。其中「你可以不上學，你可以不上網，可以不上當；你就是不能不上班」，成為家戶喻曉的名言，被唯眾影視公司、第一財經公司、北京電視台在包括節目的官方部落格、MSN中文網的視頻欄目以及相關宣傳活動等經常性引用，而且未註明出處。因此朱德庸對上開唯眾影視公司、第一財經公司、北京電視台提起訴訟，主張上開被告侵害著作權及違反不當競爭。有關是否違反不當競爭行為，非本案所討論範圍，本案僅討論著作權問題。

(一)「關」書第一章引言是否構成著作？

　　關書引言：「你可以不上學，你可以不上網，可以不上當；你就是不能不上班」，這幾句話，是否本身構成被保護的「著作」（作品）？如果被使用的文句，未達到「著作（作品）」的程度，即本身欠缺原創性，則本身即無著作權侵害可言。

　　依大陸著作權法學者的看法，作品的原創性（獨創性），除指獨立創作，不能抄襲他人之外，尚包含「應具有最低限度的創造性」，如作品的名稱、字詞、短語、口號，不具獨創性，不構成作品[1]。

　　在我國實務上，受著作權法保護的著作，須具有「原創性」（originality）。例如最高法院97台上1587號刑事判決謂：「經查著作權法所稱之著作，係指屬於文學、科學、藝術或其他學術範圍之創作，著作權法第3條第1項第1款定有明文。是必具有原創性之人類精神上創作，且

---

[1]　參見李明德・許超，著作權法，頁28-30，法律出版社，2009年7月。

達足以表現作者之個性或獨特性之程度者，始享有著作權，而受著作權法之保護。而所謂『獨立創作』乃指著作人為創作時，未接觸參考他人先前之著作；凡經由接觸並進而抄襲他人著作而完成之作品即非屬原創性之著作，並非著作權法上所定之著作。」依這個判決意旨，所謂「原創性」，解釋上尚包含兩個內涵：

1. 獨立創作（原始性）（independent creation）：著作必須獨立創作，而不是抄襲他人完成。獨立創作的原始性，才具有原創性。但是原創性的要求，無須達到專利所須「新穎性」的「前所未有」的要求。

2. 創作性（creativityt）：原創性雖然不必須達到專利法前所未有的新穎性要求，但是仍必須具有相當程度的精神作用，足以表現著作人的個性及獨特性方可。如果著作的精神作用程度甚低，無從受到保護。例如最高法院97台上1921號判決謂：「按著作權法之著作，指屬於文學、科學、藝術或其他學術範圍之創作，語文著作亦為著作權法所稱之著作，著作權法第3條第1項第1款、第5條第1項第1款分別定有明文。惟語文著作受著作權法之保護，必須其內容具有作者之創意表達或創作性格，即所謂具有原創性，始屬之。原判決以上訴人之錦通公司網站網頁載有如新公司享有語文著作權之產品目錄作為上訴人犯罪之依據。惟該產品目錄，係就相關產品之成分、用途、效果、使用步驟及方法加以說明。然如僅屬對該項商品之成分、用途、步驟及注意事項等作單純之描述，為同種類商品在使用或其用途上之共通特徵使然，而必須為同一或類似之描述，則其表達方法是否具有原創性而屬著作權法保護之範疇，即值研酌。」同院93台上5474刑事判決謂：「告訴人僅在一般市面上流通之蕾絲花紋圖樣上加上『』日文字樣，顯然無法表現出告訴人獨有之個性及獨特性，即不具有原創性，非屬著作權法所稱之美術著作，自不受著作權法之保護。」上述兩個判決中的文字，都是因不具著作「最低限度之創作性」（minimal requirement of creativity），而不受保

護[2]。

本案「你可以不上學，你可以不上網，可以不上當；你就是不能不
上班」，法院認定仍屬「作品」，但是涉案節目的節目標題、宣傳
海報、宣傳短片都有利用與朱德庸作品的書名和第一章引言相同或
近似的內容，但因朱德庸所主張被侵權的部分僅佔「關」書極小比
例，並未構成該作品主要或核心部分，因此被告的行為並未侵害著
作權。

(二) 被告的合理使用

　　本來原告有著作權之著作，被告著作有接觸（access）原告著作，
以及被告著作與原告著作有實質近似（substantial similarity），即成立著
作權侵害，除非有另有法定例外（statutory exception）或合理使用（fair
use）規定。

　　依大陸著作權法48條第1款規定：「有下列侵權行為的，應當根據情
況，承擔停止侵害、消除影響、賠禮道歉、賠償損失等民事責任；同時損
害公共利益的，可以由著作權行政管理部門責令停止侵權行為，沒收違法
所得，沒收、銷毀侵權複製品，並可處以罰款；情節嚴重的，著作權行政
管理部門還可以沒收主要用於製作侵權複製品的材料、工具、設備等；構
成犯罪的，依法追究刑事責任：(一) 未經著作權人許可，複製、發行、表
演、放映、廣播、彙編、通過信息網絡向公眾傳播其作品的，本法另有規
定的除外。」複製有全部複製和一部複製在內。無論一部重製或全部重
製，均可能構成侵害。

　　此外，雖然大陸著作權法第22條定有12種法定例外之情形，並未有
類似我國著作權法第65條或美國著作權法第107條的「一般合理使用」之
規定。而大陸著作權法第22條有關法定例外規定，與本案較有關係的，為
著作權法第22條第2款：「為介紹、評論某一作品，或者說明某一問題，
在作品中適當引用他人已經發表的作品。」第3款：「為報導時事新聞，

---

2 參見蕭雄淋，「論著作權客體之原創性」，蒐錄於蕭雄淋，著作權法研究（一），頁
　72-77，1989年增訂再版。

在報紙、期刊、廣播電台、電視台等媒體中不可避免地再現或者引用已發表的作品。」上開引用，依著作權法第22條本文規定，應當指明作者姓名、作品名稱。本案朱德庸作品被用，既非在新聞上使用，亦無註明出處，使讀者對何者為朱德庸作品，何者為被告作品，可以區辨，應不符合引用的規定，法院亦未以著作權法第22條的引用規定加以判決。

另依大陸《著作權法實施條例》第21條規定：「依照著作權法有關規定，使用可以不經著作權人許可的已經發表的作品的，不得影響該作品的正常使用，也不得不合理地損害著作權人的合法利益」，此乃伯恩公約第9條第2項、TRIPS第13條、WCT第10條第1項等國際著作權公約中有關著作權限制及例外一般規定之「三步檢驗（three-step test）原則」。本案朱德庸作品被唯眾影視公司、第一財經公司、北京電視台加以利用，既不符合著作權法第22條之任何「特定情形」，亦有可能不合理地損害著作權人的合法利益，法院認定為合法，是否有法律依據，頗滋爭議。

本案法院以涉案節目的節目標題、宣傳海報、宣傳短片都有利用與朱德庸作品的書名和第一章引言相同或近似的內容，但朱德庸所主張被侵權的部分僅佔「關」書極小比例，並未構成該作品主要或核心部分，因而認為未侵害著作權。其認事用法，類似我國著作權法第65條第2項第3款合理使用條款所規定的「所利用的質量及其在整個著作所占的比例。」似乎大陸著作權法並未有「一般合理使用」明文規定，但是在實務判決中仍然處處可見「一般合理使用條款」的運用，值得注意。

案例20：圖書館合理使用規定之適用主體

 鄭成思 v. 北京書生數字技術有限公司

第一審：北京市海澱區人民法院（2004）海民初字第12509號民事判決
第二審：北京市第一中級人民法院（2005）一中民終字第3463號民事判決

一、案件程序

　　鄭成思（一審原告，二審被上訴人）發現北京書生數字技術公司（一審被告，二審上訴人，下稱書生公司）在所建置之「書生之家數字圖書館」網站上擅自使用了其多部作品，而向書生公司提起侵犯著作權之訴。第一審由北京市海澱區人民法院受理，判定書生公司侵犯鄭成思之信息網絡傳播權，須停止侵害、聲明道歉、賠償鄭成思損失及因本案支出之合理費用。書生公司不服，提起上訴。第二審北京市第一中級人民法院駁回書生公司上訴，維持原判而確定。

二、案情摘要

　　鄭成思為中國社會科學院知識產權中心研究員，主編「知識產權文叢」第一至四卷、「知識產權價值評估中的法律問題」、「知己知彼打贏知識產權之戰—中國『入世』知識產權縱橫談」（與韓秀成共同合編，韓秀成已將主編權利轉讓予鄭成思）等書，並於前述書中收錄有鄭成思所撰寫之章節文章；此外並著有「知識產權保護：起步較遲的中國學者研究之路」一文（收錄於「中國民事與社會權利現狀」一書中）以及「WTO知識產權協議逐條講解」、「知識產權法」等書籍。

　　書生公司經營「書生之家數字圖書館」網站（www.21dmedia.com），鄭成思為證明書生公司非法複製其作品並於其網站上傳播，鄭成

思請北京市第二公證處進入該被告網站、下載閱讀器、登錄後做作者鄭成思之檢索後，共發現8本作者為鄭成思之圖書（即除上述「知識產權法」一書以外之其他8本書籍）。再點擊前述檢索書籍名稱後的「全文」即可看到書籍全文，並利用螢幕擷取（PRINT SCREEN，又稱拷屏）功能，即可列印該圖書內容。這些圖書除了「知識產權價值評估中的法律問題」和「知識產權文叢第二卷」列印出來的頁面上端閱讀器欄是顯示「煙台市圖書館專用」之外，其他書籍列印出來的頁面上端皆顯示「北京書生數字技術有限公司專用」，此有該公證處所製作之公證書為證。書生公司雖對公證書之真實性及內容提出異議，然書生公司亦承認他們有對煙台市圖書館提供服務，並依據用戶要求將作品數字化，存儲在本公司的資料庫內。又雖原公證書將前述被告網頁漏打一個字母，然其後公證處亦有出具補正之公證書予以修正錯漏之網頁地址，並更正從網頁列印書籍之步驟。

就實質答辯部分，書生公司辯稱該公司所經營之業務是向需要數位化圖書館的客戶提供相關技術服務，不直接對公眾提供服務。書生之家數字圖書館網站中的圖書閱讀功能並未對公眾開放，書生公司提出五份來自不同機構的證明以佐證此點。書生公司主張：(1) 其經營之技術模式完全類似在圖書館閱覽室的閱讀模式，有權瀏覽的讀者用螢幕擷取（PRINT SCREEN）之外的方式都不能保存或傳播所瀏覽的圖書。而採用螢幕擷取的方式保存並傳播作品的可行性幾乎不存在。(2) 書生之家數字圖書館的技術平臺最多只允許三人同時閱讀一本書，符合美國千禧年數位法案的有關規定。書生公司並提出公證書證明在同一圖書館內同時最多只有三人可以閱讀。

但鄭成思認為以上公證書內容只能證明在同一時間同一場合不能三人以上閱讀，但不能證明其他讀者在同一時間不同場合進行閱讀的情況，且其中的作品都是書生公司未經作者授權而銷售給客戶的。被告書生公司未經同意擅自於其網站使用其作品，侵犯其著作權，應負擔侵權之民事責任。

三、一審判決結果

被告書生公司侵害鄭成思著作權，判決被告書生公司應：(1) 自本判決生效之日起，停止使用原告作品。(2) 自本判決生效之日起30日內，在「法制日報」媒體上刊登致歉聲明，致歉內容須經本院審核，如逾期不履行，本院將在該報上刊登判決書主要內容，費用由被告負擔。(3) 自本判決生效之日起10日內，賠償原告經濟損失及因本案支出的合理費用人民幣56,500元。(4) 駁回原告其他訴訟請求。

判決法律依據為《著作權法》第10條第1款第(12)項、第47條第(1)項、第48條規定。

四、一審判決理由

(一) 法院認定原告鄭成思身為系爭作品的署名作者或主編，享有該等作品的著作權，包括複製權、發行權與信息網路傳播權等權利。任何人未經許可，複製、發行或網絡傳播其作品，均構成對其著作權的侵害，除非有法律規定的例外情形。

(二) 有關原告鄭成思所提公證書之證據力部分，法院認為原告所提公證書內容與被告書生公司的經營具有關聯性。公證書的證明通常大於一般證據。被告對該原告公證書提出異議，但無相反證據可佐證。故法院確認在被告之書生之家網站上可以檢索到公證書內所列之原告8部作品並進行全文瀏覽的事實成立。至於原告起訴主張之「知識產權法」一書，因無被告有使用之證據，故此部分之原告主張法院不予支持。

(三) 根據原告提交之公證書與本院現場勘驗的事實，在不同時間、不同地點、不特定之人可以通過下載「書生閱讀器」軟體登錄網站接觸書生之家網站上的作品。故法院判定書生之家網站有向社會開放。

(四) 有關被告書生公司辯稱其數位圖書館網站對書籍內容瀏覽權做了必要之限制，亦即其技術平臺最多只能允許三人同時閱覽一本書以及只能以螢幕擷取（拷屏）方式下載和保存、不構成侵權部

分，法院判決不予採信之理由如下：

1. 傳統意義上的公益性圖書館，因其物質條件的有限性、使用規則的可靠性，對著作權影響有限。其投資來源的公共性導致公共利益與私人利益一定程度的一致性，具備了對著作權進行限制的可能性。然而，被告書生公司為有限責任公司，其經營書生之家數字圖書館，無論在企業性質、經營方式、經營目的及對作者利益的影響上均與圖書館不同。

2. 互聯網為作品傳播提供了更廣闊更便利的空間，相應也給作品的使用提供了便利和自由，但這種便利和自由並不意味著沒有限制，而仍須遵循法律、尊重他人權利。

3. 雖被告意圖舉證證明其對作品的使用範圍、方式進行必要之限制，如提出其平臺最多只能允許三人同時閱覽一本書以及只能以螢幕擷取（拷屏）方式下載和保存等。但這些限制並未從實質上降低作品被任意使用的風險，亦未改變其未經著作權人許可而使用他人作品的行為性質。

4. 原告鄭成思為本案公證書所列作品之作者，其著作權應受到尊重。被告書生公司未經原告許可，在網路上向公眾提供原告享有著作權的作品，以非法方式造成作品網路傳播的事實，違背著作權人的意志，構成對原告作品的信息網路傳播權的侵犯。

五、二審上訴理由

一審被告書生公司不服原判決而提出上訴，理由主要如下：

(一) 鄭成思所提之公證書以及其他證據無證據力。

(二) 原審法院之勘驗不合法，本公司網站不對公眾開放讀書，沒有從事網路傳播行為。

(三) 書生之家網站（www.21dmedia.com）與書生之家數字圖書館是截然不同的。「書生之家數字圖書館」是一套用來建設數位圖書館的解決方案。「書生之家網站」只是宣傳介紹的網站，並不是數位圖書館。

(四) 原審判決的賠償金額並無法律依據，在訴訟費的承擔上明顯不
　　當。

六、二審判決結果

駁回上訴，維持原判。

七、二審判決理由

(一) 有關鄭成思所提公證書之證據力部分

1. 鄭成思所提之公證書，雖有漏打字母等瑕疵，但之後公證機關已出
具「補正說明」加以說明及更正，此不影響該公證書的實質內容與
真實性。又書生公司雖就該公證書及「補正說明」向北京市司法局
提起行政複議，然依據《中華人民共和國行政複議法》第21條規
定，除非法律另有規定，行政複議期間具體行政行為不停止執行。
故書生公司所提行政複議，依法不影響本院依據現有證據對該公證
書及「補正說明」的法律效力進行認定。

2. 依據最高人民法院「關於民事訴訟證據的若干規定」第9條規定，
已為有效公證文書所證明之事實，當事人無須舉證證明，有相反證
據足以推翻該事實的除外。本案鄭成思之系爭作品能從書生之家網
站瀏覽並以螢幕擷取（拷屏）方式下載全文之事實已有公證書及其
補正說明之記載。而原審法院組織雙方當事人進行勘驗，表明公眾
在互聯網上按照書生之家數字圖書館使用說明操作即可在書生之家
網站上瀏覽該網站上的作品，亦佐證了上述公證事實。書生公司所
提證據不足以推翻鄭成思之公證書及其補正說明的真實性和合法
性，且不足以推翻書生之家數字圖書館對公眾開放的公證事實。因
此，書生公司主張鄭成思公證書的內容是偽造的，不具有證據效力
及書生之家網站未向社會開放的抗辯理由，缺乏事實和法律依據，
法院不予支持。

(二) 有關書生公司經營書生之家數字圖書館是否侵權部分

1. 書生公司的簡介及書生之家網站（www.21dmedia.com）的版權聲明均表明書生公司為該書生之家網站的經營者，其對經營該網站所產生的法律後果理應承擔相應的民事責任。

2. 雖然書生公司提供相應證據證明其對作品的使用範圍、方式進行了必要的限制，但書生公司系以營利為目的的企業，書生之家數字圖書館亦非公益性圖書館，書生之家數字圖書館對作品所作的三人以上不能同時在線閱讀及只能螢幕擷取（拷屏）下載的限制，並不構成著作權法意義上對作品的合理使用。故書生公司關於未侵犯鄭成思著作權的抗辯理由，本院不予支持。

3. 書生公司未經鄭成思許可，將鄭成思享有著作權的涉案圖書上載於書生之家網站上供公眾瀏覽，侵害鄭成思對該作品享有的信息網路傳播權。原審法院根據涉案作品的性質、字數、書生公司的侵權性質及情節，參考法定稿酬標準而酌定的賠償金額並無不當。原審認定事實清楚、適用法律正確，應予維持。

八、本案案例評析

　　2004年間，包括著名知識產權專家鄭成思等學者發現，北京書生數字技術有限公司未經授權將其多部作品上載於「書生之家數字圖書館」供會員閱讀。除本案例之鄭成思教授外，其他如唐廣良[1]、周林[2]、李順德[3]等多名學者亦向法院提出訴訟，法院均判決該書生公司侵犯了作者之信息網絡傳播權，應承擔侵權責任。而本案主要之爭點在於著作權法有關圖書館合理使用之規定是否適用於一般企業所建置經營之數位圖書館，此可從中國大陸著作權法有關圖書館合理使用規定之適用主體以及利用方式來加以探討：

1　終審判決為：北京市第一中級人民法院（2005）一中民終字第3462號民事判決。
2　終審判決為：北京市第一中級人民法院（2005）一中民終字第3453號民事判決。
3　終審判決為：北京市第一中級人民法院（2005）一中民終字第3452號民事判決。

(一) 有關大陸圖書館合理使用規定之立法沿革

按在大陸第一部著作權法1991年施行之前，文化部於1984年頒佈的《圖書、期刊版權保護試行條例》已首次出現了有關圖書館合理使用之規定，該條例第15條規定：「在下列情況下使用他人已經發表的作品，可不經版權所有者同意，不向其支付報酬，但應說明作者姓名、作品名稱和出處，並尊重作者依本條例第五條規定享有的其他權利：……(五) 圖書館、檔案館、資料或文獻中心，為了借閱、存檔或為專業人員提供專業資料，複製本館或本中心收藏的作品，而不在市場上出售或借此贏利」[4]。

1991年施行之第一部《著作權法》第22條規定了利用人得對他人作品合理使用之12種情形，該條第1項第(8)款即有關圖書館等合理使用之規定：「在下列情況下使用作品，可以不經著作權人許可，不向其支付報酬，但應當指明作者姓名、作品名稱，並且不得侵犯著作權人依照本法享有的其他權利：…(八) 圖書館、檔案館、紀念館、博物館、美術館等為陳列或者保存版本的需要，複製本館收藏的作品」。

而其後2001年及2010年之著作權法兩次修法，就上述1991年《著作權法》第22條第1項第(8)款規定內容，均未作修正或變更，仍沿襲至今。

此外，由於2001年《著作權法》於第10條第1項第(12)款增訂賦予著作權人「信息網絡傳播權」之保護[5]，並於第58條規定：「計算機軟件、信息網絡傳播權的保護辦法由國務院另行規定」。故國務院即依此授權，於2006年制定公布《信息網絡傳播權保護條例》並自2006年7月1日起施行。該條例亦對圖書館之合理使用作出特別規定，即條例第7條規定：「圖書館、檔案館、紀念館、博物館、美術館等可以不經著作權人許可，通過信息網絡向本館館舍內服務對象提供本館收藏的合法出版的數字作品和依法為陳列或者保存版本的需要以數字化形式複製的作品，不向其支付

4　參見周林、李明山主編：《中國版權史研究文獻》，頁340-341、355，中國方正出版社，1999年11月。

5　然而在2001年信息網路傳播權增訂保護之前，在1998、1999年發生之「王蒙訴世紀互聯通訊技術有限公司著作權侵權案」（1999年北京市海淀區人民法院海知初字第00057號民事判決）中，對於被告公司擅自將原告王蒙之文學作品刊載在被告公司網站上，供人瀏覽或下載作品內容，法院即已判認被告在網站使用原告作品構成侵權，其法律依據為被告侵害了原告依1991年著作權法第10條第5款享有之「使用權和獲得報酬權」。

報酬，但不得直接或者間接獲得經濟利益。當事人另有約定的除外。前款規定的為陳列或者保存版本需要以數字化形式複製的作品，應當是已經損毀或者瀕臨損毀、丟失或者失竊，或者其存儲格式已經過時，並且在市場上無法購買或者只能以明顯高於標定的價格購買的作品。」

　　因此，現行中國大陸地區專門針對圖書館等檔案機構所做的著作權合理使用之規定，主要即為上述《著作權法》第22條第1項第(8)款以及《信息網絡傳播權保護條例》第7條。

　　而本案例發生之時間乃2004、2005年，終審判決時間則在2005年6月間。因此判決當時之法制背景乃2001年著作權法明文增訂保護「信息網絡傳播權」之後，但係在2006年《信息網絡傳播權保護條例》制定公布之前。

(二) 有關《著作權法》圖書館合理使用規定之適用主體

　　得依大陸《著作權法》第22條第1項第(8)款圖書館合理使用規定進行複製行為之主體，依條文規定為「圖書館、檔案館、紀念館、博物館、美術館等」。而除條文中所述及的五館外，是否包括其他類似場館或處所，有學者認為，在該五館之後的「等」字，即表示本項規定還可適用於其他一些類似館所，如展覽館、文獻資料中心等[6]。

　　有爭議者，乃得適用本項之主體，是否應限於傳統上具有公益、非營利性質之圖書館？抑或亦包括具有營利性質之商業性圖書館？由於相較於其他國家《著作權法》關於適用圖書館合理使用規定之主體多設有一定之要件，例如日本得適用著作權法圖書館合理使用規定之圖書館等設施主體，除法條明定須為非以營利為目的者外，更必須由法令規定或主管機關依法指定，非法定或指定之圖書館並無適用之餘地[7]，此為較嚴格之立法例。而在美國，適用其《著作權法》第108條之圖書館或檔案館，則於法條明定其複製或散布必須非直接或間接為商業利益之目的，且該館之館

6　參見林國民、謝紹江、李華文等：《中華人民共和國著作權法釋義》，頁67，濟南出版社，1990年11月。
7　日本《著作權法》第31條及《著作權法施行令》第1條之3，參見http://www.cric.or.jp/db/fr/a1_index.html。

藏，亦須係對公眾開放，或者不僅供隸屬於該館或其所屬機構之研究者使用，同時亦供其他從事於專業領域研究之人使用[8]。依據1976年國會立法報告House Report，只要切實遵守《著作權法》第108條各項規定之要件，營利組織企業所設置之圖書館，並不當然被排除在《著作權法》第108條適用之外，但一個純粹商業之企業，亦不能以設立圖書館為名，而從事營利之著作複製及散布[9]。

　　而大陸本項條文中對於圖書館適用主體並無須限於非營利要件，故營利性商業圖書館是否得基於陳列或保存版本的需要，而依本項規定複製其館藏，即可能產生爭議。一般學說多認為，本項所定之圖書館等均是為文化目的服務，肩負著公共利益使命，亦即須為具有公益性之社會組織[10]；對此等圖書信息服務機構來說，非營利性質是其適用合理使用原則的必要前提[11]。按公益性乃傳統圖書館之首要特徵，基於社會公益目的，始允許圖書館享有著作權侵權之豁免，故圖書館是否具備「公益性」，乃判斷圖書館能否不經著作權人許可、亦無須向其支付報酬即可合理使用他人受保護作品之決定性依據[12]。

　　在本案例前之司法見解上，早在2002年「陳興良訴數字圖書館著作權侵權案」判決中，被告中國數字圖書館有限責任公司未經原告陳興良教授同意，將原告所著三部作品收入其所經營之數位圖書館網站，讀者付費後成為被告網站的會員，可在該網站上閱讀並下載網上作品，該案判決理由已否定了該企業所經營之網路數位圖書館使用圖書館合理使用規定之可能，而謂：「被告數字圖書館作為企業法人，將原告陳興良的作品上載到國際互聯網上。對作品使用的這種方式，擴大了作品傳播的時間和空間，

8　美國著作權法第108條(a)項規定，請參見http://www.copyright.gov/title17/92chap1.html#108。

9　H.R.Report No.94-1476, at 74, a purely commercial enterprise could not establish a collection of copyrighted works, call itself a library or archive, and engage in for profit reproduction and distribution of photocopies.

10　馮曉青著：《著作權法》，頁166，法律出版社，2010年9月；費安玲著：《著作權法教程》，頁123，知識產權出版社，2003年4月。

11　劉志剛著：《電子版權的合理使用》，頁271，社會科學文獻出版社，2007年12月。

12　鄭成思著：《數字圖書館還是數字公司》一文，載於北大法律信息網http://article.chinalawinfo.com/Article_Detail.asp?ArticleId=32229（2012/07/08）。

擴大了接觸作品的人數，超出了作者允許社會公眾接觸其作品的範圍。數字圖書館未經許可在網上使用陳興良的作品，並且沒有採取有效的手段保證陳興良獲得合理的報酬。這種行為妨礙了陳興良依法對自己的作品行使著作權，是侵權行為」[13]。

　　本案判決對於被告主張其為適用著作權法合理使用之圖書館抗辯，不予採認。本案終審判決理由明確指出：「傳統意義上的公益性圖書館，因為其物質條件的有限性及使用規則的可靠性導致對著作權影響的有限性，及其投資來源的公共性導致公共利益與私人利益一定程度的一致性，具備了對著作權進行限制的可能性。顯然，書生公司無論在企業性質、經營方式、經營目的及對作者利益的影響上均與圖書館不同」、「書生公司係以營利為目的的企業，書生之家數字圖書館亦並非公益性圖書館，書生之家數字圖書館對作品所作的三人以上不能同時在線閱讀及只能拷屏下載的限制，並不構成《著作權法》意義上對作品的合理使用」。雖然，在上述陳興良案及本案鄭成思教授勝訴之理由，主要為被告公司未經原告許可，在互聯網上向公眾提供原告享有著作權的作品，已侵犯原告作品的信息網絡傳播權，但就適用合理使用規定之圖書館性質，該等判決理由均明確宣示了：得適用合理使用規定之圖書館應為「傳統意義上公益性且非營利性之圖書館」，以營利為目的之企業，即使自稱為（數位）圖書館，由於不具公益性，應無著作權法合理使用規定之適用。學者即指明一些所謂的「數字圖書館」，名稱上雖掛著圖書館招牌但卻實際從事的是「商業性資料庫」，既屬商業性使用他人作品，即應當獲得著作權人的許可，否則即構成侵權[14]。

　　事實上，圖書館合理使用規定能否適用於僅以虛擬方式創設（而非實體存在）之數位或網絡圖書館？此在美國著作權法第108條於美國1998年《數位千年著作權法》（DMCA）參議院立法報告中已有清楚表達。該立法報告強調：「委員會希望確定的是，108條制定時條文中所稱的圖書館及檔案館，指的是以物理性有形場館而被建立與經營且其內之館藏

---

13 參見北京市海澱區人民法院（2002）海民初字第5702號民事判決書。
14 參見李明德、許超：《著作權法》，頁100，法律出版社，2009年7月。

得被研究者或其他公眾會員使用的傳統實體機構。雖然在線互動數位網絡已使僅存在於虛擬（而非物理有形）網絡世界之線上數位圖書館及檔案館產生，但其並非委員會修正108條之目的。線上圖書館，允許任何人簡單地去創立他自己的數位圖書館或檔案館。如果108條延伸適用到這種數位圖書館，將等於創設了一個著作權的例外，此將使任何有網站、計算機佈告牌或網頁之人均得自由地複製與散布受著作權保護之作品。如此豁免將吞蝕一般之原則且嚴重地損害著作權人之權利以及對其受保護作品進行商業性利用之能力。因此，委員會於修法後之108條第(b)款(2)項與(c)款(2)項所提及的『圖書館或檔案館之場館』（the premises of the library or archives）僅意指物理性有形的場館」[15]。依此可見，不論係1976年美國著作權法第108條制定當時、或者其後因數位時代之1998年修法時，該可適用第108條圖書館例外規定之圖書館及檔案館，均僅指具有物理有形場館及藏書可供該館會員進入使用之傳統實體圖書館，不包括單純僅虛擬存在之線上數位圖書館或檔案館。因此，有如本案例中，一般企業法人所經營之虛擬數位圖書館網站，即使以「圖書館」自稱，仍非著作權法圖書館合理使用規定之適用主體，已甚為明確。

(三) 有關《信息網絡傳播權保護條例》圖書館合理使用規定

　　本案例中，被告書生公司所經營之書生之家網站，已非可適用大陸《著作權法》第22條第1項第(8)款圖書館合理使用規定之主體，已如前述。至於從利用作品之行為觀之，被告書生公司乃係將原告作品數位化並於一般互聯網網站上向公眾提供瀏覽及下載，此亦非大陸《著作權法》第22條第1項第(8)款所允許之合理使用行為。按該著作權法規定目前僅允許圖書館等「為陳列或者保存版本的需要，複製本館收藏的作品」，即基本上僅及於「複製權」之合理使用，而不及於本案例中涉及之「信息網路傳播權」。因此從行為觀之，本案例之被告書生公司顯亦無成立大陸《著作權法》第22條第1項第(8)款圖書館合理使用之可能。

---

15 *See* S. Rep. NO. 105-190 (THE DIGITAL MILLENNIUM COPYRIGHT ACT OF 1998), at 62.

　　須附帶說明者，本案例於2005年6月即終審確定，《信息網絡傳播權保護條例》其後2006年7月才施行，故本案從時間上並無從適用該條例規定。然而，實際上即使依後來生效之該《信息網絡傳播權保護條例》第7條對於圖書館合理使用所作之特別規定，本案亦無該條例之適用。理由簡述如下：

1. 依本條規定享有合理使用權利的主體，與《著作權法》第22條第1款第8項規定一致，此乃由於這些機構，皆具有公共服務的職能[16]。且本條更於第1款增列圖書館等機構「不得直接或者間接獲得經濟利益」之要件。故學者認為適用本條之圖書館，應仍限於傳統為公眾提供服務的公益性、非營利圖書館[17]。

2. 其次，本條條文中有所謂：「通過信息網絡向本館館舍內服務對象提供」，既曰「館舍」，當指具有實體建築場館的傳統圖書館而言。換言之，本條允許合理使用之主體，仍指有固定建築物之工作場館、服務時間、服務對象、館藏數量之物質上均有相當程度限制之傳統圖書館。如係單純以數位化作品建立虛擬館藏且透過數位技術設備而進行線上遠距傳輸、館際互借、提供讀者在線瀏覽或下載與打印閱讀之純粹以數位形式利用之圖書館，即使為免費提供服務之公益及非營利性傳統圖書館所兼營者，亦無本條之適用[18]。學者亦認為無論依現行的《著作權法》或《信息網絡傳播權保護條例》，均不存在建立公益性的數字圖書館的可能性[19]。

3. 再者，本條除了規定圖書館可利用之客體須嚴格限於「本館收藏的合法出版的數字作品」及「本館依法為陳列或者保存版本的需要以數字化形式複製的作品」[20]外，更重要的是，就符合該規定之作品

---

16 國務院法制辦公室：《信息網絡傳播權保護條例釋義》關於該條例第七條之說明。另可參見張建華主編：《信息網絡傳播權保護條例釋義》，頁32，中國法制出版社，2006年7月。

17 參見鄔忭、孫彥主編：《案說信息網絡傳播權保護條例》，頁73，知識產權出版社，2008年1月。

18 參見秦珂、豆敏、李姝娟：《圖書館著作權管理問題研究》，頁157，知識產權出版社，2010年9月。

19 參見李明德、許超：《著作權法》，頁100，法律出版社，2009年7月。

20 此所謂「本館依法為陳列或者保存版本的需要以數字化形式複製的作品」，尚須受本條

客體，圖書館亦僅能透過網路向本館「館舍內」服務對象提供。亦即圖書館等機構不能透過網路向物理「館舍外」的讀者或用戶提供數位化作品[21]，不得讓用戶在家中進行作品之瀏覽、下載或列印等，即使是傳統公益性圖書館等機構，就開展遠程線上作品提供服務、在線館際互借等，將此作品提供於館舍外之行為，均非屬本條容許合理使用的範圍[22]。

第2項所定要件之限制。亦即其必須是作品已經損毀或者瀕臨損毀、丟失或者失竊，或者其存儲格式已經過時，並且在市場上無法購買或者只能以明顯高於標定的價格購買的作品。

21 參見鄒忭、孫彥主編：《案說信息網絡傳播權保護條例》，頁84，知識產權出版社，2008年1月。

22 參見秦珂：《期刊的著作權問題》，頁303，知識產權出版社，2008年10月。

案例21：圖書館應個人要求而複製作品是否為合理使用

 殷志強 v. **金陵圖書館**

第一審：江蘇省南京市中級人民法院（2005）寧民三初字第49號民事判決

第二審：江蘇省高級人民法院（2005）蘇民三終字第0096號民事判決

一、案件程序

　　殷志強（一審原告，二審上訴人）向金陵圖書館（一審被告，二審被上訴人）提起侵害著作權之民事訴訟，一審由江蘇省南京市中級人民法院受理，判決金陵圖書館並無侵害。殷志強不服判決，提起上訴，二審由江蘇省高級人民法院受理，判決駁回上訴，維持原判。

二、案情摘要

　　期刊《南京政治學院學報》於2000年第3期刊登署名「李湘德、殷志強」之文章《馬克思恩格斯人口生態思想探析》（以下簡稱《人口生態探析》）。但前業經另案法院判決確認殷志強乃該文章唯一之作者，並未授權此文章發行，李湘德乃擅自發行於上開學報期刊中。

　　2001年1月，中國學術期刊（光盤版）電子雜誌社（以下簡稱中國期刊雜誌社）與上開學報簽訂《CNKI期刊全文數據庫收錄協議書》，將《南京政治學院學報》每期資料編入其網絡數據庫，登載於中國期刊網，且由清華同方光盤股份有限公司（以下簡稱清華同方公司）製作成《中國學術期刊（光盤版）》發行。其中當然包括收錄有殷志強《人口生態探析》一文。

　　2003年12月，金陵圖書館與清華同方公司簽訂了《CNKI數據庫訂置合同》，金陵圖書館訂購清華同方公司提供的數據庫和服務，並約定：金陵圖書館內部人員可不限次數使用該數據庫；有權在本單位內部網上為讀者提供檢索咨詢服務。

　　2004年7月，殷志強在金陵圖書館電子閱覽室要求工作人員調閱並列印《人口生態探析》一文。工作人員從電子資料庫調出該文並列印一份共3頁，收取1頁1元的列印費。南京市公證處對以上過程進行了公證。

　　殷志強訴稱金陵圖書館在其電子閱覽室收錄原告被侵權的《人口生態探析》一文，並向公眾提供打印服務，侵犯了原告的複製權、獲取報酬權和發行權。請求判令金陵圖書館銷毀載有原告被侵權文章的複製品、停止複製和傳播原告被侵權文章，賠償原告經濟損失。二審判決前，中國期刊雜誌社出具證明聲明原收錄有《人口生態探析》一文的資料庫光碟均已回收銷毀，金陵圖書館不可能再向讀者提供該文的查詢和列印服務。

三、一審判決結果

　　駁回殷志強所有訴訟請求。

　　（法律依據：大陸著作權法第1條、第10條第1款第5、6項、第2款、第22條第1款第1項、第32條第2款）

四、一審判決理由

(一)《人口生態探析》一文發表於《南京政治學院學報》雖然有違殷志強本意，但因該文在發表時並無不得轉載、摘編的特別聲明，《中國學術期刊（光盤版）》作為電子期刊，依據與南京政治學院學報簽訂的《CNKI期刊全文數據收錄協議書》約定，在《中國學術期刊（光盤版）》中轉載《人口生態探析》一文符合著作權法第32條第2款的規定，該行為屬依法轉載行為，未侵犯殷志強享有的複製權、發行權。金陵圖書館收藏合法轉載有該文的《中國學術期刊（光盤版）》及其數據庫不違反法律規定，該行為屬合法收藏行為。

(二) 金陵圖書館是否構成侵權部分：

1. 圖書館之注意義務：

圖書館在採購、收藏各種介質的圖書、期刊時，所應盡的主要注意義務是購買合法出版物。《中國學術期刊（光盤版）》及其數據庫是經國家批准並依法公開發行的合法電子刊物，金陵圖書館以合同方式並支付對價取得清華同方光盤股份公司提供的《中國學術期刊（光盤版）》及其數據庫，已經盡到合理的審查注意義務，對於所收藏的正版刊物中是否存在侵犯他人著作權的作品，金陵圖書館沒有具體的審查義務。且金陵圖書館向清華同方公司所訂購之資料庫方案是「鏡像網站」服務，對所購買的資料庫沒有管理權限。

2. 圖書館列印收費是否侵害作者發行權及獲得報酬權：

金陵圖書館向讀者提供館藏資料庫有關文章之查詢和列印，與向讀者提供館藏紙質期刊雜誌供讀者借閱，在性質上都是一種文化和信息的傳播方式，符合我國著作權法促進文化、科學和藝術作品傳播的立法宗旨，而不能將其雷同於著作權法意義上的發行行為。

從證據看，並不存在大量複製、出售或贈予涉案作品複製品，而使著作權人的利益受到損害的事實。金陵圖書館僅應殷志強要求檢索並打印一份涉案作品，是為讀者摘錄相關信息所提供的一種便利，並不違反我國著作權法的規定。

向讀者收取列印費不足以證明金陵圖書館有利用作者作品營利。因為(1)該費用是打印費，不是出售複製品的費用；(2)圖書館提供打印服務必然有設備損耗、紙張和勞務支出，有償服務未必不可；(3)打印服務目的是滿足讀者個人學習、研究或欣賞需要，與公開兜售複製品有明顯區別；(4)打印費用收取標準是否合理，應當由國家物價管理部門監督檢查，與本案無涉。

(三) 殷志強於另案主張中國期刊雜誌社、清華同方公司侵害著作權，該案判決已經責令中國期刊雜誌社、清華同方公司停止複製、發

行、網上傳播殷志強的系爭文章，其欲阻止系爭文章繼續散播的
目的應可實現。其請求判令金陵圖書館銷毀其購買之數據庫已無
必要。

五、二審上訴人（殷志強）上訴理由

(一) 中國學術期刊（光盤版）轉載系爭文章並非合法轉載，一審法院
　　認定錯誤。依據著作權法實施條例規定，可以合法轉載的作品係
　　指經著作權人自行或許可他人發表的作品。本案殷志強從未自行
　　或授權他人將其作品發表或報刊轉載。

(二) 根據著作權法關於發行權的規定，金陵圖書館向讀者提供侵權作
　　品就是一種發行行為，一審判決認為「不能將其雷同於著作權法
　　意義上的發行行為」乃認定錯誤。

(三) 金陵圖書館向讀者提供打印服務不屬於著作權法規定的「為個人
　　學習、研究或者欣賞，使用他人已經發表的作品」的行為。

(四) 金陵圖書館雖然為非營利單位，但非營利單位的列印服務未必不
　　營利。讀者付費目的就是購買列印的內容，金陵圖書館沒有舉證
　　證明該收費全部用於補償消耗，故金陵圖書館取得的是一種純收
　　入。一審判決認定金陵圖書館沒有營利的事實錯誤。

六、二審被上訴人（金陵圖書館）答辯理由

(一) 金陵圖書館是面向社會公眾提供文化傳播的公益性單位，其在收
　　藏盡文獻資料過程中，所應盡的義務就是審查其購買的是否為合
　　法出版物，而本案中，金陵圖書館所訂購的是依法公開發行的合
　　法電子刊物，其合理的審查義務已經盡到。

(二) 因殷志強前往金陵圖書館調閱並打印涉案作品，雖然打印是由金
　　陵圖書館工作人員完成的，但此複製行為是應殷志強的要求而
　　為，實質上複製人是殷志強而非金陵圖書館，且金陵圖書館應讀
　　者要求提供的打印服務也不屬於「發行」。

七、二審訴訟爭點

(一) 金陵圖書館收藏收錄殷志強《人口生態探析》一文的電子資料庫產品是否侵害殷志強對該文章的複製權？

(二) 金陵圖書館向讀者提供從資料庫查詢、列印《人口生態探析》一文的服務，是否侵害殷志強的發行權和獲取報酬權？

八、二審判決結果

駁回上訴，維持原判。

九、二審判決理由

(一) 圖書館之注意義務

1. 圖書館在蒐集資料過程中所應盡的義務就是審查其購買的資料是否為合法出版物。本案之中國學術期刊（光盤版）和資料庫是經過國家批准公開發行的電子刊物，金陵圖書館透過簽約並支付對價的方式取得資料庫產品，已經盡到合理注意義務。金陵圖書館並無審查資料庫內是否有侵權著作的義務。

2. 殷志強雖未授權南京政治學院學報刊登《人口生態探析》一文，但中國期刊雜誌社和清華同方公司在不知情的情況下，將客觀上已發表且未聲明不得轉載、摘編的《人口生態探析》一文收錄進涉案電子數據庫並發行的行為，屬於合法轉載，不構成對殷志強就該文享有的複製權、發行權的侵犯，只是依法應當向殷志強支付相應的報酬。

3. 金陵圖書館在不知情且已盡到合理注意義務的情況下，通過合法渠道訂購並收藏該電子數據庫產品的行為，亦不構成對殷志強就該作品享有的複製權的侵犯。

(二) 圖書館提供列印行為是否構成侵害發行權和獲取報酬權

1. 根據大陸著作權法規定，發行是指以出售或贈與的方式向公眾提供

作品的原件或複製件的行為。本案形式上，打印行為雖是金陵圖書館工作人員進行操作，但該打印行為是應讀者殷志強的要求進行的，且圖書館只收取打印費，故該行為實質上是金陵圖書館為讀者借閱活動提供便利服務，並收取相應服務費的行為，非著作權法上的發行行為，不構成對殷志強發行權的侵犯，亦談不上對其獲取報酬權的侵犯。

2. 金陵圖書館對其訂購和收藏涉案電子數據庫產品雖無過錯，但在獲知該產品中收錄《人口生態探析》一文侵犯殷志強著作權，且殷志強要求停止該文的複製和傳播時，金陵圖書館應當停止向讀者提供該文的查詢和打印服務。但金陵圖書館所收藏含有該文的數據庫光盤已被中國期刊雜誌社收回並銷毀，其客觀上已不可能再向讀者提供查詢、打印服務。故本案中已無必要再判令金陵圖書館停止向讀者提供該文的查詢、打印服務，一審判決駁回殷志強要求金陵圖書館停止複製、傳播該文的訴訟請求並無不當。

十、本案判決評析

本案判決認定金陵圖書館係透過合法管道簽約購買合法電子期刊資料庫產品，已經盡到合理注意義務，圖書館並無審查資料庫內是否有侵權著作的義務，對於資料庫含有侵權文章並不知情，此認定在本案應無爭議。

本案較有爭議者，實乃圖書館就其藏書應讀者之要求而提供列印一份之複製行為是否侵害作者之著作權？如認為不構成侵害，則其在著作權法之依據為何？此牽涉到圖書館於著作權法合理使用規定之適用問題。

本案如在我國，依據我國著作權法第48第1款之規定，供公眾使用之圖書館得「應閱覽人供個人研究之要求」，重製館藏中「已公開發表著作之一部分，或期刊或已公開發表之研討會論文集之單篇著作」，每人以一份為限。然而，大陸著作權法有關圖書館複製著作之合理使用規定，僅其著作權法第22條第1項第(8)款，即：「在下列情況下使用作品，可以不經著作權人許可，不向其支付報酬，但應當指明作者姓名、作品名稱，並且不得侵犯著作權人依照本法享有的其他權利：…(八) 圖書館、檔案館、紀

念館、博物館、美術館等為陳列或者保存版本的需要，複製本館收藏的作品。」依此，大陸著作權法所允許圖書館的合理使用行為，僅限於圖書館等「為陳列或保存版本的需要」而對館藏進行之複製行為。

而何謂「為陳列或者保存版本的需要」，有學者認為，係指如圖書館複印、影印圖書，博物館將某些歷史照片翻拍後陳列，美術館為保存畫家真跡水印繪畫等。在這些作品中，有的是絕版圖書，有的年代久遠而破損，為保存這些有價值的文化遺產，有必要進行複製[1]。特別是如圖書館所收藏的作品原件或複製件只有一件，且不能或難以從市場上購買到，則為避免該原件或複製件滅失，圖書館得為陳列或者保存版本的需要而複製之[2]。但對於未發表的作品，如果作者不願將其公之於眾，圖書館等就不能為陳列目的而複製，只能為保存版本需要而複製[3]。惟無論如何，應可確認大陸著作權法第22條第1項第(8)款本條並不包括如我國上述著作權法第48第1款所規定圖書館可應讀者要求而為其複製並提供重製物之情形。

而對於圖書館應閱覽人個人學習研究目的之要求而對已公開發行作品一部分或期刊內之單篇文章進行複製及提供部分，在多數國家之著作權法中普遍均有明文規定，例如日本《著作權法》第31條第1款第1項、韓國《著作權法》第31條第1款第1項、我國《著作權法》第48條第1項、美國《著作權法》第108條(d)款與(e)款、澳洲《著作權法》第49條、德國《著作權法》第53a條等。且依據學者Kenneth Crews所作的《圖書館與檔案館著作權限制及例外研究報告》顯示，在各個有圖書館著作權限制規定之國家中，以圖書館可為個人研究及學習目的製作複製物之規定最為普遍[4]，可見該規定對於提供公民接觸利用圖書館館藏作品資料以促進知識傳遞與文化發展之功能，極為重要。然而，在中國大陸地區《著作權法》第22條第1款第(8)項中並無明文允許圖書館得為此個人學習研究目的進行複製之

---

1 馮曉青：《著作權法》，法律出版社，2010年9月，頁166。
2 李順德、周詳：《中華人民共和國著作權法修改導讀》，知識產權出版社，2002年11月，頁121。
3 馮曉青：《知識產權法》，中國政法大學出版社，2008年2月，頁163。韋之：《著作權法原理》，北京大學出版社，1998年4月，頁78。
4 Kenneth Crews, Study on Copyright Limitations and Exceptions for Libraries and Archives, WIPO SCCR/17/2 (2008.08.26), at 8.

合理使用規定。

　　而如觀之本案判決似乎對於圖書館應讀者要求而複製並提供重製物係另適用著作權法第22條第1項第(1)款。然該第22條第1款第(1)項所定之「為個人學習、研究或者欣賞，使用他人已經發表的作品」乃私人複製之合理使用規定。私人複製之法定例外規定本身即具有其獨特性，不像其他為教學、新聞報導等合理使用規定主要係基於教育或公益等目的，容許一定程度之私人複製，是由於其為私下、非營利性之個人利用行為，對著作權人所生影響甚微，且基於如要個人一一尋求授權之交易成本過高、無可期待，對個別私人複製行為之偵測及追訴亦不易等現實面考慮。惟隨著科技發展及複製技術日益先進、個人電腦等複製設備之普及使用，使得私人重製行為變得容易、快速且量大，導致現代私人複製合理使用之適用上已極具爭議性。在立法上，例如美國，其《著作權法》第108條至第122條並未針對私人重製設有特別豁免或例外規定，私人重製僅能依據其第107條一般合理使用原則所訂之四項基準而於個案中做出認定，故在判斷上具有不確定性。而德國、日本、我國著作權法則針對私人重製另訂有獨立著作權例外條文。關於私人重製之主體，在日本，學者通說認為其《著作權法》第30條所允許私人複製之主體限於「使用者自身」，作為使用者手足之例如秘書、助手等亦可代使用者本人為複製，但委託重製業者進行複製，則不允許[5]，且日本該條條文還對於私人複製時所使用之複製機器、設有技術保護措施以及明知為違法上傳之作品等設有限制。德國則是於其有關私人複製之《著作權法》第53條第(1)、(2)、(3)項訂有他人可代為複製之明文規定，例如其第53條第(1)項規定：「有權複製者也可以使他人為自己進行複製，只要該他人的服務是無償的，或者是將作品以某種影印技術或具有類似作用的程序複製到紙張或其他類似載體。」依此在德國可由他人代為私人複製，乃基於法律之明文規定且仍有其他相關之要件限制。然而，大陸著作權法第22條第1款第(8)項或第(1)項是否得作相同之解釋，圖書館為讀者個人進行之複製及提供是否可以依據該條第(1)項之私

---

[5] 加戶守行：《著作權法逐條講義》五訂新版，社團法人著作權情報センター（2006年），第226至227頁。齊藤博：《著作權法》（第3版），株式會社有斐閣（2007年），第229頁。

人複製規定為之，實非毫無爭議。再者，圖書館為利用人之重製行為，在德國其實也分別在1994及2006因發出版商與圖書館間之訴訟爭議，經過多年後，德國已於2008年1月生效之《著作權法》第53a條就圖書館為符合第53條私人使用之利用人進行的複製及提供做出明文規定[6]。因此，大陸著作權法身為大陸法系國家，在私人複製規定之外，實有制定圖書館為利用人研究及學習目的而複製及提供作品之著作權例外規定或合理使用規定之必要，並明定其相關法律要件，以杜爭議。

　　至於如符合我國著作權法第48第1款要件，解釋上應與日本《著作權法》第31條第1款第1項相同，就得適用之圖書館機構，雖須非以營利為目的，但並非指不得收取任何費用，如收取與成本相當之費用，仍為允許。而依日本著作權主管機關之見解，此所謂成本費用，不限於複製用紙、錄音帶等材料直接費用，尚可包括複製機器的折舊費用、人事費用等[7]。故本案之金陵圖書館對讀者提供列印一份並收取列印費部分，如該圖書館在著作權法有得主張合理使用之依據，則就其所收取者如僅為列印成本費用者，亦不影響其合理使用之成立。

6　德國《著作權法》第53a條規定：「公共圖書館因依第53條得利用著作之人之請求，得將報章雜誌刊登之個別文章及已出版之著作之片段予以重製並透過郵寄或傳真方式傳送予該人。以其他電子方式重製及傳送，僅限於做為圖檔形式，並且為了教學上說明或學術研究之目的，而非出於商業目的者，始得為之。此外，以其他電子方式重製及傳送，僅限於公眾無法透過契約條款之約定在適當條件下，於其各自選定之地點及時間接觸上開個別文章或著作之片段，始得為之。本條之重製及傳送應支付著作人適當之報酬。報酬請求權僅得透過著作權集體管理團體而行使。」

7　日本文化廳文化部著作權課內、著作權法令研究會編集：《著作權關係法令實務提要》第一冊，昭和55年（1980年），第504頁。

案例22：音樂著作錄製錄音製品之法定授權

 廣東大聖文化傳播有限公司 v. 洪如丁、韓偉

第一審：江西省九江市中級人民法院（2006）九中民三初字第21號民事判決

第二審：江西省高級人民法院（2007）贛民三終字第8號民事判決

再　審：最高人民法院（2008）民提字第51號民事判決

一、案件程序

　　洪如丁（一審原告）、韓偉（一審原告）以著作權遭侵害為由，向廣東大聖文化傳播有限公司（一審被告，下稱大聖公司）、廣州音像出版社（一審被告）、重慶三峽光盤發展有限責任公司（一審被告，下稱三峽公司）、聯盛商業連鎖股份有限公司（一審被告，下稱聯盛公司）提起民事侵權之訴。江西省九江市中級人民法院（一審法院）判決大聖公司、廣州音像出版社、三峽公司侵害原告著作權，應負賠償責任。三峽公司向江西省高級人民法院提起上訴，二審法院原則上維持一審判決，但增訂賠償金支付日期。大聖公司向最高人民法院申請再審，最高人民法院認二審判決適用法律不當，應予撤銷改判。

二、案件摘要

　　「打起手鼓唱起歌」一曲係由施光南作曲，韓偉作詞。1990年施光南過世之後，遺孀洪如丁及歌詞作者韓偉分別將該此曲的「公開表演權」、「廣播權」和「錄製發行權」授權給中國音樂著作權協會（下稱音著協）管理。

　　2004年7月，大聖公司與歌手羅林（藝名刀郎）簽約，羅林將其所製作而享有著作權之「喀什噶爾胡楊」歌唱音樂專輯授權大聖公司製作成錄音製品（CD）加以出版發行。同年12月，大聖公司與廣州音像出版社簽約，約定由廣州音像出版社製作、出版發行「喀什噶爾胡楊」專輯錄音製品。廣州音像出版社即委託三峽公司壓製90萬張「喀什噶爾胡楊」專輯錄音製品。同時，廣州音像出版社亦向音著協申請使用音樂作品「冰山上的雪蓮」、「打起手鼓唱起歌」、「亞克西」等以製作發行20萬張之「喀什噶爾胡楊」專輯錄音製品，並向音著協支付上述三首作品的使用費人民幣21,900元。音著協亦出具「音樂著作權使用收費證明」。

　　2005年3月，洪如丁、韓偉在聯盛公司購得上述CD錄音製品，其內之第10首歌曲即為「打起手鼓唱起歌」。CD外包裝上有版權管理資訊載明「聲明：本專輯內所有錄音版權及圖像歸廣東大聖文化傳播有限公司／羅林共同擁有，未經授權嚴禁使用」、「廣東大聖文化傳播有限公司全國獨家發行」、「廣州音像出版社出版」。因此，洪如丁、韓偉即以大聖公司等未取得其授權就複製發行該錄音製品、侵犯其著作權為由，向法院提起民事訴訟，請求被告等連帶賠償經濟損失人民幣15萬元。

　　大聖公司否認侵權，辯稱其已委由廣州音像出版社向音著協支付使用費；且洪如丁、韓偉應依照其與音著協之合約而要求音著協以音著協名義起訴，即原告個人無權起訴。聯盛公司則辯稱其系爭CD進貨來源合法且已停止銷售。

三、一審判決結果

　　(一) 大聖公司、廣州音像出版社、三峽公司應共同賠償洪如丁、韓偉人民幣15萬元，並互負連帶賠償責任。

　　(二) 駁回洪如丁、韓偉其他訴訟請求。

四、一審判決理由

　　(一) 根據最高人民法院民事審判庭1993年給音著協的「關於中國音樂著作權協會與音樂著作權人之間的幾個法律問題」之復函，音樂

著作權人在其著作權受到侵害而音著協未提起訴訟、或權利人認為有必要的情況下，依法仍有權提起訴訟。洪如丁、韓偉雖已授權予音著協管理，但仍有權起訴。

(二) 依據已生效之另案判決認定涉案錄音製品之複製發行數量為90萬張，超過音著協授權之20萬張。

(三) 根據中國著作權法第41條第2款規定[1]，廣州音像出版社、大聖公司發行涉案錄音製品，除應取得羅林（錄音製品製作者）的授權外，還應取得涉案音樂作品著作權人之授權，並支付報酬。而國家版權局1993年所制定之「錄音法定許可付酬標準暫行規定」，對錄製發行錄音製品採版稅方式付酬（即錄音製品批發價X版稅率X錄音製品發行數）。此一計算方式表明，版權行政管理部門係將使用作品製作錄音製品的法定授權報酬與錄音製品的複製發行報酬一併計算。

(四) 依據音著協出具之收費證明，可認定音著協已授權大聖公司及廣州音像出版社於複製發行之20萬張涉案錄音製品中使用系爭音樂作品。但該二被告卻複製發行了90萬張。就超出授權範圍的70萬張，大聖公司和廣州音像出版社侵害了權利人享有的許可權和獲得報酬權。

(五) 依據《音像製品管理條例》第23條第1款規定「音像複製單位接受委託複製音像制品的，應當驗證著作權人的授權書」，三峽公司違反此規定接受廣州音像出版社委託，複製超出音著協許可數量之錄音製品，應與大聖公司、廣州音像出版社共同承擔侵權責任。至於聯盛公司所銷售之涉案錄音製品因進貨渠道合法，無主觀過錯，不應承擔停止銷售的法律責任。

(六) 原告洪如丁、韓偉未證明其所受損失，亦未證明音樂作品使用人違法所得。法院根據涉案錄音製品的複製、發行數量、侵權情節、原告為本案支出的合理費用，確定賠償數額為人民幣15萬元。

1　此即中國大陸2001年之著作權法第41條第2項規定：「被許可人複製、發行、通過信息網絡向公眾傳播錄音錄像製品，還應當取得著作權人、表演者許可，並支付報酬。」

五、二審上訴理由

　　三峽公司不服一審判決提出上訴，主張其接受委託實際複製涉案錄音製品為20萬張，大聖公司未追加印製訂單，複製行為未違反相關規定，不應承擔法律責任。

六、二審判決結果

(一) 維持一審判決第二項。

(二) 大聖公司、廣州音像出版社、三峽公司共同賠償洪如丁、韓偉人民幣15萬元，並互負連帶賠償責任，該款項限於判決生效之日起10日內支付。

七、二審判決理由

(一) 根據著作權法第41條第2款規定，發行錄音製品應取得該作品著作權人的授權並支付報酬。

(二) 廣州音像出版社與三峽公司所簽之「錄音錄像製品複製委託書」載明的複製數量是90萬張。

(三) 根據出版行業慣例，一份複製委託書項下的複製數量可分一次或多次履行，不能排除在20萬張以外沒有複製。

(四) 音著協只針對20萬張收取報酬，其餘70萬張未取得著作權人授權，也未給予報酬。故大聖公司、廣州音像出版社、三峽光盤公司仍構成侵權。原一審判決認定事實清楚，適用法律正確。

八、申請再審理由及答辯

(一) 大聖公司（再審申請人）申請再審理由

1. 洪如丁、韓偉已將著作財產權委託音著協信託管理，應已無權行使已信託之著作財產權並提侵權之訴。最高人民法院民事審判庭之復函不具法律效力。

2. 本件非侵權之訴，大聖公司超量發行的70萬張錄音製品，應當按照《錄音法定許可付酬標準暫行規定》支付報酬，不應適用法定賠償。

(二) 洪如丁、韓偉（再審被申請人）答辯理由

1. 其有權提出本件侵權之訴。
2. 複製發行錄音製品不屬於著作權法規定的法定許可，複製發行人必須取得著作權人許可。
3. 《錄音法定許可付酬標準暫行規定》已因著作權法之修改而失去賴以存在之法律基礎，不能繼續適用。

九、再審判決結果

(一) 撤銷江西省高級人民法院2007贛民三終字第8號民事判決（即二審判決）。
(二) 大聖公司、廣州音像出版社、三峽公司向洪如丁、韓偉支付音樂作品使用費人民幣14477元，可從大聖公司已按原生效判決履行的款項中扣除。
(三) 駁回洪如丁、韓偉其他訴訟請求。

十、再審判決理由

再審之最高人民法院認為原二審認定事實清楚，但適用法律不正確，應予糾正。其判決理由如下：

(一) 一審被告等製作、複製、發行、銷售涉案錄音製品，是否侵害原告二人之著作權？

1. 著作權法第39條第3款設定法定許可制度[2]，規定：「錄音製作者使

---

2 此為2001年修訂之舊著作權法，現行法（2010年修訂）已將音樂作品錄製錄音製品之法定授權規定改移列至第40條第3項。

用他人已經合法錄製為錄音製品的音樂作品製作錄音製品，可以不經著作權人許可，但應當按照規定支付報酬；著作權人聲明不許使用的不得使用。」此立法本意是為了便於促進音樂作品的傳播。因此，對使用此類音樂作品製作的錄音製品進行複製、發行，同樣應適用著作權法第39條第3款法定許可的規定，而不應適用第41條第2款的規定。故經音樂作品著作權人授權製作之錄音製品一經公開，其他再使用該音樂作品另行製作錄音製品並複製發行等行為，不需經過音樂作品的著作權人授權，但應依法向著作權人支付報酬。

2. 「喀什噶爾胡楊」專輯錄音製品中使用的音樂作品「打起手鼓唱起歌」，在該專輯發行前已被他人多次製作成錄音製品廣泛傳播，且著作權人沒有聲明不許使用，故大聖公司、廣州音像出版社、三峽公司、聯盛公司使用該音樂作品製作並複製發行「喀什噶爾胡楊」專輯錄音製品，符合著作權法第39條第3款法定許可規定，不構成侵權。

3. 原二審法院認定大聖公司、廣州音像出版社、三峽公司等構成侵權，為適用法律不當。

(二) 關於付酬問題

1. 依據中國著作權法第27條規定：「使用作品的付酬標準可以由當事人約定，也可以按照國務院著作權行政管理部門會同有關部門制定的付酬標準支付報酬。當事人約定不明確的，按照國務院著作權行政管理部門會同有關部門制定的付酬標準支付報酬」。1993年8月國家版權局發布的《錄音法定許可付酬標準暫行規定》目前仍為各有關單位及著作權集體管理組織參照執行的依據，故審理此類案件，在當事人沒有約定的情況下，可以按照該規定確定付酬標準。

2. 大聖公司、廣州音像出版社、三峽公司未侵害涉案音樂作品之著作權，但應依法支付報酬。法律並未規定支付報酬必須在使用作品之前，因而作品使用人在不損害著作權人獲得報酬權的前提下，「先使用後付款」不違反法律規定。

3. 本法院根據原審查明之事實確認「喀什噶爾胡楊」專輯錄音製品複

製發行數量為90萬張。故前述報酬，包括(1) 廣州音像出版社已向音著協支付20萬張音樂作品使用費，洪如丁與韓偉就此可依法向音著協主張權利。(2) 未支付報酬的70萬張音樂作品使用費，可按《錄音法定許可付酬標準暫行規定》計算，即批發價6.5元×版稅率3.5%×錄音製品發行數量70萬張÷11首總曲目，由此計算出大聖公司、廣州音像出版社、三峽公司應向洪如丁、韓偉支付的報酬為14477元。

(三) 洪如丁、韓偉是否具備訴訟主體資格

雖根據《著作權集體管理條例》第20條規定：「權利人與著作權集體管理組織訂立著作權集體管理合同後，不得在合同約定期限內自己行使或者許可他人行使合同約定的由著作權集體管理組織行使的權利。」但音樂作品的著作權人將著作權中財產權授權音著協管理後，其訴訟主體資格是否受到限制，應取決於其與音著協訂立的著作權集體管理合約是否對訴權的行使做出明確的約定。

而本案洪如丁、韓偉在與其音著協的合約中未對訴權問題做出約定，故其行使訴權不應受到限制，有權提出本案訴訟。

十一、本案案例評析

本案主要爭議在於音樂著作錄製成錄音製品之「法定授權」制度適用問題。按我國著作權法僅在著作權法第47條規定了關於教育目的之法定授權制度。而大陸《著作權法》則規定了五種可以不經著作權人授權即可先利用、但需支付報酬之「法定許可」制度[3]，即：(1) 編寫出版教科書之法定許可，規定於其《著作權法》第23條；(2) 報刊轉載之法定許可，規定於其《著作權法》第33條第2項；(3) 音樂作品錄製錄音製品之法定許可，規定於其《著作權法》第40條第3項；(4) 廣播電台電視台播放已發表作品

3　依據中國大陸2002年公布之《著作權法實施條例》第32條規定，利用人依第23條、第33條第2項、第40條第3項使用他人作品者，應於使用該作品之日起2個月內向著作權人支付報酬。

之法定許可，規定於其《著作權法》第43條第2項；(5) 廣播電台電視台播放已出版錄音製品之法定許可，規定於其《著作權法》第44條。此外，中國大陸2006年公布施行之《信息網絡傳播權保護條例》亦規定了兩種「法定許可」制度：(1) 製作課件並透過網路向註冊學生提供之法定許可，規定於該條例第8條[4]；(2) 為扶助貧困而透過網路向農村地區公眾提供特定作品之法定許可，規定於該條例第9條[5]。

　　本案例中所涉及者乃前述著作權法所定之第(3)種，即大陸《著作權法》第40條第3項所定的音樂作品錄製錄音製品之法定許可。按利用他人已發行錄音製品中之音樂著作另行錄製其他錄音製品，此一音樂著作強制授權（compulsory license）制度，乃伯恩公司第13條所允許，其目的係為防止第一家先獲得音樂著作授權之唱片公司壟斷該音樂著作之唱片市場[6]。且該伯恩公約規定此一音樂著作錄製強制授權之要件可由各國自行立法決定，但其規定僅於該國境內有效且不得損害作者獲得報酬之權利。此公約所稱強制授權，即指非因與作者協商簽署合約而取得、而係基於法律規定所給予之音樂著作「非自願授權」（non-voluntary license），對此各國在其要件上有其不同之規定，在一般通稱概念上主要係分為須經主管機關許可而成立之「強制授權」及基於法律規定直接利用之「法定授權」兩種。

　　我國係規定在現行著作權法第69條，一般稱之為音樂著作之強制授權，須經過申請主管機關許可並付費之程序始可利用，即「錄有音樂著作之銷售用錄音著作發行滿6個月後，欲利用該音樂著作另錄製其他銷售用錄音著作者，經申請著作權主管機關許可並依法支付使用報酬後，可以利用該音樂著作另行錄製」。我國此一須經主管機關許可並支付報酬始可利

---

4 此《信息網絡傳播權保護條例》第8條之製作課件法定許可，乃係將《著作權法》第23條關於編寫出版教科書之法定許可向網路環境延伸而擴大到用於遠距教育之課程課程軟件之製作並向註冊學生提供。

5 有學者將本條稱之為「准法定許可」。因依本條提供特定作品之網路服務提供者，必須先依法定程序進行公告，給予著作權人提出不同意其使用之異議權利，故本條與傳統之法定許可並不相同。參見王遷著：《著作權法學》，頁228-229，北京大學出版社，2007年7月。

6 按唱片公司在取得詞曲作者音樂著作之授權而首次錄製成唱片發行之同時，亦簽約取得該詞曲作者該音樂著作之獨家專屬經紀權利，實屬常態。

用之強制授權制度，於民國81年當時係採日本立法例，其後因原規定要件較嚴格，民國87年修法時即放寬要件而修改為現行法規定，但仍採須申請主管機關許可之「強制授權」制度[7]。此外，美國著作權法第115條亦為音樂著作錄製錄音製品之強制授權制度規定[8]，雖在要件上要求利用人必須履行通知、協議與付費等義務，然該強制授權之生效並不以申請取得主管機關許可為要件，而係基於法律之規定，故性質上較近於「法定授權」制度。

　　而中國大陸《著作權法》第40條第3項對於利用音樂作品錄製錄音製品亦採「法定授權」制度，該條文規定：「錄音製作者使用他人已經合法錄製為錄音製品的音樂作品製作錄音製品，可以不經著作權人許可，但應當按照規定支付報酬；著作權人聲明不許使用的不得使用。」此與我國、日本採應事先申請主管機關許可並付費之「強制授權」制度不同，對於我國音樂著作權人之保障亦有相當程度之影響，值得我國注意。該大陸音樂著作法定許可規定之要件如下：

(一) 該法定許可利用之標的為他人已經合法錄製為錄音製品的音樂作品。故如某音樂作品之前係未經授權而被非法錄製、或者尚未被錄製過錄音製品（例如先前僅曾在報刊發表或現場表演[9]、僅曾在網路中傳播或僅曾作為電影之配樂使用[10]），均無本條之適用。

(二) 該被利用之音樂著作包括配詞與不配詞之樂曲[11]。

(三) 限於利用該音樂著作而另錄製成新的錄音製品，不得直接擅自翻製他人先前已錄製完成之錄音製品。但如有取得該錄音製品權利

7　民國81年著作權法第69條舊法原規定要錄音著作發行滿2年且須經努力無法聯絡著作權人或無法達成協議，才可向主管機關提出申請，民國87年修法意見認為原規定要件過於嚴格，導致自施行以來無人申請，遂修法加以放寬。另民國74年之著作權法第20條亦一樣採須申請主管機關裁決而後利用之強制授權制度。

8　該美國著作權法第115條條文標題為：Scope of exclusive rights in nondramatic musical works: Compulsory license for making and distributing phonorecords.

9　劉春田主編：《案說著作權法》，頁259，知識產權出版社，2008年1月。

10　王遷著：《著作權法學》，頁225，北京大學出版社，2007年7月。

11　馮曉青著：《著作權法》，頁175，法律出版社，2010年9月。湯宗舜著：《著作權法原理》，頁104，知識產權出版社，2005年7月。

人之授權而使用原錄音製品，自無問題，仍有本條之適用[12]。在本案例中被告發行「喀什噶爾胡楊」CD業已取得歌手兼錄音製品製作者「羅林」之授權，即屬此種情形。

(四) 如音樂作品著作權人曾聲明不許使用，則無本條之適用。而該不許使用之聲明，依據中國大陸《著作權法實施條例》第31條規定，音樂著作權人應當在該作品合法錄製為錄音製品時聲明之。亦即在首次出版之錄音製品上所附之不許使用聲明，才是得合法有效排除本條法定許可適用之聲明，唱片公司通常會在專輯封面上記載未經授權不許使用之此類聲明[13]。然而，由於此一音樂著作權人可聲明不許使用而排除法定許可之現行規定，學者多指責將弱化此法定許可制度之意義或使該制度失去作用[14]，因此在大陸國家版權局2012年3月公開之修法草案（徵求意見稿）（第一稿）中擬將此要件刪除[15]。

(五) 利用人應按照規定支付報酬。依據大陸《著作權法實施條例》第32條規定，利用人應於使用該作品之日起2個月內向著作權人支付報酬。國家版權局自1993年開始即公告指定「中國音樂著作權協會」承擔此一法定許可報酬之收集轉付工作[16]，並於1993年公布《錄音法定許可付酬標準暫行規定》，原則上此報酬係以「錄音製品批發價×3.5%（即版稅率）×錄音製品發行數量」

---

12 可參閱美國著作權法第115條規定。

13 蔣凱著：《中國音樂著作權管理與訴訟》，頁19，知識產權出版社，2008年3月。

14 李明德、許超著：《著作權法》，頁105，法律出版社，2009年7月。王遷著：《著作權法學》，頁226，北京大學出版社，2007年7月。

15 大陸國家版權局於2012年3月提出之修法草案第46條規定：「錄音製品首次出版3個月後，其他錄音製作者可以依照本法第48條規定的條件，不經著作權人許可，使用其音樂作品製作錄音製品。」第48條第1項則規定，根據第46條利用他人已發表的作品，必須符合下列條件：「(一) 在使用前向國務院著作權行政管理部門申請備案；(二) 在使用時指明作者姓名、作品名稱和作品出處；(三) 在使用後一個月內按照國務院著作權行政管理部門制定的標準向著作權集體管理組織支付使用費，同時報送使用作品的作品名稱、作者姓名和作品出處等相關信息。」同條第2、3項規定：「使用者申請法定許可備案的，國務院著作權行政管理部門應在其官方網站公告備案信息」、「著作權集體管理組織應當將第一款所述使用費及時轉付給相關權利人，並建立作品使用情況查詢系統供權利人免費查詢作品使用情況和使用費支付情況。」

16 1993年2月12日大陸國家版權局公告第2號。

計算。

(六) 錄音製作者應標註音樂著作權人姓名與作品名稱，不得侵犯其人身權。

　　本案一、二審審理中，對於本案是否適用法定許可，似無明確之主張及論辯，因而一、二審判決均認定被告等使用原告享有著作權之「打起手鼓唱起歌」音樂作品錄製成「喀什噶爾胡楊」歌唱CD專輯為侵害原告著作權。經被告向最高人民法院提出再審，再審判決以本案原告之音樂作品前已多次錄製發行過錄音製品，且著作權人沒有聲明不許使用，被告等係利用原告音樂作品另行錄製，符合大陸著作權法所定音樂作品錄製錄音製品之法定許可規定，而判認被告不構成侵權，但須依法支付使用報酬。至於付酬，再審判決亦認使用人「先使用後付款」不違法，其僅應依《錄音法定許可付酬標準暫行規定》計算支付原告法定許可之報酬即可。此判決論理基本上正確，且此與我國目前通說認為利用人如符合著作權法第47條教科書法定授權規定，即可先行利用，不須取得著作權授權，而利用人應付之使用報酬亦僅為一民事債權請求權[17]之見解相同。

　　然而，此次大陸2012年3月公布之著作權法修正草案（第一稿）第46、48條擬對其現行音樂作品法定許可制度進行修改，而該第一稿修法草案條文已在各界引起爭論，並遭音樂著作人極力反對[18]。中國音樂著作權協會亦公開表示：修改草案第46條和第48條錄音法定許可規定取消了現行法中著作權人得聲明保留的「但書」，將難以獲得廣大音樂著作權人同意。且現行錄音法定許可制度一直飽受使用者拒不繳費和少報瞞報光碟複製發行數量之苦，形同虛設，而草案未解決此一問題，也沒有設立最低付酬數額，其操作性前景不樂觀。故協會建議如不能在獲酬權保障層面採取更有效的立法措施，則應取消此一法定許可制度，還音樂詞曲作者以專有著作權[19]。或許因該條所引起爭議甚大，其後大陸於2012年7月6日所公布

---

17 經濟部智慧財產局88.6.10智著字第8800533號函及89.7.7智著字第89005708號函。

18 請參閱新華網：「音樂人為何反對著作權法修訂草案」一文（http://news.xinhuanet.com/comments /2012-04/13 /c_111773667.htm）以及「聲討不斷『著作權法草案』將何去何從？」一文（http://news.xinhuanet.com/politics/2012-04/13/c_122974357.htm?prolongation=1）（2012/07/04）

19 請參閱http://www.mcsc.com.cn/informationSociety.php?partid=13&pid=1004 (2012/07/05)

之修改草案第二稿，則索性將此現行著作權法第40條第3項所定之音樂作品錄製錄音製品法定許可制度，予以刪除[20]。因此中國大陸此一音樂作品法定許可制度未來之修法走向及最終修法內容如何，恐仍有變數，值得我國相關音樂著作權利人密切注意。

---

20 依據2012年7月6日公布之中國大陸著作權法修改草案第二稿，擬將法定許可制度限縮到僅剩教科書之法定許可及報刊轉載之法定許可兩種。至於現行法中有關音樂作品錄製錄音製品之法定許可以及廣播電台電視台播放已發表作品與錄音製品之法定許可制度，則均擬修法加以刪除。

案例23：教科書之法定授權

 陳果 v. 人民教育出版社

第一審（終審）：北京市海淀區人民法院（2008）海民初字第11715號
　　　　　　　　民事判決

一、案件程序

　　陳果（原告）主張人民教育出版社（被告）使用其文章於教師教學用書為侵害其著作權，提起民事訴訟，由北京市海淀區人民法院受理，一審判決認定本件無教科書法定許可之適用，被告侵權。本件一審判決後，因兩造均未上訴而告確定。

二、案情摘要

　　陳果是《拐彎處的回頭》一文作者。該文於1997年發表刊登於報紙，自2005年7月起曾被收錄於中國語文科和思想品德科之義務教育教科書，均標明作者為陳果。2005年6月，直屬於中國教育部、負責編寫義務教育教科書的人民教育出版社（下稱人教社）未經作者授權，將該文章標題改為《父愛，在拐彎處》並收錄在「教師教學用書」（語文五年級上冊）（下稱「教師用書」），未標明作者，只在版權頁標明「課程教材研究所、小學語文課程教材研究開發中心編著，人教社出版發行，網址：http://www.pep.com.cn」。

　　另外人教社官方網站「人教網」（網址：http://www.pep.com.cn）也提供未署名的《父愛，在拐彎處》一文供人瀏覽、下載。該網頁底端註明版權所有者為人教社。

　　陳果主張人教社的行為侵害作者對系爭文章的修改權、署名權、保護作品完整權和獲得報酬權，請求法院判令被告：(1) 立即停止發行侵權教

學用書，立即從網站刪除侵權作品；(2) 在一家以上全國性非專業報紙及其官方網站向陳果公開賠禮道歉、消除影響；(3) 賠償陳果經濟損失50萬元及為制止侵權而支出的合理開支12643.20元。

三、被告（人民教育出版社）答辯理由

(一) 2005年人教社為義務教育課程標準實驗教科書《語文》（五年級上冊）組織編寫了「教師用書」，該書拓展閱讀部分選用了《父愛，在拐彎處》一文，全文共400字。「教師用書」屬於教學輔助用書，包括教學參考書、圖冊、遠程教育光盤等，曾經需要根據國家教學大綱編寫並經過立項、審批、審定程序；自2002年開始，依據教學課程標準自行組織編寫的教學輔助用書不再需要立項、審批、審定程序。另外，「教師用書」的編者署名為課程教材研究所小學語文課程教材研究開發中心。本案應適用大陸著作權法第23條關於編寫出版「教科書」的法定許可規定，無須取得作者授權即可使用《父愛，在拐彎處》一文。

(二) 人教網屬於人教網絡信息傳播有限公司經營，該公司為獨立法人，網站上的侵權內容與人教社無關。但人教社承認由其提供給人教網《父愛，在拐彎處》一文，並認可該網站註明其為版權所有者。

(三) 2005年8月起，「教師用書」開始印刷發行。2007年3月人教社在陳果電話告知後，7月在湖南印刷「教師用書」時已改為陳果署名，並更正了作品名稱。2008年，人教社已不再使用涉案作品。人教社願意與陳果協商解決糾紛，也有誠意向陳果道歉，但陳果主張的賠償數額過高。

四、判決結果

(一) 被告人教社於本判決生效之日立即在人教網（www.pep.com.cn）上刪除《父愛，在拐彎處》一文；

(二) 被告人教社於本判決生效之日起30日內在人教網（www.pep.

com.cn）上連續24小時，以及在全國性的教育類報刊上刊登致歉
聲明，公開向原告陳果賠禮道歉（致歉聲明內容須經本院審批。
逾期不履行，除依法承擔拒不履行生效判決的相應法律責任外，
本院還將依原告陳果申請在全國性相關媒體公布本判決的主要內
容，費用由被告人教社負擔）；
(三) 被告人教社賠償原告陳果經濟損失及訴訟合理支出共計3300元，
於本判決生效之日起10日內付清；
(四) 駁回原告陳果的其他訴訟請求。

五、訴訟爭點

(一) 人教社之「教師用書」是否屬於大陸著作權法23條規定的「教科
書」？
(二) 人教網上的作品使用行為是否應由人教社承擔責任？
(三) 陳果的作品完整權是否被侵害？

六、判決理由

(一) 人教網上的作品使用行為仍應由人教社承擔責任

人教社雖稱人教網由有法人資格的人教網絡信息傳播有限公司經
營，但同時表示，《父愛，在拐彎處》係由其提供給人教網，且人教網上
的作品由人教社享有版權。上述事實表明，人教社對人教網上的作品內容
有控制力並享有權利。根據權利義務對等原則，人教社應當對人教網上的
作品內容負責。人教社通過人教網提供《父愛，在拐彎處》一文的互聯網
在線瀏覽，侵犯了陳果對《拐彎處的回頭》一文享有的著作權，應依法承
擔停止侵權、賠償損失等法律責任。

(二) 「教師用書」並非著作權法23條所規定的教科書

1. 2001年的「中小學教材編寫審定管理暫行辦法」第二條規定：「本
辦法所稱中小學教材，是指中小學用於課堂教學的教科書（含電子

音像教材、圖冊），及必要的教學輔助資料。」此表明，教學輔助資料並不當然屬於教科書。

2. 人教社表示，從2002年起，「教師用書」已不再需要經過立項審批和審定，這種教學輔助用書的編寫和出版已經市場化，由各出版社依據教學課程標準自行撰寫。因此，「教師用書」不符合著作權法23條「為實施九年制義務教育和國家教育規劃而編寫出版」此一條件。

3. 「教學用書」雖然與教科書同樣用於教學，但二者的作用和地位並不相同，「教師用書」在使用作品時不享受著作權法所規定教科書使用作品的特殊待遇，通過市場交易獲得作品使用授權，有利於維護著作權與「教師用書」作品使用權之間的平衡，並不損害公共利益。人教社稱涉案「教師用書」對作品的使用不需經過作者授權的主張，無法律依據，本院不予支持。

(三) 人教社的行為並未侵害陳果的保護作品完整權

修改權是作者有權改動並同時禁止他人改變作品的外在表現形式的權利。保護作品完整權則是保護作品思想、原意等內在表達內容不受歪曲與竄改。雖然人教社使用系爭文章時修改了文章標題，但並未修改文章內容，因此只侵害陳果的修改權，並未構成對保護作品完整權的侵害。

(四) 結論

由於涉案「教師用書」已經停止使用《父愛，在拐彎處》一文，陳果的該項請求已經實現，故本院僅支持陳果要求刪除人教網上涉案作品的訴訟請求。

人教社侵犯了陳果的署名權，故陳果要求賠禮道歉、消除影響的訴訟請求有事實和法律依據，本院予以支持。考慮到影響範圍主要為教育界，本院確定消除影響和賠禮道歉的範圍為人教網和教育類報刊。

關於損害賠償數額，陳果以權利人損失和侵權人獲利均不清楚為由主張賠償數額按照法定賠償計算，而人教社則主張損害賠償按照國家版權局規定的稿酬標準即每千字不超過100元計算。本院認為，因陳果的損失

和人教社的獲利依現有證據難以查清，故結合作品使用方式、文字稿酬標準、涉案作品字數、侵權行為性質等綜合確定損害賠償數額。侵犯著作權的，還應當賠償權利人為制止侵權支出的合理費用，故陳果主張的公證費本院予以支持，其支出的律師費、差旅費，合理部分，本院亦予以支持。

七、本案案例評析

(一) 有關教師用書是否適用大陸著作權法第23條部分

　　本案主要爭點為大陸著作權法第23條有關教科書「法定授權」適用問題，即「教師用書」是否屬於該條所定之教科書，而得適用該條之法定許可制度。

　　按大陸2001年修訂之著作權法第23條第1項規定：「為實施九年制義務教育和國家教育規劃而編寫出版教科書，除作者事先聲明不許使用的外，可以不經著作權人許可，在教科書中彙編已經發表的作品片段或者短小的文字作品、音樂作品或者單幅的美術作品、攝影作品，但應當按照規定支付報酬，指明作者姓名、作品名稱，並且不得侵犯著作權人依照本法享有的其他權利。」同條第2項規定：「前款規定適用於對出版者、表演者、錄音錄像製作者、廣播電臺、電視臺的權利的限制。」依此規定，有關適用本條之教科書客體，必須限於「九年制義務教育和國家教育規劃出版教科書」。因此，就九年制義務教育之教科書部分，自然不包括高中與大專院校之教科書[1]，而我國著作權法第47條教科書法定授權係包括高中（職）以下應經審定之教科書，大陸就此部分比我國嚴格。

　　其次，本條之九年制義務教育之教科書，亦非泛指中小學使用之所有教材，學者認為根據中國大陸義務教育法以及國務院教育主管部門國家教育委員會在《全國中小學教材審定委員會章程》之相關規定，此教科書應為經省級以上教育行政部門批准編寫，經專門設立之學科審查委員會審查通過，並報送審定委員會批准後，由主管部門國家教育委員會正式列入全

1　李明德、許超著：著作權法，法律出版社2003年8月，118頁。

國普通中小學教學用書目錄之教科用書[2]。

　　至於大陸著作權法第23條之教科書是否包括教師用書一點，乃本案之爭點。在我國，除著作權法第47條第1項所定之「審定本教科書」外，同條第2項亦定編製「教學用輔助用品」之法定授權規定，只要符合三要件，即可適用該條法定授權規定，即該教學用輔助用品 (1) 須附隨於該教科書；(2) 須專供教學之人教學用；(3) 須與原教科書之編製者相同之人所編製者。例如，教師手冊、唱遊課之樂譜掛圖、矯正學生英文發音之錄音帶等[3]，均為適例。另在日本，依據日本著作權法第33條第4項規定，於教科書之教師用指導書（限於發行該教科書之人所發行者）揭載他人著作，亦有法定授權制度之適用。而在大陸由於著作權法第23條並無如前述我國及日本之教師用書法定授權明文規定。有學者認為，本條明文規定限於教科書，因此如教師手冊之類的輔助教材，不包含在內[4]。本案經原告起訴後，法院之判決乃依據2001年的《中小學教材編寫審定管理暫行辦法》第二條將教科書及教學輔助資料分列之規定，而認定本案「教師用書」為教學輔助資料，其並不當然屬於教科書。且既然從2002年起，「教師用書」已不再需要經過立項審批和審定，則此教學輔助用書的編寫和出版已經市場化，由各出版社依據教學課程標準自行撰寫，故「教師用書」已不符合著作權法23條「為實施九年制義務教育和國家教育規劃而編寫出版」此一條件。

　　此外，如依照2012年國家版權局所公布之『教科書法定許可付酬辦法（徵求意見稿）』（有關教科書法定許可報酬部分，請詳以下(二) 之說明），該付酬辦法草案第3條規定：「本辦法所稱九年制義務教育教科書指根據國家教育方針和課程標準編寫的，國家統一實施的所有適齡兒童、少年必須接受的教育使用的教科書。」此草案則已明白揭示該教科書係指「適齡兒童、少年必須接受的教育使用的教科書」，即受教育學生所使用之教科書，當然不包括教師用書。可見，大陸著作權法第23條有關教科書法定許可規定，就教師用書（我國著作權法第47條第2項稱為教學輔助用

2　劉春田主編：案說著作權法，知識產權出版社2008年1月出版，150頁。
3　民國87年1月21日修正公布之著作權法第47條修法理由說明。
4　唐德華、孫秀君編：著作權法及配套規定新釋新解，人民出版社2003年1月，247頁。

品）之編製上，並不適用，此比我國嚴格。

又，如參考書、輔導叢書及教材等，亦不包括在大陸著作權法第23條教科書內[5]。此於2012年國家版權局所公布之『教科書法定許可付酬辦法（徵求意見稿）』第2條第1項即規定：「本辦法中所稱教科書，不包括教學參考書、輔導叢書和輔導材料等」，可供參考。

(二) 有關教科書之法定許可報酬部分

按大陸2002施行之《著作權法實施條例》第22條規定：「依照著作權法第二十三條、第三十三條第二款、第四十條第三款的規定使用作品的付酬標準，由國務院著作權行政管理部門會同國務院價格主管部門制定、公布。」同條例第32條規定：「依照著作權法第二十三條、第三十三條第二款、第四十條第三款的規定，使用他人作品的，應當自使用該作品之日起2個月內向著作權人支付報酬。」另2005年施行之大陸《著作權集體管理條例》第47條第1項則規定：「依照著作權法第二十三條、第三十三條第二款、第四十條第三款的規定使用他人作品，未能依照《中華人民共和國著作權法實施條例》第三十二條的規定向權利人支付使用費的，應當將使用費連同郵資以及使用作品的有關情況送交管理相關權利的著作權集體管理組織，由該著作權集體管理組織將使用費轉付給權利人。」

雖依據2002年施行之《著作權法實施條例》第22條規定，著作權法第23條教科書法定許可的付酬標準，由國務院著作權行政管理部門會同國務院價格主管部門制定、公布。然而此一付酬標準，迄今遲遲未能正式制定、公布。僅國家版權局曾於2002年11月29日發出「關於『教科書法定許可付酬辦法（徵求意見稿）』[6]，但無疾而終。近來國家版權局則再重新起草並於2012年向各界提出新的徵求意見稿[7]。而在教科書法定報酬付酬

5　法律出版社2007年6月出版：中華人民共和國著作權法注釋本，22頁。

6　此國家版權局曾於2002年發出之「關於『教科書法定許可付酬辦法（徵求意見稿）』等三個付酬辦法徵求意見的通知」，包括：教科書法定許可付酬辦法、報刊法定許可付酬辦法、錄音製品法定許可付酬辦法。

7　此國家版權局於2012年新發出之「關於『教科書法定許可付酬辦法（徵求意見稿）』，可參中國音樂著作權協會網站：http://www.mcsc.com.cn/informationSociety.php?partid=13&pid=971（2012/09/18），徵詢意見截止時間：2012年12月30日。

辦法未正式制定公布前，現行實務之作法，多依照1999年4月國家版權局
發布之《出版文字作品報酬規定》以及1999年8月發布之「國家版權局關
於貫徹實施『出版文字作品報酬規定』的意見」二規定[8]辦理，亦併此敘
明。

---

8 條文全文請參第一篇第三章。

案例24：報刊轉載之法定授權

 殷志強 v. 中國學術期刊電子雜誌社、清華同方光盤股份有限公司

第一審：北京市海淀區人民法院（2004）海民初字第16712號民事判決
第二審：北京市第一中級人民法院（2005）一中民終字第3460號民事判決

一、案件程序

　　殷志強（一審原告，二審被上訴人）向中國學術期刊光盤版電子雜誌社（一審被告，二審上訴人，下稱中國期刊雜誌社）和清華同方光盤股份有限公司（一審被告，二審上訴人，下稱清華同方公司）提起侵害著作權之民事訴訟，一審由北京市海淀區人民法院受理，判決中國期刊雜誌社和清華同方公司侵權並須負連帶賠償責任。兩被告均提起上訴，二審由北京市第一中級人民法院受理，並於2005年6月15日判決駁回上訴，維持原判。

二、案情摘要

　　期刊《南京政治學院學報》於2000年第3期刊登署名「李湘德、殷志強」的文章《馬克思恩格斯人口生態思想探析》（以下簡稱《人口生態探析》）。但前業經另案法院判決（即江蘇省南京市中級人民法院（2003）寧民初字第205號民事判決書）確認殷志強乃該文章唯一之作者，並未授權此文章發行，李湘德乃擅自發行於上開學報期刊中。

　　1997年9月，國家新聞出版署以新出音[1997]775號即《關於同意創辦〈中國學術期刊（光盤版）〉的批復》文件，同意清華大學創辦《中國學術期刊（光盤版）》電子雜誌，該光盤版電子雜誌每月出版一期，每期按學科分為八個專輯。1997年12月，中國期刊雜誌社成立，其經營範圍為編

輯、出版、發行中國學術期刊（光盤版）等。1999年7月，清華同方公司成立，經營範圍為數據庫、電子出版物開發製作、批發零售等。1999年8月2日，國務院新聞辦公室[1999]187號《關於清華大學申請集成期刊上網的批復》載明：「同意清華大學集成《中國學術期刊（光盤版）》收入的3500種期刊和另外3100種公開出版的期刊上網，開設『中國期刊網』站」。其後，兩被告製作了中國學術期刊過刊全文光盤及數據庫，除以光盤形式發行外，並在『中國期刊網』上提供。

2001年1月，中國學術期刊雜誌社與南京政治學院學報簽訂《CNKI期刊全文數據庫收錄協議書》，中國學術期刊雜誌社被授權將《南京政治學院學報》每期資料編入其網絡數據庫，登載在中國期刊網，並由清華同方公司製作成《中國學術期刊（光盤版）》發行。

中國期刊雜誌社和清華同方公司之上述系爭資料庫和光碟中，因此亦收錄了南京政治學院學報2000年第3期內刊登之《人口生態探析》一文，殷志強主張中國期刊雜誌社和清華同方公司侵害其著作權。殷志強曾於2003年8月在南京市公證處及2004年7月申請該公證處到金陵圖書館對被告之資料庫進行文章列印等證據保全。起訴後，一審審理中，被告已先從中國期刊網（http:/www.cnki.net）主頁上將原告系爭文章撤除。

三、一審判決結果

(一) 中國期刊雜誌社、清華同方公司通過中國期刊網登載《人口生態探析》一文數字化複製品而未支付稿酬的行為侵犯了殷志強的獲得報酬權；

(二) 中國期刊雜誌社、清華同方通過《中國學術期刊（光盤版）》光盤複製、發行《人口生態探析》一文數字化複製品的行為侵犯了殷志強的複製權、發行權和獲得報酬權；

(三) 中國期刊雜誌社、清華同方公司停止複製、發行、網上傳播殷志強的涉案作品；

(四) 中國期刊雜誌社、清華同方公司在中國期刊網（http://www.cnki.net）主頁上連續24小時刊登聲明為殷志強消除影響；

(五) 中國期刊雜誌社、清華同方公司連帶賠償殷志強經濟損失180元以及為制止侵權支出的合理費用6004.4元；

(六) 駁回殷志強的其他訴訟請求。

適用法律：大陸2001年著作權法第10條第1款第(五)(六)(十二)項、第2款、第28條、第34條、第46條第(七)項、第47條第(一)項、第48條，最高人民法院關於審理涉及計算機網路著作權糾紛案件適用法律若干問題的解釋第3條。

四、一審判決理由

(一) 殷志強確為系爭《人口生態探析》文章的作者，案外人李湘德擅自將該文投稿刊登於南京政治學院學報，且登載了錯誤的作者信息。

(二) 對於在中國期刊網上登載系爭文章的行為，中國期刊雜誌社、清華同方公司均無過錯，其僅應承擔停止繼續登載、傳播該文的民事責任，並應支付相應稿酬。

(三) 中國期刊雜誌社、清華同方公司將系爭文章收錄進《中國學術期刊（光盤版）》並公開發行的行為，侵犯了殷志強的複製權、發行權。

(四) 因系爭文章在一審期間已從中國期刊網上刪除，已出售的光盤已經脫離二被告的控制，故可採取在中國期刊網上刊登聲明的變通方式以消除影響。

五、二審上訴人（中國期刊雜誌社、清華同方公司）上訴理由

(一) 一審判定上訴人侵害被上訴人作品複製權、發行權和獲得報酬權，屬適用法律錯誤。

(二) 一審判決酌定被上訴人為本案所支出的合理費用過高。

六、二審判決結果

(一) 維持一審判決之第(一)、(三)、(四)、(五)、(六)項。

(二) 撤銷一審判決之第(二)項。

(三) 中國期刊雜誌社、清華同方公司通過《中國學術期刊（光盤版）》光盤複製、發行《人口生態探析》一文數字化複製品的行為侵犯了殷志強的獲得報酬權。

七、二審訴訟爭點

(一) 《中國學術期刊（光盤版）》轉載系爭文章是否侵害殷志強的複製權、發行權、獲得報酬權？

(二) 一審判決所酌定的合理費用是否過高？

八、二審判決理由

(一) 上訴人將系爭文章收錄進《中國學術期刊（光盤版）》發行的行為，符合期刊轉載之法定許可規定，並未侵害殷志強的複製權和發行權：

1. 根據新聞出版署新出音[1997]775號文件即《關於同意創辦〈中國學術期刊（光盤版）〉的批復》，《中國學術期刊（光盤版）》按其內容分為數輯，每輯均有國內統一刊號，《中國學術期刊（光盤版）》的性質應為電子期刊。電子期刊與傳統紙質期刊相比雖然利用了不同介質，但其本質上仍屬於期刊。

2. 2001年修正施行的著作權法第32條第2款規定：「作品刊登後，除著作權人聲明不得轉載、摘編的以外，其他報刊可以轉載或者作為文摘、資料刊登，但應當按照規定向著作權人支付報酬。」本案中雖然系爭《人口生態探析》一文發表於南京政治學院學報有違殷志強本意，但因該文在發表時並無不得轉載、摘編的特別聲明，依據中國期刊雜誌社同南京政治學院學報簽訂的《CNKI期刊全文數據庫收錄協議書》的約定，在

《中國學術期刊（光盤版）》中轉載系爭文章並未違反法律規定，該行為屬於依法轉載的行為，並未侵犯殷志強就該文享有的複製權、發行權，兩上訴人此項上訴理由成立。一審判決認為涉案文章收入《中國學術期刊（光盤版）》的行為不屬於轉載、摘編範疇，兩上訴人未獲得著作權人的許可而複製、發行收錄有涉案文章的《中國學術期刊（光盤版）》的行為侵犯了殷志強的複製權、發行權，係適用法律錯誤，本院依法予以糾正。

(二) 但上訴人於中國學術期刊光碟版中轉載系爭文章，卻未付報酬，侵害了殷志強的獲得報酬權：

兩上訴人在《中國學術期刊（光盤版）》中轉載《馬克思恩格斯人口生態思想探析》一文後，應當依法向殷志強支付稿酬。兩上訴人未向殷志強支付相應報酬，侵犯了殷志強就該文享有的獲得報酬權。

(三) 一審酌定的維權合理費用並無過高。

九、本案案例評析

(一) 有關報刊轉載之法定許可規定

　　按大陸著作權法之法定許可種類有五種之多，而本案所牽涉者，乃本案當時（1990及2001年）大陸著作權法第32條第2項之「報刊轉載法定許可」規定，此乃我國所無之制度。按該大陸報刊轉載法定許可條文規定：「作品刊登後，除著作權人聲明不得轉載、摘編的外，其他報刊可以轉載或者作為文摘、資料刊登，但應當按照規定向著作權人支付報酬。」[1]。而此一規定一方面是為了滿足公眾的文化需求，讓有價值的作品可以迅速傳播並使公眾可閱讀到，另方面是因為報紙與期刊出版週期短，在該短週期後再出刊投入市場的又是不同內容，縱使容許其他期刊轉載，既不會對

1　2010年修正施行之現行大陸著作權法，則改規定在第33條第2項，條文內容不變。

原報刊的銷售造成影響，也不會妨礙其下一期報刊的發行[2]。而本條法定許可之適用上，需注意以下要件：

1. 原發表刊登以及轉載之媒體，均必須為報刊，而不及於圖書或網路

　　本規定被轉載之作品限於發表刊登在報刊上之作品，而轉載之媒體亦僅限於報刊。亦即本條僅限於報刊與報刊間之轉載，如將書籍部分內容轉載到報刊上，或將報刊中文章轉載到書籍中、網路上、廣播電台或電視台上播放，均不適用[3]。所謂報刊，依據2002年發布之《最高人民法院關於審理著作權民事糾紛案件應用法律若干問題的解釋》第17條規定：「著作權法第三十二條第二款規定的轉載，是指報紙、期刊登載其他報刊已發表作品的行為」，報刊顯然係指「報紙及期刊」。

　　然而，著作權法雖原針對實體報刊而規定，但在網路時代下，報刊與網路，網路與網路間之轉載是常見的，因此對於網路環境中是否適用此一報刊轉載法定許可制度，存有一定之爭議，也在司法解釋中出現不同規定。因為，在2000年所頒布的《最高人民法院關於審理涉及計算機網絡著作權糾紛案件適用法律若干問題的解釋》第3條：「已在報刊上刊登或者網絡上傳播的作品，除著作權人聲明或者上載該作品的網絡服務提供者受著作權人的委託聲明不得轉載、摘編的以外，網站予以轉載、摘編並按有關規定支付報酬、注明出處的，不構成侵權。但網站轉載、摘編作品超過有關報刊轉載作品範圍的，應當認定為侵權。」此司法解釋顯然係將當時著作權法第32條第2項報刊轉載法定許可制度擴大適用於網路上。然而，其後2001年修正施行之著作權法卻未將此司法解釋內容納入著作權法第32條第2項，即未將網路轉載正式增訂入條文。2002年發布之《最高人民法院關於審理著作權民事糾紛案件應用法律若干問題的解釋》第17條亦僅規定：著作權法第32條第2款規定的轉載，是指「報紙、期刊登載其他報刊已發表作品的行為」，而未提及網路。但是，2003年12月所修正頒布

2　胡康生主編：著作權法釋義，法律出版社，2002年1月，頁143。
3　馮曉青：著作權法，法律出版社，2010年9月，頁174。李明德、許超：著作權法，法律出版社，2009年7月，頁103。曲三強，現代著作權法，北京大學出版社，2011年9月，頁181。

的上述《最高人民法院關於審理涉及計算機網絡著作權糾紛案件適用法律若干問題的解釋》第3條仍然將網路納入此報刊法定許可規定適用之內，其規定：「已在報刊上刊登或者網絡上傳播的作品，除著作權人聲明或者報刊、期刊社、網絡服務提供者受著作權人委託聲明不得轉載、摘編的以外，在網絡進行轉載、摘編並按有關規定支付報酬、注明出處的，不構成侵權。但轉載、摘編作品超過有關報刊轉載作品範圍的，應當認定為侵權。」然而，其後2006年針對網路環境所制定頒布之《信息網路傳播權保護條例》卻又未採納訂定此一報刊法定許可規定。也因此，2006年12月再修正施行的現行《最高人民法院關於審理涉及計算機網絡著作權糾紛案件適用法律若干問題的解釋》即將上述2003年解釋之第3條規定予以刪除。由此觀之，司法解釋在2000年到2006年12月間，以及2006年12月之後至今，對於著作權法第32條第2項報刊轉載法定許可制度是否適用於網路環境所作出之解釋是完全不同的，前者為肯定，後者則為否定。而以現在多數學者之見解來看，多認為著作權法第32條第2項報刊轉載法定許可制度並不適用於網路環境[4]。

2. 對於著作權人已聲明不得轉載之作品以及外國作品，不得適用此法定許可制度

著作權人如不欲其在報刊發表之作品遭其他報刊依本條轉載，著作權人可透過聲明方式來排除本條法定許可之適用，這是大陸特有的規定，即使是大陸著作權法第23條教科書法定許可、第40條第3項音樂作品錄製錄音制品之法定許可等規定，亦有類似規定。著作權人為此聲明之方式，須依據著作權法實施條例第30條規定為之，即：「著作權人依照著作權法第三十三條第二款聲明不得轉載、摘編其作品的，應當在報紙、期刊刊登該作品時附帶聲明。」

此外，由於此一報刊轉載法定許可制度並非伯恩公約明文允許之著作權限制或例外規定，故大陸1992年《實施國際著作權條約的規定》第13條

4　馮曉青：著作權法，法律出版社，2010年9月，頁174。曲三強，現代著作權法，北京大學出版社，2011年9月，頁181。王遷：著作權法學，北京大學出版社，2007年7月，頁224。鄭國輝：著作權法學，中國法制出版社，2012年6月，頁99。

規定：「報刊轉載外國作品，應當事先取得著作權人的授權；但是，轉載有關政治、經濟等社會問題的時事文章除外。」因此條文但書本屬大陸著作權法第22條所定合理使用範圍，故依據本條本文之規定，大陸著作權法第32條第2項之報刊轉載法定許可制度對於外國作品並不適用，此顯為一個超國民待遇之規定。

3. 轉載之報刊雖不需取得授權即可轉載刊登，但必須支付報酬

法定許可制度僅剝奪原著作權人之同意權，但著作權人仍享有報酬請求權。依據著作權法實施條例第32條規定：「依照著作權法第二十三條、第三十三條第二款、第四十條第三款的規定，使用他人作品的，應當自使用該作品之日起2個月內向著作權人支付報酬。」

(二) 關於本案一審判決部分

依據二審判決之引述，一審判決認為本案不屬於報刊轉載、摘編之法定許可範疇，故一審判決判決第(二)項兩被告將原告系爭文章收入其《中國學術期刊（光碟版）》發行，為侵害原告殷志強的複製權和發行權。但是，一審判決第(一)項卻同時認為二被告將系爭文章登載在中國期刊網上，該二被告均無過錯，僅應停止繼續登載傳播該文即支付稿酬即可[5]。而單從被告刊載原告系爭文章有無過錯一點而言，不論是收錄在中國期刊網上之資料庫而在網上傳輸系爭文章的行為，或者將系爭文章收錄進《中國學術期刊（光碟版）》發行之行為，基本上被告均係來自南京政治學院學報之授權，且係來自與該學報所簽署之同一份授權協議書授權所為。因此，如認為兩被告在中國期刊網上傳輸系爭文章，為不知情、無過錯，則為何基於同一份授權協議書之授權，被告對將系爭文章收錄進《中國學術期刊（光碟版）》發行的行為，卻是有過錯的，即須負擔侵犯殷志強複製權及發行權之責任。其理由何在，此一審判決似有標準不一、說理未盡清晰之處。

5　請參見本案四、一審判決理由之第(二)項。

(三) 關於本案二審判決部分

　　本案二審將一審判決撤銷改判部分，僅一審判決之第(二)項，亦即原一審認為兩被告將系爭文章收錄進其《中國學術期刊（光碟版）》公開發行是侵犯原告複製權及發行權部分。二審判決主要系認為此光碟為電子期刊，仍應適用著作權法第32條第2款之報刊轉載法定許可規定，而雖原告系爭文章是被擅自發表於南京政治學院學報，但因該文在發表時並未特別聲明不得轉載與摘編，又依據被告與南京政治學院學報簽訂的資料庫收錄協議書，在被告之光碟中轉載系爭文章並未違法，一審判決就此適用法律錯誤，二審應予以糾正云云。

　　然而，二審判決之認定仍以下疑問及矛盾：

1. 首先，二審撤銷一審判決第(二)項，卻同時維持第(三)項，顯有矛盾。此乃因，如二審認為兩被告將系爭文章收錄進其《中國學術期刊（光碟版）》公開發行行為，可適用報刊轉載法定許可規定，則該複製發行光盤版期刊行為，乃係經法律所授權，僅須對作者支付報酬即可。則原一審判決第(三)項所判決被告應：「停止複製、發行、網上傳播殷志強的涉案作品」中之判決停止複製發行部分，與法定許可制度本身即有顯然矛盾。因為理論上不可能在認定該光碟適用法定許可下，卻又禁止其複製與發行。

2. 其次，被告之該光碟產品是否真可適用報刊轉載之法定許可規定，恐怕仍存有疑問。主要系因為系爭文章最初在南京政治學院學報之刊登，並非原告所同意，而係李湘德擅自所發表。依據2002年發布之《最高人民法院關於審理著作權民事糾紛案件應用法律若干問題的解釋》第17條規定：「著作權法第三十二條第二款規定的轉載，是指報紙、期刊登載其他報刊已發表作品的行為」，又著作權法實施條例第20條規定：「著作權法所稱已經發表的作品，是指著作權人自行或者許可他人公之於眾的作品。」依此，如果不是著作權人自行發表或授權他人發表刊登於報刊之作品，依法恐非適用該著作權法第32條第2款而可被其他報刊轉載之作品。更何況，如從著作權法第32條第2款本身之規定觀之，著作權人是有權可在其最初刊登時附帶一個不得轉載／摘編之特別聲明來排除該

條法定許可之適用的。則解釋上，如果作品當初是被擅自發表刊登的，著作權人被侵權，又根本無從作出此一不得轉載之聲明，卻仍可適用法定許可，繼續複製發行，顯對著作權人不公。按其實欲認定本案兩被告不侵權，基本上其理由亦可如同一審判決第(一)項所認定者，即被告係經過授權使用而無侵權之故意過失，只需在知情後加以停止使用即可，並非一定要適用法定許可。如果如此，也就不至於產生一方面認定本案被告光碟為法定許可，卻又同時禁止其複製發行之顯然矛盾了。

案例25：發行權與信息網路傳播權

 華夏電影發行有限責任公司 v. 北京華網匯通技術服務有限公司、湖南在線網絡傳播有限公司

第一審（終審）：北京市朝陽區人民法院（2004）朝民初字第1151號民事判決

一、案件程序

　　華夏電影發行有限責任公司（下稱華夏電影公司，原告）主張北京華網匯通技術服務有限公司（下稱華網匯通公司，被告）網站提供他人下載其取得獨家發行權之電影，提起民事訴訟。一審審理中，再以華網公司合作夥伴湖南在線網絡傳播有限公司（下稱湖南在線公司，被告）亦上載了該影片為由，追加該公司為被告，由北京市朝陽區人民法院受理，一審判決認被告未侵害原告著作權，駁回原告訴訟請求。本件一審判決後，因兩造均未上訴而告確定。

二、案情摘要

　　中國電影集團公司是經過大陸國家許可唯一有權引進境外影片的公司，中影集團進出口分公司是該公司下屬分支機構，依照規定從事境外影片的進口業務，而本案系爭影片《終結者3》乃其從哥倫比亞公司合法引進的影片。

　　原告華夏電影公司依據2003年8月6日其與中影集團進出口分公司簽訂「進口分帳影片發行合同」以及哥倫比亞公司的證明等，依法取得影片《終結者3》2年內的全國35mm影院獨家發行權。2003年8月12日，該影片經國家廣播電影電視總局電影事業管理局批准可在全國公映。當月，該影片上映。

　　中華網（網址為http://www.china.com）為華網匯通公司開辦的網站。

2003年9月至11月期間，該網站之「影院」欄目，點擊後IP地址欄變更為http://china.52vcd.com，該網頁含有「終結者Ⅲ」字樣和圖片，按頁面提示通過手機用戶註冊、安裝下載工具後，可下載該影片，此事實業經公證機關之公證。另2004年1月5日，輸入網址http://china.52vcd.com所登錄的網站首頁頁尾顯示「本站為中華網（china.com）影視合作頻道」、「湖南在線網絡傳播有限公司—華夏娛樂版權所有」等字樣。

因此，原告華夏電影公司認為華網匯通公司未經許可，在其網站有償許可他人下載電影《終結者3》，且該公司合作夥伴湖南在線公司亦上載了該影片。原告主張前述二被告公司在網路提供系爭電影之行為侵犯華夏電影公司之獨家發行權，起訴要求華網匯通公司、湖南在線公司停止上載及在網上播放影片《終結者3》，並共同賠償經濟損失286720元，共同承擔案件受理費。

三、被告（華網匯通公司、湖南在線公司）答辯理由

華網匯通公司主張，華夏電影公司未舉證證明其合法取得了影片《終結者3》的發行權，且網絡傳播與商業影院發行不同，原告不具有提起訴訟的權利。華網匯通公司並未對影片《終結者3》實施上載行為，只是對載有該影片的網頁進行了鏈接，且當得知華夏電影公司提起訴訟後即停止了鏈接行為，因此並未侵權。

湖南在線公司辯稱其並未實施侵權行為，與華網匯通公司不存在合作關係，涉案能夠下載影片《終結者3》的網站與該公司無關。

四、判決結果

駁回原告之訴訟請求。案件受理費6810.80元，由原告負擔。

五、訴訟爭點

原告華夏電影公司所取得系爭電影之獨家發行權是否受侵害？

六、判決理由

(一) 依據原告華夏電影公司所提出相關證明文件，已能證明系爭電影《終結者3》是中影集團進出口分公司從哥倫比亞公司合法引進的影片，而原告透過與中影集團進出口分公司簽訂之合約以及哥倫比亞公司的證明等，依法取得系爭影片2年內的全國35mm影院獨家發行權。本院對原告就系爭電影享有獨家發行權之事實予以採信。

(二) 另依據原告所提公證書內容，本院對被告網站上出現系爭電影之事實亦予以採信。

(三) 但本院認為，根據著作權法相關規定，著作權人可採用多種方式行使其著作權，也可以將其中的某種方式授權他人行使。但是著作權人未明確授予的權利，他人不得行使，否則將侵犯著作權人的合法權利。原告華夏電影公司對系爭電影僅享有影院獨家發行權，故其僅能就侵犯該權利的行為提出主張。本案原告所主張被告華網匯通公司和湖南在線公司未經許可通過網絡擅自上載並傳播該影片的行為，並未落入原告對該影片所享有的影院獨家發行權範疇。因此，原告以獨家發行權被侵犯為由提出的訴訟請求，本院不予支持。

七、本案案例評析

大陸網站擅自上載提供院線電影之侵權情形嚴重，本案乃發生於2004年間，取得外國電影《終結者3》大陸影院獨家發行權之原告，對於被告網站擅自將該電影提供上網而提出之網路侵權維權訴訟案例。而本案之判決要旨十分單純，即「發行權」與「信息網路傳播權」乃著作權法所賦予著作權人的兩個不同內容之著作財產權，原告只取得系爭電影於大陸地區之電影院獨家發行權，對於被告擅自透過網路傳輸提供系爭電影之行為，並無權主張。

按相當於我國著作權法之「散布權」與「公開傳輸權」，大陸著作權法在第10條第1項第(六)款及第(十二)款分別規定了著作權人享有「發行

權」與「信息網路傳播權」。所謂「發行權」，指「以出售或者贈與方式向公眾提供作品的原件或者複製件的權利」，而所謂「信息網路傳播權」，指「以有線或者無線方式向公眾提供作品，使公眾可以在其個人選定的時間和地點獲得作品的權利」。兩者為兩種不同內容之著作財產專有權利權。因此，除了像美國著作權法因未定有公開傳輸權而係以既有之散布權控制網路上之擅自傳輸及提供下載行為[1]外，一般國家著作權法均將散布權與公開傳輸權分訂為著作權人之獨立專有權利，於本案適用之結果應該相同。

　　然在本案例中雖謂「發行權」與「信息網路傳播權」係不同之權利，原告僅擁有發行權、不得對被告透過網絡擅自上載並傳播影片的行為加以主張。但須注意者，在刑事責任之構成上卻因最高人民法院及最高人民檢察院2004年所做之司法解釋而有不同之認定。按有關成立侵害著作權刑事犯罪之依據，主要係依據1997年全國人民代表大會修訂通過之大陸刑法第217、218條規定，前者為「侵犯著作權罪」、後者為「銷售侵權複製品罪」。而刑法第217條第1款所定之犯罪行為為：「未經著作權人許可，複製發行其文字作品、音樂、電影、電視、錄像作品、計算機軟件及其他作品的」，第3款則為：「未經錄音錄像製作者許可，複製發行其製作的錄音錄像的」，條文上均僅處罰「複製發行」之侵權行為樣態，不及於網路傳輸行為。2001年大陸著作權法修改時增訂保護「信息網路傳播權」後，刑法並未配合修訂。故對於擅自透過網路傳播他人作品之行為，僅由大陸最高人民法院及最高人民檢察院於2004年12月8日發布**《最高人民法院、最高人民檢察院關於辦理侵犯知識產權刑事案件具體應用法律若干問題的解釋》**第11條第3項擴大解釋規定：「通過信息網絡向公眾傳播他人文字作品、音樂、電影、電視、錄像作品、計算機軟件及其他作品的行

1　例如在Napster案中，大多數的Napster使用者利用該服務而下載並上傳受保護之音樂，法院認為Napster使用者侵害至少兩個著作權：§106(1)所定的複製權及§106(3)所定的散布權，亦即上傳檔案至搜尋目錄讓他人複製的Napster使用者，侵犯了原告的散布權，而下載含有受保護音樂檔案之Napster使用者則侵犯原告的複製權（A & M Records, Inc. v. Napster, Inc., 239 F.3d 1004, 1014 (9th Cir. 2001)）。亦即，法院對於未經授權將他人音樂錄音等作品透過網絡傳輸散播，如已讓公眾可透過下載電子檔方式取得可製作有形複製物之能力，即認定已侵害著作權人之散布權（distribution right）

為，應當視為刑法第217條規定的『複製發行』」。另2011年1月10日，最高人民法院及最高人民檢察院、公安部制定發布之**《關於辦理侵犯知識產權刑事案件適用法律若干問題的意見》**第12點亦規定：「關於刑法第217條規定的『發行』的認定及相關問題：『發行』，包括總發行、批發、零售、通過信息網絡傳播以及出租、展銷等活動。」此等司法解釋雖欲使以營利為目的而擅自通過網路傳播他人作品之行為亦能受到刑事追訴，以解決日益增加之嚴重網路侵權案件。但既然認為發行權、信息網路傳播權均為獨立不同之著作權專有權，且行為樣態不同，前者為對著作原件或複製件等有有體物之所有權移轉，後者為網路傳輸提供，則對於侵犯「信息網路傳播權」之行為，似無可能用刑法所定對於傳統「複製發行」行為之刑罰規定加以處罰。且欲對網路傳輸行為科予刑責，未透過正式修改刑法法律之途徑，卻僅以司法解釋方式變通擴大認定，除有違大陸《立法法》等相關體制規定[2]外，似亦與罪刑法定原則[3]不符。

2　依據大陸《立法法》第8、9條規定，有關「犯罪和刑罰」為絕對保留事項，僅能以制定法律為之，且依同法第42條規定，法律解釋權本屬於全國人民代表大會常務委員會。又《人民法院組織法》第33條規定：「最高人民法院對於在審判過程中如何具體應用法律、法令的問題，進行解釋。」故從位階而言，法律解釋應以制定法律之全國人大常委會之立法解釋為最高，最高人民法院僅能在法律之下，就審判過程中如何具體應用法律問題作出解釋，司法解釋應無權對應以法律規定之事項自行作出創設性解釋而實質變成「准立法」性質，司法解釋之位階及效力亦不同於法律。然而在中國大陸司法解釋膨脹之特殊背景下，最高人民法院於2007年發布之《最高人民法院關於司法解釋工作的規定》（法發〔2007〕12號）第5條卻規定：「最高人民法院發布的司法解釋，具有法律效力」，實屬奇特。

3　大陸刑法第3條規定：「法律明文規定為犯罪行為的，依照法律定罪處刑；法律沒有明文規定為犯罪行為的，不得定罪處刑。」

案例26：MTV是否享有放映權

 香港華納唱片有限公司 v. 重慶台慶房地產綜合開發有限公司銀河璇宮娛樂分公司、重慶台慶房地產綜合開發有限公司

第一審：重慶市第一中級人民法院（2004）渝一中民初字第651號民事判決

第二審：重慶市高級人民法院（2005）渝高法民終字第112號民事判決

一、案件程序

　　香港華納唱片公司（一審原告、二審被上訴人，下稱華納公司）主張重慶台慶房地產綜合開發有限公司銀河璇宮娛樂分公司（一審被告、二審上訴人，下稱銀河璇宮娛樂公司）、重慶台慶房地產綜合開發有限公司（一審被告、二審上訴人，下稱台慶公司）侵害該公司著作權，提起民事訴訟，由重慶市第一中級人民法院受理，判決銀河璇宮娛樂公司和台慶公司應停止侵權並賠償經濟損失。一審被告不服，提起上訴，由重慶市高級人民法院受理，駁回上訴。

二、案情摘要

　　2002年，香港華納公司製作發行歌手鄭秀文之卡拉OK精選VCD光碟，其中收錄了《808》、《天衣無縫》、《炫耀美麗》等三首音樂錄影帶（一般簡稱為MTV或MV）。但重慶的銀河璇宮娛樂公司所經營之KTV未經授權即提供給消費者點播唱歌之放映使用。原告於2003年9月於被告處進行了點播及公證。而被告銀河璇宮娛樂乃另一被告台慶公司之分公司。

　　此外，銀河璇宮娛樂公司雖未獲得華納公司授權，但有支付這三首歌的音樂著作機械表演許可費給予中國之音樂著作權協會（音樂集管團

體）。華納公司提告，主張銀河璇宮娛樂公司及其總公司台慶公司侵害華納公司對系爭三首MTV所享有的放映權。

三、一審被告抗辯理由

被告主要抗辯為：原告錄製的MTV性質應為中國著作權法所規定之「音樂錄像製品」，不是受保護之影視作品，應僅以鄰接權保護，保護範圍不包括放映權。

四、一審判決結果

被告銀河璇宮娛樂公司與台慶公司侵害原告華納公司的放映權，應立即停止對原告華納公司擁有著作權的作品放映權的侵害，不再公開放映原告華納公司擁有著作權的作品。並應連帶賠償原告華納公司經濟損失人民幣9000元及原告為制止侵權行為所支付的合理開支人民幣17000元。

五、一審訴訟爭點

系爭三首MTV是否構成著作權法上應受保護的「以類似攝製電影的方法創作的作品」？

六、一審判決理由

(一) 系爭三首MTV固定在光碟上，由伴奏音樂、歌手演唱（可消音）、連續影像等元素組成，可借助適當裝置放映，結合導演、演員、攝影等創造性的勞動，屬於著作權法所規定的「以類似攝製電影的方法創作的作品」而受到著作權法之保護。被告辯稱原告MTV性質僅為「音樂錄像製品」之理由不成立。

(二) 原告所提含有系爭MTV之涉案VCD光盤和封套上都標註有「(p) + (c)2002 Warner Music Hong Kong Limited」字樣，即華納公司錄音製作者權標記(p)和版權標記(c)。且原告亦已向國際唱片業協會亞洲區辦事處進行了版權登記，故原告對涉案的三首MTV

作品享有著作權。被告未經原告授權放映原告系爭MTV作品，侵害原告所享有之放映權。

(三) 因原告實際損失和被告違法所得不能確定，原審法院根據被侵權作品的性質和數量、侵權時間、侵權範圍等因素，酌情確定被告的賠償數額為9000元人民幣。另原告所要求被告應公開賠禮道歉部分，法院認為賠禮道歉主要是侵犯人身權利的一種責任承擔方式，故依法駁回原告的該項訴訟請求。至於原告為制止被告侵權行為而在香港特別行政區和大陸發生了一定費用，亦支付了一定的律師費用，原審法院根據當事人的訴訟請求和本案的具體案情酌情確定費用金額。

七、二審上訴人（一審被告：銀河璇宮娛樂公司、台慶公司）上訴理由

(一) MTV應被視為「音樂錄像製品」。它是有連續畫面的音樂作品，不同於電影或電視劇等有故事情節的影視作品，不應以電影作品來保護。如認MTV是電影類作品，承認其放映權，則所有MTV必須和電影一樣先通過廣電部審查並取得放映許可。但實際上目前所有MTV的出版與傳播都沒有遵循電影一樣嚴格審查程序與標準，而僅僅是接受和唱片相同標準的簡單審查。

(二) 即使MTV是電影類作品，則一經銷售就不能二次收費。因上訴人使用的MTV都是從正規渠道購入，已付了相應費用。涉案MTV在該作品已經製作成光碟發行而轉讓給消費者後，放映權就應當隨光碟所有權一併轉讓，不受限制。上訴人購買被上訴人正版MTV使用，增加被上訴人銷售收入，上訴人歌廳的消費者經此瞭解被上訴人MTV，又進一步推廣。被上訴人不但沒有絲毫損失，反而獲利。上訴人播放或放映該MTV沒有侵害被上訴人的合法權益。

(三) 上訴人亦向二審提交了上訴人於2004年2月與中國音樂著作權協會訂立的許可協議，證明上訴人已獲得中國音樂著作權協會許可

在其營業場所內以機械表演的方式使用協會管理的音樂作品。

八、二審被上訴人（華納公司）答辯理由

(一)「以類似攝製電影的方法創作的作品」享有放映權。法院判斷系爭MTV是否為前述作品（享有放映權）的衡量標準應考量MTV的獨創性與可複製性。

(二)是否為機械錄製產生的，是判斷涉案MTV是錄像製品或作品的關鍵。錄像製品是由機械錄製產生，僅享有鄰接權而無放映權。而系爭MTV是凝聚編劇、導演、攝影、演員、剪輯、合成等獨創性活動所製作完成的「以類似攝製電影的方法創作的作品」，應受著作權保護並享有放映權。

(三)著作權自作品創作完成之日起產生，不以行政部門的審批為前提。本案之重點，應為審查系爭MTV是否為具有智力成果的作品而受到著作權法關於作品之保護。

九、二審判決結果

駁回上訴，維持原判。

十、二審訴訟爭點

(一)系爭三首MTV在法律上應認定為「音樂錄像作品」或「以類似攝製電影的方法創作的作品」？

(二)作品的產生是否以行政部門的審批為前提？

(三)權利窮竭是否及於複製權與放映權？

十一、二審判決理由

(一) MTV是音樂作品和錄像作品兩種表現形式的結合，應分別受著作權保護

　　MTV是音樂作品和錄像作品的有機組合。音樂作品和錄像作品雖結合在一MTV中，但分別凝結了不同創作者的智力活動，應該分別受到著作權法的保護。華納公司在本案中所主張者是三首MTV中錄像部分的著作權。上訴人雖已向音樂著作權協會交納音樂作品的機械表演許可費，但並非可不經許可無償使用MTV作品中的錄像作品，因為音樂著作權協會僅根據詞曲作者的授權對音樂作品進行管理，並不涉及錄像作品的權利部分。

(二) 本案MTV錄像部分具有獨創性，為受著作權法保護的「以類似攝製電影的方法創作的作品」

　　要構成受著作權法保護的MTV，其中畫面部分，即錄像部分應該具有一定的獨創性，凝結足夠的智力創作活動，以達到著作權法所保護的「作品」高度。將現場表演或景物機械錄製下來，或者將音樂與畫面機械組合形成的不具有獨創性的錄像製品，不視為以類似攝製電影的方法創作的作品，不享有著作權和著作權中的放映權，只能享有錄像製品製作者的權利。而本案的三首MTV以演唱的歌曲內容為特定主題，畫面連續，有佈景、道具、燈光和其他效果，由演唱者和其他演員表演，有動作和表情，有一定情節發展，凝結了編劇、導演、演員、剪輯和其他效果工作人員的智力活動，有創作的痕跡，畫面內容能夠從不同觀眾的欣賞角度詮釋音樂，並且固定在一定載體上能夠借助放映裝置放映，應已經構成了以類似攝製電影的方法創作的作品，而受到著作權法保護。

　　且本院並非「單純以MTV的製作方式認定MTV是電影類作品」，而是在認定時，必須對每首MTV進行畫面與內容的分析，以區分一首MTV是否構成以類似攝製電影的方法創作的作品。

(三) MTV和電影作品的著作權都自作品創作完成日產生，不以行政審批為前提

上訴人將MTV等同電影作品，要求MTV接受和電影一樣的行政審查和放映許可。但MTV是「以類似攝製電影的方法創作的作品」，不是電影，行政審查程序本與電影不同。本院認為MTV和電影作品的著作權都自作品創作完成日產生，不以行政審批為前提。本案華納公司為系爭MTV著作權人，註冊地在香港，香港和大陸均為「與貿易相關的知識產權協議」（TRIPS）的成員，參照大陸著作權法第2條第2款規定，華納公司對系爭MTV的著作權受到大陸著作權法保護。

(四) 權利窮竭並不及於複製權、放映權等其他財產權利

關於上訴人主張之權利窮竭，本院認為著作權的權利窮竭僅指銷售的權利窮竭，也即作品的複製件一旦出售，權利人不能就該複製件的再次銷售享有權利。但權利窮竭並不及于複製權、放映權等其他財產權利，上訴人如果要在公共場所放映權利人的作品，並從中獲得經濟利益，應該取得權利人許可，並支付報酬。所謂電影「一經銷售就不能進行二次收費」是因為電影拷貝的發行價格裏已包含向公眾放映所應收取的費用了。因此上訴人的該項上訴理由不能成立。

十二、本案案例評析

本案源於卡拉OK歌廳未經製作MTV之唱片公司授權即放映該MTV供消費者點播而起，在2003年、2004年間，大陸發生了多起唱片公司向未經授權即播放其MTV之卡拉OK業者提出侵害著作權之訴訟。案件之爭點乃被告公開放映MTV行為是否構成侵權，故首應確定系爭MTV是否享有大陸著作權法所定之放映權。在各件訴訟中，原告均主張MTV為電影作品或以類似攝製電影的方法創作的作品，被告侵害了原告所享有著作權中之放映權。而被告則均認為，MTV只是錄像製品，不享有放映權，被告放映MTV只需向音樂詞曲著作權人支付使用費，不必向錄像製品之錄製者付費。因此，當時各件訴訟之判斷關鍵乃在於：原告所主張之其所錄製並

遭被告商業放映使用之MTV音樂錄影帶，在大陸著作權法下，究竟是享有著作權保護之「電影作品或以類似攝製電影的方法創作的作品」，抑或是僅享有鄰接權保護之「錄像製品」。

按大陸著作權法第3條規定：「本法所稱的作品，包括以下列形式創作的文學、藝術和自然科學、社會科學、工程技術等作品為享有著作權之作品[1]：……(六) 電影作品和以類似攝製電影的方法創作的作品」。而同法第10條規定：「著作權包括下列人身權和財產權：……(十) 放映權：即通過放映機、幻燈機等技術設備公開再現美術、攝影、電影和以類似攝製電影的方法創作的作品等的權利」。另「錄像製品」則享有鄰接權，依第42條規定：「錄音錄像製作者對其製作的錄音錄像製品，享有許可他人複製、發行、出租、通過信息網絡向公眾傳播並獲得報酬的權利」。由上可見，「電影和以類似攝製電影的方法創作的作品」依法享有放映權，「錄像製品」則不享有放映權。

而何謂「電影和以類似攝製電影的方法創作的作品」或「錄像製品」，依據《著作權法實施條例》第4條第11項及第5條第3項規定，前者是指：「攝製在一定介質上，由一系列有伴音或者無伴音的畫面組成，並且借助適當裝置放映或者以其他方式傳播的作品」；而後者是指：「電影作品和以類似攝製電影的方法創作的作品以外的任何有伴音或者無伴音的連續相關形象、圖像的錄製品」。由前述錄像製品之定義可見，大陸著作權法將錄影之影像分為二種，即「電影作品和以類似攝製電影的方法創作的作品」和「錄像製品」，此兩者概念上完全分開，分別享有著作權及鄰接權。

然而，「電影作品和以類似攝製電影的方法創作的作品」和「錄像製品」如從前述實施條例之定義本身並不容易區分。但參諸《著作權法實施條例》第2條規定：「著作權法所稱作品，是指文學、藝術和科學領域內具有獨創性並能以某種有形形式複製的智力成果。」第3條規定：「著作權法所稱創作，是指直接產生文學、藝術和科學作品的智力活動。」故「電影作品和以類似攝製電影的方法創作的作品」與「錄像製品」之區分

1　我國所稱之「著作」，在大陸稱之為「作品」。

標準乃在於是否為具有獨創性之智力成果；如為體現獨創性之智力創作結果，始為「電影作品和以類似攝製電影的方法創作的作品」，享有較完整之著作權保護。

上述大陸著作權法將錄影之影像區分為二，分別屬於著作權及鄰接權之客體，享有不同程度之保護，顯然來自德國著作權法。依據德國著作權法學者Manfred Rehbinder指出，電影作品必須屬予個人智力創作成果，它不能僅僅是一種千篇一律的攝影圖片的前後堆砌或者是一種流水帳似的自然再現，而必須是一種體現獨創性的智力創作結果，指只有這樣才能把電影作品與活動影像[2]區分開來。又對於體育運動、自然活動、軍事行動、談話節目、非藝術性的色情影片、戲劇或歌劇的拍攝，通常不能構成電影作品，而僅僅屬於活動影像[3]，而受鄰接權之保護。而大陸學者也認為，錄像製品雖然也有畫面聲音，但它只是對他人表演活動的機械記載，不屬於作品，例如電視台將演員在舞台上說相聲之表演機械地錄製下來，為錄像製品[4]；用攝像機對現場表演、報告、講座進行錄像而拍成的電視、錄像節目，由於沒有付諸創作上的智力勞動，不能作為著作權客體[5]，並非作品。

本案MTV在法律性質上究為「電影作品和以類似攝製電影的方法創作的作品」或「錄像製品」之判斷，直接影響到該MTV是否享有放映權，原告主張侵權是否成立。而MTV通常是卡拉OK伴唱時有伴音或者無伴音顯示的連續動態的畫面。其畫面有多種形態，有原唱歌手或其他演員表演詮釋特定故事或情節的畫面、有拍攝動畫或配合其他拍攝技巧而成之畫面、有原唱歌手演唱會現場錄影剪輯而成之畫面、有拍攝自然風光之簡單剪輯畫面等等。因此，必須就個案內容加以判斷，如某MTV為詮釋該首音樂作品而運用智力巧思從事編劇、導演、表演、攝製、剪輯等具有原創性之活動，應屬「電影作品和以類似攝製電影的方法創作的作品」；如

---

2 德國著作權法第95條。
3 Manfred Rehbinder著，張恩民譯，著作權法（Urheberrecht），頁154，法律出版社，2005年1月。
4 李明德、許超著，著作權法，頁37-38，法律出版社，2009年7月。
5 馮曉青著，著作權法，頁64，法律出版社，2010年9月。

某MTV只是對演唱會現場的機械錄製，缺乏作品應具有的獨創性，就只能是錄像製品。

　　本案終審判決認為，系爭三首MTV以演唱的歌曲內容為特定主題，畫面連續，有佈景、道具、燈光和其他效果，由演唱者和其他演員表演，有動作、表情、一定情節發展，凝結了編劇、導演、演員、剪輯和其他效果工作人員的智力活動，有創作的痕跡，應已構成以類似攝製電影的方法創作的作品，受到著作權保護，享有放映權。而類似之案例，另在正東唱片有限公司起訴上海麒麟大廈文化娛樂有限公司未經許可播放其MTV侵權案件6中，對於該案原告主張被擅自播放之三首MTV，法院即認為其中兩首MTV畫面內容與音樂主題相配合，演繹了音樂作品的思想內涵，製作者使用類似攝製電影的方法，拍攝一系列有伴音的電視畫面，凝聚了導演、攝影、錄音、剪輯、合成等工作人員的創造性勞動，屬以類似攝製電影的方法創作的作品，享有放映權；然而另一首MTV畫面則為舞臺劇現場表演的機械錄製，僅為錄像製品，不享有放映權，亦可供參考。

　　對於保護視聽作品所需之原創性程度，各國間存有差異。像美國著作權法並不區分著作權或鄰接權，只保護視聽作品（audiovisual work），而無上述德國之活動影像或大陸之錄像製品概念。我國亦同，我國著作權法亦無鄰接權制度，僅以著作權保護視聽著作，不同於德國、大陸設有電影作品享有著作權、錄像製品享有鄰接權之區分。也因此，對於視聽著作所應具有之原創性要求較寬鬆，較近於美國立法例7，除非很明顯只是純粹由機器自動錄製或定點固定攝影而毫無攝影者之精神創作力情形，否則一般經過攝影、錄影及剪輯或合成所成之整體MTV影音畫面，在實務上也可能成為享有著作權保護之「視聽著作」。但如在大陸則可能視情形而僅被認定為機械錄製、不具獨創性之「錄像製品」，僅為鄰接權客體，僅享有「複製、發行、出租及通過信息網路向公眾傳播並獲得報酬之權利」，對於卡拉OK之放映無法主張「放映權」之侵害。此點在我國與大陸著作

6　上海市高級人民法院（2005）滬高民三（知）終字第98號民事判決。
7　美國1976年著作權法之國會立法報告中即說明：如用四台錄影機拍攝一場足球賽，由導播指示該四名攝影師之攝錄活動並選擇要以哪種順序向公眾播出電子影像，則無疑，攝影師與導播的工作構成了創作。參見House Report No. 94-1476, P.52。

權法間實存有不同保護程度之差異，頗值得我國相關音樂視聽產業業者注意及參考。

案例27：畫作侵權之認定

高小華、雷著華 v. 重慶陳可之公司文化藝術傳播有限公司

第一審：重慶市第一中級人民法院（2004）渝一中民初字第459號民事
　　　　判決
第二審：重慶市高級人民法院（2006）渝高法民終字第一129號民事判
　　　　決

一、案件程序

　　高小華（一審原告、二審上訴人）、雷著華（一審原告）主張重慶
陳可之公司文化藝術傳播有限公司（一審被告，二審被上訴人，下稱陳可
之公司）侵害原告畫作的著作權，提起民事訴訟，由重慶市第一中級人民
法院受理，一審判決駁回高小華、雷著華的所有訴訟請求。高小華不服，
提起上訴，由重慶市高級人民法院受理，二審判決駁回上訴，維持一審判
決。

二、案情摘要

　　中國三峽博物館想要一幅以日軍侵華的史實《重慶大轟炸》為主題的
半景畫作陳列展覽，於2003年為此舉辦公開招標。招標流程分為兩輪，第
一輪投標單位繳交競標作品，三峽博物館會評選出前三名並公開競標作品
讓這三名投標單位互相借鏡，並對自己的作品加以省思、修改，再參加第
二輪徵選。原告高小華和雷著華共同創作《重慶大轟炸》油畫並與重慶市
美術公司合作參與競標，2003年12月26日，有包括重慶市美術公司在內之
五家公司參加第一輪競標，原告得到第一名。被告陳可之公司亦與其中一
家公司合作參與第一輪競標，但未入選，依照主辦單位規定不得參加第二
輪競標。在第二輪競標中，被告改與第一輪有入選前三名的另一家公司合

作，且改用與第一輪競標作品完全不同的作品參加2004年2月20日的第二輪競標。第二次競標結果，原告的《重慶大轟炸》油畫作品以其第一輪作品為基礎而為修改與完善後仍以第一名在第二輪競標中奪魁。

原告認為被告之第二輪作品竟與其第一輪作品截然不同，二者之間沒有邏輯連貫性，其第二輪作品明顯抄襲原告第一輪作品，且因競標流程規定，雙方在2003年12月26日第一輪開標時作品相互有公開及接觸，為被告剽竊原告作品打下基礎。原告於上訴時除著作權問題外，另特別挑戰陳可之公司以具爭議性的手段參與兩次競標的資格[1]。

原告及被告之兩幅圖主要相同之處：構圖骨架基本相同，即均採用立足重慶市渝中半島的通遠門，以兩江環抱、大江東去、呈金字塔的創意來構圖，以及紅十字會的救護、屍堆、打下的日軍飛機的落向等。不同之處：畫面的房屋結構、朝天門的朝向、濃煙的風向、畫面色彩、逃難人群的描繪等。

三、一審被告（陳可之公司）答辯理由

(一) 被告第二輪作品的素描稿於2003年12月26日之前就已完成。因為陳可之發現了招標規則的弊端，尤其招標書關於第一輪投標後要求入圍單位交換光盤、互相借鑒的深化設計規定，可能造成對知識產權的侵害，為避免自己作品被別人抄襲而不得已準備了兩套方案的原因形成的結果，重點著力打造的傾力之作第二輪評標時才拿出，而用於第一次投標的畫稿僅為應對之作。

(二) 被告認為，其構圖雖然也是立足通遠門，但被告是俯視，原告畫稿是平視；原告作品主要體現反抗，被告畫稿反映的是對人類生命的關懷；兩幅作品稿中朝天門的朝向、江水的流向不同；被告畫稿強化了通遠門的古城牆、大隧道慘案的屍堆在畫面的位置與原告的不同；被告畫稿對五三大轟炸、五四大轟炸的表現有二柱

---

1 由於本案具體事實描述繁複，而一、二審法院均未對陳可之公司參與兩次競標的程序正義問題多作著墨，因此本案摘要及以下引述中將略過原告挑戰被告陳可之公司競標資格的相關抗辯。

火焰；被告畫稿表現了24萬人大逃亡；被告畫稿在近景表現有廢墟立柱造型如鋒利之劍，象徵炸不垮的民族精神、「女神」代表不屈的精神等。

(三) 競標應徵命題為「重慶大轟炸」，所有創作者都會想到採用諸如兩江環抱、大江東去等重慶渝中半島固有的地理地形特徵來構圖，此公共資源並不能為原告獨享，更非原告獨創。

四、一審判決結果

駁回原告訴訟請求

五、一審訴訟爭點

被告採用原告第一輪競標作品的近似視角所形成的圖形結構和其他局部近似的表達形式是否構成剽竊性侵權？

六、一審判決理由

一審法院認為，衡量是否構成複製之侵權行為，必須看被告作品中是否以非獨創的方式包含了著作權人原作品中的獨創性成果。就本案而言：

(一) 史實主題、自然地理地貌特徵，對作品而言僅是素材及構思，此不受著作權法保護，著作權法保護的是如何表現這些的表現形式

著作權法對美術作品的保護限於作品表現形式，不保護思想內容。美術作品的侵權之發生在於整體或局部構圖和刻畫手法相同。原告的作品和被告被控侵權的作品均是借助美術手法來表達「重慶大轟炸」此一史實，故所採取的刻畫對象絕大部分會是相同，均會利用到重慶市渝中半島的自然地理地貌特徵。這些特徵雖屬於作品重要的素材，但不受著作權法保護。

(二) 兩造作品在圖形結構雖有近似，但局部造型不同

　　美術作品的表現形式分為整體和局部，整體的表現形式是以作品構圖結構來呈現。本案原告選擇採用立足重慶市渝中半島的通遠門為視覺出發點，以兩江環抱、大江東去、金字塔型的地理特色來構圖，確有其原創性，但原告對此不享有獨佔使用權利，被告亦可利用近似構圖。又以局部造型而言，被告作品在畫面的房屋結構、朝天門的朝向、濃煙的走向（風向）、畫面色彩、逃難的人群等方面均與原告作品不同。

　　因此，兩造作品整體圖形結構不完全一致，局部造型不同，可見被告作品具有自身的獨創性，而非以非獨創的方式包含了原告作品的獨創性成果。兩造作品在具體表達形式上有明顯區別，以一般觀點而言，被告作品不與原告作品構成「實質近似」。

(三) 即使被告確有接觸並借鑒原告作品，此亦為原本招標方案所明訂的規則，故被告之利用亦具有正當性

　　本案招標方案明確規定，競標作品在第二輪創作階段可以相互借鑑，原告與被告參與競標，即代表雙方認同該規則。故被告作品即使對原告第一輪作品的直接利用以達到招標方案要求的深化目的，也不構成侵權。

七、二審上訴人（高小華）上訴理由

(一) 被上訴人第二輪競標作品是對上訴人第一輪競標作品的剽竊和複製

1. 兩幅油畫在創意、構思、圖形結構等方面存在相同和相似。
2. 雖自然地理地貌等不受保護，但上訴人以智力勞動成果的方式將其體現，並以作品的形式表現出來，此作品表現形式受到保護。而上訴人在第一輪競標時即完成了此表現形式，被上訴人在第一輪開標、看到上訴人的作品之後，繳交第二輪競標作品的時候才改提出這種表現形式。上訴人第一輪競標作品的創意及表現形式遭被上訴

人剽竊和複製。

3. 被上訴人辯稱在2003年12月26日前就完成了第二輪競標作品，並無證據支持。

4. 上訴人第二輪作品在視覺形成和圖形結構上並未包含被上訴人自身的任何獨創性的智力勞動成果，而是在上訴人作品基礎上做了簡單的位置移動和處理。

5. 第一輪作品的開標，為被上訴人提供了接觸、瞭解和複製上訴人第一輪作品的機會、時間和條件。

(二) 原判決認定被上訴人有借鑒上訴人作品創意之行為，卻認為這種借鑒行為符合著作權法，一審判決不合法

1. 被上訴人並非競標參與者，無權借鑒和合理利用上訴人的第一輪競標作品。

2. 雖招標方案規定競標作品在深化階段即第二輪創作階段可以相互借鑒，但在第一輪競標後，被上訴人合作單位已被淘汰出局，被上訴人作品已經無權參與第二輪競標，更無權借鑒上訴人作品。

3. 被上訴人的第二輪競標作品引用和借鑒了上訴人第一輪作品的主要部分，其引用和借鑒已經構成了剽竊侵權。

八、二審被上訴人（陳可之公司）答辯理由

(一) 在一審中，答辯人已經向法庭提交了相關證人證言，擬證明答辯人在2003年12月26日第一輪開標前已完成「兩江環抱」的5件素描稿、並在每一素描階段簽署注明均早於2003年12月創作日期的客觀事實。

(二) 「兩江環抱，大江東去」不僅僅是自然地理特徵，在版權法的表達形式裡也是「唯一表達」。

(三) 上訴人稱答辯人的油畫只是在上訴人作品的基礎上作了簡單的位置移動和處理，全是主觀臆斷。第一，俯視渝中半島，以新老地圖為證，半島如同「舌頭」，舌尖往西北方向伸去，答辯人油畫

與之相同，而上訴人油畫似舌尖部分卻往東北方向伸去。第二，答辯人油畫表現：五三大轟炸，畫面中上部；五四大轟炸，畫面中部；24萬人大逃亡，畫面左部；重建家園，畫面中部等等，而上訴人將所有轟炸事件散成39個炸點。第三，答辯人根據大轟炸中的五三、五四、大逃亡、重建家園之典型事例，藝術再現成油畫，不同於上訴人的畫面。

(四) 涉案兩畫雖然畫同一歷史事件，但作品創意不同、表現形式不同、圖形結構不同，上訴人所謂借鑒和引用其作品主要部分的指控，悖離事實。

(五) 審判決綜合性結論評判答辯人「有借鑒原告作品創意之行為」，此評判與確認的事實嚴重背離。答辯人已舉證證明畫作形成的真實時間在前，如上訴人認為答辯人舉示的證據有誤或不真實，應當申請鑒定或舉示其他證據加以證明。被上訴人請求對上訴人的上訴予以駁回。

九、二審判決結果

駁回上訴，維持原判。

十、二審訴訟爭點

(一) 被上訴人是否有借鑒上訴人作品創意的行為？

(二) 被上訴人第二輪作品是否複製了上訴人第一輪作品中具有獨創性的表達形式，即：

1.取景角度是否屬於著作權法保護的具有獨創性的表達形式？

2.兩幅作品在具體表現手法上是否相同或相似？

3.兩幅作品在對細節的處理上是否相同或相似？

十一、二審判決理由

(一) 本案不能排除被上訴人確有借鑒上訴人作品創意之行為：

1. 被上訴人所舉現有證據無法證明被上訴人素描稿是在2003年12月26日前已形成。即上訴人不能證明其第二輪作品的完成時間在上訴人的第一輪作品之前。

2. 上訴人所提出三峽博物館的證明函可證明被上訴人接觸過上訴人的作品，而兩造對於參加第一輪競標時均曾相互公開並有接觸事實本無異議。至於被上訴人是否剽竊、抄襲上訴人作品，則必須由法院依法認定。

3. 被上訴人接觸過上訴人的第一輪作品；根據招標方案，競標作品在深化階段即第二輪創作階段可以相互借鑒；通過比較，被上訴人第一輪作品與第二輪作品為不同作品，而被上訴人第二輪作品與上訴人第一輪作品在取景角度上存在相同或相似的地方。

(二) 雖可認定被上訴人接觸過上訴人作品，但「接觸」只是構成剽竊侵權的一個要件，而「作品創意」不屬作品的表達形式，不受保護，並不能因有借鑒作品創意的行為就認定構成剽竊侵權。本案欲認定被上訴人是否構成剽竊侵權，在於被上訴人第二輪作品是否複製了上訴人第一輪作品中具有獨創性的表達形式，此須認定以下三個爭點：

1. 取景角度反映實際地理現象，非著作權法具有獨創性的表達形式：
   著作權法保護的是作品中具有原創性的表達形式，對於客觀歷史事實或自然地理地貌則不予保護。透過一些資料照片可看出，從七星崗、通遠門觀察渝中區，能夠清楚地看到兩江環抱渝中半島的景象，其周邊的地理外觀與兩幅油畫中的形狀均大致吻合。「立足通遠門，兩江環抱渝中半島」實際上反映的是重慶的自然地貌，是渝中半島客觀存在的地理特徵。自然地貌屬公有領域，不受著作權法的保護，兩造均有權利從這個角度進行繪畫創作，故此案之取景角度不宜認定為著作權法保護的具有獨創性的表達形式。

2. 兩造作品在具體表現手法上不相同也不相似：

　　《重慶大轟炸》半景畫油畫作品是命題做畫，投標者均須對重慶被日本飛機轟炸的歷史進行表現，而要表現轟炸場面，飛機、死亡、逃亡、傷員救護、清理廢墟殘垣、救火、抵抗等場景是畫面必不可少的要素，上訴人作品與被上訴人作品均對上述場面進行表現是完全正常的，但是兩幅作品在場景和內容的具體表現手法上卻有較大差別[2]。

3. 兩造作品對細節處理不相同也不相似：

　　兩造作品雖都以縱向和從背後看渝中區，但是上訴人作品傾向於平視，被上訴人作品以俯瞰為主。雖然都為兩江環抱，但是在對地平線、兩岸景致及兩江的角度和流向的處理上不同[3]。

(三) 綜上，雖然認定被上訴人接觸過上訴人的作品，不排除其有借鑒上訴人作品創意的行為，但因上述理由，被上訴人第二輪作品沒有複製上訴人第一輪作品中具有獨創性的表達形式，被上訴人第

2　本案二審判決書對兩造作品具體表現手法之不同，亦有詳細描述謂：「被上訴人作品左下部分描繪的是24萬人從七星崗、通遠門、金湯街一帶大逃亡，七星崗街道、通遠門城牆、金湯街巷道為畫面主體，街道開闊，由西向東北延伸，人群以各種形態在三條道路上逃難。畫面最前段為兩處民居特寫，一為通遠門豆花，一為坎上火鍋；上訴人作品七星崗呈狹長溝狀，通遠門只有兩堵城牆，金湯街上主要表現為廢墟和搶救，人物較少。被上訴人作品中部近景描繪的依次是紅十字救護，廢墟與清理，場景比較開闊，人物形態較豐富，光線充足；上訴人作品中部近景為廢墟和清理，人物較少，色彩較暗。被上訴人作品右下部分近景將十八梯隧道慘案移至此處，有十八梯，屍堆和救護，場地開闊；上訴人作品右下部分近景狹窄，左邊有一群人在一個窯洞前集會，右邊有幾門高射炮，一些軍人在射擊。被上訴人作品的中遠景展示了五三大轟炸、五四大轟炸等突出的歷史事件，對渝中半島主要的街道和人文地點進行了描繪；上訴人作品的中遠景突出從南紀門到儲奇門、望龍門直至朝天門沿長江一線的39個炸點。因此，兩幅作品在具體表現手法上不相同也不相似。」

3　本案二審判決書對兩造作品畫面細節處理之不同，亦有詳細描述謂：「被上訴人作品兩江呈八字形環抱，江水向西流，朝天門的位置與實際地理位置一致，在渝中半島的西北角，左邊江面更開闊，可以看見江面和岸上情景；上訴人作品兩江較狹窄，尤其左邊江面不明顯，右面江面呈之字型，江水向東流，朝天門的位置與實際地理位置不一致，在渝中半島的東北角。渝中半島部分雖然都體現了山城的丘陵形狀，但被上訴人作品平坦開闊，上訴人作品則陡峭一些，略呈『金字塔型』。對火、煙、雲及整個畫面色彩的處理有較大的不同，使作品的整體視覺效果差異很大。被上訴人作品中有較大面積的火光，強調爆炸和燃燒，天空中有大塊的雲，煙霧呈絮狀，基本呈黑色，向東漂浮，畫面以藍色為基調，光線較強；上訴人作品基本沒有火光，天空中沒有雲，煙霧呈大朵的棉花狀，基本呈白色，向西漂浮，畫面以黑白為基調，光線較暗。因此，兩幅作品在對細節的處理上是不相同也不相似的。」

二輪作品不構成對上訴人第一輪作品的剽竊侵權，上訴人的上訴理由不成立。

十二、本案案例評析

本案據稱為大陸首例美術作品畫稿著作權糾紛案，涉案兩造均為知名畫家。依據相關網站報導指出，原告高小華為重慶大學人文藝術學院教授，其創作之油畫《趕火車》曾以人民幣363萬元天價拍出；而被告陳可之則曾入選英國劍橋《世界名人錄》，人民大會堂重慶廳亦掛有其創作的油畫。二人均畢業於四川美術學院，亦均為當時知名「傷痕畫派」代表人物。本案兩造均因參加競標而創作《重慶大轟炸》畫作，原告認為被告畫作剽竊原告作品，但案經一、二審判決均認定被告不構成侵權，在最終駁回原告之訴確定後，被告陳可之將其系爭油畫《重慶大轟炸》捐獻給中國人民抗日戰爭紀念館收藏，而原告高小華的《重慶大轟炸》油畫則進駐大陸三峽博物館[4]。

本案係由三峽博物館指定要以日本飛機轟炸重慶之「重慶大轟炸」史實作為競標創作命題，而兩造作品構圖骨架基本相同，即均採用立足重慶市渝中半島的通遠門，以兩江環抱、大江東去、呈金字塔的創意來構圖，再加上當時日軍轟炸之歷史人事物情節呈現。判決在認定被告所畫之第二輪競賽畫作是否對創作在先之原告第一輪競賽畫作構成侵權時，基本上係遵循「接觸」及「實質相似」兩個要件而為逐一認定。但在判決確認被告因招標規則確實有「接觸」過原告作品且不排除有借鑒在先之原告作品創意後，判決則以極多之篇幅及詳細描述，認定本案兩造畫作之表現形式並不構成「實質相似」，被告無侵權。

由於本案涉及兩造美術作品表現形式是否相同之認定，為使兩相對造，茲引網站[5]上所提供之兩造作品如下：

4　引自中國知識產權雜誌網站http://www.chinaipmagazine.com/shuhuaip/InfoShow. asp?id=4781、陳可之官方網站http://artist.96hq.com/chenkezhi_1823/news/21763.html（2012/10/02）。

5　本案原告及被告雙方畫作作品，引自http://news.sina.com.cn/o/2004-10-24/07574017641s. shtml（2012/10/02）。

(一) 原告作品如下

(二) 被告作品如下

　　而本案二審判決之所以認定兩造作品表現形式不構成實質相似之理由，主要為：(1) 本案中之取景角度與構圖雖有相似，但客觀歷史事實或自然地理地貌等取景角度則屬公有領域，不受著作權保護，兩造均有權從這個角度進行繪畫創作。故在本案欲認定被告是否剽竊侵權原告作品，必須判斷被告作品是否複製了原告作品中具有獨創性的表達形式，而取景角

度不宜認定為著作權法保護的具有獨創性的表達形式。(2) 兩造作品在具體表現手法上並不相同，因為《重慶大轟炸》是依據三峽博物館之命題做畫，投標者均須對重慶被日本飛機轟炸的歷史進行表現，而要表現轟炸場面，兩造均不可缺少：飛機、死亡、逃亡、傷員救護、清理廢墟殘垣、救火、抵抗等場景要素，但儘管要素雷同，但本案判決詳細描述了兩幅作品在場景和內容的具體表現手法上存有諸多不同。(3) 本案判決亦詳細描述了兩幅兩造作品對細節處理之不同，包括對地平線、兩岸景致及兩江的角度和流向的處理上不同；對火、煙、雲及整個畫面色彩的處理不同，使作品的整體視覺效果差異很大。

　　由於本案兩造作品均涉及對於客觀史實事件之描繪，而非對虛擬事物進行憑空想像創作，因此在該歷史事件之人事物場景、重慶自然地理環境之角度選取上，法院認為此屬公有領域，將之歸於作品之素材與創意層次，非著作權保護之對象，即使在認定被告確有接觸及借鑒原告之創意下，因被告作品在其畫之各種具體表現與細節處理上均與原告作品存有諸多差異，被告作品仍應具有其獨創性之表現形式而不構成侵權。本案判決論述著作權乃保護作品之表現形式，不保護事實、構思等，並以不小之篇幅描述本案兩造作品具體表現形式上之不同與差異，其說理甚詳，立論亦屬正確。

　　此外，因本案原告係主張被告「剽竊」其作品，可順帶一提者，大陸著作權法有關著作權侵權行為之規定，除了著作權法第48條第1項之所謂行為人「未經著作權人許可，複製、發行、表演、放映、廣播、匯編、通過信息網路向公眾傳播其作品的」應承擔相關民事、行政或刑事責任規定外，另在第47條第5項亦有所謂「剽竊他人作品的」應承擔民事責任之規定。而由於前述擅自「複製」他人作品及擅自「剽竊」他人作品，行為人所應承擔之法律責任並不相同，即從責任看，前者可能涉及民事、行政或刑事責任，較為嚴重；而後者僅有民事責任。然而，兩者區別何在？有無做此侵權區分之必要？兩者有無重疊？按大陸著作權法第10條對於複製權已規定其定義，如在對權利範圍有明確規定下，理論上行為人未經同意擅自行使該權利即構成侵權，著作權法第48條第1項似無列舉「複製、發行、表演…」之必要。反而是何謂同法第47條第5項所定之侵權行為「剽

竊他人作品」，缺乏具體客觀定義。對於剽竊，學者有謂，剽竊是偷竊他人作品中那些具有個性的內容和思想，其行為常常是將他人的內容改頭換面，使之貌似自己的創作[6]。又有謂，剽竊他人作品是把別人的作品據為己有的侵權行為，剽竊他人作品只是將他人作品的各別部分和詞句略做更動，沒有創作性的勞動；有專家提出，「剽竊」他人作品與其他各項相比較，侵權行為的損害和影響要小一點，不宜追究行政與刑事責任[7]。由此觀之，剽竊之定義及範圍並非清楚，該「剽竊」是否包括對他人作品之全部複製、部分複製、改編（改作），又同法第48條第1項之「複製」是否包括對他人作品之部分複製等，都將影響行為人應承擔之責任。況且，如擅自複製或改編他人作品而被認定屬「剽竊」他人作品而據為己有，顯然不僅侵害著作權人之複製權或改編權，還會侵害署名權，其情節上似不比擅自複製輕，但卻僅需承擔較輕之民事責任而無行政或刑事責任。可見此一「剽竊」、「複製」相關侵權規定誠有檢討、釐清及調整空間。

6　韋之，著作權法原理，北京大學出版社，1998年4月，頁145。
7　胡康生主編，中華人民共和國著作權法釋義，法律出版社，2002年1月，頁194。

案例28：建築公司使用盜版軟體之侵權責任

Autodesk股份有限公司 v. 北京龍發建築裝飾工程有限公司

第一審：北京市第二中級人民法院（2003）二中民初字第6227號民事判決

第二審：北京市高級人民法院（2003）高民終字第1310號（雙方和解撤回）

一、案件程序

美商Autodesk股份有限公司（一審原告，二審被上訴人，下稱Autodesk公司）主張北京龍發建築裝飾工程有限公司（一審被告，二審上訴人，下稱龍發公司）侵害其電腦軟體著作權，提起民事訴訟，由北京市第二中級人民法院受理，一審判決龍發公司須停止侵權並負擔巨額賠償。龍發公司不服，提起上訴，由北京市高級人民法院受理，但被告在法院判決前就先與Autodesk公司達成和解，龍發公司因此撤回上訴。

二、案情摘要

原告Autodesk公司是3ds Max和AutoCAD系列電腦軟體著作權人。龍發公司是從事住宅及公用建築設計和施工的企業。2002年4月及2003年10月，北京市版權局執法人員兩次發現龍發公司設於北京的九個據點檢查該公司所使用的軟體，安裝使用盜版Autodesk公司的軟體共61套，予以行政處罰。2003年6月，Autodesk公司亦向法院申請對龍發公司的另外四個據點進行訴前證據保全，發現擅自安裝使用盜版軟體共33套。龍發公司總共安裝使用Autodesk公司的盜版軟體為：3ds Max3.0軟體2套、3ds Max4.0軟

體17套、3ds Max5.0軟體8套、AutoCad14.0軟體40套、AutoCad2000軟體27套，五種軟體總計94套。原告Autodesk公司主張被告龍發公司之行為侵害其著作權，請求依法判令被告：(1) 立即停止侵權行為；(2) 在《北京晚報》和《北京青年報》中縫以外非廣告版面上向原告公開賠禮道歉；(3) 賠償原告的經濟損失1,737,700元；(4) 賠償原告支出的翻譯費2,070元、工商查詢費180元、調查取證及律師費5萬元，共計52,250元；(5) 負擔本案全部訴訟費用。

又涉案軟體市場價格：3ds Max3.0為人民幣（以下同）18,800元，3ds Max5.0為24,000元，AutoCAD14.0為10,000元，AutoCAD2000為18,500元。而3ds Max4.0市價，法院參照本案其他價格證據，認定為21,400元。

三、一審判決結果

被告龍發公司侵害Autodesk公司的著作權，應：

(一) 自本判決生效之日起，即停止對原告Autodesk公司系爭五種電腦軟體著作權的侵權行為；

(二) 自本判決生效之日起30日內，就其侵權行為在《北京晚報》上向原告Autodesk公司賠禮道歉，以消除侵權不良影響（內容須經法院審核，逾期不執行，法院將在本市發行的一家報紙上公布判決主要內容，費用由龍發公司負擔）；

(三) 自本判決生效之日起10日內，賠償原告Autodesk公司經濟損失149萬元，為訴訟支出的合理費用32,250元；

(四) 駁回原告Autodesk公司的其他訴訟請求。

(五) 案件受理費18,968元，由被告龍發公司負擔。

四、一審訴訟爭點

(一) 美商Autodesk公司之電腦軟體是否受到大陸保護？

(二) 龍發公司主張盜版軟體是由該公司員工私自安裝使用，公司本身不知情，不具有主觀故意，是否有據？

(三) 如何決定賠償金額？

五、一審判決理由

(一) 美國和中國均為伯恩公約成員國，受到公約的「國民待遇原則」約束。根據《計算機軟件保護條例》第5條第3項規定，外國人的軟體，依照其開發者所屬國或者經常居住國與中國簽訂的協議或者共同參加的國際條約的規定而享有著作權。涉案之五種電腦程式為建築模型制圖及設計工具軟體，原告Autodesk公司已就該五種軟體在美國進行過版權注冊。原告為該五種軟體之著作權人，應當受大陸著作權法保護。

(二) 被告龍發公司是專業從事住宅及公用建築裝飾設計與施工的企業，其未經著作權人許可而擅自複製、安裝涉案五種建築模型製圖和設計工具軟件，用於經營並獲取利益，屬於商業使用。至於主觀故意部分，因龍發公司曾因侵權使用涉案軟體被北京市版權局行政處罰，其後仍繼續侵權行為，侵權故意十分明顯，應當承擔民事責任。

(三) 鑒於侵權使用軟體複製品給電腦軟體著作權人造成的損失，相當於著作權人正常許可使用或者銷售該軟體的市場價格，因此，以涉案五種軟體的市價為基準，綜合考慮被告將軟體用於商業目的的行為、主觀故意狀態、為侵權行為的方式和後果等因素，而確定被告應賠償金額。

六、二審上訴理由（龍發公司）及和解撤回

一審判決後，龍發公司不服判決，向北京市高級人民法院提出上訴。理由為：(1) 有些軟體雖安裝了，但並未使用，一審將此等軟體也認定侵權，事實不清。(2) 一審以正版軟件市場單價乘以被訴侵權軟體數量來確定賠償數額，無法律依據，適用法律錯誤。請求二審改判。

但二審期間，龍發公司又以其與Autodesk公司達成和解協議為由，申請撤回上訴。

七、本案案例評析

(一) 有關大陸電腦軟體之著作權登記制度

　　緣大陸1991年舊《計算機軟件保護條例》第24條規定:「向軟件登記管理機構辦理軟件著作權的登記,是根據本條例提出軟件權利糾紛行政處理或者訴訟的前提。軟件登記管理機構發放的登記證明文件,是軟件著作權有效或者登記申請文件中所述事實確實的初步證明。」依此,軟體著作權登記雖非著作權取得要件,但卻為在對軟體權利糾紛進行行政處理或提出訴訟之前提要件。而由於此對外國軟體著作權人之保護而言,顯有違伯恩公約之自動保護原則。故大陸在1992年加入伯恩公約之同時,國務院即於1992年9月制定施行之《實施國際著作權條約的規定》第7條規定:「外國計算機程序作為文學作品保護,可以不履行登記手續」,然而此一「超國民待遇」又顯對內國人民不公。因此,實際執行上,1993年12月最高人民法院乃發布《關於深入貫徹執行〈中華人民共和國著作權法〉幾個問題的通知》規定:「凡當事人以計算機軟件著作權糾紛提起訴訟的,經審查符合《民事訴訟法》第108條規定的,無論其軟件是否經過有關部門登記,人民法院均應予受理」[1],此一最高法院通知等於實質上取消了上述1991年舊法第24條要求提出訴訟須先登記之規定。而其後,2002年1月1日所施行修改後的現行《計算機軟件保護條例》則乾脆將該強制登記規定廢除,即現行《計算機軟件保護條例》第7條規定:「軟件著作權人可以向國務院著作權行政管理部門認定的軟件登記機構辦理登記。軟件登記機構發放的登記證明文件是登記事項的初步證明。」因此,目前現行法下,已不再將辦理登記作為提起行政處理或訴訟之前提要件,改成自願登記制度。

　　本案之原告Autodesk公司乃美國公司,而美國及大陸均為伯恩公約成員國,依現行《計算機軟件保護條例》第5條第3項規定,其著作權仍受該條例之保護。其次,原告就其享有著作權之系爭五種電腦軟體雖僅於美國辦理著作權登記,而未於大陸辦理登記,但依上所述,仍可於大陸提出侵

1　引自李明德、許超著,著作權法,頁269,法律出版社,2009年7月。

權訴訟。

(二) 有關被告商業使用盜版軟體之侵權責任

　　本案涉及終端使用者使用盜版軟體之責任，由於對於軟體的使用必須安裝於電腦，涉及複製行為。而《計算機軟件保護條例》第24條規定：「除著作權法、本條例或者其他法律、行政法規另有規定外，未經軟件著作權人許可，有下列侵權行為的，應當根據情況，承擔停止侵害、消除影響、賠禮道歉、賠償損失等民事責任；……(一)複製或者部分複製著作權人的軟件的」，被告未經授權安裝使用原告系爭軟體是否構成侵權，首先必須看被告是否有相關著作財產權限制規定（法定例外或合理使用）之適用。

　　對於軟體之著作財產權限制規定方面，主要是現行計算機軟件保護條例第16條及第17條之規定。第16條規定：「軟件的合法複製品所有人享有下列權利：(一) 根據使用的需要把該軟件裝入計算機等具有信息處理能力的裝置內；(二) 為了防止複製品損壞而製作備份複製品。這些備份複製品不得通過任何方式提供給他人使用，並在所有人喪失該合法複製品的所有權時，負責將備份複製品銷毀；(三) 為了把該軟件用於實際的計算機應用環境或者改進其功能、性能而進行必要的修改；但是，除合同另有約定外，未經該軟件著作權人許可，不得向任何第三方提供修改後的軟件。」第17條則規定：「為了學習和研究軟件內含的設計思想和原理，通過安裝、顯示、傳輸或者存儲軟件等方式使用軟件的，可以不經軟件著作權人許可，不向其支付報酬。」而本案中，被告並未提出證據證明其為所查獲總計94套軟體之「合法複製品所有人」，顯然系爭軟體可能全來自未經授權複製之盜版軟體或者僅曾購買1套或少數正版軟體卻超出範圍擅自安裝在共94台電腦中，顯然無上述第16條第(一)項合法重製物所有人安裝規定之適用。此外，被告龍發公司為專業從事住宅及公用建築裝飾設計與施工的企業，其未經著作權人許可而擅自複製、安裝涉案五種建築模型制圖和設計工具軟體，乃用於業務經營並獲取利益，屬於商業使用，此亦顯無上述第17條為研究學習軟體規定之適用。

　　另由於對於電腦軟體終端用戶安裝使用盜版軟體應負擔何種責任存有

爭議。2002年最高人民法院公告施行之《最高人民法院關於審理著作權民事糾紛案件應用法律若干問題的解釋》第21條對此特別規定：「計算機軟件用戶未經許可或者超過許可範圍商業使用計算機軟件的，依據著作權法第四十七條第(一)項、《計算機軟件保護條例》第二十四條第(一)項的規定承擔民事責任。」依此，最高法院強調終端用戶如為商業目的而使用盜版軟體或為超出範圍之使用，將依照著作權法及軟件保護條例關於複製侵權行為負擔民事責任。

　　至於被告公司主張由該公司員工私自安裝使用，公司本身不知情，不具有主觀故意乙點，亦無法採信。因為被告公司曾因侵權使用涉案軟體被北京市版權局行政處罰過，卻仍繼續侵權行為，不能謂無侵權故意。且系爭軟體顯然為被告經營設計繪圖之業務及活動所必須，即使是被告員工所安裝，除有相反證據，否則被告公司長期容任員工大量安裝使用系爭盜版軟體，顯亦不違反被告公司意志並屬實現被告公司利益之職務行為，參之大陸民法通則第43條規定：「企業法人對它的法定代表人和其他工作人員的經營活動，承擔民事責任」之規定，被告本案之主張顯不可採。

案例29：非法改作之作品是否受到保護

 龔凱杰 v. 浙江泛亞電子商務有限公司、王蓓

第一審（終審）：上海市浦東新區人民法院（2007）浦民三（知）初字
第120號民事判決

一、案件程序

　　龔凱杰（原告）主張浙江泛亞電子商務有限公司（被告，下稱泛亞公司）與王蓓（被告）侵害原告的著作權，提起民事訴訟，由上海市浦東新區人民法院受理，判決泛亞公司和王蓓確有侵權。本件一審判決後，因兩造均未上訴而告確定。

二、案件摘要

　　台灣信樂團歌手阿信所演唱之流行歌曲《死了都要愛》，作曲者為Yoo Hae Jin，作詞者為Lee Hyun Kyu。2007年4月，本案原告龔凱杰以自身進出股市經驗，根據《死了都要愛》曲調重新填寫改編成《死了都不賣》（經比對，龔版《死了都不賣》與《死了都要愛》原歌詞總字數均為189字，其中83個字相同，兩者每句的字數相同，但內容分別為炒股和愛情）發表在網路上。2007年5月，龔凱杰請被告王蓓演唱這首歌，王蓓演唱後將錄音檔案傳給龔凱杰，龔凱杰發表在自己的個人網站上。《死了都不賣》這首歌開始大紅，列名在谷歌和百度搜索熱門關鍵詞中。作詞者龔凱杰和演唱者王蓓也開始接受媒體訪問，王蓓在多次採訪過程當中均有說明是龔凱杰作詞，交由她演唱。

　　泛亞公司此時尋求與王蓓合作，王蓓修改龔版歌詞（經比對，龔版《死了都不賣》和王版《死了都不賣》歌詞內容均為炒股，總字數均為189字，其中23個字不同），並將《死了都不賣》歌詞授權給泛亞公司使

用。泛亞公司將王蓓演唱王版歌詞的錄音檔案放到該公司經營的娛樂基地網站，提供系爭歌曲試聽、下載、手機鈴聲等。欲從該網站下載系爭歌曲相關檔案，須使用該網站的通行貨幣「豆豆」。獲得「豆豆」的方式有：註冊為該網站會員而獲贈一定數量的豆豆，參與網站上活動獲得豆豆，或透過收費簡訊儲值、銀行卡儲值等方式購買豆豆。

龔凱杰認為王蓓和泛亞公司未經他的授權就擅自利用他所創作的歌詞，上述利用行為侵害原告的署名權、修改權、保護作品完整權、改編權、表演權、信息網路傳播權、複製發行權、獲得報酬權，請求法院判令停止侵權、賠禮道歉、賠償經濟損失人民幣40萬元、精神損害撫慰金5萬元、維權費用等。

三、被告抗辯理由

(一) 泛亞公司部分

1. 《死了都不賣》的歌詞抄襲《死了都要愛》的歌詞，句式結構與字數相同，只是將內容從愛情改成股票。《死了都要愛》原詞曲作者並未授權給龔凱杰。因此，龔凱杰主張的歌曲係侵權作品，不具有著作權，不應受保護。

2. 《死了都不賣》走紅是因為原曲《死了都要愛》旋律優美，歌手名氣響亮，又因為改編歌詞內容搭上中國股市熱烈，歌手王蓓成功演繹，並不是僅僅是因為原告改詞成功。

3. 泛亞公司經營的娛樂網站傳播《死了都不賣》，並未收費，並未從中獲利。龔凱杰本身也是選擇免費傳播系爭歌詞，並未要求對作品以任何方式進行保護，故被告的傳播並不使原告蒙受損失。

(二) 王蓓部分

《死了都不賣》的歌詞抄襲《死了都要愛》的歌詞，故王蓓和龔凱杰都不擁有著作權。

四、判決結果

(一) 被告泛亞公司、王蓓停止對原告龔凱傑《死了都不賣》文字作品
　　著作權的侵權行為；
(二) 被告泛亞公司、王蓓于本判決生效後30日內在被告泛亞公司的娛
　　樂基地網站首頁顯著位置連續30日刊登書面啟事，共同向原告龔
　　凱傑賠禮道歉（書面啟事的內容及刊登位置須經本院審核，面積
　　不小於7×9cm），若不履行此義務，本院將在國內公開發行的
　　報紙上公布本判決，費用由兩被告承擔；
(三) 被告泛亞公司、王蓓于本判決生效後7日內共同賠償原告龔凱傑
　　經濟損失人民幣15,000元。

五、訴訟爭點

(一) 原告之龔版《死了都不賣》歌詞係改編自《死了都要愛》，是否
　　具有獨創性而成為受著作權法保護的作品？
(二) 即使原告系爭歌詞具有獨創性而受保護，但其歌詞未經授權改編
　　自《死了都要愛》原曲，此侵權歌曲的著作人是否仍可以主張受
　　保護？
(三) 被告是否侵權？及其應負責任為何？

六、判決理由

(一) 原告系爭歌詞具有獨創性，受著作權法保護

　　獨創可以是從無到有的獨立創作，也可以是在他人作品的基礎上創
作，但發揮智力創造性，使之與原作品之間存在客觀上容易識別的差異，
因此構成新的作品。原告根據其自己的炒股經歷和對股票市場的認識而
作的《死了都不賣》歌詞，與《死了都要愛》原歌詞相比，主題內容都
不同，文字表達上存在相當差異，客觀上足以認定為兩個不同文字作品。
因此原告之《死了都不賣》已達到著作權法所規定的獨創性要求，應受保
護。

(二) 侵權歌曲著作權人仍可在自己作品遭他人侵權時主張權利

　　原告之《死了都不賣》歌詞雖未經授權即利用《死了都要愛》詞曲，但兩被告並非《死了都要愛》的權利人，原告對於《死了都要愛》歌詞是否構成侵權，不在此案的審理範圍內。即使原告歌詞與《死了都要愛》歌詞之間存在侵權嫌疑，也是原告與《死了都要愛》歌詞作者之間的關係，且這只可能影響到原告利用作品，但並不影響原告在自己作品被侵權時向他人主張權利。原告利用《死了都要愛》樂曲，應自行處理與原曲作者之間的權利關係，未經作曲者許可，不得利用改填詞後的歌曲。但這同樣不影響原告就其創作的文字作品在被他人侵權時主張保護的權利。

　　至於兩被告以原告作品侵犯他人著作權為由引據《著作權法》第4條認為原告作品不應受法律保護問題，本院認為，該條規定「依法禁止出版、傳播的作品，不受本法保護」，主要是指因內容違反法律、宣揚色情、暴力、封建迷信等而被禁止出版、傳播的作品，並非指可能涉嫌侵犯他人著作權的作品。故兩被告關於原告作品不受著作權法保護的主張，本院不予採納。

(三) 被告的行為構成侵權

　　王蓓修改原告之《死了都不賣》歌詞後授權給予泛亞公司在網路上作商業利用，並掛名作詞人。但王版歌詞與原告之龔版歌詞幾無差異，構成抄襲，不是新的作品。因此，王蓓侵害龔凱杰版歌詞的署名權、修改權、表演權、信息網路傳播權、獲得報酬權。

　　泛亞公司是在原告發表系爭歌詞之後才與王蓓接觸，其間已有大量媒體報導和採訪，泛亞公司應該相當了解《死了都不賣》歌詞創作情形。但泛亞公司仍未經原告授權就利用系爭歌詞，將整理演唱後的檔案放到商業網站上散布，侵害原告作品的署名權、表演權、信息網路傳播權、獲得報酬權。

　　原告雖主張王蓓侵害原告的保護作品完整權。但保護作品完整權主是係指保護作品不受歪曲竄改，且有可能導致作者聲譽受到損害，才構成侵害保護作品完整權。王版《死了都不賣》對龔版《死了都不賣》歌詞作的

修改極其細微，表達的觀點、抒發的感情都基本相同，不存在故意改變真相造成曲解的情況，不致對作者的聲譽造成損害。其次，原告主張兩被告侵害其作品複製權部分，因原告無法舉證兩被告除了前述網路散播之外還有進行何種複製行為，而法院已經確認前述兩被告之網路散播行為侵害原告的信息網路傳播權，不再另外認定複製權遭侵害。

(四) 兩被告應共同負擔停止侵權、賠禮道歉、賠償經濟損失的民事責任

關於經濟損失之賠償，兩被告抗辯系爭歌曲是免費傳播，而龔版原來也是免費傳播，故無獲利問題。但泛亞公司經營的網站是商業網站，營利模式綜合多樣，系爭歌曲與網站其他營利行為是個整體，故足以認定泛亞公司網站散播系爭歌曲的行為屬於商業性質。

原告請求精神撫慰金。精神撫慰金是在侵權行為導致權利人承受較大的負面社會影響，且權利人無法透過侵權人停止侵權、消除影響、賠禮道歉的方式得到撫慰的情形，方才適用。本案並無此情形，故不適用。

七、本案案例評析

本案主要爭點為未經原作者授權而改編創作之演繹作品（相當於我國之衍生著作），是否受到著作權保護？演繹作品之創作者能否對侵害其演繹作品之第三人提出訴訟？此問題，在各國規定及見解各有不同，採肯定說及否定說者皆有。而在大陸之本案判決中，明顯即採肯定說。

有關衍生著作得否享有著作權，是否應以適法改作為前提乙點。如觀之國際公約，即伯恩公約（1971年巴黎修正條款）第2條第3項規定：「翻譯、改作、編曲及文學著作或藝術著作之其他變換，與原著作享有相同之保護，惟其保護對原著作之著作權不生影響。」（Translations, adaptations, arrangements of music and other alterations of a literary or artistic work shall be protected as original works without prejudice to the copyright in the original work.）而世界智慧財產組織（WIPO）之伯恩公約指南中，僅規定除了原作已屬於公共領域外，對原作加以改作，須得原作作

者之同意[1]；但就倘未得原作作者同意之改作，其衍生著作是否仍可享有著作權，該指南則未加以說明。然有學者認為，所謂公約中「without prejudice」一語，不問改作物之原創性如何，除非認定有合理使用情況，否則可以推論為未得原著作之著作人授權之改作物，不得享有著作權[2]。

　　我國昔日之著作權法主管機關內政部著作權委員會為澄清此點疑義，曾委請經濟部國際貿易局向WIPO主管著作權業務參事Mr. Hannu Wager查詢，國貿局函覆轉來W氏意見表示：「依照伯恩公約第二條第三項及第五項規定，未經原著作權人授權而完成之衍生著作及編輯著作，固然在其完成過程涉及侵害他人之著作權，但只要其內容具有原創性，其原創性部分即受著作權之保護。至於美國法律規定有所不同部分，W氏指出：一九九六年七月二十二日至二十五日之著作權審查會議中，部分國家曾提出此一問題，被質疑之國家中，紐西蘭、澳洲、南非等數國採肯定說，認為未經原著作權人授權而完成之衍生著作及編輯著作，其原創性部分仍受保護；但美國則採否定說。有關前述兩種立法例，是否均符合伯恩公約乙節，W參事以秘書處不便對個別會員國之規定發表意見為由，而婉拒評論」[3]。足見伯恩公約第2條第3項規定，國際學者亦有不同解釋。

　　國際上各國立法例，對於未經適法改作之衍生著作採不予保護之否定說者，主要為美國法。美國1976年著作權法第103條(a)規定：「第102條所規定之著作權客體，包含編輯著作及衍生著作。但對使用享有著作權之已有資料而創作之著作之保護，不及於該作品中非法使用此項資料之任何部分。」（The subject matter of copyright as specified by section 102 includes compilations and derivative works, but protection for a work employing preexisting material in which copyright subsists does not extend to any part of the work in which such material has been used unlawfully.）依此，美國法明顯拒絕透過著作權之保護給予侵權者利益，故未經授權而對他人

1　WIPO, Guide to the Berne Convention for the protection of Literary and Artistic Works, Paris Act, 1971, 2.16.
2　Sam Ricketson & Jane C. Ginsburg , International Copyright and neighbouring Rights, The Berne Convention and Beyond ,Volume. Ⅰ , 483-484(2006).
3　引自羅明通：著作權法論，第一冊，頁242至243，2009年9月版。

小說加以翻譯，除非原作小說為公共財產，否則因此翻譯完成之小說，全部不予保護[4]。

　　至於對於未經適法改作之衍生著作，採仍應保護之肯定說者，如德國法。在德國法，衍生著作之產生並不依賴原著作之著作人之同意，僅衍生著作之發表與利用，須得原著作之著作人之同意。換言之，衍生著作之利用，須得原著作著作人同意，但如原著作著作人未同意衍生著作之利用，衍生著作之著作人仍可禁止他人利用衍生著作[5]。另如日本法，原在舊法時代（明治32年／1899年），由於著作權法在某些條文中，例如著作權法第14條編輯著作物、第22條異種複製、第23條第3項以寫真對美術著作之複製等，均明定應具備適法（合法）編輯或重製之要件，然此外之其他條文則未有此要件之明文規定，導致對二次著作物之適用上欠缺統一性[6]，因此日本1970年修正之現行法即全面廢除特定條文中之「適法」要件。而修正後之現行著作權法第2條第1項第11款、第11條及第28條，既已刪除前述1899年舊法之「適法」前提要件，則衍生著作之著作人，未得原權利人之授權，除有合理使用及保護期間已屆滿等情形外，係侵害原著作之著作人之權利，但雖侵害權利，通說仍認為衍生著作仍有著作權[7]。

　　我國對此問題，在司法判決見解上並不一致，有採肯定說者[8]，亦有採否定說者[9]，而著作權主管機關則採肯定說[10]。至於中國大陸著作權法

4　1976 Act House Reporter, Sec.103; Melville B. Nimmer & David Nimmer, Nimmer on Copyright,Vol. Ⅰ, 3-34.31-34.32, Vol.8.App.4-22 to 4-23 (2005).

5　Manfred Rehbinder著，張恩民譯，著作權法（Urheberrecht），頁162-163，法律出版社，2005年1月。另見蔡明誠：「網際網路智慧財產權問題」，台灣法學會學報，民國87年11月，頁240。

6　中山信弘：著作權法，有斐閣，2007年10月，頁127。

7　半田正夫：著作物の利用形態と權利保護，頁137；中川善之助‧阿部浩二：改訂著作權，頁57，第一法規株式會社，昭和55年；半田正夫‧松田正行：著作權法コンメンタール，第一冊，頁579、581，勁草書房，2009年1月30日。

8　例如台灣高等法院88年度上訴字第4362號判決謂：「丁○○就系爭VGA卡電路板線路圖，縱有未經美國S3公司之授權，即參考其公版加以改作成新的電路圖，然依著作權法第六條第一項之規定，仍屬衍生著作，為一新的著作，自受著作權法之保護。至其未經授權使用部分，有無侵害他人著作權，係另屬一事，與其改作後所享有之著作權無涉。」

9　例如：台灣台北地方法院檢察署84年度偵字第2557號不起訴處分書、台灣高等法院83年度上訴字第5996號判決、最高法院85年台上字第2762號刑事判決及最高法院87年台上字第1413號民事判決等，均認為未經原著作權人同意所進行之改作，係侵害原著作權人之改作權，其因此產生之著作，應不受著作權法之保護。

10　內政部84年01月27日台(84)內著會發字第8401635號函及經濟部智慧財產局93年09月21日

就演繹作品僅於大陸著作權法第12規定：「改編、翻譯、註釋、整理已有作品而產生的作品，其著作權由改編、翻譯、註釋、整理人享有，但行使著作權時，不得侵犯原作品的著作權。」此一規定，並未直接規定未得原作之著作人同意，演繹作品是否享有著作權？學者對此，討論不多。但少數有論及者，多認為未經許可演繹他人作品產生之演繹作品，雖係對原作著作為侵權，但因演繹作品非對已有作品抄襲或複製，其本身亦為創作活動之產物，故應享有著作權[11]。

　　而本案判決亦採肯定說，認定原告之歌詞雖係未經授權改編自他人之原作歌詞，但原告對於原作是否構成侵權，只影響到原告利用作品，而並不影響原告在自己作品被侵權時向他人主張權利。此事實上如依據大陸著作權法第12規定但書，即衍生著作著作權人「行使著作權時，不得侵犯原作品的著作權」之規定，亦應可做如是之解釋。蓋從該條文前後文觀之，既曰「行使著作權」，理論上應先產生著作權，始能行使。而採肯定說亦較為合理，除為大多數國家所採之見解外，因著作權乃私權，如未經授權即改作他人原作，僅須使該改作者可能負擔侵權之責任即足以平衡，似無須強使該改作之著作不享有著作權，否則如原作權利人不願主張或事後授權，對於從事改作創作之改作者仍不能享有著作權，亦非公平。況如翻譯之改作行為，亦常涉及是否合理使用之判斷、或者翻譯之初確符合個人目的之合理使用，如事後必須仰賴當初及其後之利用是否合理使用之判斷，才能認定翻譯者是否享有衍生著作權，亦將使權利之成立或事後喪失與否均陷於不穩定之狀態，而徒生困擾。

智著字第0930007542-0號函，均認為未經原著著作權人同意即予改作，該改作後之衍生著作仍受著作權法之保護。

11 唐德華、孫秀君主編：著作權法及配套規定新釋新解，頁155，人民法院出版社，2003年。另可參曲三強著：現代著作權法，北京大學出版社，2011年9月，頁85，亦有類似見解。

案例30：電視台播放愛國影片是否 為合理使用

　國家廣播電影電視總局電影衛星頻道製作中心 v. 中國教育 電視台

第一審：北京市海淀區人民法院（2006）海民初字第8877號民事判決
第二審：北京市第一中級人民法院（2006）一中民終字第13332號

一、案件程序

　　國家廣播電影電視總局電影衛星頻道製作中心（一審原告，二審被上訴人，下稱電影頻道中心）主張中國教育電視台（一審被告，二審上訴人，下稱教育電視台）侵害其著作權，提起民事訴訟，由北京市海淀區人民法院受理，判決被告侵權。教育電視台不服判決上訴至北京市第一中級人民法院，二審法院判決駁回上訴，維持原判。

二、案情摘要

　　電影頻道中心與中國人民解放軍八一電影製片廠聯合攝製了電影《沖出亞馬遜》，且約定為該《沖出亞馬遜》影片的著作權人。《沖出亞馬遜》於2002年上映，在本案前已發行DVD。系爭影片內容是宣揚中國的愛國情懷，曾榮獲多項獎項，2004年並根據中國中宣部、國家教委、廣播電影電視部、文化部等聯合發出之辦法，被列入優秀愛國主義教育影片推薦名單之一，供各地中小學選用播放。

　　教育電視台是中國全國性公共電視台，許多遠距教學和教育性節目均於此台播放。該台於2005年9月未經電影頻道中心同意就播放此片，並有穿插廣告。電影頻道中心遂提告。教育電視台一審主張其播放系爭影片行為，依大陸著作權法第22條第1款第(6)項，屬於教育教學行為公益性使用

之合理使用。二審又另主張同法第22條第1款第(7)項之公務使用之合理使用。

三、一審判決結果

(一) 教育電視臺未經電影頻道中心許可，不得再行播放《沖出亞馬遜》；

(二) 教育電視臺給付電影頻道中心經濟損失及訴訟合理支出共計5萬元；

(三) 駁回電影頻道中心的其他訴訟請求。

四、一審訴訟爭點

教育電視台播放系爭影片的行為是否屬於大陸著作權法第22條第1款第(6)項所定之合理使用？

五、一審判決理由

(一) 教育電視台播放系爭影片的行為不屬於合理使用

1. 大陸著作權法第22條第1款第(6)項所規定的學校課堂教學，專指面授教學，不適用於函授、廣播、電視教學。即使系爭播放行為是教育目的，亦不在著作權法第22條所列的12種合理使用情形之內。

2. 從目的上看，系爭影片確為有關部門推薦之愛國主義教育影片，但教育電視台播放該片過程中穿插多處廣告，其播放行為有一定的商業目的。

3. 從對著作權人經濟利益影響來看，認定合理使用的前提應不能損害權利人的經濟利益，包括不能造成權利人實際的經濟損失，及不能影響權利人在潛在的市場獲得的經濟利益。教育電視台是全國性電視台，其播放系爭影片並附帶播放廣告的行為會降低電影頻道中心利用該片獲取經營收入的可能。

(二) 賠償金額之酌定標準

1. 系爭影片曾經多次獲獎，知名度極高；
2. 教育電視臺播放電視教育等節目具有較高收視率，潛在觀眾數量多；
3. 可根據教育電視臺公布的廣告價格表內相同時間其他節目報價及價格計算規則作為認定電影頻道中心損失額之參考；
4. 該片2002年上映發行，電影頻道中心已播放過該片，有關單位亦已出版發行了DVD，加以該片於2004年即被推薦為愛國主義教育影片，故該片大多數潛在觀眾應已通過合法途徑觀看了該片，教育電視臺於2005年9月播放該片，對電影頻道中心的影響應有所降低；
5. 教育電視臺播放該片前，電影頻道中心即知悉了播放時間，其本有充裕的時間採取措施阻止教育電視臺播放，以避免損失的產生或擴大，但電影頻道中心僅收集證據，明顯怠於行使上述權利。

六、二審上訴人（教育電視台）上訴理由

(一) 教育電視臺播出系爭影片是進行愛國主義教育的公益行為，為合理使用

1. 教育電視臺播出的主體節目是遠程教育節目、廣播電視大學函授教學、空中課堂等教育節目，其公益性不容置疑。
2. 系爭影片是黨和有關部門確定的百部愛國主義影片之一，教育電視臺播出該片是貫徹中央及政府精神，不具有營利的商業目的。
3. 教育電視臺播出該片的週末影院收視率始終不高，未獲收益。
4. 在原有的播出計劃中已預先安排播放廣告，預先安排的廣告無法變更，故廣告不是依附於該片播出的。
5. 該片於2002年上映，教育電視臺現在播教該片不會對電影頻道中心的經濟利益造成影響。

(二) 教育電視臺播出系爭影片屬於執行公務行為，為合理使用

1. 根據國情「執行公務」的主體除了國家機關以外，還應當包括黨的機關和承擔黨和國家機關賦予職能的事業單位。

2. 播放愛國主義影片只能通過包括教育電視臺在內的大眾傳媒才能完成，如此行為不屬於執行公務，則全國的新聞媒體均會受到影響。

3. 教育電視台提出中央國務院「關於近一步加強和改進大學生思想政治教育的意見」（2004）和教育部印發「中國教育電視台機構改革實施方案」（2005）等資料，以證明教育電視台播放系爭影片是執行公務並貫徹愛國主義教育的行為。

七、二審判決結果

駁回上訴，維持原判。

八、二審訴訟爭點

教育電視台播放系爭影片是否屬於大陸著作權法第22條第1款第(6)、(7)項所規定的合理使用行為？

九、二審判決理由

按國家機關為執行公務在合理範圍內使用已經發表的作品，為學校課堂教學或者科學研究，翻譯或者少量複製已經發表的作品，供教學或者科研人員使用，未出版發行的可以不經著作權人許可，不向其支付報酬，但應當指明作者姓名、作品名稱，並且不得侵犯著作權人依照本法享有的其他權利。從該條的立法本意看：

(一) 所述的「國家機關」是特指法定的具有公共事務管理職能的國家機構，「執行公務」則是指執行與國家機關的法定職能直接相關的事務，不能擴大解釋。教育電視臺並非執行法定的管理職能的國家機關，其播放系爭影片既不是執行與法定職能直接相關的事務，也不屬於執行政府行政指令的行為。

(二) 教育電視臺貫徹黨的方針政策與遵守著作權法的規定並實現「鼓勵有益於社會主義精神文明、物質文明建設的作品的創作和傳播」的立法宗旨是不應相牴觸的。

(三) 弘揚愛國主義精神、繼承發展中華民族的傳統美德等都屬於社會主義精神文明建設範疇，但這並不意味著廣播電臺、電視臺、報刊雜誌社、出版社、網站等媒體均可以在不經得作者同意，不支付報酬的情況下隨意使用這些題材的作品，否則將不利於對著作權的保護。

(四) 教育電視臺承認播放系爭影片時播放了廣告，也證明其具有經營性質，而不是單純的公益行為，故播放該片非合理使用範疇。

(五) 此外，教育電視臺在其「週末影院」欄目中播放系爭影片，不屬於著作權法第22條第1款第(6)項規定的課堂教學範圍。

十、本案案例評析

　　本案被告教育電視台在其「週末影院」時段未經同意即播放原告享有著作權之宣揚愛國情懷之《沖出亞馬遜》電影，並有穿插廣告。而教育電視台為大陸全國性公共電視台，許多遠距教學和教育性節目均於此台播放。故被告教育電視台主張其播放系爭影片行為為合理使用，其主張之依據為大陸著作權法第22條第1款第(6)項屬於教育教學行為公益性使用之合理使用，以及該條款第(7)項之公務使用之合理使用。一、二審法院判決都認定被告播放影片行為不構成合理使用，而屬侵權行為。

　　按大陸有關合理使用之規定，係規定在著作權法第22條，總共包括12種情形。本案被告主張系爭影片是黨和有關部門確定並推薦的愛國主義影片，其播出該片是進行愛國主義教育的公益行為，符合著作權法第22條第1款第(6)項（以下簡稱本項）規定，即：「在下列情況下使用作品，可以不經著作權人許可，不向其支付報酬，但應當指明作者姓名、作品名稱，並且不得侵犯著作權人依照本法享有的其他權利：……(六)為學校課堂教學或者科學研究，翻譯或者少量複製已經發表的作品，供教學或者科研人員使用，但不得出版發行」。而法院不採被告此一主張之理由，則為

本項所規定的學校課堂教學，專指面授教學，不適用於函授、廣播、電視教學。針對此點，學者也認為本項不包括函授、廣播電視、網路之遠程教育[1]。然而，除此之外，實際上，本案之行為根本與本項無關。首先，本項所容許之合理使用行為僅限「翻譯」或者「少量複製」行為，不及於本案之電視播送（廣播）行為。其次，學者認為本項之使用人僅限於「教學人員」及「科研人員」、使用目的僅限為了課堂教學和科學研究，不得用於學生的學習使用[2]。可見，本案被告在電視台之週末影院時段對公眾播放系爭電影影片，並不符合本項所定情形。

又，被告在二審時亦另主張著作權法第22條第1款第(7)項（以下簡稱本項）合理使用規定，即：「在下列情況下使用作品，可以不經著作權人許可，不向其支付報酬，但應當指明作者姓名、作品名稱，並且不得侵犯著作權人依照本法享有的其他權利：……(七) 國家機關為執行公務在合理範圍內使用已經發表的作品」。而法院亦不採被告此一主張，其理由主要係認為，本項所述的「國家機關」是特指法定的具有公共事務管理職能的國家機構，「執行公務」則是指執行與國家機關的法定職能直接相關的事務，不能擴大解釋。而被告教育電視臺並非執行法定的管理職能的國家機關，其播放系爭影片既不是執行與法定職能直接相關的事務，也不屬於執行政府行政指令的行為。關於本項，學者認為本項之國家機關係指立法、行政、司法、法律監督、軍事機關，且使用他人作品行為必須與執行公務有關[3]，國家機關不包括任何全民所有制企事業單位[4]。因此，本案被告顯非國家機關，其在電視台之週末影院時段對公眾播放系爭電影影片，且播放時尚穿插著廣告，此確實不可能為執行公務行為，不符合本項所定情形。

1　劉春田：《知識產權法》，中國人民大學出版社，2009年8月，頁129。馮曉青：《著作權法》，法律出版社，2010年9月，頁165。李明德、許超：《著作權法》，法律出版社，2009年7月，頁99。但應注意的是，與大陸著作權法第22條第1款第6項所定類似之情形，在2006年制定施行之《信息網路傳播權保護條例》第6條第3項亦定有可透過網路提供之合理使用規定。

2　劉春田：《知識產權法》，中國人民大學出版社，2009年8月，頁129。

3　劉春田：《知識產權法》，中國人民大學出版社，2009年8月，頁129。馮曉青：《著作權法》，法律出版社，2010年9月，頁165。李明德、許超：《著作權法》，法律出版社，2009年7月，頁99。

4　馮曉青：《著作權法》，法律出版社，2010年9月，頁165。

此外，雖然大陸著作權法第22條定有12種合理使用行為，然依據大陸《著作權法實施條例》第21條規定：「依照著作權法有關規定，使用可以不經著作權人許可的已經發表的作品的，不得影響該作品的正常使用，也不得不合理地損害著作權人的合法利益」，此乃伯恩公約第9條第2項、TRIPS第13條、WCT第10條第1項等國際著作權公約中有關著作權限制及例外一般規定之「三步檢驗（three-step test）原則」之體現。因此，大陸著作權法中雖然已定有12種合理使用情形，但該12種合理使用情形，仍然應符合上述《著作權法實施條例》所明文之國際公約「三步檢驗原則」。有學者即指出，屬於著作權法第22條所規定的12種具體情形之一，僅是符合了「三步檢驗原則」的第一步，亦即對他人作品的使用是符合「特定情形」，至於其使用情形是否構成合理使用，仍應再通過「三步檢驗原則」之第二步與第三步的檢驗，亦即不得與作品的正常使用相衝突，亦不得不合理地損害著作權人的合法權益[5]。

大陸著作權法並無如美國著作權法第107條或我國著作權法第65條之以四款基準判斷是否合理使用之獨立規定，具體個案是否為合理使用，理論上必須看是否符合著作權法第22條所定該12種合理使用行為。而本案被告將他人電影之全部內容於週末電影時段播出，且有穿插廣告。不僅其播放行為顯為提供公眾娛樂欣賞，不符合著作權法第22條所規定之12種特定情形，且因其播放內容是影片全部，並非少量引用之情形，使用的質量已不合理。況其又獲有廣告收益，而具有一定之商業目的。再者，原告與被告均為面向全國之電視台播放媒體，原告身為系爭影片著作權人，透過播放系爭影片，本可獲取一定之經濟收益，其擅自播放系爭影片並附帶播放廣告之行為，非但與原告作品正常使用相衝突，且顯然降低了原告利用該片獲取經營收入的可能，對於原告之潛在市場產生不利影響。此情形，不論依美國著作權法第107條或我國著作權法第65條之四款合理使用判斷基準加以檢視，恐均無法通過。而本案明顯不符合大陸上述《著作權法實施條例》第21條所明文之國際公約「三步檢驗原則」，而本案判決未引據該條要件加以論斷亦稍有瑕疵。

5　參見李明德、許超：《著作權法》，頁101。

第貳篇

中國大陸著作權法令

第一章　著作權法之立法、歷次修法重點及相關法規介紹

　　中國大陸《著作權法》於1990年9月7日頒布並自1991年6月1日起正式實施，其後曾分別於2001年10月與2010年2月進行過兩次之修訂。

　　大陸著作權法之第三次修訂工作，則自2011年開始正式啟動。2012年3月31日，國家版權局正式公告擬修法之條文草案，作出「關於《中華人民共和國著作權法》（修改草案）公開徵求意見的通知」[1]以提供社會各界專家學者討論與徵求意見。其後國家版權局並根據各界反應之意見及建議[2]，修正原草案內容，而另於2012年7月6日再公布修正草案第二稿[3]。而針對第二稿，國家版權局其後實際上仍有再做部分調整及修改，而形成修正草案第三稿。但該草案第三稿已不再對外公開，將直接送交大陸國務院，而進入國務院與全國人大常委會等立法階段。故中國大陸著作權法之後續修法動態值得密切注意。

第一節　1949年至1990年《著作權法》制定施行前

　　西元1910年（宣統2年）前清政府頒布了中國歷史上第一部著作權法——《大清著作權律》。1911年10月辛亥革命推翻清朝，民國建立後仍繼續沿用[4]。在此基礎上，民國4年，北洋政府頒布了一部《著作權法》。民國

1　請參閱http://www.ncac.gov.cn/cms/html/309/3502/201203/740608.html (2012/06/23)。
2　截至2012年5月31日止，國家版權局共收到各界對第一稿之反映意見及建議達1600餘份，請參閱http://www.ncac.gov.cn/cms/html/309/3502/201207/759779.html（2012/08/24）。
3　修正草案第二稿全文，則請參閱http://www.ncac.gov.cn/cms/html/309/3502/201207/759779.html（2012/08/24）。
4　依據1914年4月上海商務印書館再版之秦瑞玠著：《著作權律釋義》書第62頁刊載之《內務部通告》（民國2年11月7日543號政府公報）謂：「我國前清著作權律關於翻印仿製他人著作以及就原著加以割裂改竄變匿姓名或更換名目發行他人之著作亦各著有明文分定罰例，本部前因本律尚無與民國國體牴觸之規定，於民國元年九月間遵照大總統元年三月初十日命令，通告本律應暫行援用，並歷經遵律辦理在案所有本部先後遵律註

17年，國民政府另頒布《著作權法》，並於民國33年、38年均有修正。

　　民國38年大陸淪陷後，中共政權在中國大陸不承認過去國民政府時代頒布的著作權法。但自西元1949年開始，至1991年6月其第一部著作權法施行前，中國大陸並未頒布完整之著作權法。在這一段時期內，中國大陸有關著作權保護等相關事項，大抵依一些「決議」、「命令」、「試行規定」、「試行條例」等來解決，依照其公布之時間先後，主要如下：

時間（西元）	法　令	說　明
1950.9.25	在出版總署主持下所召開之第一屆全國出版會議通過《關於改進和發展出版工作的決議》	一、此為中國大陸最早公布之著作權保護規定，對於稿酬支付及著作權保護問題作了原則性規定。 二、關於著作權之保護，此決議指出：「出版業應尊重著作權及出版權，不得有翻版、抄襲、竄改等行為」、「在版權頁上，對於初版、再版的時間、印數、著者、譯者的姓名及譯本的原書名稱等等，均應作忠實的記載。在再版時應儘可能與作者聯繫，進行必要的修訂」。 三、關於稿酬，決議指出：「稿酬辦法應在兼顧著作家、讀者及出版家三方面的利益原則下與著作家協商決定。為尊重作家的權益，原則上不應採取賣絕著作權的辦法」、「計算稿酬標準，原則上應根據著作物的性質、質量、字數及印數」。 四、以上決議之原則規定，雖稱不上法律，但已成為中國大陸日後處理有關著作權問題的依據。
1952.10	出版總署公布《關於國營出版社編輯機構及工作制度的規定》	此規定指出，依據選題計劃向作者約稿應訂立合同（合約）。此後至1960年代初，各出版社依據此規定訂立了約稿合同、出版合同與支付稿酬辦法，著作權糾紛因此減少。

冊各著作物，自應受本律完全保護」。

時間（西元）	法　令	說　明
1953.11.12	出版總署公布《關於糾正任意翻印圖書現象的規定》	一、針對一些機關團體與學校任意翻印出版社所出版之書刊，此規定指出：「一切機關團體不得擅自翻印出版社出版的書籍、圖片，以尊重版權。」 二、本規定已於2011年3月1日由國家版權局發布決定予以廢止。
1957	文化部公布《保障出版物著作權暫行規定（草案）》	一、此規定擬對已出版之出版物進行保護，並明定有例如編纂教科書、少量引用供論證參考用並註明出處之不以侵害著作權論之規定。 二、但此暫行規定於起草後因故並未頒布施行。
1958.7.14	文化部頒布《關於文學和社會科學書籍稿酬的暫行規定草案》	一、此規定目的在於欲統一各地出版社書籍稿酬不一致之情況，實行基本稿酬（第一次出版時按照稿件質量分級及字數支付）加印數稿酬（按照基本稿酬之一定百分比及印數支付）之計酬辦法，並先請北京、上海兩地有關出版社試行。 二、本規定已於2011年3月1日由國家版權局發布決定予以廢止。
1961.3.21	文化部發出《請貫徹執行中央關於廢除版稅制，徹底改革稿酬制度的批示》	一、此批示通知乃廢除按印數付酬之版稅制度，對作者實行一次付酬之辦法，只付一次稿費，以後重印或報紙雜誌轉載，不再另付稿費，對於專業作者，由國家發給工資。 二、印數稿酬版稅制度，於其後1962年5月文化部曾發出通知予以恢復，但於1964年11月又再度廢除。 三、本通知已於2011年3月1日由國家版權局發布決定予以廢止。
1966～1976		此十年文化大革命及四人幫當政期間，作者因創作而取得著作權被認係資產階級之名利思想，故作者權利自然得不到保障，稿酬制度也予以取消。

時間（西元）	法　令	說　明
1977.10.12	國家出版事業管理局發布《新聞出版稿酬及補貼試行辦法》	一、本辦法恢復了稿酬制度。但仍採一次付酬，重版、轉載不再付酬。 二、本辦法已於2011年3月1日由國家版權局發布決定予以廢止。
1980.3.3	中國大陸向《世界智慧財產權組織》（WIPO）遞交加入申請書	自1980.6.3起中國大陸成為WIPO會員國。
1980.7	國家出版事業管理局發布《關於書籍稿酬的暫行規定》	一、此規定恢復了印數稿酬制度，實行基本稿酬（初次出版時按照稿件質量分級及字數支付）加印數稿酬（按照基本稿酬之一定百分比及印數支付）之計酬辦法，但印數稿酬採取累進遞減（印數愈大、計酬之百分比愈小）。 二、明定對於台灣、港澳及中國血統外籍人之著譯，均按本規定標準付酬。 三、本暫行規定其後被修改並另於1984年10月發布為《書籍稿酬試行規定》（已失效）。
1982	廣播電視部發布《錄音錄像製品管理暫行規定》	中國大陸第一個保護音像出版單位、表演者等鄰接權之法規
1984.10.19	文化部出版局發布《書籍稿酬試行規定》（1984.12.1起試行）	一、此規定乃針對上述1980年之《關於書籍稿酬的暫行規定》進行全面修訂所發布。對於各種不同情況的稿酬和版稅的支付辦法，規定得十分詳盡。 二、本規定已於2003年12月4日由國家版權局發布決定予以廢止。
1984.6.15	文化部出版局頒布《圖書、期刊版權保護試行條例》（1985.1.1生效）	一、本試行條例雖僅24條，但對於包括著作權之主體及客體、著作權的內容、歸屬、限制、保護期間、侵權之法律責任等均有作出規定，其內容已頗具著作權法之立法雛形。 二、1985.1.1文化部又發布《圖書、期

時間（西元）	法　令	說　明
		刊版權保護試行條例實施細則》，同日施行。此施行細則對於上述試行條例之條款及名詞作了進一步解釋規定。 三、本試行條例及其施行細則已於2003年12月4日由國家版權局發布決定予以廢止。
1985.1.5	文化部發布實行《美術出版物稿酬試行辦法》之通知（1984.12.1試行）	本辦法已於2011年3月1日由國家版權局發布決定予以廢止。
1985.2.25	文化部發布《付給戲劇作者上演報酬的試行辦法》（1984.7.1生效）	本辦法已於2011年3月1日由國家版權局發布決定予以廢止。
1985.4.10	第6屆全國人民代表大會第3次會議通過《中華人民共和國繼承法》	繼承法第3條第6款明文規定，公民著作權中的財產權利可作為遺產被繼承。
1985.7	經國務院批准，國家版權局正式成立	由國家版權局和版權起草小組負責起草版權法（著作權法）
1986.4.12	第6屆全國人民代表大會第4次會議通過《中華人民共和國民法通則》	一、《民法通則》第94條明文規定：「公民、法人享有著作權（版權）。依法有署名、發表、出版、獲得報酬等權利。」同法第118條並規定公民、法人的著作權（版權）等受到侵害，有權要求停止侵害、消除影響、賠償損失。 二、此乃中國大陸首次以立法形式確認對於著作權之保護。《民法通則》將著作權作為一項特殊之民事權利加以保護，該規定亦成為其後著作權法立法之具體依據。
1986.5.24	國家版權局發布《關於內地出版港澳同胞作品版權問題的暫行規定》	一、本規定指出，雖港澳地區當時仍在英葡管理下，中國大陸也未加入國際版權公約，但基於貫徹促進統一之政策，港澳同胞之作品不應視同

時間（西元）	法　令	說　明
		外國作品，應保護其版權。作品出版後，應按文化部1984年頒發的《書籍稿酬試行規定》，向作者或其他版權所有者支付報酬出版。台灣同胞的作品，原則上可參照此規定處理。 二、本規定已於2003年12月4日由國家版權局發布決定予以廢止。
1986.9.15	廣播電影電視部頒布《錄音錄像出版物版權保護暫行條例》（1987.1.1起施行）	一、此暫行條例對於作者、表演者、音像出版單位間之權利義務關係作了較詳細之規定，保護鄰接權。 二、本規定已於2003年12月27日由國家廣播電影電視總局發布通知予以廢止。
1987.12.26	國家版權局發布《關於出版台灣同胞作品版權問題的暫行規定》	一、本規定指出，台灣同胞對其創作之作品，依中國大陸現行有關法律規章，享有與大陸作者同樣之版權。凡大陸發表、轉載、重印、翻譯或改編出版台灣同胞作品，均須取得作者或版權所有者授權，並簽訂相關合同並報國家版權局登記審核。自本規定生效後，大陸出版者或其他人如侵犯台灣同胞之版權，版權所有者可請求侵權者所在地的版權管理機關進行處理，亦可向當地人民法院提起訴訟。出版港澳同胞之作品，原則上照此規定辦理。 二、本規定已於2002年5月8日由國家版權局發布決定予以廢止。
1990.6.15	國家版權局制定《書籍稿酬暫行規定》	一、本規定提高了書籍稿酬標準。 二、本規定已於2003年12月4日由國家版權局發布決定予以廢止。

第二節　1990年《著作權法》之制定施行

　　自西元1955年起，中國大陸即在出版總署下組織一個五人小組，以胡愈之為召集人，起草《版權法》（即著作權法），當時曾請蘇俄版權專家講學，發表版權的專題文章。1957年反右運動，主張制定版權法人士，被扣上維護知識私有、保護資產階級名利思想的帽子，起草版權法工作因此停止。四人幫下台後，中國大陸極力發展經濟及文化、科學，1979年又開始起草版權立法的準備工作，由中國出版工作者協會版權研究小組和文化部版權處負責起草。1985年7月國家版權局成立，由國家版權局和版權起草小組負責起草。1986年，國家版權局將著作權法草案呈報國務院審議，1989年12月，國務院向全國人大常委會提出法律議案，1990年9月7日第七屆全國人大常委會第十五次會議以102票贊成、3票反對、4票棄權通過制定《著作權法》，並於1991年6月1日起施行，此為中國大陸政權成立以來所頒布實施之第一部全面保護著作權之法律，其內容分為六章，共56條[5]。另依著作權法第54條、第53條之授權，中國大陸國務院並隨後批准及制定公布《著作權法實施條例》、《計算機軟件保護條例》[6]。其後中國大陸亦陸續制定公布其他相關法規及司法解釋，主要如下：

5　條文全文詳參本篇第三章之法規一。
6　有關法令中之「條例」，依據我國中央法規標準法第2條之規定，法律得定名為法、律、條例或通則。因此在我國名為「條例」之法令，為應經立法院通過之法律。但中國大陸不同，其稱條例者，並非全國人民代表大會或其常務委員會所制定之法律，而係行政法規。按依據《中華人民共和國立法法》之規定，在「法律」位階之下為「行政法規」，係由國務院依據憲法與法律（該法第56條）或全國人民代表大會及其常務委員會之授權決定（該法第9條，即本應以法律規定之事項，除其中之絕對保留事項外，可授權國務院立法，其效力等同於法律）所制定。而依據國務院發布之《**行政法規制定程序條例**》第4條規定：「行政法規的名稱一般稱『條例』，也可以稱『規定』、『辦法』等。國務院根據全國人民代表大會及其常務委員會的授權決定制定的行政法規，稱『暫行條例』或者『暫行規定』。國務院各部門和地方人民政府制定的規章不得稱『條例』。」（註：有關前述之規章，則依《規章制定程序條例》第6條規定：「規章的名稱一般稱『規定』、『辦法』，但不得稱『條例』。」）因此，在中國大陸名為「條例」之法令，乃國務院依法制定之「行政法規」，而非全國人民代表大會或其常務委員會通過之「法律」。

時間（西元）	法　令	說　明
1991.5.30	國家版權局發布（經國務院批准）《著作權法實施條例》（1991.6.1起施行）	於2002.9.15起，因國務院新公布《著作權法實施條例》[7]之施行而同時廢止
1991.6.4	國務院發布《計算機軟件保護條例》（1991.10.1起施行）	於2002.1.1起，因國務院新公布《計算機軟件保護條例》[8]之施行而同時廢止
1992.7.1	第7屆人大常委會第26次會議通過加入《伯恩公約》及《世界著作權公約》之決定	此二國際公約相繼於1992.10.15及1992.10.30對中國大陸生效
1992.9.25	國務院發布《實施國際著作權條約的規定》（1992.9.30起施行）	本規定乃為適應加入國際著作權公約之要求所訂定，內容共22條[9]。
1992.11.7	第7屆人大常委會第28次會議通過加入《保護錄音製品製作者防止未經許可複製其製品公約》（簡稱《日內瓦公約》）之決定	此公約於1993.4.30對中國大陸生效。為中國大陸所加入之第一個有關鄰接權國際公約。
1993.2	「中國音樂著作權協會」經國家版權局批准成立	此協會為中國大陸經批准成立之第一個著作權集體管理組織
1993.8.1	國家版權局頒發《報刊轉載、摘編法定許可付酬標準暫行規定》、《演出法定許可付酬標準暫行規定》和《錄音法定許可付酬標準暫行規定》等	一、此三規定乃就1990年著作權法第32條、第35條第2項及第37條之法定授權所頒訂之付酬標準。 二、其中《演出法定許可付酬標準暫行規定》，已於2002年5月8日由國家版權局發布決定予以廢止。
1994.6.23	國家版權局制定《對侵犯著作權行為行政處罰的實施辦法》（1994.7.1起施行）	本辦法已於2003年12月4日由國家版權局發布決定予以廢止。

7　條文全文詳參本篇第三章之法規四。
8　條文全文詳參本篇第三章之法規五。
9　條文全文詳參本篇第三章之法規九。

時間（西元）	法　　令	說　　明
1994.7.5	第8屆人大常委會第8次會議通過《懲治侵犯著作權犯罪的決定》（自公布日起施行）	其後1997.10.1起施行的《中華人民共和國刑法》吸收了此決定，首次確立了侵犯知識產權罪。
1994.8.25	國務院發布《音像製品管理條例》（1994.10.1起施行）	於2002.2.1起，因國務院2001.12.25新公布《音像製品管理條例》之施行而同時廢止
1994.12.31	國家版權局頒布《作品自願登記試行辦法》[10]（1995.1.1起施行）	國家版權局於2011年10月24日進一步發布《關於進一步規範作品登記程序等有關工作的通知》全國將建立統一作品著作權登記體系。
1995.7.5	國務院發布《中華人民共和國知識產權海關保護條例》（1995.10.1起施行）	一、本條例於2004.3.1起因修訂新法之施行而廢止。 二、上述2004年施行之本條例，再於2010.3.17進行修正，該修正公布之本條例自2010.4.1起施行[11]。
1996.4.15	國家版權局、國家工商行政管理局發布《著作權涉外代理機構管理暫行辦法》（自頒布日起施行）	本辦法已於2009年5月7日由國家版權局發布決定予以廢止。
1996.6.19	國務院發布《電影管理條例》（1996.7.1起施行）	於2002.2.1起，因國務院2001.12.12新公布《電影管理條例》之施行而同時廢止。
1996.9.23	國家版權局發布《著作權質押合同登記辦法》（自發布日起施行）	於2011.1.1起因新法《著作權質權登記辦法》[12]之施行而廢止。
1997.1.2	國務院發布《出版管理條例》（1997.2.1起施行）	於2002.2.1起，因國務院2001.12.25新公布《出版管理條例》之施行而同時廢止。

---

10 條文全文詳參本篇第三章之法規十四。
11 條文全文詳參本篇第三章之法規八。
12 條文全文詳參本篇第三章之法規十六。

時間（西元）	法　令	說　明
1997.1.28	國家版權局頒發《著作權行政處罰實施辦法》（1997.2.1起施行）	一、本辦法於2003.9.1起因修訂新法之施行而廢止。 二、上述2003年修訂之本辦法再於2009.6.15起因修訂新法之施行[13]而廢止。
1997.3.14	第8屆全國人民代表大會第5次會議（主席團第3次會議）通過《中華人民共和國刑法》（1997.10.1起施行）	《刑法》第217條、218條對於以營利為目的之具有一定違法所得或嚴重情節的侵犯著作權行為，科予刑罰。另依第220條，對於涉及單位之犯罪除處罰直接責任人員外，並對單位採罰金刑[14]。
1998.2.17	最高人民法院公告《最高人民法院關於審理非法出版物刑事案件具體應用法律若干問題的解釋》（1998.12.23起施行）	本解釋內容共18條[15]。
1999.4.5	國家版權局頒發《出版文字作品報酬的規定》（1999.6.1起施行）	本規定內容共23條[16]。
1999.12.9	國家版權局頒發《關於製作數位化製品的著作權規定》（2000.3.1起施行）	本規定已於2003年12月4日由國家版權局發布決定予以廢止。
2000.12.19	最高人民法院公布《最高人民法院關於審理涉及計算機網路著作權糾紛案件適用法律若干問題的解釋》（2000.12.21起施行）	一、本解釋內容共10條。 二、本解釋曾於2004.1.2公告第一次修正之決定（2004.1.7起施行）。 三、本解釋再於2006.11.22公告第二次修正之決定（二）。

---

13 條文全文詳參本篇第三章之法規十二。
14 條文全文詳參本篇第三章之法規十。
15 條文全文詳參本篇第三章之法規二十二。
16 條文全文詳參本篇第三章之法規十九。

時間（西元）	法　　令	說　　明
		四、但本解釋已被最高人民法院另於2012.12.17公布之《最高人民法院關於審理侵害信息網絡傳播權民事糾紛案件適用法律若干問題的規定》[17]所取代。亦即自該新司法解釋施行之日（2013.1.1）起，本解釋即同時廢止。
2001.7.9	國務院公布《行政執法機關移送涉嫌犯罪案件的規定》（同公布日起施行）	本規定內容共19條。

第三節　2001年《著作權法》之第一次修訂

　　中國大陸著作權法自西元1991年6月開始施行後，1992年中國大陸加入《伯恩公約》及《世界著作權公約》，其後也進行加入世界貿易組織（WTO）之準備與談判工作。在面臨經濟、科技、市場經濟發展之變化以及國際著作權保護強化趨勢之國內外要求下，1995年有關部門開始進行修法準備工作，國務院並於1998年11月28日將修正案提請全國人大常委會審議。然經初步審議後，由於尚有一些重要之不同意見、難以達成一致，故國務院於1999年6月經全國人大常委會同意撤回原提之修正議案[18]。2000年間，中國大陸加入WTO談判已進入最後階段，為履行加入WTO應符合《與貿易有關之智慧財產權協定》（TRIPS）之承諾，國務院於2000年11月29日再次向全國人大常委會提出著作權法修正案之議案。其後，2001年10月27日第9屆全國人大常委會第24次會議以127票贊成、0票反對、4票棄權通過《全國人民代表大會常務委員會關於修改〈中華人民共和國著作權法〉的決定》，該次修法並自公布日起施行。

---

17 條文全文詳參本篇第三章之法規二十一。
18 參見1999年12月全國人大法律委員會關於第九屆全國人大第二次會議主席團交付審議的代表提出的議案審議結果的報告。

　　此2001年之修法為中國大陸著作權法施行後之第一次修訂,當時中國大陸國家新聞出版署署長暨國家版權局局長石宗源指出此次修法乃基於中國大陸「對外承諾,對現行著作權法中不符合世界貿易組織規則主要是知識產權協議(即TRIPS)的有關條款做相應修改」、「根據信息技術迅猛發展的新情況,增加關於網路環境下著作權保護的原則性規定」[19]。此次修法從著作權之客體、內容、利用、限制及其他方面均有增修,修法後之著作權法分為六章,共60條[20]。主要之修法項目為:

　　一、著作權客體方面,除條文定義之修訂調整外,亦增加了雜技藝術作品、建築作品及模型作品。

　　二、權利內容方面,將著作財產權明定為複製權、發行權、出租權、展覽權、表演權、放映權、廣播權、信息網路傳播權、攝制權、改編權、翻譯權、匯編權等12種權利及其他應享有之權利。且就各該權利之內涵亦加以定義,包括調整複製權內容;依據TRIPS第11條新增訂出租權;依據伯恩公約第11條與第11條之三擴大表演權內容使之包含機械表演;將放映權作明確之獨立規定;依據伯恩公約第11條之二擴大廣播權內涵;依據WIPO之WCT第8條新增訂信息網路傳播權;引入匯編權等等。另在鄰接權方面,對於表演者、錄音錄像製作者之權利保護內容亦有增加,又增訂關於出版者圖書期刊版式設計保護之明文規定。

　　三、權利利用方面,主要係在授權(許可)利用外,另新增著作財產權轉讓之明確規定,包括要求應訂立包括作品名稱、轉讓的權利種類與地域範圍、轉讓價金等一定內容之權利轉讓書面合約。對於著作財產權是否可以轉讓,1991年施行之著作權法原無明文規定,但社會上著作權轉讓情形實際上是存在的,學術界對此頗有爭議,2001年之修法即予以明定。

　　四、權利限制方面,除了對於原著作權法第22條所定之部分合理使用情形增加限制性條件以縮小其適用範圍外,還取消了當時極具爭議性之原著作權法第43條關於廣播電台與電視台不經相關著作權人授權且無須付費即可播放已出版之錄音製品之合理使用規定,改成可以不經授權但須支

付報酬之法定授權制度（中國大陸稱「法定許可」）[21]。另亦刪除了原著作權法第35條第2項所定可不經授權即使用他人已發表作品進行營業性演出（只需付費）之法定授權規定。此外，則於第23條增訂有關教科書之法定授權規定。

五、有關網路環境下著作權保護之加強方面，除於著作財產權中增訂信息網路傳播權[22]外，亦增訂技術措施及權利管理信息之保護規定。

六、增訂著作權集體管理組織之明文規定，為著作權集體管理組織地位之確立提供法律依據。

七、強化著作權之行政與司法保護方面，一方面擴大行政保護之行政執法措施；另方面在司法保護上，除對構成犯罪者將依法追究刑事責任加以明文規定[23]外，民事責任部分亦增訂訴前臨時禁令、訴前財產保全與證據保全等制度，並確立法定賠償制度。

2001年著作權法修法後，中國大陸亦陸續制定公布其他相關法規及司法解釋，主要如下：

2001.12.11	中國大陸成為「世界貿易組織」（WTO）會員國	中國大陸同時亦成為「與貿易有關的智慧財產權協定」（TRIPS）協定的成員國
2001.12.12	國務院通過《電影管理條例》（2002.2.1起施行）	原國務院於19916.6.19發布之《電影管理條例》同時廢止。
2001.12.20	國務院公布《計算機軟件保護條例》[24]（2002.1.1起施行）	原國務院於1991.6.4發布之《計算機軟件保護條例》同時廢止。
2001.12.25	國務院發布《音像製品管理條例》及《出版管理條例》（均2002.2.1起施行）	原國務院於1994.8.25發布之《音像製品管理條例》及1997.1.2發布之《出版管理條例》均同時廢止。

---

21 1990年及2001年著作權法第43條有關廣播電台、電視台播放已出版之錄音製品的規定，於2010年修訂後之現行著作權法改移列第44條。而對此2001年著作權法修訂之法定授權制度，中國大陸國務院於2009年11月始公布《廣播電臺電視臺播放錄音製品支付報酬暫行辦法》，條文全文詳參本篇第三章之法規十七。

22 依此，國務院即於2006年發布《信息網路傳播權保護條例》，條文全文詳參本篇第三章之法規七。

23 至於侵害著作權之刑罰規定則規定於中國大陸1997年修訂之《刑法》中。原1990年著作權法條文並無提及侵權將可構成刑事犯罪之規定，2001年修法時則於著作權法第47條（現行法為第48條）中明文增訂。

24 條文全文詳參本篇第三章之法規五。

2002.2.20	國家版權局發布《計算機軟件著作權登記辦法》（同發布日起施行）	本辦法內容共35條[25]。
2002.8.2	國務院公布《著作權法實施條例》（2002.9.15起施行）	一、本條例內容共38條[26]。 二、原國家版權局於1991.5.30發布之《著作權法實施條例》同時廢止。
2002.10.12	最高人民法院公告《最高人民法院關於審理著作權民事糾紛案件適用法律若干問題的解釋》（2002.10.15起施行）	本解釋內容共32條[27]。
2003.7.24	國家版權局公布《著作權行政處罰實施辦法》（2003.9.1起施行）	一、原國家版權局於1997.1.28發布之《著作權行政處罰實施辦法》同時廢止。 二、本次2003年修訂之本辦法再於2009.6.15起因修訂新法之施行[28]而廢止。
2004.1.2	最高人民法院公布《關於修改〈最高人民法院關於審理涉及計算機網路著作權糾紛案件適用法律若干問題的解釋〉的決定》（2004.1.7起施行）	一、本解釋曾於2006.11.22公告修正之決定。 二、但自2013.1.1《最高人民法院關於審理侵害信息網絡傳播權民事糾紛案件適用法律若干問題的規定》[29]開始施行之日起，本解釋已同時廢止。
2004.12.8	最高人民法院、最高人民檢察院公告《最高人民法院、最高人民檢察院關於辦理知識產權刑事案件具體應用法律若干問題的解釋》（2004.12.22起施行）	一、本解釋內容共17條[30]。 二、本解釋其後再於2007.4.5公告解釋（二）而加以修正[31]。

---

25 條文全文詳參本篇第三章之法規十五。
26 條文全文詳參本篇第三章之法規四。
27 條文全文詳參本篇第三章之法規二十。
28 條文全文詳參本篇第三章之法規十二。
29 條文全文詳參本篇第三章之法規二十一。
30 條文全文詳參本篇第三章之法規二十三。
31 條文全文詳參本篇第三章之法規二十四。

2004.12.28	國務院公布《著作權集體管理條例》（2005.3.1起施行）	本條例內容分為七章，共48條[32]。
2005.5.30	國家版權局、信息產業部公布《互聯網著作權行政保護辦法》（2005.5.30起施行）	本辦法內容共19條[33]。
2006.1.10	商務部、國家工商行政管理總局、國家版權局、國家知識產權局公布《展會知識產權保護辦法》（2006.3.1起施行）	本辦法內容分為七章，共35條。
2006.3.26	公安部、國家版權局公布《關於在打擊侵犯著作權違法犯罪工作中加強銜接配合的暫行規定》（同公布日起施行）	本規定內容共19條[34]。
2006.5.18	國務院公布《信息網路傳播權保護條例》（2006.7.1起施行）	本條例內容共27條[35]。
2006.11.22	最高人民法院公布《關於修改〈最高人民法院關於審理涉及計算機網路著作權糾紛案件適用法律若干問題的解釋〉的決定(二)》（2006.12.8起施行）	一、本解釋內容共8條。 二、但自2013.1.1《最高人民法院關於審理侵害信息網絡傳播權民事糾紛案件適用法律若干問題的規定》[36]開始施行之日起，本解釋已同時廢止。
2006.12.29	第10屆人大常委會第25次會議通過加入《世界智慧財產權組織著作權條約》（WCT）及《世界智慧財產權組織表演及錄音製品條約》（WPPT）之決定	此二國際公約於2007.6.9對中國大陸生效。
2007.4.5	最高人民法院、最高人民檢察院公告《最高人民法院、最高人民檢察院關於辦理知識產權刑事案件具體應用法律若干問題的解釋（二）》（2007.4.5起施行）	本解釋內容共7條[37]。

32 條文全文詳參本篇第三章之法規六。
33 條文全文詳參本篇第三章之法規十三。
34 條文全文詳參本篇第三章之法規十一。
35 條文全文詳參本篇第三章之法規七。
36 條文全文詳參本篇第三章之法規二十一。
37 條文全文詳參本篇第三章之法規二十四。

2009.5.7	國家版權局公布《著作權行政處罰實施辦法》 （2009.6.15起施行）	一、本辦法內容分為五章，共45條[38]。 二、原國家版權局於2003.9.1發布之《著作權行政處罰實施辦法》同時廢止。
2009.11.10	國務院公布《廣播電台電視台播放錄音製品支付報酬暫行辦法》 （2010.1.1起施行）	一、本辦法係依據現行著作權法第44條而制定。 二、本辦法內容共17條[39]。

第四節　2010年中國大陸《著作權法》之第二次修訂

　　2010年2月26日中國大陸第11屆全國人大常委會第13次會議通過《關於修改著作權法的決定》，自2010年4月1日起施行。此為中國大陸著作權法之第二次修訂，亦即中國大陸之現行著作權法。此次修法內容為：

(一) 修改第4條

　　按原著作權法第4條條文為：「依法禁止出版、傳播的作品，不受本法保護（第1項）。著作權人行使著作權，不得違反憲法和法律，不得損害公共利益（第2項）。」現修改為：「著作權人行使著作權，不得違反憲法和法律，不得損害公共利益。國家對作品的出版、傳播依法進行監督管理。」[40]

---

38 條文全文詳參本篇第三章之法規十二。
39 條文全文詳參本篇第三章之法規十七。
40 2007年4月，美國向WTO爭端解決機構就中國大陸智慧財產權之保護及執行問題提出多項指控並提出進行協商。而美國所提出之其中一項指控，即主張大陸著作權法第4條第1項規定不符合《伯恩公約》與WTO《貿易有關之智慧財產權協定》（TRIPS）有關應承擔保護會員國作品之國際公約義務。在協商未果後，WTO爭端解決機構所設立之中美知識　權爭端專家組，即於2009年1月26日最初裁決，認定大陸著作權法第4條第1項不符合前述公約規定。中美對此都沒提出上訴，中國大陸因此必須進行其著作權法第4條第1項之修法。

(二) 增訂第26條

增訂著作權法第26條有關著作權出質之規定，即：「以著作權出質的，由出質人和質權人向國務院著作權行政管理部門辦理出質登記。」

(三) 因條款順序調整而重新公布著作權法，分為六章，共61條[41]。

除上述著作權法之修法外，其後另亦制定公布以下主要相關法規及司法解釋意見：

2010.11.25	國家版權局公布《著作權質權登記辦法》（2011.1.1起施行）	一、本辦法內容共25條[42]。 二、原國家版權局於1996.9.26發布之《著作權質押合同登記辦法》同時廢止。
2011.1.10	最高人民法院、最高人民檢察院、公安部發布《關於辦理侵犯知識產權刑事案件適用法律若干問題的意見》	本意見主要針對網絡傳播侵權作品，訂定構成刑法第217條所定情節之具體標準[43]。
2012.12.17	最高人民法院發布《關於審理侵害信息網絡傳播權民事糾紛案件適用法律若干問題的規定》（自2013.1.1起施行）	本規定共16條[44]，係為正確審理侵害信息網絡傳播權民事糾紛案件而制定。

---

41 條文全文詳參本篇第三章之法規三。
42 條文全文詳參本篇第三章之法規十六。
43 條文全文詳參本篇第三章之法規二十五。
44 條文全文詳參本篇第三章之法規二十一。

第二章　中國大陸侵害著作權之刑事責任與行政責任法規介紹

第一節　概說

　　緣中國大陸現行著作權法中有關侵害著作權行為以及其行為人應承擔之法律責任，主要係規定於其《著作權法》第47條及第48條。依該等規定，行為人之行為如該當第47條所定之共11款侵權行為時，僅需承擔停止侵害、消除影響、賠禮道歉、賠償損失等「民事責任」。然倘該當第48條所定屬較嚴重之共8款侵權行為時，則除須承擔「民事責任」外，如同時損害公共利益者，亦將處以「行政責任」，即著作權行政管理部門可責令其停止侵權行為、沒收違法所得、沒收或銷毀侵權複製品、處以罰款、沒收製作侵權複製品之材料與工具設備等等；此外，如構成犯罪者，亦可依法追究行為人之「刑事責任」。

　　侵害著作權民事責任之損害賠償部分，著作權法第49條規定侵權人應按照權利人之實際損失給予賠償；如實際損失難以計算，則按侵權人之違法所得給予賠償；如前述實際損失或違法所得均不能確定，則由法院根據侵權行為情節判決給予人民幣50萬元以下之賠償。且權利人為制止侵權行為所支付之合理開支，亦可列入賠償數額。此外並有訴前臨時禁令與財產保全措施（著作權法第50條）以及證據保全制度（著作權法第51條）。進行民事訴訟，除適用中國大陸《民法通則》、《著作權法》、《民事訴訟法》等規定外，最高人民法院亦曾於2002年10月12日發布《最高人民法院關於審理著作權民事糾紛案件應用法律若干問題的解釋》[1]，對於法院就著作權民事糾紛案件之審理提供更具體之規定。例如，就法院管轄部分，依據前述最高人民法院解釋第2條規定，除了部分經報請批准之基層

---

[1] 條文全文詳參本篇第三章之法規二十。

人民法院外，著作權民事糾紛案件原則上係由中級以上人民法院管轄[2]。又如，著作權被侵害而向法院請求保護之訴訟時效，在大陸《著作權法》中並無特別規定，故應適用《民法通則》第135條所定之2年一般時效，原則上從權利人知悉（或應該知悉）受侵害時起算。但前述最高人民法院解釋第28條特別規定，對於侵權行為仍在持續者，權利人如超過2年時效才起訴，在著作權保護期間內，法院仍應判決被告應停止侵害，但損害賠償數額僅得自權利人向法院起訴之日向前推算2年計算。

　　而中國大陸有關侵害著作權之刑事犯罪，主要規定在刑法，且刑事犯罪之構成須具有一定數額或特定情節之門檻，此與我國著作權法規定不同。以中國大陸最高人民法院分別於2012年4月發布之「2011年中國法院知識產權司法保護狀況報告」[3]以及2013年4月發布之「2012年中國法院知識產權司法保護狀況報告」[4]為例，即可得知雖侵犯知識產權之民事及刑事犯罪審結案件比例均呈現大幅增長趨勢，但與民事案件數量相比，其刑事案件成立比例尚低。依照該二年度司法狀況報告觀之：(一) 就民事案件部分，2011年全國地方人民法院共新收和審結知識產權民事一審案件59612件和58201件，2012年則分別上升至87419件和83850件。其中就著作權案件而言，2011年新收35185件，2012年則上升至53848件。(二) 就刑事案件部分，2011年全國地方人民法院新收和審結涉及知識產權一審刑事案件為5707件及5504件，2012年已分別上升至13104件和12794件。而就該2011年審結之5504件及2012年審結之12794件刑事案件而言，主要分布在四種主要類型：即侵犯知識產權犯罪、生產銷售偽劣商品犯罪、非法經營罪判決及其他犯罪案件。而其中有關侵害著作權之犯罪，則屬第一類

2　就審判制度而言，依據人民法院組織法第12條之規定，人民法院審判案件，實行兩審終審制，即對一審法院判決上訴，該案經二審法院判決後即告確定。另就一般法院層級而言，分為四級，其由下往上為：基層人民法院、中級人民法院、高級人民法院以及最高人民法院。如以人民法院組織體系觀之，最高層為「最高人民法院」，其下則分為「地方各級人民法院」以及「專門人民法院」，前者又可區分為各地方設立之基層人民法院、中級人民法院與高級人民法院等三級，而後者則為審理特定案件而設立之專門法院，目前設有軍事、海事與鐵路運輸法院等專門法院。

3　請參閱http://www.court.gov.cn/xwzx/fyxw/zgrmfyxw/201204/t20120419_176078.htm（2012/06/23）。

4　請參閱http://www.court.gov.cn/xwzx/xwfbh/twzb/201304/t20130422_183501.htm（2013/07/23）。

侵犯知識產權犯罪中之侵犯著作權罪（刑法§217）與銷售侵權複製品罪（刑法§218），茲將此2011年、2012年全國刑事案件判決統計分別簡要整理並表列如下[5]：

2011年全國地方人民法院審結一審涉及知識產權之刑事案件：共5504件	以侵犯知識產權犯罪判決者：2967件	假冒注冊商標罪：1060件
		銷售假冒注冊商標的商品罪：863件
		非法製造、銷售非法製造的注冊商標標識罪：370件
		假冒專利罪：1件
		侵犯著作權罪（刑法§217）：594件
		銷售侵權複製品罪（刑法§218）：30件
		侵犯商業秘密罪：49件
	以生產銷售偽劣商品犯罪判處者：750件	
	以非法經營罪判處者：1735件	
	以其他犯罪判處者：52件	

2012年全國地方人民法院審結一審涉及知識產權之刑事案件：共12794件	以侵犯知識產權犯罪判決者：7684件	假冒注冊商標罪：2012件
		銷售假冒注冊商標的商品罪：1906件
		非法製造、銷售非法製造的注冊商標標識罪：615件
		假冒專利罪：63件
		侵犯著作權罪（刑法§217）：3018件
		銷售侵權複製品罪（刑法§218）：27件
		侵犯商業秘密罪：43件
	以生產銷售偽劣商品犯罪判處者：2504件	
	以非法經營罪判處者：2535件	
	以其他犯罪判處者：71件	

5　如從比例看，以侵犯著作權罪（刑法§217）及銷售侵權複製品罪（刑法§218）判決比例很小，但其原因之一，乃有些侵害著作權之犯罪實際上是以生產銷售偽劣商品犯罪及非法經營罪追究刑責。

　　此外，與世界上絕大多數國家主要係以司法途徑解決侵權行為糾紛不同，中國大陸除司法途徑外，其著作權行政執法機關得對侵害著作權行為進行查處之行政處罰制度，亦具有其獨特性。但目前之法制及運作情形，學者認為有使侵犯知識產權之犯罪行為，存在著以行政責任代替刑事責任、以民事責任代替刑罰處罰之情況[6]。由於相較於我國，中國大陸有關侵害著作權行為之刑事責任與行政責任乃較具有特殊性，故本章以下謹特別就較不同於我國之其侵害著作權行為刑事責任與行政責任相關法規及現況加以介紹說明。

第二節　侵害著作權之刑事責任

一、簡要立法沿革說明

(一) 1994年《關於懲治侵犯著作權的犯罪的決定》

　　按中國大陸1990年所制定之第一部《著作權法》對於侵犯著作權行為僅規定了民事責任與行政責任，但未規定刑事責任[7]。而當時於1979通過之中國大陸《刑法》亦無處罰侵害著作權犯罪之刑事條款。

　　而在1989年4月開始之其後6、7年間，針對中國大陸日漸嚴重之盜版現象，美國指責中國大陸未能對美國知識產權產品提供足夠且有效之保護，並祭出特別301條款，中國大陸與美國為此陸續進行了多次的知識產權談判。另於1994年4月15日在世界貿易組織（WTO）前身關稅貿易總協定（GATT）主導下之TRIPS協議簽署後，中國大陸亦面臨日後申請加入WTO應履行TRIPS第61條所定關於對具有商業規模之故意侵害著作權案件

6　轟洪勇著：《侵犯著作權犯罪的認定與處理》，頁12，法律出版社，2010年3月。
7　在該法起草過程雖有認為應訂定刑事責任之主張，但因意見不一，且考慮到中國大陸長期沒有對著作權進行保護，無償使用他人作品習以為常，如一躍變成對於侵權行為判處刑罰，公眾恐怕難以接受，故最後仍決定不將侵害著作權之刑事責任訂入1990之著作權法。請參見劉春田主編：《知識產權法》，頁120，中國人民大學出版社2000年3月。

須訂定刑罰之義務[8]。尤其在當時中國大陸施行之《刑法》亦未有侵害著作權犯罪之刑事條款。故在此國內外情勢下，1994年7月5日全國人大常委會通過了**《關於懲治侵犯著作權的犯罪的決定》**，對刑法進行補充規定，此亦為中國大陸第一部專門規定著作權刑事犯罪之單行法律[9]。

　　1994年《關於懲治侵犯著作權的犯罪的決定》共6條，其中第1條規定侵犯著作權罪，第2條規定銷售侵權複製品罪，第3條則規定單位犯罪之兩罰[10]。而由於要構成該犯罪，依據條文規定，須以營利為目的而實施所定之侵犯著作權行為，且其「違法所得數額較大」或「有其他嚴重情節」（刑責較輕）、或者「違法所得數額巨大」或「有其他特別嚴重情節」（刑責較重）。因此，針對該等違法所得數額構成標準以及嚴重情節構成標準等犯罪構成要件，最高人民法院隨即於1995年1月16日發布**《關於適用〈全國人民代表大會常務委員會關予懲治侵犯著作權的犯罪的決定〉若干問題的解釋》**，分別明定行為人獲有多少違法所得（獲利數額）始構成數額較大或巨大，又發生哪種情況始屬於嚴重情節或特別嚴重情節，而能成立侵犯著作權刑事犯罪。

8　可參見1994年5月5日第八屆全國人大常委會第七次會議中，其法制工作委員會主任顧昂然所作關於《懲治侵犯著作權的犯罪的決定（草案）》的說明。

9　在該1994年《關於懲治侵犯著作權的犯罪的決定》頒佈之前，則是按「投機倒把罪」處理。依據中國大陸最高人民法院和最高人民檢察院於1987年11月27日發布的《關於依法嚴懲非法出版犯罪活動的通知》，即規定：「以牟取暴利為目的，從事非法出版物的出版、印刷、發行、銷售活動，非法經營或者非法獲利的數額較大，情節嚴重的，以**刑法第117條投機倒把罪**論處；數額巨大的，適用刑法第118條；情節特別嚴重的，適用《全國人民代表大會常務委員會關於嚴懲嚴重破壞經濟的罪犯的決定》第1條第(1)項的規定」。

10　1994年《關於懲治侵犯著作權的犯罪的決定》第1條規定：「以營利為目的，有下列侵犯著作權情形之一，違法所得數額較大或者有其他嚴重情節的，處三年以下有期徒刑、拘役，單處或者並處罰金；違法所得數額巨大或者有其他特別嚴重情節的，處三年以上七年以下有期徒刑，並處罰金：(一) 未經著作權人許可，複製發行其文字作品、音樂、電影、電視、錄影作品、電腦軟體及其他作品的；(二) 出版他人享有專有出版權的圖書的；(三) 未經錄音錄影製作者許可，複製發行其製作的錄音錄影的；(四) 製作、出售假冒他人署名的美術作品的。」第2條規定：「以營利為目的，銷售明知是第一條規定的侵權複製品，違法所得數額較大的，處二年以下有期徒刑、拘役，單處或者並處罰金；違法所得數額巨大的，處二年以上五年以下有期徒刑，並處罰金。」第3條規定：「單位有本決定規定的犯罪行為的，對單位判處罰金，並對其直接負責的主管人員和其他直接責任人員，依照本決定的規定處罰。」

(二) 1997年《中華人民共和國刑法》

其後，1997年3月14日全國人民代表大會修訂通過之**《中華人民共和國刑法》**首次訂定「侵犯知識產權罪」專節，吸收了上述1994年《關於懲治侵犯著作權的犯罪的決定》之規定內容，而於刑法第217、218、220條規定有關侵害著作權之刑事責任，而此亦為目前成立侵害著作權刑事犯罪之依據。最高人民法院並於其後公布將《刑法》第217條之罪名定為「侵犯著作權罪」，第218條之罪名定為「銷售侵權複製品罪」[11]。而同法第220條則規定對於涉及單位之犯罪將處罰直接責任人員且對單位採罰金刑。該等現行刑法規定之內容如下[12]：

刑法第217條

以營利為目的，有下列侵犯著作權情形之一，違法所得數額較大或者有其他嚴重情節的，處三年以下有期徒刑或者拘役，並處或者單處罰金；違法所得數額巨大或者有其他特別嚴重情節的，處三年以上七年以下有期徒刑，並處罰金：

(一) 未經著作權人許可，複製發行其文字作品、音樂、電影、電視、錄像作品、計算機軟件及其他作品的；

(二) 出版他人享有專有出版權的圖書的；

(三) 未經錄音錄像製作者許可，複製發行其製作的錄音錄像的；

(四) 製作、出售假冒他人署名的美術作品的。[13]

刑法第218條

以營利為目的，銷售明知是本法第217條規定的侵權複製品，違法所得數額巨大的，處三年以下有期徒刑或者拘役，並處或者單處罰金。

---

11 請參最高人民法院於1997年12月16日公布之《關於執行〈中華人民共和國刑法〉確定罪名的規定》（法釋[1997]9號）。
12 條文全文詳參本篇第三章之法規十。
13 1994年《關於懲治侵犯著作權的犯罪的決定》與1997年刑法第217條所定之四款犯罪行為，其顯然係自1990年著作權法第46條所定之侵權行為中挑出其第2、3、5、7款規定，納入刑事犯罪處罰範圍。

> **刑法第220條**
> 單位犯本節第213條至第219條規定之罪的，對單位判處罰金，並對其直接負責的主管人員和其他直接責任人員，依照本節各該條的規定處罰。

(三) 1998年至2007年間有關刑法侵犯著作權犯罪之司法解釋

　　而由於上述1997年修訂通過之刑法第217條及第218條規定乃係源自1994年《關於懲治侵犯著作權的犯罪的決定》，故其條文中亦同樣須有達「違法所得數額較大」或「有其他嚴重情節」、或者「違法所得數額巨大」或「有其他特別嚴重情節」等犯罪構成要件。因此，最高人民法院等亦對此陸續發布了以下司法解釋。

　　1998年12月17日，最高人民法院發布了**《關於審理非法出版物刑事案件具體應用法律若干問題的解釋》**（以下簡稱1998年《解釋》）[14]，該解釋第2、4條對構成刑法第217條及第218條侵害著作權罪的違法所得數額與犯罪情節標準，加以明定。另對於刑法第217條第(1)款所定之「複製發行」，為避免被解讀為行為人必須同時實施複製及發行兩個行為才能成罪，故該解釋第3條則說明是指行為人「複製、發行、或者既複製又發行」他人作品之行為。

　　2001年修正之著作權法首次在其第47條有關侵權行為之法律責任規定中，於原有之民事責任及行政責任外，加上「構成犯罪的，依法追究刑事責任」之提示性規定。然而，是否有構成犯罪而需承擔刑事責任，仍須以上述刑法第217、218等條文為依據。

　　2004年12月8日，最高人民法院及最高人民檢察院又發布**《最高人民法院、最高人民檢察院關於辦理侵犯知識產權刑事案件具體應用法律若干問題的解釋》**（以下簡稱2004年《解釋》）[15]，修改上述1998年《解釋》原所訂定侵犯著作權罪之構成數額及情節標準，將構成刑事責任之該等門

---

14 條文全文詳參本篇第三章之法規二十二。
15 條文全文詳參本篇第三章之法規二十三。

檻加以降低。此一修改,乃為解決之前因門檻過高導致起訴到法院案件較少之現象,以提高打擊侵犯知識產權犯罪力度,並履行中國大陸加入WTO工作組報告書當時之降低刑事制裁門檻承諾[16]。此外,由於著作權侵害樣態擴及網路環境之傳播,2001年著作權法修改時亦增訂信息網路傳播權之保護,但刑法第217條原定之四種侵害行為並無修訂,條文上仍以處罰「複製發行」之侵權行為樣態為主。故對於擅自透過網路傳播他人作品之行為,該2004年《解釋》即於第11條擴大解釋規定:「通過信息網絡向公眾傳播他人文字作品、音樂、電影、電視、錄像作品、計算機軟件及其它作品的行為,應當視為刑法第217條規定的『複製發行』」。另又補充規定:「以刊登收費廣告等方式直接或者間接收取費用的情形,屬於刑法第217條規定的『以營利為目的』」。

　　2005年10月13日,最高人民法院和最高人民檢察院發布《關於辦理侵犯著作權刑事案件中涉及錄音錄像製品有關問題的批復》,說明被擅自複製發行之客體如為錄音錄像製品,其複製品數量標準亦適用上述2004年《解釋》;另擅自通過信息網絡傳播錄音錄像製品的行為,亦同樣應視為刑法第217條第(三)項所規定之「複製發行」行為。

　　2007年4月5日,最高人民法院及最高人民檢察院再發布**《最高人民法院、最高人民檢察院關於辦理侵犯知識產權刑事案件具體應用法律若干問題的解釋(二)》**(以下簡稱2007年《解釋(二)》)[17],將前2004年《解釋》中所定關於嚴重情節及特別嚴重情節之侵權複製品數量門檻再予以降低一半。且該2007年《解釋(二)》又將發行之概念再擴大解釋,規定:「侵權產品的持有人通過廣告、征訂等方式推銷侵權產品的,屬於刑法第217條規定的『發行』。」

---

16 魏東主編:《侵犯知識產權罪立案追訴標準與司法認定實務》,頁105,中國人民公安大學出版社,2010年5月。
17 條文全文詳參本篇第三章之法規二十四。

二、現行法有關刑法侵犯著作權犯罪之定罪標準

(一) 現行法有關刑法第217條及第218條之定罪門檻

　　刑法第217條侵犯著作權罪及第218條銷售侵權複製品罪之犯罪構成要件經上述1998年《解釋》、2004年《解釋》及2007年《解釋(二)》等司法解釋加以修改及補充後,其刑事責任定罪量刑標準逐步確立。目前刑法第217條及第218條之定罪門檻如下:

1. 以營利為目的,實施刑法第217條所定侵犯著作權行為之一,而構成該條前段(輕罪)所定之所謂「違法所得數額較大或者有其他嚴重情節的」要件,係指具有以下情形之一者:
   (1) 違法所得數額在3萬元以上的;
   (2) 非法經營數額在5萬元以上的;
   (3) 未經著作權人許可,複製發行其文字作品、音樂、電影、電視、錄像作品、計算機軟件及其他作品,複製品數量合計在500張(份)以上的;
   (4) 其它嚴重情節的情形。
2. 以營利為目的,實施刑法第217條所定侵犯著作權行為之一,而構成該條後段(重罪)所定之所謂「違法所得數額巨大或者有其他特別嚴重情節的」要件,係指具有以下情形之一者:
   (1) 違法所得數額在15萬元以上的;
   (2) 非法經營數額在25萬元以上的;
   (3) 未經著作權人許可,複製發行其文字作品、音樂、電影、電視、錄像作品、計算機軟件及其他作品,複製品數量合計在2500張(份)以上的;
   (4) 其它特別嚴重情節的情形。
3. 以營利為目的,實施第218條所定之銷售侵權複製品行為,而構成該條所定之所謂「違法所得數額巨大的」係指:違法所得數額在10萬元以上的。

(二) 2008年公布之公安機關刑事案件立案追訴標準規定

　　為使檢警機關正確適用前述規定，及時打擊犯罪，2008年6月25日，最高人民檢察院及公安部聯合印發了**《關於公安機關管轄的刑事案件立案追訴標準的規定(一)》**，其中第26條及第27條即針對刑法第217條及第218條之具體立案追訴標準作出規定，其重點如下，可資參考：

◎ 有關刑法第217條侵犯著作權罪之立案追訴：

1. 各級公安機關對於以營利為目的實施刑法第217條所定四項行為（即未經著作權人許可，複製發行其文字作品、音樂、電影、電視、錄像作品、計算機軟件及其他作品；或者出版他人享有專有出版權的圖書；或者未經錄音錄像製作者許可，複製發行其製作的錄音錄像；或者製作、出售假冒他人署名的美術作品）者，如涉嫌下列情形之一者，應予以立案偵查追訴：

    (1) 違法所得數額3萬元以上的；

    (2) 非法經營數額5萬元以上的；

    (3) 未經著作權人許可，複製發行其文字作品、音樂、電影、電視、錄像作品、計算機軟件及其他作品，複製品數量合計500張（份）以上的；

    (4) 未經錄音錄像製作者許可，複製發行其製作的錄音錄像製品，複製品數量合計500張（份）以上的；

    (5) 其他情節嚴重的情形。

2. 本條規定之『未經著作權人許可』，是指沒有得到著作權人授權或者偽造、塗改著作權人授權許可文件或者超出授權許可範圍的情形。

3. 本條規定之『複製發行』，包括複製、發行或者既複製又發行的行為。

4. 通過信息網絡向公眾傳播他人文字作品、音樂、電影、電視、錄像作品、計算機軟件及其他作品，或者通過信息網絡傳播他人製作的錄音錄像製品的行為，應當視為本條規定的『複製發行』。

5. 侵權產品之持有人通過廣告、征訂等方式推銷侵權產品者，屬於本

條規定之『發行』。

6. 本條規定之『非法經營數額』，是指行為人在實施侵犯知識產權行為過程中，製造、儲存、運輸、銷售侵權產品的價值。已銷售的侵權產品的價值，按照實際銷售的價格計算。製造、儲存、運輸和未銷售的侵權產品的價值，按照標價或者已經查清的侵權產品的實際銷售平均價格計算。侵權產品沒有標價或者無法查清其實際銷售價格的，按照被侵權產品的市場中間價格計算。

◎ 有關刑法第218條銷售侵權複製品罪之立案追訴：

各級公安機關對於以營利為目的銷售明知是刑法第217條所定之侵權複製品，如涉嫌下列情形之一者，應予以立案偵查追訴：

(1) 違法所得數額10萬元以上的；

(2) 違法所得數額雖未達到上述數額標準，但尚未銷售的侵權 複製品貨值金額達到30萬元以上的。

(三) 2011年針對網路侵權行為所新發布之司法解釋意見

由於近年來面對包括網路侵權等形形色色之侵犯知識產權犯罪活動，司法界普遍反映有知識產權保護相關法律及司法解釋規定尚不明確、政策法律界限不易把握、法律適用產生疑難等問題。例如，依據刑法第217條條文，原則上僅係規定處罰擅自「複製發行」他人著作之行為。但為了打擊日漸倍增之網路侵權案件，雖上述2004年《解釋》已將擅自透過網路傳播他人著作之行為，擴大解釋「視為刑法第217條規定的『複製發行』」。惟上述1998年《解釋》、2004年《解釋》及2007年《解釋(二)》對於構成刑法第217條犯罪構成要件之違法所得數額及複製品數量等情節標準，乃係基於傳統書籍錄音物等重製物之一般實體銷售思維而訂定。然而，由於網路上作品傳播及使用樣態與傳統書籍錄音物等實體重製物之銷售散布有別，要依照既有司法解釋定罪量刑，確有其適用上之困難，司法機關間對此往往也存在著不同之意見。

為此，2011年1月10日，最高人民法院及最高人民檢察院、公安部，再制定發布**《關於辦理侵犯知識產權刑事案件適用法律若干問題的意**

見》[18]，該意見除對侵犯著作權犯罪案件之管轄問題及證據問題作出規定外，並特別基於透過網絡傳播侵權作品之特性，對「以營利為目的」之範圍加以增訂，也針對透過網絡實施侵權行為之定罪標準，從包括非法經營數額、傳播他人作品數量、作品被點擊次數、註冊會員人數等方面作出進一步之具體定罪標準。該意見較重要之規定內容如下：

1. 有關「以營利為目的」之認定（該意見第10點）：
   除銷售外，具有下列情形之一者，亦可認為「以營利為目的」：
   (1) 以在他人作品中刊登收費廣告、捆綁第三方作品等方式直接或者間接收取費用的；
   (2) 通過信息網絡傳播他人作品，或者利用他人上傳的侵權作品，在網站或者網頁上提供刊登收費廣告服務，直接或者間接收取費用的；
   (3) 以會員制方式通過信息網絡傳播他人作品，收取會員註冊費或者其他費用的；
   (4) 其他利用他人作品牟利的情形。

2. 刑法第217條所定「發行」，包括總發行、批發、零售、通過信息網絡傳播以及出租、展銷等活動（該意見第12點）。

3. 有關透過網絡傳播侵權作品行為之定罪標準（該意見第13點）：
   以營利為目的，未經著作權人許可，通過信息網絡向公眾傳播他人文字作品、音樂、電影、電視、美術、攝影、錄像作品、錄音錄像製品、計算機軟件及其他作品，具有下列情形之一者，屬於刑法第217條所定之「其他嚴重情節」：
   (1) 非法經營數額在5萬元以上的；
   (2) 傳播他人作品的數量合計在500件（部）以上的；
   (3) 傳播他人作品的實際被點擊數達到5萬次以上的；
   (4) 以會員制方式傳播他人作品，註冊會員達到1000人以上的；
   (5) 數額或者數量雖未達到第(一)項至第(四)項規定標準，但分別達到其中兩項以上標準一半以上的；

---

18 條文全文詳參本篇第三章之法規二十五。

(6) 其他嚴重情節的情形。

如實施上述規定之行為，數額或者數量達到上述第(1)項至第(5)項規定標準五倍以上的，則屬於刑法第217條所定之「其他特別嚴重情節」。

(四) 由於有關侵犯著作權犯罪所涉及相關法規及歷年司法解釋較多，茲按時序將上述中國大陸歷年來規範刑事責任之主要法規、司法解釋，依制定發布時間順序臚列如下表，謹供參照：

時　間	法規及司法解釋等
1987.11.27	最高人民法院和最高人民檢察院發布《關於依法嚴懲非法出版犯罪活動的通知》
1994.07.05	第8屆全國人大常委會第8次會議通過《關於懲治侵犯著作權的犯罪的決定》（自公布日起施行）
1995.01.16	最高人民法院發布《關於適用〈全國人民代表大會常務委員會關予懲治侵犯著作權的犯罪的決定〉若干問題的解釋》
1998.03.27	最高人民法院發布《關於嚴厲打擊有關非法出版物犯罪活動的通知》
1997.03.14	第8屆全國人民代表大會第5次會議（主席團第3次會議）通過修訂《中華人民共和國刑法》（1997.10.1起施行）
1998.12.17	最高人民法院發布《關於審理非法出版物刑事案件具體應用法律若干問題的解釋》（1998.12.23起施行）
2004.12.08	最高人民法院和最高人民檢察院發布《關於辦理侵犯知識產權刑事案件具體應用法律若干問題的解釋》（2004.12.22起施行）
2005.10.13	最高人民法院和最高人民檢察院發布《關於辦理侵犯著作權刑事案件中涉及錄音錄像製品有關問題的批復》（2005.10.18起施行）
2007.04.05	最高人民法院和最高人民檢察院發布《關於辦理侵犯知識產權刑事案件具體應用法律若干問題的解釋(二)》（同發布日起施行）
2008.06.25	最高人民檢察院和公安部發布《關於公安機關管轄的刑事案件立案追訴標準的規定(一)》
2011.01.10	最高人民法院、最高人民檢察院、公安部發布《關於辦理侵犯知識產權刑事案件適用法律若干問題的意見》

第三節　侵害著作權之行政責任

　　緣世界上絕大多數國家就著作權侵權糾紛主要係採司法途徑解決，而中國大陸著作權法則除一般司法保護之民刑事訴訟途徑外，著作權行政管理機關亦可依職權或依投訴、舉報而處罰著作權侵權行為，並有謂此種行政執法與司法保護「兩條途徑、並行運作」之執法模式是中國大陸知識產權執法的最大特色[19]。而在中國大陸長期實行國家高度集權之計畫經濟體制下，私人活動空間小，倚賴國家行政，人民遭遇糾紛或權利受侵犯時慣於先找上級單位或政府部門[20]，而非找法院，強勢的行政可能削弱司法。加以大陸人民知識產權保護意識薄弱，在大陸改革開放過程對於知識產權制度之建立仍存在不少爭論下，政府強勢之主導即成為中國知識產權行政保護制度得以建立之關鍵因素[21]。

　　對於侵害著作權行為進行行政保護確有其優點，包括：行政程序簡便、具專業性、效率高、成本低等。特別是在中國大陸，由於刑法有關侵犯著作權刑事犯罪之成立必須具有一定之違法所得或非法經營數額與情節，然一般權利人對於犯罪行為人之該等犯罪構成要件證據，根本無從掌握及舉證，故此犯罪證據之取得與司法程序之啟動，往往是藉助於行政執法部門發現犯罪活動並進行查處相關證據而開始。然而，以行政檢查、罰款、沒收等處罰手段介入處理一般認為係侵害私權糾紛之著作權侵權行為，究非國際通行之作法。且運作之結果，在中國大陸也產生某程度之「以罰代刑」現象，即有些行政執法機關受到地方或部門保護主義、甚至利益驅動等影響，往往對於應移送司法機關之刑事案件只以一般行政違法

---

19 曹建明主編、國家保護知識產權工作組編寫：《行政執法和司法人員知識產權讀本》，頁31，北京人民出版社，2008年2月。

20 例如，依據上海市知識產權局公布之2007上海市民知識產權認知度調查報告，在調查中當市民被問到「如果您或您的企業知識產權受到了侵犯，將尋求何種保護途徑」時，40.1%的市民首選司法保護，41.5%首選行政保護，18.4%首選調解。可見行政保護仍是當時上海市民之首選擇。請參照http://www.sipo.gov.cn/yw/2007/200804/t20080401_355426.html (2012/06/16)。

21 鄧建志著：《WTO框架下中國知識產權行政保護》，頁154-156，知識產權出版社，2009年1月。

案件給予行政處罰而結案。且與向公安機關移送相比，行政部門可能更傾向罰款，並以此作為一項重要收入來源[22]。以國家版權局所公布之2003年全國版權行政機關查處案件情況統計報告，該年全國版權行政管理機關受理行政處罰案件總計23013件，其中僅224件移送司法審理[23]。又依2008年版權執法情況統計報告，該年之全國行政處罰數量總計9032件，其中238件移送司法機關，該年度之版權執法情況統計報表如下[24]：

2008年案件查處情況		2008年收繳盜版品情況	
項　目	本年度數量	項　目	本年度數量（冊、盒、張、件）
行政處罰數量（件）	9,032	合　計	45,648,426
案件移送數量（件）	238	圖　書	8,983,933
檢查經營單位數量（個）	782,670	期　刊	1,805,029
取締違法經營單位數量（個）	36,601	軟　件	1,592,772
查獲地下窩點數量（個）	694	音像製品	30,536,277
罰款金額（人民幣元）	14,188,386	電子出版物	1,111,311
		其　他	1,619,104

　　即使是該局所公布之2010年版權執法情況統計報告，該年之全國行政處罰數量總計10590件，其中亦僅538件移送司法機關。此2010年版權執法情況統計報表如下[25]：

---

22 曹建明主編、國家保護知識產權工作組編寫：《行政執法和司法人員知識產權讀本》，頁54，北京人民出版社，2008年2月。轟洪勇著：《侵犯著作權犯罪的認定與處理》，頁12，法律出版社，2010年3月版。
23 請參閱http://www.ncac.gov.cn/cms/html/309/3581/200406/737825.html（2012/06/23）。
24 請參閱http://www.ncac.gov.cn/cms/html/309/3576/List-1.html （2012/06/23）。
25 請參閱http://www.ncac.gov.cn/cms/html/309/3616/201203/734220.html（2012/06/23）。

2010年案件查處情況		2010年收繳盜版品情況	
項　目	本年度數量	項　目	本年度數量 （冊、盒、張、件）
行政處罰數量（件）	10,590	合　計	35,097,739
案件移送數量（件）	538	圖　書	8,495,176
檢查經營單位數量（個）	963,842	期　刊	827,137
取締違法經營單位數量（個）	61,995	軟　件	545,627
查獲地下窩點數量（個）	727	音像製品	23,754,110
罰款金額（人民幣元）	22,143,117	電子出版物	1,088,552
		其　他	411,666

　　而為了加強行政執法與刑事司法之相互銜接，中國大陸國務院於2001年7月9日即曾發布《行政執法機關移送涉嫌犯罪案件的規定》，公安部、國家版權局亦曾於2006年3月26日發布**《關於在打擊侵犯著作權違法犯罪工作中加強銜接配合的暫行規定》**[26]，以緊密公安機關與著作權管理部門雙方間之協作配合，嚴厲打擊侵犯著作權違法犯罪活動。2009年之《著作權行政處罰實施辦法》第8條亦規定：著作權行政管理部門發現查處的違法行為，根據刑法規定涉嫌構成犯罪的，應依規定將案件移送司法部門處理。無論如何，對於著作權侵權行為進行行政查處乃中國大陸著作權法極具特色之制度，且在目前當地一般通路或網站之盜版侵權現象仍然嚴重之情況下，此一行政保護方法亦不失為提供權利人之另一救濟途徑。本節以下謹對此行政保護制度之立法沿革加以簡要介紹[27]。

---

26 條文全文詳參本篇第三章之法規十一。

27 此外，權利人如發現侵權複製品將從中國海關進出口，則可請求海關依據《中華人民共和國知識產權海關保護條例》採取相應的保護措施，此不在本文討論範圍。

一、簡要立法沿革說明

(一) 1990年制定之《著作權法》

依據中國大陸1990年所制定之第一部《著作權法》第46條規定，對於該條所定7種著作權侵權行為「可以由著作權行政管理部門給予沒收非法所得、罰款等行政處罰」。而依據其後1991年5月30日國家版權局經國務院批准所公布之《中華人民共和國著作權法實施條例》第50、51條之規定，著作權行政管理部門對著作權法第46條所列侵權行為，可給予警告、責令停止製作發行侵權複製品、沒收非法所得、沒收侵權複製品及製作設備和罰款之行政處罰。且該實施條例第53條甚至進一步規定：「著作權行政管理部門在行使行政處罰權時，可以責令侵害人賠償受害人的損失」之極強勢規定。

1994年6月23日國家版權局依據上述著作權法及實施條例規定發布了《對侵犯著作權行為行政處罰的實施辦法》，依據該辦法第11條之規定，著作權行政管理部門之查處侵權行為，得應被侵權人或利害關係人之申請而受理，亦得自行決定立案處理。

其後因1996年10月《中華人民共和國行政處罰法》開始施行，為在遵守該法所定行政處罰原則及程序下，規範著作權行政管理部門行政處罰之實施，國家版權局遂於1997年1月28日新制定發布《著作權行政處罰實施辦法》。在該實施辦法第11條同時規定，著作權行政管理部門對違法行為予以行政處罰之時效為2年，從違法行為終了之日起計算。

(二) 2001年修正之《著作權法》

由上述1990年著作權法及相關規定可知，當時著作權行政管理機關之權限很大，對於著作權第46條所定民事侵權行為，行政機關認為有必要者，均可自行決定啟動行政處罰程序，追究行為人之行政責任。故此除恐有以公權力過度干預私法領域行為之虞外，反面觀之，亦有以全體納稅人稅金支撐之國家行政力量去維護權利人私權而有失社會公平之意見。然因中國大陸知識產權侵權現象較為普遍與嚴重，且有依靠行政力量解決社會

問題的傳統，故保留該行政責任規定仍有其必要[28]。

　　因此，在2001年《著作權法》修訂時，在既堅持著作權行政保護特色且又欲避免行政對私權干涉過多之前提下，2001年修正之《著作權法》第47條即在該條所定共8種著作權侵權行為之行政責任發動上增訂了必須該侵權行為「同時損害公共利益」之要件，即對於《著作權法》第47條所定著作權侵權行為之行政責任規定為：「同時損害公共利益的，可以由著作權行政管理部門責令停止侵權行為，沒收違法所得，沒收、銷毀侵權複製品，並可處以罰款；情節嚴重的，著作權行政管理部門還可以沒收主要用於製作侵權複製品的材料、工具、設備等」。

　　配合著作權法之修法，2002年8月2日國務院公布之《中華人民共和國著作權法實施條例》第36條規定：「有著作權法第47條所列侵權行為，同時損害社會公共利益的，著作權行政管理部門可以處非法經營額3倍以下的罰款；非法經營額難以計算的，可以處10萬元以下的罰款。」第37條規定：「有著作權法第47條所列侵權行為，同時損害社會公共利益的，由地方人民政府著作權行政管理部門負責查處（第1項）。國務院著作權行政管理部門可以查處在全國有重大影響的侵權行為（第2項）。」同時也刪除了1991年舊實施條例第53條有關著作權行政管理部門行使行政處罰權時竟可責令侵害人賠償受害人損失之規定。

　　2003年7月16日，國家版權局亦再重新制定公布《著作權行政處罰實施辦法》。此外，為了加強互聯網信息服務活動中信息網路傳播權的行政保護，2005年4月29日，國家版權局與信息產業部並另公布了《互聯網著作權行政保護辦法》。依據該辦法，著作權行政管理部門對侵犯互聯網信息服務活動中的信息網絡傳播權的行為實施行政處罰，亦適用《著作權行政處罰實施辦法》；同時該辦法亦針對互聯網之特性，就管轄、通知、移除以及罰款等作出規定[29]。另為便利指導著作權人與有關權利人向行政機關進行投訴，2006年4月28日國家版權局亦頒布《著作權行政投訴指南》。

---

28 王遷著：《著作權法學》，頁287，北京大學出版社，2007年7月。
29 條文全文詳參本篇第三章之法規十三。

(三) 2010年修正之現行《著作權法》

　　2010年修正之現行《著作權法》僅將上述2001年《著作權法》第47條規定改列至第48條，原條文內容則予以維持而未作修改，而此第48條亦為現行法之規定。此外，因《信息網路傳播權保護條例》（2006年）與《著作權集體管理條例》（2005年）之施行，原2003年國家版權局公布之《著作權行政處罰實施辦法》再於2009年5月7日重新修正公布。

二、現行法有關著作權侵權行為行政查處要點說明

(一) 有關著作權行政處罰所指違法行為

　　依據《著作權行政處罰實施辦法》第3條，進行行政處罰之依據為：

1. 《著作權法》第48條列舉的侵權行為，同時損害公共利益的；

(一)　未經著作權人許可，複製、發行、表演、放映、廣播、彙編、通過信息網絡向公眾傳播其作品的，本法另有規定的除外；

(二)　出版他人享有專有出版權的圖書的；

(三)　未經表演者許可，複製、發行錄有其表演的錄音錄像製品，或者通過信息網絡向公眾傳播其表演的，本法另有規定的除外；

(四)　未經錄音錄像製作者許可，複製、發行、通過信息網絡向公眾傳播其製作的錄音錄像製品的，本法另有規定的除外；

(五)　未經許可，播放或者複製廣播、電視的，本法另有規定的除外；

(六)　未經著作權人或者與著作權有關的權利人許可，故意避開或者破壞權利人為其作品、錄音錄像製品等採取的保護著作權或者與著作權有關的權利的技術措施的，法律、行政法規另有規定的除外；

(七)　未經著作權人或者與著作權有關的權利人許可，故意刪除或者改變作品、錄音錄像製品等的權利管理電子信息的，法律、行政法規另有規定的除外；

(八)　製作、出售假冒他人署名的作品的。

---

2. 《計算機軟件保護條例》第24條列舉的侵權行為，同時損害公共利益的；

(一) 複製或者部分複製著作權人的軟件的；
(二) 向公眾發行、出租、通過信息網絡傳播著作權人的軟件的；
(三) 故意避開或者破壞著作權人為保護其軟件著作權而採取的技術措施的；
(四) 故意刪除或者改變軟件權利管理電子信息的；
(五) 轉讓或者許可他人行使著作權人的軟件著作權的。

---

3. 《信息網絡傳播權保護條例》第18條列舉的侵權行為，同時損害公共利益的；第19條、第25條列舉的侵權行為；

第18條（須同時損害公共利益）：
(一) 通過信息網絡擅自向公眾提供他人的作品、表演、錄音錄像製品的；
(二) 故意避開或者破壞技術措施的；
(三) 故意刪除或者改變通過信息網絡向公眾提供的作品、表演、錄音錄像製品的權利管理電子信息，或者通過信息網絡向公眾提供明知或者應知未經權利人許可而被刪除或者改變權利管理電子信息的作品、表演、錄音錄像製品的；
(四) 為扶助貧困通過信息網絡向農村地區提供作品、表演、錄音錄像製品超過規定範圍，或者未按照公告的標準支付報酬，或者在權利人不同意提供其作品、表演、錄音錄像製品後未立即刪除的；
(五) 通過信息網絡提供他人的作品、表演、錄音錄像製品，未指明作品、表演、錄音錄像製品的名稱或者作者、表演者、錄音錄像製作者的姓名（名稱），或者未支付報酬，或者未依照本條例規定採取技術措施防止服務對象以外的其他人獲得他人的作品、表演、錄音錄像製品，或者未防止服務對象的複製行為對權利人利益造成實質性損害的。

第19條（條文未規定須同時損害公共利益）

(一) 故意製造、進口或者向他人提供主要用於避開、破壞技術措施的裝置或者部件，或者故意為他人避開或者破壞技術措施提供技術服務的；

(二) 通過信息網絡提供他人的作品、表演、錄音錄像製品，獲得經濟利益的；

(三) 為扶助貧困通過信息網絡向農村地區提供作品、表演、錄音錄像製品，未在提供前公告作品、表演、錄音錄像製品的名稱和作者、表演者、錄音錄像製作者的姓名（名稱）以及報酬標準的。

第25條（條文未規定須同時損害公共利益）

網絡服務提供者無正當理由拒絕提供或者拖延提供涉嫌侵權的服務對象的姓名（名稱）、聯繫方式、網絡地址等資料的，由著作權行政管理部門予以警告；情節嚴重的，沒收主要用於提供網絡服務的計算機等設備。

4. 《著作權集體管理條例》第41條、第44條規定的應予行政處罰的行為；

5. 其他有關著作權法律、法規、規章規定的應給予行政處罰的違法行為[30]。

(二) 有關侵權行為須同時損害社會公共利益之要件

《著作權法》第48條列舉的著作權侵權行為，必須同時損害社會公共利益，行政主管機關始依法立案查處。此立法者將「損害社會公共利益」作為對侵權者行政處罰之要件，即意在限制國家著作權行政管理機關行使行政處罰權之範圍[31]。然而，何謂「損害社會公共利益」？在著作

---

30 例如：《中華人民共和國知識產權海關保護條例》、《互聯網著作權行政保護辦法》等。

31 李順德、周詳著：《中華人民共和國著作權法修改導讀》，頁168，知識產權出版社，

權法、相關法令與司法解釋中並無具體規定。大陸著作權法學者對此亦未多作著墨，無較一致性之通說見解。有學者認為：盜版圖書軟件質量低劣、使購買之廣大消費者利益受到損害，即為損害社會公共利益的行為；然而雖謂盜版行為會傷害創作者繼續創作作品的積極性，使其難為社會創作更多更好之作品而「間接」地損害了社會公共利益，但著作權法第48條所指損害社會公共利益之侵權行為，應為「直接」損害社會公共利益之行為[32]。另有學者認為：損害公共利益是指「侵權行為不僅侵犯了權利人的利益，而是還損害了不特定多數人之利益以及權利人實現權利的良好秩序和著作權行政管理部門的管理秩序……情節嚴重的，不僅損害了著作權人的利益，而且擾亂文化市場的競爭秩序，最終影響到社會成員的共同利益」[33]。亦有學者認為：公共利益可理解為該侵權行為「不僅侵害了個別著作權人或鄰接權人的利益（包括損失的數額比較大），而且還侵害了社會上一般人的利益，例如盜版的複製圖書、錄音錄像製品數量巨大，在社會上造成很大影響，有的被盜版的圖書具有重要意義，有的盜版圖書質量低劣，在社會上造成了混亂、對消費者造成了損失。盜版猖獗，也破壞了著作權法的威信，損害了國家的形象……給市場的經濟秩序和流通渠道也帶來了擾亂，使公共利益受到了損害」[34]。

　　而主管機關比較權威的解釋，則是國家版權局曾在2006年11月2日回覆浙江版權局（國權辦[2006]43號）之**《關於查處著作權侵權案件如何理解適用損害公共利益有關問題的復函》**，該函謂：「就如何認定損害公共利益這一問題，依據《中華人民共和國著作權法》規定，第47條所列侵權行為，均有可能侵犯公共利益。就一般原則而言，向公眾傳播侵權作品，構成不正當競爭，損害經濟秩序就是損害公共利益的具體表現。在『2002年WTO過渡性審議』中，國家版權局也曾明確答覆『構成不正當競爭，危害經濟秩序的行為即可認定為損害公共利益』。此答覆得到了全國人大法工委、國務院法制辦、最高人民法院的認可。如商業性卡拉OK經營

2002年11月。
32 同前註。
33 張革新著：《現代著作權法》，頁207，中國法制出版社，2006年11月。
34 湯宗舜著：《著作權法原理》，頁167，知識產權出版社，2005年7月。

者，未經著作權人許可使用作品，特別是在著作權人要求其履行合法義務的情況下，仍然置之不理，主觀故意明顯，應屬情節嚴重的侵權行為。這種行為不僅侵犯了著作權人的合法權益，並且損害了市場經濟秩序和公平競爭環境。我局認為該行為應屬一種損害公共利益的侵權行為。」

　　因此，如依照上述國家版權局之行政解釋，所謂個案侵權行為同時「損害公共利益」，應指「向公眾傳播侵權作品，構成不正當競爭，損害經濟秩序」，該解釋並特別舉「商業性卡拉OK經營者」擅自使用他人作品為例。而如依上述學說，除侵害了著作權人權利外，尚須危害社會上一般人之利益及社會經濟秩序，例如盜版品數量巨大，對消費者造成損失等。依此，如果在個案中，行為人複製他人著作只單純自行使用而未向公眾傳播，或者複製品數量較少而尚無不正當競爭與危害經濟秩序之虞時，解釋上應不至於構成「同時損害公共利益」之要件。然而，在實際運作上，從北京版權局網站上所公布之部分2004年、2005年著作權行政處罰決定書案例[35]觀之，除了銷售大量DVD、VCD、CD等盜版音像製品[36]或盜版圖書[37]之案例外，亦有為數不少之行政處罰案例係針對某建築設計／裝飾公司或印刷公司於其內部營業處所複製使用Auto CAD、Photoshop、Illustrator等電腦軟體而加以行政處罰之案例[38]，此種設計公司因為工作需要而使用盜版設計軟體，理論上應僅進行內部業務使用，並無向公眾傳播或銷售盜版軟體問題。另亦有在某商場之攤位查獲正在銷售印有盜版藍貓圖案之服飾商品3件、或書包商品5個、或鞋子商品17雙等就個案而言似非屬複製品數量巨大卻加以行政處罰之案例[39]。且觀之前述行政處罰決定書

---

35 請參北京市版權局網站，http://www.bjcab.gov.cn//zwgk/xzcf/index.html。
36 例如：北京市版權局京權處罰（2005）10號著作權行政處罰決定書，係針對某音像中心銷售盜版DVD共32329張，而作出責令應停止發行、沒收盜版音像製品及罰款之行政處罰。該網站上公布之其他有關銷售盜版音像製品之處罰案例，亦多半涉及數千或數百片不等之盜版品。
37 例如：北京市版權局京權處罰（2004）1號著作權行政處罰決定書，係針對某銷售廣場正在銷售盜版圖書共129冊，而作出責令應停止發行、沒收盜版書籍及罰款之行政處罰。
38 例如：北京市版權局京權處罰（2005）9號著作權行政處罰決定書、京權處罰（2005）8號著作權行政處罰決定書、京權處罰（2005）1號著作權行政處罰決定書等等。
39 例如：北京市版權局京權處罰（2004）9號著作權行政處罰決定書、京權處罰（2004）11號著作權行政處罰決定書、京權處罰（2004）13號著作權行政處罰決定書。

內容，其對於各該案例情節是否符合或為何符合「同時損害公共利益」要件，幾乎隻字未提，而無從瞭解其之所以認定構成該損害公共利益要件之具體理由。

此外，在2005年中國音樂著作權協會曾就多家超市商場未經授權而播放該協會管理之音樂作品作為背景音樂乙事向北京市版權局進行投訴。以其中2005年6月該協會投訴北京翠微商大廈擅自於其經營場所公開播放8首音樂作品而由北京市版權局所作出之京權處罰（2005）20號著作權行政處罰決定書為例，該決定書雖有提及公共利益字眼，但亦僅以陳述方式謂北京翠微大廈未經許可在其經營場所公開播送該音樂作品的行為已構成侵權行為，「侵害了音樂作品著作權人的合法權益，不利於建立公平競爭的市場秩序，損害了公共利益」云云。該決定書對此在特定商場播放背景音樂情節，除侵害音樂著作權人個人權益外，何以會影響並損害社會一般人之公共利益乙點，並未進行任何理由論述。

雖然依據2006年國家版權局頒布之《著作權行政投訴指南》之規定，權利人即使不知侵權行為是否損害公共利益，亦可向著作權行政管理部門投訴，由著作權行政管理部門進行審查判斷。然而，由上述案例可見，行政執法機關對各該侵權案例是否符合「有損社會公共利益」之要件，多無進一步闡述其論述及判斷理由，亦無具體認定標準。且各地方機關間之認定尺度也可能不一，而流於主觀。此將是個案中能否使行政機關發動行政查處進行行政保護之不確定判斷因素。

(三) 有關行政查處之管轄

就管轄地而言，有關著作權行政處罰案件之管轄，原則上是由「侵權行為實施地、侵權結果發生地、侵權製品儲藏地或者依法查封扣押地」的著作權行政管理部門負責查處。此外，侵犯信息網絡傳播權的違法行為，則由「侵權人住所地、實施侵權行為的網絡服務器等設備所在地或侵權網站備案登記地」的著作權行政管理部門負責查處[40]。

就管轄機關而言，國家版權局可以查處在全國有重大影響的違法行

---

40 請參閱《著作權行政處罰實施辦法》第5條規定。

為，以及認為應當由其查處的其他違法行為。地方著作權行政管理部門負責查處本轄區發生的違法行為。此外，如兩個以上之地方著作權行政管理部門發生管轄競合，則由其中先立案之著作權行政管理部門負責查處；如發生管轄爭議或不明時，原則上先由爭議雙方協商，協商不成，可報請共同之上級著作權行政管理部門指定管轄；上級著作權行政管理部門認必要時，可將其案件交由下級著作權行政管理部門處理，反之，下級著作權行政管理部門任案件重大或複雜者者，亦可報請上級著作權行政管理部門處理[41]。

(四) 有關行政查處之發動及處理程序

　　著作權行政管理部門可依職權立案查處，其包括自行決定立案查處或者根據有關部門移送的材料決定立案查處。同時，也可以根據被侵權人、利害關係人之投訴或者依據其他知情人之舉報而決定立案查處[42]。

　　投訴人欲提出投訴，應依法提出申請書、身分證明、權利證明、侵權證據等。提出投訴後，著作權行政管理部門應於15日內通知投訴人是否受理投訴。如不受理，應於通知書說明理由；如受理投訴，將依法進行立案、調查、審查、告知與聽取當事人陳述及答辯、聽證（如罰款數額較大）等程序，並作出其決定，包括：(1) 對侵權人予以行政處罰；(2) 侵權輕微，可不予行政處罰；(3) 侵權事實不成立，不予行政處罰；(4) 涉嫌構成犯罪，移送司法機關處理[43]。

(五) 有關行政處罰之種類及救濟

　　著作權行政管理部門對違法行為可給予之行政處罰[44]，包括：1. 責令停止侵權行為；2. 警告；3. 罰款[45]；4. 沒收違法所得；5. 沒收侵權製

---

41 請參閱《著作權行政處罰實施辦法》第6、7條規定。
42 請參閱《著作權行政處罰實施辦法》第11條規定。
43 請參閱《著作權行政處罰實施辦法》第19條規定。
44 請參閱《著作權行政處罰實施辦法》第4條規定。
45 依據《著作權行政處罰實施辦法》第30條規定，著作權行政管理部門作出罰款決定時，罰款數額應當依照《中華人民共和國著作權法實施條例》第36條、《計算機軟件保護條例》第24條、以及《信息網絡傳播權保護條例》第18條、第19條等規定，加以確定。

品[46]；6. 沒收安裝存儲侵權製品的設備；7. 情節嚴重的[47]，沒收主要用於製作侵權複製品的材料、工具、設備等；8. 法律、法規規定的其他行政處罰。

　　投訴人對著作權行政管理部門之行政處罰，如有不服，可依法申請行政復議，或者依法提起行政訴訟[48]。

(六) 有關予以行政處罰之時效

　　著作權行政管理部門對違法行為予以行政處罰的時效為兩年，從違法行為發生之日起計算。違法行為有連續或者繼續狀態的，從行為終了之日起計算。侵權製品仍在發行或仍在向公眾進行傳播的，視為違法行為仍在繼續。如違法行為在兩年內未被發現的，原則上不再給予行政處罰[49]。

　　換言之，如果權利人欲進行投訴，須自侵權行為發生之日起兩年內向著作權行政管理部門提出。自侵權行為發生之日起兩年後進行的投訴，著作權行政管理部門將不再受理。對於有連續或者繼續狀態的侵權行為，兩年期限自侵權行為終止之日起計算。

---

46 包括侵權複製品及假冒他人署名之作品。請參閱《著作權行政處罰實施辦法》第41條規定。
47 依據《著作權行政處罰實施辦法》第31條規定，所謂情節嚴重，係指具有下列情形之一者：「(一) 違法所得數額 (即獲利數額) 2500元以上的；(二) 非法經營數額在15000元以上的；(三) 經營侵權製品在250冊 (張或份) 以上的；(四) 因侵犯著作權曾經被追究法律責任，又侵犯著作權的；(五) 造成其他重大影響或者嚴重後果的。」
48 請參閱《著作權行政處罰實施辦法》第37條規定。
49 請參閱《著作權行政處罰實施辦法》第9條規定。

第三章　中國大陸現行著作權法相關法令及司法解釋

一、中華人民共和國著作權法（1991年施行）（舊法）

二、中華人民共和國著作權法（2001年施行）（舊法）

三、中華人民共和國著作權法（2010年施行）（現行法）

四、中華人民共和國著作權法實施條例（2002年施行）

五、計算機軟件保護條例（2002年施行）

六、著作權集體管理條例（2005年施行）

七、信息網路傳播權保護條例（2006年施行）

八、中華人民共和國知識產權海關保護條例（2010年施行）

九、實施國際著作權條約的規定（1992年施行）

十、中華人民共和國刑法（節選）（1997年施行）

十一、公安部、國家版權局關於在打擊侵犯著作權違法犯罪工作中加強銜接配合的暫行規定（2006年試行）

十二、著作權行政處罰實施辦法（2009年施行）

十三、互聯網著作權行政保護辦法（2005年施行）

十四、作品自願登記試行辦法（1995年試行）

十五、計算機軟件著作權登記辦法（2002年施行）

十六、著作權質權登記辦法（2011年施行）

十七、廣播電台電視台播放錄音製品支付報酬暫行辦法（2010年施行）

十八、錄音法定許可付酬標準暫行規定（1993年發布）

十九、出版文字作品報酬規定（1999年施行）

二十、最高人民法院關於審理著作權民事糾紛案件適用法律若干問題的解釋（2002年施行）

二十一、最高人民法院關於審理侵害信息網絡傳播權民事糾紛案件適用法律若干問題的規定（2013施行）

二十二、最高人民法院關於審理非法出版物刑事案件具體應用法律若干問題的解釋（摘錄）（1998年施行）

二十三、最高人民法院、最高人民檢察院關於辦理侵犯知識產權刑事案件
　　　具體應用法律若干問題的解釋（摘錄）（2004年施行）

二十四、最高人民法院、最高人民檢察院關於辦理侵犯知識產權刑事案件
　　　具體應用法律若干問題的解釋(二)（2007年施行）

二十五、最高人民法院、最高人民檢察院、公安部關於辦理侵犯知識產權
　　　刑事案件適用法律若干問題的意見（摘錄）（2011）

二十六、北京市高級人民法院關於網絡著作權糾紛案件若干問題的指導意
　　　見(一)（試行）（2010）

二十七、北京市高級人民法院關於確定著作權侵權損害賠償責任的指導意
　　　見（2005）

二十八、廣東省高級人民法院關於審理侵犯音像著作權糾紛案件若干問題
　　　的指導意見（2009）

二十九、上海市著作權管理若干規定（2010年修正發布）

三十、著作權法修正草案第一稿（2012年3月31日公開）

三十一、著作權法修正草案第二稿（2012年7月6日公開）

一、中華人民共和國著作權法（1991年施行）（舊法）

中華人民共和國主席令第三十一號

《中華人民共和國著作權法》已由中華人民共和國第七屆全國人民代表大會常務委員會第十五次會議於1990年9月7日通過，現予公布，自1991年6月1日起施行。

中華人民共和國主席　楊尚昆

1990年9月7日

（1990年9月7日第七屆全國人民代表大會常務委員會第十五次會議通過，1990年9月7日中華人民共和國主席令第31號公布，1991年6月1日起施行）

第一章　總　則

第一條

為保護文學、藝術和科學作品作者的著作權，以及與著作權有關的權益，鼓勵有益於社會主義精神文明、物質文明建設的作品的創作和傳播，促進社會主義文化和科學事業的發展與繁榮，根據憲法制定本法。

第二條

中國公民、法人或者非法人單位的作品，不論是否發表，依照本法享有著作權。

外國人的作品首先在中國境內發表的，依照本法享有著作權。

外國人在中國境內發表的作品，根據其所屬國同中國簽訂的協議或者共同參加的國際條約享有的著作權，受本法保護。

第三條

本法所稱的作品，包括以下列形式創作的文學、藝術和自然科學、社會科學、工程技術等作品：

(一) 文字作品；

(二) 口述作品；

(三) 音樂、戲劇、曲藝、舞蹈作品；

(四) 美術、攝影作品；

(五) 電影、電視、錄像作品；

(六) 工程設計、產品設計圖紙及其說明；

(七) 地圖、示意圖等圖形作品；

(八) 計算機軟件；

(九) 法律、行政法規規定的其他作品。

第四條

依法禁止出版、傳播的作品，不受本法保護。

著作權人行使著作權，不得違反憲法和法律，不得損害公共利益。

第五條

本法不適用於：

(一) 法律、法規，國家機關的決議、決定、命令和其他具有立法、行政、司法性質的文件，及其官方正式譯文；

(二) 時事新聞；

(三) 曆法、數表、通用表格和公式。

第六條

民間文學藝術作品的著作權保護辦法由國務院另行規定。

第七條

科學技術作品中應當由專利法、技術合同法等法律保護的，適用專利法、技術合同法等法律的規定。

第八條

國務院著作權行政管理部門主管全國的著作權管理工作；各省、自治區、直轄市人民政府的著作權行政管理部門主管本行政區域的著作權管理工作。

第二章　著作權

第一節　著作權人及其權利

第九條

著作權人包括：

(一) 作者；

(二) 其他依照本法享有著作權的公民、法人或者非法人單位。

第十條

著作權包括下列人身權和財產權：

(一) 發表權，即決定作品是否公之於眾的權利；

(二) 署名權，即表明作者身分，在作品上署名的權利；

(三) 修改權，即修改或者授權他人修改作品的權利；

(四) 保護作品完整權，即保護作品不受歪曲、篡改的權利；

(五) 使用權和獲得報酬權，即以複製、表演、播放、展覽、發行、攝製電影、電視、錄像或者改編、翻譯、注釋、編輯等方式使用作品的權利；以及許可他人以上述方式使用作品，並由此獲得報酬的權利。

第二節　著作權歸屬

第十一條

著作權屬于作者，本法另有規定的除外。

創作作品的公民是作者。

由法人或者非法人單位主持，代表法人或者非法人單位意志創作，並由法人或者非法人單位承擔責任的作品，法人或者非法人單位視為作者。

如無相反證明，在作品上署名的公民、法人或者非法人單位為作者。

第十二條

改編、翻譯、注釋、整理已有作品而產生的作品，其著作權由改編、翻譯、注釋、整理人享有，但行使著作權時，不得侵犯原作品的著作權。

第十三條

兩人以上合作創作的作品，著作權由合作作者共同享有。沒有參加創作的人，不能成為合作作者。

合作作品可以分割使用的，作者對各自創作的部分可以單獨享有著作權，但行使著作權時不得侵犯合作作品整體的著作權。

第十四條

編輯作品由編輯人享有著作權，但行使著作權時，不得侵犯原作品的著作權。

編輯作品中可以單獨使用的作品的作者有權單獨行使其著作權。

第十五條

電影、電視、錄像作品的導演、編劇、作詞、作曲、攝影等作者享有署名權，著作權的其他權利由製作電影、電視、錄像作品的製片者享有。

電影、電視、錄像作品中劇本、音樂等可以單獨使用的作品的作者有權單獨行使其著作權。

第十六條

公民為完成法人或者非法人單位工作任務所創作的作品是職務作品，除本條第二款的規定以外，著作權由作者享有，但法人或者非法人單位有權在其業務範圍內優先使用。作品完成兩年內，未經單位同意，作者不得許可第三人以與單位使用的相同方式使用該作品。

有下列情形之一的職務作品，作者享有署名權，著作權的其他權利由法人或者非法人單位享有，法人或者非法人單位可以給予作者獎勵：

(一) 主要是利用法人或者非法人單位的物質技術條件創作，並由法人或者非法人單位承擔責任的工程設計、產品設計圖紙及其說明、計算機軟件、地圖等職務作品；

(二) 法律、行政法規規定或者合同約定著作權由法人或者非法人單位享有的職務

作品。

第十七條

受委託創作的作品，著作權的歸屬由委託人和受託人通過合同約定。合同未作明確約定或者沒有訂立合同的，著作權屬於受託人。

第十八條

美術等作品原件所有權的轉移，不視為作品著作權的轉移，但美術作品原件的展覽權由原件所有人享有。

第十九條

著作權屬于公民的，公民死亡後，其作品的使用權和獲得報酬權在本法規定的保護期內，依照繼承法的規定轉移。

著作權屬于法人或者非法人單位的，法人或者非法人單位變更、終止後，其作品的使用權和獲得報酬權在本法規定的保護期內，由承受其權利義務的法人或者非法人單位享有；沒有承受其權利義務的法人或者非法人單位的，由國家享有。

第三節　權利的保護期

第二十條

作者的署名權、修改權、保護作品完整權的保護期不受限制。

第二十一條

公民的作品，其發表權、使用權和獲得報酬權的保護期為作者終生及其死亡後五十年，截止于作者死亡後第五十年的12月31日；如果是合作作品，截止於最後死亡的作者死亡後的第五十年的12月31日。

法人或者非法人單位的作品、著作權（署名權除外）由法人或者非法人單位享有的職務作品，其發表權、使用權和獲得報酬權的保護期為五十年，截止於作品首次發表後第五十年的12月31日，但作品自創作完成後五十年內未發表的，本法不再保護。

電影、電視、錄像和攝影作品的發表權、使用權和獲得報酬權的保護期為五十年，截止於作品首次發表後第五十年的12月31日，但作品自創作完成後五十年內未發表的，本法不再保護。

第四節　權利的限制

第二十二條

在下列情況下使用作品，可以不經著作權人許可，不向其支付報酬，但應當指明作者姓名、作品名稱，並且不得侵犯著作權人依照本法享有的其他權利：

(一) 為個人學習、研究或者欣賞，使用他人已經發表的作品；

(二) 為介紹、評論某一作品或者說明某一問題，在作品中適當引用他人已經發表的作品；

(三) 為報道時事新聞，在報紙、期刊、廣播、電視節目或者新聞紀錄影片中引用已經發表的作品；

(四) 報紙、期刊、廣播電臺、電視臺刊登或者播放其他報紙、期刊、廣播電臺、電視臺已經發表的社論、評論員文章；

(五) 報紙、期刊、廣播電臺、電視臺刊登或者播放在公眾集會上發表的講話，但作者聲明不許刊登、播放的除外；

(六) 為學校課堂教學或者科學研究，翻譯或者少量複製已經發表的作品，供教學或者科研人員使用，但不得出版發行；

(七) 國家機關為執行公務使用已經發表的作品；

(八) 圖書館、檔案館、紀念館、博物館、美術館等為陳列或者保存版本的需要，複製本館收藏的作品；

(九) 免費表演已經發表的作品；

(十) 對設置或者陳列在室外公共場所的藝術作品進行臨摹、繪畫、攝影、錄像；

(十一) 將已經發表的漢族文字作品翻譯成少數民族文字在國內出版發行；

(十二) 將已經發表的作品改成盲文出版。

以上規定適用於對出版者、表演者、錄音錄像製作者、廣播電臺、電視臺的權利的限制。

第三章　著作權許可使用合同

第二十三條

使用他人作品應當同著作權人訂立合同或者取得許可，本法規定可以不經許可的除外。

第二十四條

合同包括下列主要條款：

(一) 許可使用作品的方式；

(二) 許可使用的權利是專有使用權或者非專有使用權；

(三) 許可使用的範圍、期間；

(四) 付酬標準和辦法；

(五) 違約責任；

(六) 雙方認為需要約定的其他內容。

第二十五條

合同中著作權人未明確許可的權利，未經著作權人許可，另一方當事人不得行使。

第二十六條

合同的有效期限不超過十年。合同期滿可以續訂。

第二十七條

使用作品的付酬標準由國務院著作權行政管理部門會同有關部門制定。

合同另有約定的，也可以按照合同支付報酬。

第二十八條

出版者、表演者、錄音錄像製作者、廣播電臺、電視臺等依照本法取得他人的著作權使用權的，不得侵犯作者的署名權、修改權、保護作品完整權和獲得報酬權。

第四章　出版、表演、錄音錄像、播放

第一節　圖書、報刊的出版

第二十九條

圖書出版者出版圖書應當和著作權人訂立出版合同，並支付報酬。

第三十條

圖書出版者對著作權人交付出版的作品，在合同約定期間享有專有出版權。合同約定圖書出版者享有專有出版權的期限不得超過十年，合同期滿可以續訂。

圖書出版者在合同約定期間享有的專有出版權受法律保護，他人不得出版該作品。

第三十一條

著作權人應當按照合同約定期限交付作品。圖書出版者應當按照合同約定的出版質量、期限出版圖書。

圖書出版者不按照合同約定期限出版，應當依照本法第四十七條的規定承擔民事責任。

圖書出版者重印、再版作品的，應當通知著作權人，並支付報酬。圖書脫銷後，圖書出版者拒絕重印、再版的，著作權人有權終止合同。

第三十二條

著作權人向報社、雜誌社投稿的，自稿件發出之日起十五日內未收到報社通知決定刊登的，或者自稿件發出之日起三十日內未收到雜誌社通知決定刊登的，可以將同一作品向其他報社、雜誌社投稿。雙方另有約定的除外。

作品刊登後，除著作權人聲明不得轉載、摘編的外，其他報刊可以轉載或者作為文摘、資料刊登，但應當按照規定向著作權人支付報酬。

第三十三條

圖書出版者經作者許可，可以對作品修改、刪節。

報社、雜誌社可以對作品作文字性修改、刪節，對內容的修改，應當經作者許可。

第三十四條

出版改編、翻譯、注釋、整理、編輯已有作品而產生的作品，應當向改編、翻譯、注釋、整理、編輯作品的著作權人和原作品的著作權人支付報酬。

第二節　表演

第三十五條

表演者（演員、演出單位）使用他人未發表的作品演出，應當取得著作權人許可，並支付報酬。

表演者使用他人已發表的作品進行營業性演出，可以不經著作權人許可，但應當按照規定支付報酬；著作權人聲明不許使用的不得使用。

表演者使用改編、翻譯、注釋、整理已有作品而產生的作品進行營業性演出，應當按照規定向改編、翻譯、注釋、整理作品的著作權人和原作品的著作權人支付報酬。

表演者為製作錄音錄像和廣播、電視節目進行表演使用他人作品的,適用本法第三十七條、第四十條的規定。

第三十六條

表演者對其表演享有下列權利:

(一) 表明表演者身分;

(二) 保護表演者形象不受歪曲;

(三) 許可他人從現場直播;

(四) 許可他人為營利目的錄音錄像,並獲得報酬。

第三節　錄音錄像

第三十七條

錄音製作者使用他人未發表的作品製作錄音製品,應當取得著作權人的許可,並支付報酬。使用他人已發表的作品製作錄音製品,可以不經著作權人許可,但應當按照規定支付報酬;著作權人聲明不許使用的不得使用。

錄像製作者使用他人作品製作錄像製品,應當取得著作權人的許可,並支付報酬。

錄音錄像製作者使用改編、翻譯、注釋、整理已有作品而產生的作品,應當向改編、翻譯、注釋、整理作品的著作權人和原作品的著作權人支付報酬。

第三十八條

錄音錄像製作者製作錄音錄像製品,應當同表演者訂立合同,並支付報酬。

第三十九條

錄音錄像製作者對其製作的錄音錄像製品,享有許可他人複製發行並獲得報酬的權利。該權利的保護期為五十年,截止於該製品首次出版後第五十年的12月31日。

被許可複製發行的錄音錄像製作者還應當按照規定向著作權人和表演者支付報酬。

第四節　廣播電臺、電視臺播放

第四十條

廣播電臺、電視臺使用他人未發表的作品製作廣播、電視節目,應當取得著作權人的許可,並支付報酬。

廣播電臺、電視臺使用他人已發表的作品製作廣播、電視節目，可以不經著作權人許可，但著作權人聲明不許使用的不得使用；並且除本法規定可以不支付報酬的以外，應當按照規定支付報酬。

廣播電臺、電視臺使用改編、翻譯、注釋、整理已有作品而產生的作品製作廣播、電視節目，應當向改編、翻譯、注釋、整理作品的著作權人和原作品的著作權人支付報酬。

第四十一條

廣播電臺、電視臺製作廣播、電視節目，應當同表演者訂立合同，並支付報酬。

第四十二條

廣播電臺、電視臺對其製作的廣播、電視節目，享有下列權利：

(一) 播放；

(二) 許可他人播放，並獲得報酬；

(三) 許可他人複製發行其製作的廣播、電視節目，並獲得報酬。

前款規定的權利的保護期為五十年，截止於該節目首次播放後第五十年的12月31日。

被許可複製發行的錄音錄像製作者還應當按照規定向著作權人和表演者支付報酬。

第四十三條

廣播電臺、電視臺非營業性播放已經出版的錄音製品，可以不經著作權人、表演者、錄音製作者許可，不向其支付報酬。

第四十四條

電視臺播放他人的電影、電視和錄像，應當取得電影、電視製片者和錄像製作者的許可，並支付報酬。

第五章　法律責任

第四十五條

有下列侵權行為的，應當根據情況，承擔停止侵害、消除影響、公開賠禮道歉、賠償損失等民事責任：

(一) 未經著作權人許可，發表其作品的；

(二) 未經合作作者許可，將與他人合作創作的作品當作自己單獨創作的作品發表

　　的；

(三) 沒有參加創作，為謀取個人名利，在他人作品上署名的；

(四) 歪曲、篡改他人作品的；

(五) 未經著作權人許可，以表演、播放、展覽、發行、攝製電影、電視、錄像或者改編、翻譯、注釋、編輯等方式使用作品的，本法另有規定的除外；

(六) 使用他人作品，未按照規定支付報酬的；

(七) 未經表演者許可，從現場直播其表演的；

(八) 其他侵犯著作權以及與著作權有關的權益的行為。

第四十六條

有下列侵權行為的，應當根據情況，承擔停止侵害、消除影響、公開賠禮道歉、賠償損失等民事責任，並可以由著作權行政管理部門給予沒收非法所得、罰款等行政處罰：

(一) 剽竊、抄襲他人作品的；

(二) 未經著作權人許可，以營利為目的，複製發行其作品的；

(三) 出版他人享有專有出版權的圖書的；

(四) 未經表演者許可，對其表演製作錄音錄像出版的；

(五) 未經錄音錄像製作者許可，複製發行其製作的錄音錄像的；

(六) 未經廣播電臺、電視臺許可，複製發行其製作的廣播、電視節目的；

(七) 製作、出售假冒他人署名的美術作品的。

第四十七條

當事人不履行合同義務或者履行合同義務不符合約定條件的，應當依照民法通則有關規定承擔民事責任。

第四十八條

著作權侵權糾紛可以調解，調解不成或者調解達成協議後一方反悔的，可以向人民法院起訴。當事人不願調解的，也可以直接向人民法院起訴。

第四十九條

著作權合同糾紛可以調解，也可以依據合同中的仲裁條款或者事後達成的書面仲裁協議，向著作權仲裁機構申請仲裁。

對於仲裁裁決，當事人應當履行。當事人一方不履行仲裁裁決的，另一方可以申請人民法院執行。

受申請的人民法院發現仲裁裁決違法的，有權不予執行。人民法院不予執行的，當事人可以就合同糾紛向人民法院起訴。

當事人沒有在合同中訂立仲裁條款，事後又沒有書面仲裁協議的，可以直接向人民法院起訴。

第五十條

當事人對行政處罰不服的，可以在收到行政處罰決定書三個月內向人民法院起訴，期滿不起訴又不履行的，著作權行政管理部門可以申請人民法院執行。

第六章　附　則

第五十一條

本法所稱的著作權與版權系同義語。

第五十二條

本法所稱的複製，指以印刷、複印、臨摹、拓印、錄音、錄像、翻錄、翻拍等方式將作品製作一份或者多份的行為。

按照工程設計、產品設計圖紙及其說明進行施工、生產工業品，不屬於本法所稱的複製。

第五十三條

計算機軟件的保護辦法由國務院另行規定。

第五十四條

本法的實施條例由國務院著作權行政管理部門制定，報國務院批准後施行。

第五十五條

本法規定的著作權人和出版者、表演者、錄音錄像製作者、廣播電臺、電視臺的權利，在本法施行之日尚未超過本法規定的保護期的，依照本法予以保護。

本法施行前發生的侵權或者違約行為，依照侵權或者違約行為發生時的有關規定和政策處理。

第五十六條

本法自1991年6月1日起施行。

二、中華人民共和國著作權法（2001年施行）（舊法）

中華人民共和國主席令第五十八號

《全國人民代表大會常務委員會關於修改〈中華人民共和國著作權法〉的決定》已由中華人民共和國第九屆全國人民代表大會常務委員會第二十四次會議於2001年10月27日通過，現予公布，自公布之日起施行。

中華人民共和國主席　江澤民

2001年10月27日

《中華人民共和國著作權法》

（1990年9月7日第七屆全國人民代表大會常務委員會第十五次會議通過，根據2001年10月27日第九屆全國人民代表大會常務委員會第二十四次會議《關於修改〈中華人民共和國著作權法〉的決定》修正，自公布之日起施行）

目　錄

第五章　法律責任和執法措施
第六章　附　則

第一章　總　則

第一條

為保護文學、藝術和科學作品作者的著作權，以及與著作權有關的權益，鼓勵有益於社會主義精神文明、物質文明建設的作品的創作和傳播，促進社會主義文化和科學事業的發展與繁榮，根據憲法制定本法。

第二條

中國公民、法人或者其他組織的作品，不論是否發表，依照本法享有著作權。

外國人、無國籍人的作品根據其作者所屬國或者經常居住地國同中國簽訂的協議或者共同參加的國際條約享有的著作權，受本法保護。

外國人、無國籍人的作品首先在中國境內出版的，依照本法享有著作權。

未與中國簽訂協議或者共同參加國際條約的國家的作者以及無國籍人的作品首次在中國參加的國際條約的成員國出版的，或者在成員國和非成員國同時出版的，受本法保護。

第三條

本法所稱的作品，包括以下列形式創作的文學、藝術和自然科學、社會科學、工程技術等作品：

(一) 文字作品；

(二) 口述作品；

(三) 音樂、戲劇、曲藝、舞蹈、雜技藝術作品；

(四) 美術、建築作品；

(五) 攝影作品；

(六) 電影作品和以類似攝製電影的方法創作的作品；

(七) 工程設計圖、產品設計圖、地圖、示意圖等圖形作品和模型作品；

(八) 計算機軟件；

(九) 法律、行政法規規定的其他作品。

第四條

依法禁止出版、傳播的作品，不受本法保護。

著作權人行使著作權，不得違反憲法和法律，不得損害公共利益。

第五條

本法不適用於：

(一) 法律、法規，國家機關的決議、決定、命令和其他具有立法、行政、司法性
　　 質的文件，及其官方正式譯文；

(二) 時事新聞；

(三) 曆法、通用數表、通用表格和公式。

第六條

民間文學藝術作品的著作權保護辦法由國務院另行規定。

第七條

國務院著作權行政管理部門主管全國的著作權管理工作；各省、自治區、直轄市
人民政府的著作權行政管理部門主管本行政區域的著作權管理工作。

第八條

著作權人和與著作權有關的權利人可以授權著作權集體管理組織行使著作權或者
與著作權有關的權利。著作權集體管理組織被授權後，可以以自己的名義為著作
權人和與著作權有關的權利人主張權利，並可以作為當事人進行涉及著作權或者
與著作權有關的權利的訴訟、仲裁活動。

著作權集體管理組織是非營利性組織，其設立方式、權利義務、著作權許可使用
費的收取和分配，以及對其監督和管理等由國務院另行規定。

第二章　著作權

第一節　著作權人及其權利

第九條

著作權人包括：

(一) 作者；

(二) 其他依照本法享有著作權的公民、法人或者其他組織。

第十條

著作權包括下列人身權和財產權：

(一) 發表權，即決定作品是否公之於眾的權利；

(二) 署名權，即表明作者身分，在作品上署名的權利；

(三) 修改權，即修改或者授權他人修改作品的權利；

(四) 保護作品完整權，即保護作品不受歪曲、篡改的權利；

(五) 複製權，即以印刷、複印、拓印、錄音、錄像、翻錄、翻拍等方式將作品製作一份或者多份的權利；

(六) 發行權，即以出售或者贈與方式向公眾提供作品的原件或者複製件的權利；

(七) 出租權，即有償許可他人臨時使用電影作品和以類似攝製電影的方法創作的作品、計算機軟件的權利，計算機軟件不是出租的主要標的的除外；

(八) 展覽權，即公開陳列美術作品、攝影作品的原件或者複製件的權利；

(九) 表演權，即公開表演作品，以及用各種手段公開播送作品的表演的權利；

(十) 放映權，即通過放映機、幻燈機等技術設備公開再現美術、攝影、電影和以類似攝製電影的方法創作的作品等的權利；

(十一) 廣播權，即以無線方式公開廣播或者傳播作品，以有線傳播或者轉播的方式向公眾傳播廣播的作品，以及通過擴音器或者其他傳送符號、聲音、圖像的類似工具向公眾傳播廣播的作品的權利；

(十二) 信息網絡傳播權，即以有線或者無線方式向公眾提供作品，使公眾可以在其個人選定的時間和地點獲得作品的權利；

(十三) 攝製權，即以攝製電影或者以類似攝製電影的方法將作品固定在載體上的權利；

(十四) 改編權，即改變作品，創作出具有獨創性的新作品的權利；

(十五) 翻譯權，即將作品從一種語言文字轉換成另一種語言文字的權利；

(十六) 彙編權，即將作品或者作品的片段通過選擇或者編排，彙集成新作品的權利；

(十七) 應當由著作權人享有的其他權利。

著作權人可以許可他人行使前款第(五)項至第(十七)項規定的權利，並依照約定或者本法有關規定獲得報酬。

著作權人可以全部或者部分轉讓本條第一款第(五)項至第(十七)項規定的權利，並依照約定或者本法有關規定獲得報酬。

第二節　著作權歸屬

第十一條

著作權屬于作者，本法另有規定的除外。

創作作品的公民是作者。

由法人或者其他組織主持，代表法人或者其他組織意志創作，並由法人或者其他組織承擔責任的作品，法人或者其他組織視為作者。

如無相反證明，在作品上署名的公民、法人或者其他組織為作者。

第十二條

改編、翻譯、注釋、整理已有作品而產生的作品，其著作權由改編、翻譯、注釋、整理人享有，但行使著作權時不得侵犯原作品的著作權。

第十三條

兩人以上合作創作的作品，著作權由合作作者共同享有。沒有參加創作的人，不能成為合作作者。

合作作品可以分割使用的，作者對各自創作的部分可以單獨享有著作權，但行使著作權時不得侵犯合作作品整體的著作權。

第十四條

彙編若干作品、作品的片段或者不構成作品的數據或者其他材料，對其內容的選擇或者編排體現獨創性的作品，為彙編作品，其著作權由彙編人享有，但行使著作權時，不得侵犯原作品的著作權。

第十五條

電影作品和以類似攝製電影的方法創作的作品的著作權由製片者享有，但編劇、導演、攝影、作詞、作曲等作者享有署名權，並有權按照與製片者簽訂的合同獲得報酬。

電影作品和以類似攝製電影的方法創作的作品中的劇本、音樂等可以單獨使用的作品的作者有權單獨行使其著作權。

第十六條

公民為完成法人或者其他組織工作任務所創作的作品是職務作品，除本條第二款的規定以外，著作權由作者享有，但法人或者其他組織有權在其業務範圍內優先使用。作品完成兩年內，未經單位同意，作者不得許可第三人以與單位使用的相同方式使用該作品。

有下列情形之一的職務作品，作者享有署名權，著作權的其他權利由法人或者其他組織享有，法人或者其他組織可以給予作者獎勵：

(一) 主要是利用法人或者其他組織的物質技術條件創作，並由法人或者其他組織承擔責任的工程設計圖、產品設計圖、地圖、計算機軟件等職務作品；

(二) 法律、行政法規規定或者合同約定著作權由法人或者其他組織享有的職務作品。

第十七條

受委託創作的作品，著作權的歸屬由委託人和受託人通過合同約定。合同未作明確約定或者沒有訂立合同的，著作權屬於受託人。

第十八條

美術等作品原件所有權的轉移，不視為作品著作權的轉移，但美術作品原件的展覽權由原件所有人享有。

第十九條

著作權屬于公民的，公民死亡後，其本法第十條第一款第(五)項至第(十七)項規定的權利在本法規定的保護期內，依照繼承法的規定轉移。

著作權屬于法人或者其他組織的，法人或者其他組織變更、終止後，其本法第十條第一款第(五)項至第(十七)項規定的權利在本法規定的保護期內，由承受其權利義務的法人或者其他組織享有；沒有承受其權利義務的法人或者其他組織的，由國家享有。

第三節　權利的保護期

第二十條

作者的署名權、修改權、保護作品完整權的保護期不受限制。

第二十一條

公民的作品，其發表權、本法第十條第一款第(五)項至第(十七)項規定的權利的保護期為作者終生及其死亡後五十年，截止于作者死亡後第五十年的12月31日；如果是合作作品，截止於最後死亡的作者死亡後第五十年的12月31日。

法人或者其他組織的作品、著作權（署名權除外）由法人或者其他組織享有的職務作品，其發表權、本法第十條第一款第(五)項至第(十七)項規定的權利的保護期為五十年，截止於作品首次發表後第五十年的12月31日，但作品自創作完成後

五十年內未發表的，本法不再保護。

電影作品和以類似攝製電影的方法創作的作品、攝影作品，其發表權、本法第十條第一款第(五)項至第(十七)項規定的權利的保護期為五十年，截止於作品首次發表後第五十年的12月31日，但作品自創作完成後五十年內未發表的，本法不再保護。

第四節　權利的限制

第二十二條

在下列情況下使用作品，可以不經著作權人許可，不向其支付報酬，但應當指明作者姓名、作品名稱，並且不得侵犯著作權人依照本法享有的其他權利：

(一) 為個人學習、研究或者欣賞，使用他人已經發表的作品；

(二) 為介紹、評論某一作品或者說明某一問題，在作品中適當引用他人已經發表的作品；

(三) 為報道時事新聞，在報紙、期刊、廣播電臺、電視臺等媒體中不可避免地再現或者引用已經發表的作品；

(四) 報紙、期刊、廣播電臺、電視臺等媒體刊登或者播放其他報紙、期刊、廣播電臺、電視臺等媒體已經發表的關於政治、經濟、宗教問題的時事性文章，但作者聲明不許刊登、播放的除外；

(五) 報紙、期刊、廣播電臺、電視臺等媒體刊登或者播放在公眾集會上發表的講話，但作者聲明不許刊登、播放的除外；

(六) 為學校課堂教學或者科學研究，翻譯或者少量複製已經發表的作品，供教學或者科研人員使用，但不得出版發行；

(七) 國家機關為執行公務在合理範圍內使用已經發表的作品；

(八) 圖書館、檔案館、紀念館、博物館、美術館等為陳列或者保存版本的需要，複製本館收藏的作品；

(九) 免費表演已經發表的作品，該表演未向公眾收取費用，也未向表演者支付報酬；

(十) 對設置或者陳列在室外公共場所的藝術作品進行臨摹、繪畫、攝影、錄像；

(十一) 將中國公民、法人或者其他組織已經發表的以漢語言文字創作的作品翻譯成少數民族語言文字作品在國內出版發行；

(十二) 將已經發表的作品改成盲文出版。

前款規定適用於對出版者、表演者、錄音錄像製作者、廣播電臺、電視臺的權利的限制。

第二十三條

為實施九年制義務教育和國家教育規劃而編寫出版教科書，除作者事先聲明不許使用的外，可以不經著作權人許可，在教科書中彙編已經發表的作品片段或者短小的文字作品、音樂作品或者單幅的美術作品、攝影作品，但應當按照規定支付報酬，指明作者姓名、作品名稱，並且不得侵犯著作權人依照本法享有的其他權利。

前款規定適用於對出版者、表演者、錄音錄像製作者、廣播電臺、電視臺的權利的限制。

第三章　著作權許可使用和轉讓合同

第二十四條

使用他人作品應當同著作權人訂立許可使用合同，本法規定可以不經許可的除外。

許可使用合同包括下列主要內容：

(一) 許可使用的權利種類；

(二) 許可使用的權利是專有使用權或者非專有使用權；

(三) 許可使用的地域範圍、期間；

(四) 付酬標準和辦法；

(五) 違約責任；

(六) 雙方認為需要約定的其他內容。

第二十五條

轉讓本法第十條第一款第(五)項至第(十七)項規定的權利，應當訂立書面合同。

權利轉讓合同包括下列主要內容：

(一) 作品的名稱；

(二) 轉讓的權利種類、地域範圍；

(三) 轉讓價金；

(四) 交付轉讓價金的日期和方式；

(五) 違約責任；

(六) 雙方認為需要約定的其他內容。

第二十六條

許可使用合同和轉讓合同中著作權人未明確許可、轉讓的權利，未經著作權人同意，另一方當事人不得行使。

第二十七條

使用作品的付酬標準可以由當事人約定，也可以按照國務院著作權行政管理部門會同有關部門制定的付酬標準支付報酬。當事人約定不明確的，按照國務院著作權行政管理部門會同有關部門制定的付酬標準支付報酬。

第二十八條

出版者、表演者、錄音錄像製作者、廣播電臺、電視臺等依照本法有關規定使用他人作品的，不得侵犯作者的署名權、修改權、保護作品完整權和獲得報酬的權利。

第四章　出版、表演、錄音錄像、播放

第一節　圖書、報刊的出版

第二十九條

圖書出版者出版圖書應當和著作權人訂立出版合同，並支付報酬。

第三十條

圖書出版者對著作權人交付出版的作品，按照合同約定享有的專有出版權受法律保護，他人不得出版該作品。

第三十一條

著作權人應當按照合同約定期限交付作品。圖書出版者應當按照合同約定的出版質量、期限出版圖書。

圖書出版者不按照合同約定期限出版，應當依照本法第五十三條的規定承擔民事責任。

圖書出版者重印、再版作品的，應當通知著作權人，並支付報酬。圖書脫銷後，圖書出版者拒絕重印、再版的，著作權人有權終止合同。

第三十二條

著作權人向報社、期刊社投稿的，自稿件發出之日起十五日內未收到報社通知決

定刊登的,或者自稿件發出之日起三十日內未收到期刊社通知決定刊登的,可以
將同一作品向其他報社、期刊社投稿。雙方另有約定的除外。

作品刊登後,除著作權人聲明不得轉載、摘編的外,其他報刊可以轉載或者作為
文摘、資料刊登,但應當按照規定向著作權人支付報酬。

第三十三條

圖書出版者經作者許可,可以對作品修改、刪節。

報社、期刊社可以對作品作文字性修改、刪節。對內容的修改,應當經作者許
可。

第三十四條

出版改編、翻譯、注釋、整理、彙編已有作品而產生的作品,應當取得改編、翻
譯、注釋、整理、彙編作品的著作權人和原作品的著作權人許可,並支付報酬。

第三十五條

出版者有權許可或者禁止他人使用其出版的圖書、期刊的版式設計。

前款規定的權利的保護期為十年,截止於使用該版式設計的圖書、期刊首次出版
後第十年的12月31日。

第二節 表　演

第三十六條

使用他人作品演出,表演者(演員、演出單位)應當取得著作權人許可,並支付
報酬。演出組織者組織演出,由該組織者取得著作權人許可,並支付報酬。

使用改編、翻譯、注釋、整理已有作品而產生的作品進行演出,應當取得改編、
翻譯、注釋、整理作品的著作權人和原作品的著作權人許可,並支付報酬。

第三十七條

表演者對其表演享有下列權利:

(一) 表明表演者身分;

(二) 保護表演形象不受歪曲;

(三) 許可他人從現場直播和公開傳送其現場表演,並獲得報酬;

(四) 許可他人錄音錄像,並獲得報酬;

(五) 許可他人複製、發行錄有其表演的錄音錄像製品,並獲得報酬;

(六) 許可他人通過信息網絡向公眾傳播其表演,並獲得報酬。被許可人以前款第

(三)項至第(六)項規定的方式使用作品，還應當取得著作權人許可，並支付報酬。

第三十八條

本法第三十七條第一款第(一)項、第(二)項規定的權利的保護期不受限制。

本法第三十七條第一款第(三)項至第(六)項規定的權利的保護期為五十年，截止於該表演發生後第五十年的12月31日。

第三節　錄音錄像

第三十九條

錄音錄像製作者使用他人作品製作錄音錄像製品，應當取得著作權人許可，並支付報酬。

錄音錄像製作者使用改編、翻譯、注釋、整理已有作品而產生的作品，應當取得改編、翻譯、注釋、整理作品的著作權人和原作品著作權人許可，並支付報酬。

錄音製作者使用他人已經合法錄製為錄音製品的音樂作品製作錄音製品，可以不經著作權人許可，但應當按照規定支付報酬；著作權人聲明不許使用的不得使用。

第四十條

錄音錄像製作者製作錄音錄像製品，應當同表演者訂立合同，並支付報酬。

第四十一條

錄音錄像製作者對其製作的錄音錄像製品，享有許可他人複製、發行、出租、通過信息網絡向公眾傳播並獲得報酬的權利；權利的保護期為五十年，截止於該製品首次製作完成後第五十年的12月31日。

被許可人複製、發行、通過信息網絡向公眾傳播錄音錄像製品，還應當取得著作權人、表演者許可，並支付報酬。

第四節　廣播電臺、電視臺播放

第四十二條

廣播電臺、電視臺播放他人未發表的作品，應當取得著作權人許可，並支付報酬。

廣播電臺、電視臺播放他人已發表的作品，可以不經著作權人許可，但應當支付報酬。

第四十三條

廣播電臺、電視臺播放已經出版的錄音製品，可以不經著作權人許可，但應當支付報酬。當事人另有約定的除外。具體辦法由國務院規定。

第四十四條

廣播電臺、電視臺有權禁止未經其許可的下列行為：

(一) 將其播放的廣播、電視轉播；

(二) 將其播放的廣播、電視錄製在音像載體上以及複製音像載體。

前款規定的權利的保護期為五十年，截止於該廣播、電視首次播放後第五十年的12月31日。

第四十五條

電視臺播放他人的電影作品和以類似攝製電影的方法創作的作品、錄像製品，應當取得製片者或者錄像製作者許可，並支付報酬；播放他人的錄像製品，還應當取得著作權人許可，並支付報酬。

第五章　法律責任和執法措施

第四十六條

有下列侵權行為的，應當根據情況，承擔停止侵害、消除影響、賠禮道歉、賠償損失等民事責任：

(一) 未經著作權人許可，發表其作品的；

(二) 未經合作作者許可，將與他人合作創作的作品當作自己單獨創作的作品發表的；

(三) 沒有參加創作，為謀取個人名利，在他人作品上署名的；

(四) 歪曲、篡改他人作品的；

(五) 剽竊他人作品的；

(六) 未經著作權人許可，以展覽、攝製電影和以類似攝製電影的方法使用作品，或者以改編、翻譯、注釋等方式使用作品的，本法另有規定的除外；

(七) 使用他人作品，應當支付報酬而未支付的；

(八) 未經電影作品和以類似攝製電影的方法創作的作品、計算機軟件、錄音錄像製品的著作權人或者與著作權有關的權利人許可，出租其作品或者錄音錄像製品的，本法另有規定的除外；

(九) 未經出版者許可，使用其出版的圖書、期刊的版式設計的；

(十) 未經表演者許可，從現場直播或者公開傳送其現場表演，或者錄製其表演的；

(十一)　其他侵犯著作權以及與著作權有關的權益的行為。

第四十七條

有下列侵權行為的，應當根據情況，承擔停止侵害、消除影響、賠禮道歉、賠償損失等民事責任；同時損害公共利益的，可以由著作權行政管理部門責令停止侵權行為，沒收違法所得，沒收、銷毀侵權複製品，並可處以罰款；情節嚴重的，著作權行政管理部門還可以沒收主要用於製作侵權複製品的材料、工具、設備等；構成犯罪的，依法追究刑事責任：

(一) 未經著作權人許可，複製、發行、表演、放映、廣播、彙編、通過信息網絡向公眾傳播其作品的，本法另有規定的除外；

(二) 出版他人享有專有出版權的圖書的；

(三) 未經表演者許可，複製、發行錄有其表演的錄音錄像製品，或者通過信息網絡向公眾傳播其表演的，本法另有規定的除外；

(四) 未經錄音錄像製作者許可，複製、發行、通過信息網絡向公眾傳播其製作的錄音錄像製品的，本法另有規定的除外；

(五) 未經許可，播放或者複製廣播、電視的，本法另有規定的除外；

(六) 未經著作權人或者與著作權有關的權利人許可，故意避開或者破壞權利人為其作品、錄音錄像製品等採取的保護著作權或者與著作權有關的權利的技術措施的，法律、行政法規另有規定的除外；

(七) 未經著作權人或者與著作權有關的權利人許可，故意刪除或者改變作品、錄音錄像製品等的權利管理電子信息的，法律、行政法規另有規定的除外；

(八) 製作、出售假冒他人署名的作品的。

第四十八條

侵犯著作權或者與著作權有關的權利的，侵權人應當按照權利人的實際損失給予賠償；實際損失難以計算的，可以按照侵權人的違法所得給予賠償。賠償數額還應當包括權利人為制止侵權行為所支付的合理開支。

權利人的實際損失或者侵權人的違法所得不能確定的，由人民法院根據侵權行為的情節，判決給予五十萬元以下的賠償。

第四十九條

著作權人或者與著作權有關的權利人有證據證明他人正在實施或者即將實施侵犯其權利的行為，如不及時制止將會使其合法權益受到難以彌補的損害的，可以在起訴前向人民法院申請採取責令停止有關行為和財產保全的措施。

人民法院處理前款申請，適用《中華人民共和國民事訴訟法》第九十三條至第九十六條和第九十九條的規定。

第五十條

為制止侵權行為，在證據可能滅失或者以後難以取得的情況下，著作權人或者與著作權有關的權利人可以在起訴前向人民法院申請保全證據。

人民法院接受申請後，必須在四十八小時內作出裁定；裁定採取保全措施的，應當立即開始執行。

人民法院可以責令申請人提供擔保，申請人不提供擔保的，駁回申請。

申請人在人民法院採取保全措施後十五日內不起訴的，人民法院應當解除保全措施。

第五十一條

人民法院審理案件，對於侵犯著作權或者與著作權有關的權利的，可以沒收違法所得、侵權複製品以及進行違法活動的財物。

第五十二條

複製品的出版者、製作者不能證明其出版、製作有合法授權的，複製品的發行者或者電影作品或者以類似攝製電影的方法創作的作品、計算機軟件、錄音錄像製品的複製品的出租者不能證明其發行、出租的複製品有合法來源的，應當承擔法律責任。

第五十三條

當事人不履行合同義務或者履行合同義務不符合約定條件的，應當依照《中華人民共和國民法通則》、《中華人民共和國合同法》等有關法律規定承擔民事責任。

第五十四條

著作權糾紛可以調解，也可以根據當事人達成的書面仲裁協議或者著作權合同中的仲裁條款，向仲裁機構申請仲裁。

當事人沒有書面仲裁協議，也沒有在著作權合同中訂立仲裁條款的，可以直接向

人民法院起訴。

第五十五條

當事人對行政處罰不服的，可以自收到行政處罰決定書之日起三個月內向人民法院起訴，期滿不起訴又不履行的，著作權行政管理部門可以申請人民法院執行。

第六章　附　則

第五十六條

本法所稱的著作權即版權。

第五十七條

本法第二條所稱的出版，指作品的複製、發行。

第五十八條

計算機軟件、信息網絡傳播權的保護辦法由國務院另行規定。

第五十九條

本法規定的著作權人和出版者、表演者、錄音錄像製作者、廣播電臺、電視臺的權利，在本法施行之日尚未超過本法規定的保護期的，依照本法予以保護。

本法施行前發生的侵權或者違約行為，依照侵權或者違約行為發生時的有關規定和政策處理。

第六十條

本法自1991年6月1日起施行。

三、中華人民共和國著作權法（2010年施行）（現行法）

中華人民共和國主席令第二十六號

《全國人民代表大會常務委員會關於修改〈中華人民共和國著作權法〉的決定》已由中華人民共和國第十一屆全國人民代表大會常務委員會第十三次會議於2010年2月26日通過，現予公布，自2010年4月1日起施行。

中華人民共和國主席　胡錦濤

2010年2月26日

《中華人民共和國著作權法》

（1990年9月7日第七屆全國人民代表大會常務委員會第十五次會議通過，根據2001年10月27日第九屆全國人民代表大會常務委員會第二十四次會議《關於修改〈中華人民共和國著作權法〉的決定》第一次修正，根據2010年2月26日第十一屆全國人民代表大會常務委員會第十三次會議《關於修改〈中華人民共和國著作權法〉的決定》第二次修正，自2010年4月1日起施行）

目　錄

第一章　總　則

第一條

為保護文學、藝術和科學作品作者的著作權，以及與著作權有關的權益，鼓勵有益於社會主義精神文明、物質文明建設的作品的創作和傳播，促進社會主義文化和科學事業的發展與繁榮，根據憲法制定本法。

第二條

中國公民、法人或者其他組織的作品，不論是否發表，依照本法享有著作權。

外國人、無國籍人的作品根據其作者所屬國或者經常居住地國同中國簽訂的協議或者共同參加的國際條約享有的著作權，受本法保護。

外國人、無國籍人的作品首先在中國境內出版的，依照本法享有著作權。

未與中國簽訂協議或者共同參加國際條約的國家的作者以及無國籍人的作品首次在中國參加的國際條約的成員國出版的，或者在成員國和非成員國同時出版的，受本法保護。

第三條

本法所稱的作品，包括以下列形式創作的文學、藝術和自然科學、社會科學、工程技術等作品：

(一) 文字作品；

(二) 口述作品；

(三) 音樂、戲劇、曲藝、舞蹈、雜技藝術作品；

(四) 美術、建築作品；

(五) 攝影作品；

(六) 電影作品和以類似攝製電影的方法創作的作品；

(七) 工程設計圖、產品設計圖、地圖、示意圖等圖形作品和模型作品；

(八) 計算機軟件；

(九) 法律、行政法規規定的其他作品。

第四條

著作權人行使著作權，不得違反憲法和法律，不得損害公共利益。國家對作品的出版、傳播依法進行監督管理。

第五條

本法不適用於：

(一) 法律、法規，國家機關的決議、決定、命令和其他具有立法、行政、司法性質的文件，及其官方正式譯文；

(二) 時事新聞；

(三) 曆法、通用數表、通用表格和公式。

第六條

民間文學藝術作品的著作權保護辦法由國務院另行規定。

第七條

國務院著作權行政管理部門主管全國的著作權管理工作；各省、自治區、直轄市人民政府的著作權行政管理部門主管本行政區域的著作權管理工作。

第八條

著作權人和與著作權有關的權利人可以授權著作權集體管理組織行使著作權或者與著作權有關的權利。著作權集體管理組織被授權後，可以以自己的名義為著作權人和與著作權有關的權利人主張權利，並可以作為當事人進行涉及著作權或者與著作權有關的權利的訴訟、仲裁活動。

著作權集體管理組織是非營利性組織，其設立方式、權利義務、著作權許可使用費的收取和分配，以及對其監督和管理等由國務院另行規定。

第二章　著作權

第一節　著作權人及其權利

第九條

著作權人包括：

(一) 作者；

(二) 其他依照本法享有著作權的公民、法人或者其他組織。

第十條

著作權包括下列人身權和財產權：

(一) 發表權，即決定作品是否公之於眾的權利；

(二) 署名權，即表明作者身分，在作品上署名的權利；

(三) 修改權，即修改或者授權他人修改作品的權利；

(四) 保護作品完整權，即保護作品不受歪曲、篡改的權利；

(五) 複製權，即以印刷、複印、拓印、錄音、錄像、翻錄、翻拍等方式將作品製作一份或者多份的權利；

(六) 發行權，即以出售或者贈與方式向公眾提供作品的原件或者複製件的權利；

(七) 出租權，即有償許可他人臨時使用電影作品和以類似攝製電影的方法創作的作品、計算機軟件的權利，計算機軟件不是出租的主要標的的除外；

(八) 展覽權，即公開陳列美術作品、攝影作品的原件或者複製件的權利；

(九) 表演權，即公開表演作品，以及用各種手段公開播送作品的表演的權利；

(十) 放映權，即通過放映機、幻燈機等技術設備公開再現美術、攝影、電影和以類似攝製電影的方法創作的作品等的權利；

(十一) 廣播權，即以無線方式公開廣播或者傳播作品，以有線傳播或者轉播的方式向公眾傳播廣播的作品，以及通過擴音器或者其他傳送符號、聲音、圖像的類似工具向公眾傳播廣播的作品的權利；

(十二) 信息網絡傳播權，即以有線或者無線方式向公眾提供作品，使公眾可以在其個人選定的時間和地點獲得作品的權利；

(十三) 攝製權，即以攝製電影或者以類似攝製電影的方法將作品固定在載體上的權利；

(十四) 改編權，即改變作品，創作出具有獨創性的新作品的權利；

(十五) 翻譯權，即將作品從一種語言文字轉換成另一種語言文字的權利；

(十六) 彙編權，即將作品或者作品的片段通過選擇或者編排，彙集成新作品的權利；

(十七) 應當由著作權人享有的其他權利。

著作權人可以許可他人行使前款第(五)項至第(十七)項規定的權利，並依照約定或者本法有關規定獲得報酬。

著作權人可以全部或者部分轉讓本條第一款第(五)項至第(十七)項規定的權利，並依照約定或者本法有關規定獲得報酬。

第二節　著作權歸屬

第十一條

著作權屬于作者，本法另有規定的除外。

創作作品的公民是作者。

由法人或者其他組織主持，代表法人或者其他組織意志創作，並由法人或者其他組織承擔責任的作品，法人或者其他組織視為作者。

如無相反證明，在作品上署名的公民、法人或者其他組織為作者。

第十二條

改編、翻譯、注釋、整理已有作品而產生的作品，其著作權由改編、翻譯、注釋、整理人享有，但行使著作權時不得侵犯原作品的著作權。

第十三條

兩人以上合作創作的作品，著作權由合作作者共同享有。沒有參加創作的人，不能成為合作作者。

合作作品可以分割使用的，作者對各自創作的部分可以單獨享有著作權，但行使著作權時不得侵犯合作作品整體的著作權。

第十四條

彙編若干作品、作品的片段或者不構成作品的數據或者其他材料，對其內容的選擇或者編排體現獨創性的作品，為彙編作品，其著作權由彙編人享有，但行使著作權時，不得侵犯原作品的著作權。

第十五條

電影作品和以類似攝製電影的方法創作的作品的著作權由製片者享有，但編劇、導演、攝影、作詞、作曲等作者享有署名權，並有權按照與製片者簽訂的合同獲得報酬。

電影作品和以類似攝製電影的方法創作的作品中的劇本、音樂等可以單獨使用的作品的作者有權單獨行使其著作權。

第十六條

公民為完成法人或者其他組織工作任務所創作的作品是職務作品，除本條第二款的規定以外，著作權由作者享有，但法人或者其他組織有權在其業務範圍內優先使用。作品完成兩年內，未經單位同意，作者不得許可第三人以與單位使用的相同方式使用該作品。

有下列情形之一的職務作品，作者享有署名權，著作權的其他權利由法人或者其他組織享有，法人或者其他組織可以給予作者獎勵：

(一) 主要是利用法人或者其他組織的物質技術條件創作，並由法人或者其他組織承擔責任的工程設計圖、產品設計圖、地圖、計算機軟件等職務作品；

(二) 法律、行政法規規定或者合同約定著作權由法人或者其他組織享有的職務作品。

第十七條

受委託創作的作品，著作權的歸屬由委託人和受託人通過合同約定。合同未作明確約定或者沒有訂立合同的，著作權屬於受託人。

第十八條

美術等作品原件所有權的轉移，不視為作品著作權的轉移，但美術作品原件的展覽權由原件所有人享有。

第十九條

著作權屬于公民的，公民死亡後，其本法第十條第一款第(五)項至第(十七)項規定的權利在本法規定的保護期內，依照繼承法的規定轉移。

著作權屬于法人或者其他組織的，法人或者其他組織變更、終止後，其本法第十條第一款第(五)項至第(十七)項規定的權利在本法規定的保護期內，由承受其權利義務的法人或者其他組織享有；沒有承受其權利義務的法人或者其他組織的，由國家享有。

第三節　權利的保護期

第二十條

作者的署名權、修改權、保護作品完整權的保護期不受限制。

第二十一條

公民的作品，其發表權、本法第十條第一款第(五)項至第(十七)項規定的權利的保護期為作者終生及其死亡後五十年，截止于作者死亡後第五十年的12月31日；如果是合作作品，截止於最後死亡的作者死亡後第五十年的12月31日。

法人或者其他組織的作品、著作權（署名權除外）由法人或者其他組織享有的職務作品，其發表權、本法第十條第一款第(五)項至第(十七)項規定的權利的保護期為五十年，截止於作品首次發表後第五十年的12月31日，但作品自創作完成後

五十年內未發表的，本法不再保護。

電影作品和以類似攝製電影的方法創作的作品、攝影作品，其發表權、本法第十條第一款第(五)項至第(十七)項規定的權利的保護期為五十年，截止於作品首次發表後第五十年的12月31日，但作品自創作完成後五十年內未發表的，本法不再保護。

第四節　權利的限制

第二十二條

在下列情況下使用作品，可以不經著作權人許可，不向其支付報酬，但應當指明作者姓名、作品名稱，並且不得侵犯著作權人依照本法享有的其他權利：

(一) 為個人學習、研究或者欣賞，使用他人已經發表的作品；

(二) 為介紹、評論某一作品或者說明某一問題，在作品中適當引用他人已經發表的作品；

(三) 為報道時事新聞，在報紙、期刊、廣播電臺、電視臺等媒體中不可避免地再現或者引用已經發表的作品；

(四) 報紙、期刊、廣播電臺、電視臺等媒體刊登或者播放其他報紙、期刊、廣播電臺、電視臺等媒體已經發表的關於政治、經濟、宗教問題的時事性文章，但作者聲明不許刊登、播放的除外；

(五) 報紙、期刊、廣播電臺、電視臺等媒體刊登或者播放在公眾集會上發表的講話，但作者聲明不許刊登、播放的除外；

(六) 為學校課堂教學或者科學研究，翻譯或者少量複製已經發表的作品，供教學或者科研人員使用，但不得出版發行；

(七) 國家機關為執行公務在合理範圍內使用已經發表的作品；

(八) 圖書館、檔案館、紀念館、博物館、美術館等為陳列或者保存版本的需要，複製本館收藏的作品；

(九) 免費表演已經發表的作品，該表演未向公眾收取費用，也未向表演者支付報酬；

(十) 對設置或者陳列在室外公共場所的藝術作品進行臨摹、繪畫、攝影、錄像；

(十一) 將中國公民、法人或者其他組織已經發表的以漢語言文字創作的作品翻譯成少數民族語言文字作品在國內出版發行；

(十二) 將已經發表的作品改成盲文出版。

前款規定適用於對出版者、表演者、錄音錄像製作者、廣播電臺、電視臺的權利的限制。

第二十三條

為實施九年制義務教育和國家教育規劃而編寫出版教科書，除作者事先聲明不許使用的外，可以不經著作權人許可，在教科書中彙編已經發表的作品片段或者短小的文字作品、音樂作品或者單幅的美術作品、攝影作品，但應當按照規定支付報酬，指明作者姓名、作品名稱，並且不得侵犯著作權人依照本法享有的其他權利。

前款規定適用於對出版者、表演者、錄音錄像製作者、廣播電臺、電視臺的權利的限制。

第三章　著作權許可使用和轉讓合同

第二十四條

使用他人作品應當同著作權人訂立許可使用合同，本法規定可以不經許可的除外。

許可使用合同包括下列主要內容：

(一) 許可使用的權利種類；

(二) 許可使用的權利是專有使用權或者非專有使用權；

(三) 許可使用的地域範圍、期間；

(四) 付酬標準和辦法；

(五) 違約責任；

(六) 雙方認為需要約定的其他內容。

第二十五條

轉讓本法第十條第一款第(五)項至第(十七)項規定的權利，應當訂立書面合同。

權利轉讓合同包括下列主要內容：

(一) 作品的名稱；

(二) 轉讓的權利種類、地域範圍；

(三) 轉讓價金；

(四) 交付轉讓價金的日期和方式；

(五) 違約責任；

(六) 雙方認為需要約定的其他內容。

第二十六條

以著作權出質的，由出質人和質權人向國務院著作權行政管理部門辦理出質登記。

第二十七條

許可使用合同和轉讓合同中著作權人未明確許可、轉讓的權利，未經著作權人同意，另一方當事人不得行使。

第二十八條

使用作品的付酬標準可以由當事人約定，也可以按照國務院著作權行政管理部門會同有關部門制定的付酬標準支付報酬。當事人約定不明確的，按照國務院著作權行政管理部門會同有關部門制定的付酬標準支付報酬。

第二十九條

出版者、表演者、錄音錄像製作者、廣播電臺、電視臺等依照本法有關規定使用他人作品的，不得侵犯作者的署名權、修改權、保護作品完整權和獲得報酬的權利。

第四章　出版、表演、錄音錄像、播放

第一節　圖書、報刊的出版

第三十條

圖書出版者出版圖書應當和著作權人訂立出版合同，並支付報酬。

第三十一條

圖書出版者對著作權人交付出版的作品，按照合同約定享有的專有出版權受法律保護，他人不得出版該作品。

第三十二條

著作權人應當按照合同約定期限交付作品。圖書出版者應當按照合同約定的出版質量、期限出版圖書。

圖書出版者不按照合同約定期限出版，應當依照本法第五十四條的規定承擔民事責任。

圖書出版者重印、再版作品的，應當通知著作權人，並支付報酬。圖書脫銷後，

圖書出版者拒絕重印、再版的，著作權人有權終止合同。

第三十三條

著作權人向報社、期刊社投稿的，自稿件發出之日起十五日內未收到報社通知決定刊登的，或者自稿件發出之日起三十日內未收到期刊社通知決定刊登的，可以將同一作品向其他報社、期刊社投稿。雙方另有約定的除外。

作品刊登後，除著作權人聲明不得轉載、摘編的外，其他報刊可以轉載或者作為文摘、資料刊登，但應當按照規定向著作權人支付報酬。

第三十四條

圖書出版者經作者許可，可以對作品修改、刪節。

報社、期刊社可以對作品作文字性修改、刪節。對內容的修改，應當經作者許可。

第三十五條

出版改編、翻譯、注釋、整理、彙編已有作品而產生的作品，應當取得改編、翻譯、注釋、整理、彙編作品的著作權人和原作品的著作權人許可，並支付報酬。

第三十六條

出版者有權許可或者禁止他人使用其出版的圖書、期刊的版式設計。

前款規定的權利的保護期為十年，截止於使用該版式設計的圖書、期刊首次出版後第十年的12月31日。

第二節　表　演

第三十七條

使用他人作品演出，表演者（演員、演出單位）應當取得著作權人許可，並支付報酬。演出組織者組織演出，由該組織者取得著作權人許可，並支付報酬。

使用改編、翻譯、注釋、整理已有作品而產生的作品進行演出，應當取得改編、翻譯、注釋、整理作品的著作權人和原作品的著作權人許可，並支付報酬。

第三十八條

表演者對其表演享有下列權利：

(一) 表明表演者身分；

(二) 保護表演形象不受歪曲；

(三) 許可他人從現場直播和公開傳送其現場表演，並獲得報酬；

(四) 許可他人錄音錄像，並獲得報酬；

(五) 許可他人複製、發行錄有其表演的錄音錄像製品，並獲得報酬；

(六) 許可他人通過信息網絡向公眾傳播其表演，並獲得報酬。

被許可人以前款第(三)項至第(六)項規定的方式使用作品，還應當取得著作權人許可，並支付報酬。

第三十九條

本法第三十八條第一款第(一)項、第(二)項規定的權利的保護期不受限制。

本法第三十八條第一款第(三)項至第(六)項規定的權利的保護期為五十年，截止於該表演發生後第五十年的12月31日。

第三節　錄音錄像

第四十條

錄音錄像製作者使用他人作品製作錄音錄像製品，應當取得著作權人許可，並支付報酬。

錄音錄像製作者使用改編、翻譯、注釋、整理已有作品而產生的作品，應當取得改編、翻譯、注釋、整理作品的著作權人和原作品著作權人許可，並支付報酬。

錄音製作者使用他人已經合法錄製為錄音製品的音樂作品製作錄音製品，可以不經著作權人許可，但應當按照規定支付報酬；著作權人聲明不許使用的不得使用。

第四十一條

錄音錄像製作者製作錄音錄像製品，應當同表演者訂立合同，並支付報酬。

第四十二條

錄音錄像製作者對其製作的錄音錄像製品，享有許可他人複製、發行、出租、通過信息網絡向公眾傳播並獲得報酬的權利；權利的保護期為五十年，截止於該製品首次製作完成後第五十年的12月31日。

被許可人複製、發行、通過信息網絡向公眾傳播錄音錄像製品，還應當取得著作權人、表演者許可，並支付報酬。

第四節　廣播電臺、電視臺播放

第四十三條

廣播電臺、電視臺播放他人未發表的作品，應當取得著作權人許可，並支付報

酬。

廣播電臺、電視臺播放他人已發表的作品，可以不經著作權人許可，但應當支付報酬。

第四十四條

廣播電臺、電視臺播放已經出版的錄音製品，可以不經著作權人許可，但應當支付報酬。當事人另有約定的除外。具體辦法由國務院規定。

第四十五條

廣播電臺、電視臺有權禁止未經其許可的下列行為：

(一) 將其播放的廣播、電視轉播；

(二) 將其播放的廣播、電視錄製在音像載體上以及複製音像載體。

前款規定的權利的保護期為五十年，截止於該廣播、電視首次播放後第五十年的12月31日。

第四十六條

電視臺播放他人的電影作品和以類似攝製電影的方法創作的作品、錄像製品，應當取得製片者或者錄像製作者許可，並支付報酬；播放他人的錄像製品，還應當取得著作權人許可，並支付報酬。

第五章　法律責任和執法措施

第四十七條

有下列侵權行為的，應當根據情況，承擔停止侵害、消除影響、賠禮道歉、賠償損失等民事責任：

(一) 未經著作權人許可，發表其作品的；

(二) 未經合作作者許可，將與他人合作創作的作品當作自己單獨創作的作品發表的；

(三) 沒有參加創作，為謀取個人名利，在他人作品上署名的；

(四) 歪曲、篡改他人作品的；

(五) 剽竊他人作品的；

(六) 未經著作權人許可，以展覽、攝製電影和以類似攝製電影的方法使用作品，或者以改編、翻譯、注釋等方式使用作品的，本法另有規定的除外；

(七) 使用他人作品，應當支付報酬而未支付的；

(八) 未經電影作品和以類似攝製電影的方法創作的作品、計算機軟件、錄音錄像製品的著作權人或者與著作權有關的權利人許可，出租其作品或者錄音錄像製品的，本法另有規定的除外；

(九) 未經出版者許可，使用其出版的圖書、期刊的版式設計的；

(十) 未經表演者許可，從現場直播或者公開傳送其現場表演，或者錄製其表演的；

(十一) 其他侵犯著作權以及與著作權有關的權益的行為。

第四十八條

有下列侵權行為的，應當根據情況，承擔停止侵害、消除影響、賠禮道歉、賠償損失等民事責任；同時損害公共利益的，可以由著作權行政管理部門責令停止侵權行為，沒收違法所得，沒收、銷毀侵權複製品，並可處以罰款；情節嚴重的，著作權行政管理部門還可以沒收主要用於製作侵權複製品的材料、工具、設備等；構成犯罪的，依法追究刑事責任：

(一) 未經著作權人許可，複製、發行、表演、放映、廣播、彙編、通過信息網絡向公眾傳播其作品的，本法另有規定的除外；

(二) 出版他人享有專有出版權的圖書的；

(三) 未經表演者許可，複製、發行錄有其表演的錄音錄像製品，或者通過信息網絡向公眾傳播其表演的，本法另有規定的除外；

(四) 未經錄音錄像製作者許可，複製、發行、通過信息網絡向公眾傳播其製作的錄音錄像製品的，本法另有規定的除外；

(五) 未經許可，播放或者複製廣播、電視的，本法另有規定的除外；

(六) 未經著作權人或者與著作權有關的權利人許可，故意避開或者破壞權利人為其作品、錄音錄像製品等採取的保護著作權或者與著作權有關的權利的技術措施的，法律、行政法規另有規定的除外；

(七) 未經著作權人或者與著作權有關的權利人許可，故意刪除或者改變作品、錄音錄像製品等的權利管理電子信息的，法律、行政法規另有規定的除外；

(八) 製作、出售假冒他人署名的作品的。

第四十九條

侵犯著作權或者與著作權有關的權利的，侵權人應當按照權利人的實際損失給予賠償；實際損失難以計算的，可以按照侵權人的違法所得給予賠償。賠償數額還

應當包括權利人為制止侵權行為所支付的合理開支。

權利人的實際損失或者侵權人的違法所得不能確定的，由人民法院根據侵權行為的情節，判決給予五十萬元以下的賠償。

第五十條

著作權人或者與著作權有關的權利人有證據證明他人正在實施或者即將實施侵犯其權利的行為，如不及時制止將會使其合法權益受到難以彌補的損害的，可以在起訴前向人民法院申請採取責令停止有關行為和財產保全的措施。

人民法院處理前款申請，適用《中華人民共和國民事訴訟法》第九十三條至第九十六條和第九十九條的規定。

第五十一條

為制止侵權行為，在證據可能滅失或者以後難以取得的情況下，著作權人或者與著作權有關的權利人可以在起訴前向人民法院申請保全證據。

人民法院接受申請後，必須在四十八小時內作出裁定；裁定採取保全措施的，應當立即開始執行。

人民法院可以責令申請人提供擔保，申請人不提供擔保的，駁回申請。

申請人在人民法院採取保全措施後十五日內不起訴的，人民法院應當解除保全措施。

第五十二條

人民法院審理案件，對於侵犯著作權或者與著作權有關的權利的，可以沒收違法所得、侵權複製品以及進行違法活動的財物。

第五十三條

複製品的出版者、製作者不能證明其出版、製作有合法授權的，複製品的發行者或者電影作品或者以類似攝製電影的方法創作的作品、計算機軟件、錄音錄像製品的複製品的出租者不能證明其發行、出租的複製品有合法來源的，應當承擔法律責任。

第五十四條

當事人不履行合同義務或者履行合同義務不符合約定條件的，應當依照《中華人民共和國民法通則》、《中華人民共和國合同法》等有關法律規定承擔民事責任。

第五十五條

著作權糾紛可以調解，也可以根據當事人達成的書面仲裁協議或者著作權合同中的仲裁條款，向仲裁機構申請仲裁。

當事人沒有書面仲裁協議，也沒有在著作權合同中訂立仲裁條款的，可以直接向人民法院起訴。

第五十六條

當事人對行政處罰不服的，可以自收到行政處罰決定書之日起三個月內向人民法院起訴，期滿不起訴又不履行的，著作權行政管理部門可以申請人民法院執行。

第六章　附　則

第五十七條

本法所稱的著作權即版權。

第五十八條

本法第二條所稱的出版，指作品的複製、發行。

第五十九條

計算機軟件、信息網絡傳播權的保護辦法由國務院另行規定。

第六十條

本法規定的著作權人和出版者、表演者、錄音錄像製作者、廣播電臺、電視臺的權利，在本法施行之日尚未超過本法規定的保護期的，依照本法予以保護。

本法施行前發生的侵權或者違約行為，依照侵權或者違約行為發生時的有關規定和政策處理。

第六十一條

本法自1991年6月1日起施行。

四、中華人民共和國著作權法實施條例（2002年施行）

中華人民共和國國務院令第633號

《國務院關於修改〈中華人民共和國著作權法實施條例〉的決定》已經2013年1月16日國務院第231次常務會議通過，現予公布，自2013年3月1日起施行。

總理溫家寶

2013年1月30日

國務院關於修改《中華人民共和國著作權法實施條例》的決定

國務院決定對《中華人民共和國著作權法實施條例》作如下修改：

將第三十六條修改為：「有著作權法第四十八條所列侵權行為，同時損害社會公共利益，非法經營額5萬元以上的，著作權行政管理部門可處非法經營額1倍以上5倍以下的罰款；沒有非法經營額或者非法經營額5萬元以下的，著作權行政管理部門根據情節輕重，可處25萬元以下的罰款。」

本決定自2013年3月1日起施行。

《中華人民共和國著作權法實施條例》根據本決定作相應修改，重新公布。

《中華人民共和國著作權法實施條例》

（2002年8月2日中華人民共和國國務院令第359號公布根據2011年1月8日《國務院關於廢止和修改部分行政法規的決定》第一次修訂根據2013年1月30日《國務院關於修改〈中華人民共和國著作權法實施條例〉的決定》第二次修訂）

第一條

根據《中華人民共和國著作權法》（以下簡稱著作權法），制定本條例。

第二條

著作權法所稱作品，是指文學、藝術和科學領域內具有獨創性並能以某種有形形式複製的智力成果。

第三條

著作權法所稱創作，是指直接產生文學、藝術和科學作品的智力活動。

為他人創作進行組織工作，提供咨詢意見、物質條件，或者進行其他輔助工作，均不視為創作。

第四條

著作權法和本條例中下列作品的含義：

(一) 文字作品，是指小說、詩詞、散文、論文等以文字形式表現的作品；

(二) 口述作品，是指即興的演說、授課、法庭辯論等以口頭語言形式表現的作品；

(三) 音樂作品，是指歌曲、交響樂等能夠演唱或者演奏的帶詞或者不帶詞的作品；

(四) 戲劇作品，是指話劇、歌劇、地方戲等供舞臺演出的作品；

(五) 曲藝作品，是指相聲、快書、大鼓、評書等以說唱為主要形式表演的作品；

(六) 舞蹈作品，是指通過連續的動作、姿勢、表情等表現思想情感的作品；

(七) 雜技藝術作品，是指雜技、魔術、馬戲等通過形體動作和技巧表現的作品；

(八) 美術作品，是指繪畫、書法、雕塑等以線條、色彩或者其他方式構成的有審美意義的平面或者立體的造型藝術作品；

(九) 建築作品，是指以建築物或者構築物形式表現的有審美意義的作品；

(十) 攝影作品，是指借助器械在感光材料或者其他介質上記錄客觀物體形象的藝術作品；

(十一) 電影作品和以類似攝製電影的方法創作的作品，是指攝製在一定介質上，由一系列有伴音或者無伴音的畫面組成，並且借助適當裝置放映或者以其他方式傳播的作品；

(十二) 圖形作品，是指為施工、生產繪製的工程設計圖、產品設計圖，以及反映地理現象、說明事物原理或者結構的地圖、示意圖等作品；

(十三) 模型作品，是指為展示、試驗或者觀測等用途，根據物體的形狀和結構，按照一定比例製成的立體作品。

第五條

著作權法和本條例中下列用語的含義：

(一) 時事新聞，是指通過報紙、期刊、廣播電臺、電視臺等媒體報道的單純事實

消息：

(二) 錄音製品，是指任何對表演的聲音和其他聲音的錄製品；

(三) 錄像製品，是指電影作品和以類似攝製電影的方法創作的作品以外的任何有伴音或者無伴音的連續相關形象、圖像的錄製品；

(四) 錄音製作者，是指錄音製品的首次製作人；

(五) 錄像製作者，是指錄像製品的首次製作人；

(六) 表演者，是指演員、演出單位或者其他表演文學、藝術作品的人。

第六條

著作權自作品創作完成之日起產生。

第七條

著作權法第二條第三款規定的首先在中國境內出版的外國人、無國籍人的作品，其著作權自首次出版之日起受保護。

第八條

外國人、無國籍人的作品在中國境外首先出版後，30日內在中國境內出版的，視為該作品同時在中國境內出版。

第九條

合作作品不可以分割使用的，其著作權由各合作作者共同享有，通過協商一致行使；不能協商一致，又無正當理由的，任何一方不得阻止他方行使除轉讓以外的其他權利，但是所得收益應當合理分配給所有合作作者。

第十條

著作權人許可他人將其作品攝製成電影作品和以類似攝製電影的方法創作的作品的，視為已同意對其作品進行必要的改動，但是這種改動不得歪曲篡改原作品。

第十一條

著作權法第十六條第一款關於職務作品的規定中的「工作任務」，是指公民在該法人或者該組織中應當履行的職責。

著作權法第十六條第二款關於職務作品的規定中的「物質技術條件」，是指該法人或者該組織為公民完成創作專門提供的資金、設備或者資料。

第十二條

職務作品完成兩年內，經單位同意，作者許可第三人以與單位使用的相同方式使用作品所獲報酬，由作者與單位按約定的比例分配。

作品完成兩年的期限，自作者向單位交付作品之日起計算。

第十三條

作者身分不明的作品，由作品原件的所有人行使除署名權以外的著作權。作者身分確定後，由作者或者其繼承人行使著作權。

第十四條

合作作者之一死亡後，其對合作作品享有的著作權法第十條第一款第五項至第十七項規定的權利無人繼承又無人受遺贈的，由其他合作作者享有。

第十五條

作者死亡後，其著作權中的署名權、修改權和保護作品完整權由作者的繼承人或者受遺贈人保護。

著作權無人繼承又無人受遺贈的，其署名權、修改權和保護作品完整權由著作權行政管理部門保護。

第十六條

國家享有著作權的作品的使用，由國務院著作權行政管理部門管理。

第十七條

作者生前未發表的作品，如果作者未明確表示不發表，作者死亡後50年內，其發表權可由繼承人或者受遺贈人行使；沒有繼承人又無人受遺贈的，由作品原件的所有人行使。

第十八條

作者身分不明的作品，其著作權法第十條第一款第五項至第十七項規定的權利的保護期截止於作品首次發表後第50年的12月31日。作者身分確定後，適用著作權法第二十一條的規定。

第十九條

使用他人作品的，應當指明作者姓名、作品名稱；但是，當事人另有約定或者由於作品使用方式的特性無法指明的除外。

第二十條

著作權法所稱已經發表的作品，是指著作權人自行或者許可他人公之於眾的作品。

第二十一條

依照著作權法有關規定，使用可以不經著作權人許可的已經發表的作品的，不得

影響該作品的正常使用，也不得不合理地損害著作權人的合法利益。

第二十二條

依照著作權法第二十三條、第三十三條第二款、第四十條第三款的規定使用作品的付酬標準，由國務院著作權行政管理部門會同國務院價格主管部門制定、公布。

第二十三條

使用他人作品應當同著作權人訂立許可使用合同，許可使用的權利是專有使用權的，應當採取書面形式，但是報社、期刊社刊登作品除外。

第二十四條

著作權法第二十四條規定的專有使用權的內容由合同約定，合同沒有約定或者約定不明的，視為被許可人有權排除包括著作權人在內的任何人以同樣的方式使用作品；除合同另有約定外，被許可人許可第三人行使同一權利，必須取得著作權人的許可。

第二十五條

與著作權人訂立專有許可使用合同、轉讓合同的，可以向著作權行政管理部門備案。

第二十六條

著作權法和本條例所稱與著作權有關的權益，是指出版者對其出版的圖書和期刊的版式設計享有的權利，表演者對其表演享有的權利，錄音錄像製作者對其製作的錄音錄像製品享有的權利，廣播電臺、電視臺對其播放的廣播、電視節目享有的權利。

第二十七條

出版者、表演者、錄音錄像製作者、廣播電臺、電視臺行使權利，不得損害被使用作品和原作品著作權人的權利。

第二十八條

圖書出版合同中約定圖書出版者享有專有出版權但沒有明確其具體內容的，視為圖書出版者享有在合同有效期限內和在合同約定的地域範圍內以同種文字的原版、修訂版出版圖書的專有權利。

第二十九條

著作權人寄給圖書出版者的兩份訂單在6個月內未能得到履行，視為著作權法第

三十二條所稱圖書脫銷。

第三十條

著作權人依照著作權法第三十三條第二款聲明不得轉載、摘編其作品的，應當在報紙、期刊刊登該作品時附帶聲明。

第三十一條

著作權人依照著作權法第四十條第三款聲明不得對其作品製作錄音製品的，應當在該作品合法錄製為錄音製品時聲明。

第三十二條

依照著作權法第二十三條、第三十三條第二款、第四十條第三款的規定，使用他人作品的，應當自使用該作品之日起2個月內向著作權人支付報酬。

第三十三條

外國人、無國籍人在中國境內的表演，受著作權法保護。

外國人、無國籍人根據中國參加的國際條約對其表演享有的權利，受著作權法保護。

第三十四條

外國人、無國籍人在中國境內製作、發行的錄音製品，受著作權法保護。

外國人、無國籍人根據中國參加的國際條約對其製作、發行的錄音製品享有的權利，受著作權法保護。

第三十五條

外國的廣播電臺、電視臺根據中國參加的國際條約對其播放的廣播、電視節目享有的權利，受著作權法保護。

第三十六條

有著作權法第四十八條所列侵權行為，同時損害社會公共利益，非法經營額5萬元以上的，著作權行政管理部門可處非法經營額1倍以上5倍以下的罰款；沒有非法經營額或者非法經營額5萬元以下的，著作權行政管理部門根據情節輕重，可處25萬元以下的罰款。

第三十七條

有著作權法第四十八條所列侵權行為，同時損害社會公共利益的，由地方人民政府著作權行政管理部門負責查處。

國務院著作權行政管理部門可以查處在全國有重大影響的侵權行為。

第三十八條

本條例自2002年9月15日起施行。1991年5月24日國務院批准、1991年5月30日國家版權局發布的《中華人民共和國著作權法實施條例》同時廢止。

五、計算機軟件保護條例（2002年施行）

中華人民共和國國務院令第632號

《國務院關於修改〈計算機軟件保護條例〉的決定》已經2013年1月16日
國務院第231次常務會議通過，現予公布，自2013年3月1日起施行。

總理　溫家寶

2013年1月30日

國務院關於修改《計算機軟件保護條例》的決定

國務院決定對《計算機軟件保護條例》作如下修改：

將第二十四條第二款修改為：「有前款第一項或者第二項行為的，可以並
處每件100元或者貨值金額1倍以上5倍以下的罰款；有前款第三項、第四
項或者第五項行為的，可以並處20萬元以下的罰款。」

本決定自2013年3月1日起施行。《計算機軟件保護條例》根據本決定作相
應修改，重新公布。

《計算機軟件保護條例》

（2001年12月20日中華人民共和國國務院令第339號公布。根據2011年1月8日
《國務院關於廢止和修改部分行政法規的決定》第一次修訂。根據2013年1月30
日《國務院關於修改〈計算機軟件保護條例〉的決定》第二次修訂）

第一章　總　則

第一條

為了保護計算機軟件著作權人的權益，調整計算機軟件在開發、傳播和使用中發
生的利益關係，鼓勵計算機軟件的開發與應用，促進軟件產業和國民經濟信息化
的發展，根據《中華人民共和國著作權法》，制定本條例。

第二條

本條例所稱計算機軟件（以下簡稱軟件），是指計算機程序及其有關文檔。

第三條　本條例下列用語的含義

(一) 計算機程序，是指為了得到某種結果而可以由計算機等具有信息處理能力的裝置執行的代碼化指令序列，或者可以被自動轉換成代碼化指令序列的符號化指令序列或者符號化語句序列。同一計算機程序的源程序和目標程序為同一作品。

(二) 文檔，是指用來描述程序的內容、組成、設計、功能規格、開發情況、測試結果及使用方法的文字資料和圖表等，如程序設計說明書、流程圖、用戶手冊等。

(三) 軟件開發者，是指實際組織開發、直接進行開發，並對開發完成的軟件承擔責任的法人或者其他組織；或者依靠自己具有的條件獨立完成軟件開發，並對軟件承擔責任的自然人。

(四) 軟件著作權人，是指依照本條例的規定，對軟件享有著作權的自然人、法人或者其他組織。

第四條

受本條例保護的軟件必須由開發者獨立開發，並已固定在某種有形物體上。

第五條

中國公民、法人或者其他組織對其所開發的軟件，不論是否發表，依照本條例享有著作權。

外國人、無國籍人的軟件首先在中國境內發行的，依照本條例享有著作權。

外國人、無國籍人的軟件，依照其開發者所屬國或者經常居住地國同中國簽訂的協議或者依照中國參加的國際條約享有的著作權，受本條例保護。

第六條

本條例對軟件著作權的保護不延及開發軟件所用的思想、處理過程、操作方法或者數學概念等。

第七條

軟件著作權人可以向國務院著作權行政管理部門認定的軟件登記機構辦理登記。

軟件登記機構發放的登記證明文件是登記事項的初步證明。

辦理軟件登記應當繳納費用。軟件登記的收費標準由國務院著作權行政管理部門會同國務院價格主管部門規定。

第二章　軟件著作權

第八條　軟件著作權人享有下列各項權利

(一) 發表權,即決定軟件是否公之於眾的權利;

(二) 署名權,即表明開發者身分,在軟件上署名的權利;

(三) 修改權,即對軟件進行增補、刪節,或者改變指令、語句順序的權利;

(四) 複製權,即將軟件製作一份或者多份的權利;

(五) 發行權,即以出售或者贈與方式向公眾提供軟件的原件或者複製件的權利;

(六) 出租權,即有償許可他人臨時使用軟件的權利,但是軟件不是出租的主要標的的除外;

(七) 信息網絡傳播權,即以有線或者無線方式向公眾提供軟件,使公眾可以在其個人選定的時間和地點獲得軟件的權利;

(八) 翻譯權,即將原軟件從一種自然語言文字轉換成另一種自然語言文字的權利;

(九) 應當由軟件著作權人享有的其他權利。

軟件著作權人可以許可他人行使其軟件著作權,並有權獲得報酬。

軟件著作權人可以全部或者部分轉讓其軟件著作權,並有權獲得報酬。

第九條

軟件著作權屬於軟件開發者,本條例另有規定的除外。

如無相反證明,在軟件上署名的自然人、法人或者其他組織為開發者。

第十條

由兩個以上的自然人、法人或者其他組織合作開發的軟件,其著作權的歸屬由合作開發者簽訂書面合同約定。無書面合同或者合同未作明確約定,合作開發的軟件可以分割使用的,開發者對各自開發的部分可以單獨享有著作權;但是,行使著作權時,不得擴展到合作開發的軟件整體的著作權。合作開發的軟件不能分割使用的,其著作權由各合作開發者共同享有,通過協商一致行使;不能協商一致,又無正當理由的,任何一方不得阻止他方行使除轉讓權以外的其他權利,但是所得收益應當合理分配給所有合作開發者。

第十一條

接受他人委託開發的軟件,其著作權的歸屬由委託人與受託人簽訂書面合同約定;無書面合同或者合同未作明確約定的,其著作權由受託人享有。

第十二條

由國家機關下達任務開發的軟件，著作權的歸屬與行使由項目任務書或者合同規定；項目任務書或者合同中未作明確規定的，軟件著作權由接受任務的法人或者其他組織享有。

第十三條

自然人在法人或者其他組織中任職期間所開發的軟件有下列情形之一的，該軟件著作權由該法人或者其他組織享有，該法人或者其他組織可以對開發軟件的自然人進行獎勵：

(一) 針對本職工作中明確指定的開發目標所開發的軟件；

(二) 開發的軟件是從事本職工作活動所預見的結果或者自然的結果；

(三) 主要使用了法人或者其他組織的資金、專用設備、未公開的專門信息等物質技術條件所開發並由法人或者其他組織承擔責任的軟件。

第十四條

軟件著作權自軟件開發完成之日起產生。

自然人的軟件著作權，保護期為自然人終生及其死亡後50年，截止於自然人死亡後第50年的12月31日；軟件是合作開發的，截止於最後死亡的自然人死亡後第50年的12月31日。

法人或者其他組織的軟件著作權，保護期為50年，截止於軟件首次發表後第50年的12月31日，但軟件自開發完成之日起50年內未發表的，本條例不再保護。

第十五條

軟件著作權屬於自然人的，該自然人死亡後，在軟件著作權的保護期內，軟件著作權的繼承人可以依照《中華人民共和國繼承法》的有關規定，繼承本條例第八條規定的除署名權以外的其他權利。

軟件著作權屬于法人或者其他組織的，法人或者其他組織變更、終止後，其著作權在本條例規定的保護期內由承受其權利義務的法人或者其他組織享有；沒有承受其權利義務的法人或者其他組織的，由國家享有。

第十六條

軟件的合法複製品所有人享有下列權利：

(一) 根據使用的需要把該軟件裝入計算機等具有信息處理能力的裝置內；

(二) 為了防止複製品損壞而製作備份複製品。這些備份複製品不得通過任何方式

提供給他人使用，並在所有人喪失該合法複製品的所有權時，負責將備份複製品銷毀；

(三) 為了把該軟件用於實際的計算機應用環境或者改進其功能、性能而進行必要的修改；但是，除合同另有約定外，未經該軟件著作權人許可，不得向任何第三方提供修改後的軟件。

第十七條

為了學習和研究軟件內含的設計思想和原理，通過安裝、顯示、傳輸或者存儲軟件等方式使用軟件的，可以不經軟件著作權人許可，不向其支付報酬。

第三章　軟件著作權的許可使用和轉讓

第十八條

許可他人行使軟件著作權的，應當訂立許可使用合同。

許可使用合同中軟件著作權人未明確許可的權利，被許可人不得行使。

第十九條

許可他人專有行使軟件著作權的，當事人應當訂立書面合同。

沒有訂立書面合同或者合同中未明確約定為專有許可的，被許可行使的權利應當視為非專有權利。

第二十條

轉讓軟件著作權的，當事人應當訂立書面合同。

第二十一條

訂立許可他人專有行使軟件著作權的許可合同，或者訂立轉讓軟件著作權合同，可以向國務院著作權行政管理部門認定的軟件登記機構登記。

第二十二條

中國公民、法人或者其他組織向外國人許可或者轉讓軟件著作權的，應當遵守《中華人民共和國技術進出口管理條例》的有關規定。

第四章　法律責任

第二十三條

除《中華人民共和國著作權法》或者本條例另有規定外，有下列侵權行為的，應當根據情況，承擔停止侵害、消除影響、賠禮道歉、賠償損失等民事責任：

(一) 未經軟件著作權人許可，發表或者登記其軟件的；

(二) 將他人軟件作為自己的軟件發表或者登記的；

(三) 未經合作者許可，將與他人合作開發的軟件作為自己單獨完成的軟件發表或者登記的；

(四) 在他人軟件上署名或者更改他人軟件上的署名的；

(五) 未經軟件著作權人許可，修改、翻譯其軟件的；

(六) 其他侵犯軟件著作權的行為。

第二十四條

除《中華人民共和國著作權法》、本條例或者其他法律、行政法規另有規定外，未經軟件著作權人許可，有下列侵權行為的，應當根據情況，承擔停止侵害、消除影響、賠禮道歉、賠償損失等民事責任；同時損害社會公共利益的，由著作權行政管理部門責令停止侵權行為，沒收違法所得，沒收、銷毀侵權複製品，可以並處罰款；情節嚴重的，著作權行政管理部門並可以沒收主要用於製作侵權複製品的材料、工具、設備等；觸犯刑律的，依照刑法關於侵犯著作權罪、銷售侵權複製品罪的規定，依法追究刑事責任：

(一) 複製或者部分複製著作權人的軟件的；

(二) 向公眾發行、出租、通過信息網絡傳播著作權人的軟件的；

(三) 故意避開或者破壞著作權人為保護其軟件著作權而採取的技術措施的；

(四) 故意刪除或者改變軟件權利管理電子信息的；

(五) 轉讓或者許可他人行使著作權人的軟件著作權的。

有前款第一項或者第二項行為的，可以並處每件100元或者貨值金額1倍以上5倍以下的罰款；有前款第三項、第四項或者第五項行為的，可以並處20萬元以下的罰款。

第二十五條

侵犯軟件著作權的賠償數額，依照《中華人民共和國著作權法》第四十九條的規定確定。

第二十六條

軟件著作權人有證據證明他人正在實施或者即將實施侵犯其權利的行為，如不及時制止，將會使其合法權益受到難以彌補的損害的，可以依照《中華人民共和國著作權法》第五十條的規定，在提起訴訟前向人民法院申請採取責令停止有關行

為和財產保全的措施。

第二十七條

為了制止侵權行為，在證據可能滅失或者以後難以取得的情況下，軟件著作權人可以依照《中華人民共和國著作權法》第五十一條的規定，在提起訴訟前向人民法院申請保全證據。

第二十八條

軟件複製品的出版者、製作者不能證明其出版、製作有合法授權的，或者軟件複製品的發行者、出租者不能證明其發行、出租的複製品有合法來源的，應當承擔法律責任。

第二十九條

軟件開發者開發的軟件，由於可供選用的表達方式有限而與已經存在的軟件相似的，不構成對已經存在的軟件的著作權的侵犯。

第三十條

軟件的複製品持有人不知道也沒有合理理由應當知道該軟件是侵權複製品的，不承擔賠償責任；但是，應當停止使用、銷毀該侵權複製品。如果停止使用並銷毀該侵權複製品將給複製品使用人造成重大損失的，複製品使用人可以在向軟件著作權人支付合理費用後繼續使用。

第三十一條

軟件著作權侵權糾紛可以調解。

軟件著作權合同糾紛可以依據合同中的仲裁條款或者事後達成的書面仲裁協議，向仲裁機構申請仲裁。

當事人沒有在合同中訂立仲裁條款，事後又沒有書面仲裁協議的，可以直接向人民法院提起訴訟。

第五章　附　則

第三十二條

本條例施行前發生的侵權行為，依照侵權行為發生時的國家有關規定處理。

第三十三條

本條例自2002年1月1日起施行。1991年6月4日國務院發布的《計算機軟件保護條例》同時廢止。

六、著作權集體管理條例（2005年施行）

中華人民共和國國務院令第429號

《著作權集體管理條例》已經2004年12月22日國務院第7次常務會議通過，現予公布，自2005年3月1日起施行。

總理　溫家寶

2004年12月28日

中華人民共和國國務院令第588號

《國務院關於廢止和修改部分行政法規的決定》已經2010年12月29日國務院第138次常務會議通過，現予公布，自公布之日起施行。

總理　溫家寶

2011年1月8日

《著作權集體管理條例》

第一章　總　則

第一條

為了規範著作權集體管理活動，便於著作權人和與著作權有關的權利人（以下簡稱權利人）行使權利和使用者使用作品，根據《中華人民共和國著作權法》（以下簡稱著作權法）制定本條例。

第二條

本條例所稱著作權集體管理，是指著作權集體管理組織經權利人授權，集中行使權利人的有關權利並以自己的名義進行的下列活動：

(一) 與使用者訂立著作權或者與著作權有關的權利許可使用合同（以下簡稱許可使用合同）；

(二) 向使用者收取使用費；

(三) 向權利人轉付使用費；

(四) 進行涉及著作權或者與著作權有關的權利的訴訟、仲裁等。

第三條

本條例所稱著作權集體管理組織，是指為權利人的利益依法設立，根據權利人授權、對權利人的著作權或者與著作權有關的權利進行集體管理的社會團體。

著作權集體管理組織應當依照有關社會團體登記管理的行政法規和本條例的規定進行登記並開展活動。

第四條

著作權法規定的表演權、放映權、廣播權、出租權、信息網絡傳播權、複製權等權利人自己難以有效行使的權利，可以由著作權集體管理組織進行集體管理。

第五條

國務院著作權管理部門主管全國的著作權集體管理工作。

第六條

除依照本條例規定設立的著作權集體管理組織外，任何組織和個人不得從事著作權集體管理活動。

第二章　著作權集體管理組織的設立

第七條

依法享有著作權或者與著作權有關的權利的中國公民、法人或者其它組織，可以發起設立著作權集體管理組織。

設立著作權集體管理組織，應當具備下列條件：

(一) 發起設立著作權集體管理組織的權利人不少於50人；

(二) 不與已經依法登記的著作權集體管理組織的業務範圍交叉、重合；

(三) 能在全國範圍代表相關權利人的利益；

(四) 有著作權集體管理組織的章程草案、使用費收取標準草案和向權利人轉付使用費的辦法（以下簡稱使用費轉付辦法）草案。

第八條

著作權集體管理組織章程應當載明下列事項：

(一) 名稱、住所；

(二) 設立宗旨；

(三) 業務範圍；

(四) 組織機構及其職權；

(五) 會員大會的最低人數；

(六) 理事會的職責及理事會負責人的條件和產生、罷免的程序；

(七) 管理費提取、使用辦法；

(八) 會員加入、退出著作權集體管理組織的條件、程序；

(九) 章程的修改程序；

(十) 著作權集體管理組織終止的條件、程序和終止後資產的處理。

第九條

申請設立著作權集體管理組織，應當向國務院著作權管理部門提交證明符合本條例第七條規定的條件的材料。國務院著作權管理部門應當自收到材料之日起60日內，作出批准或者不予批准的決定。批准的，發給著作權集體管理許可證；不予批准的，應當說明理由。

第十條

申請人應當自國務院著作權管理部門發給著作權集體管理許可證之日起30日內，依照有關社會團體登記管理的行政法規到國務院民政部門辦理登記手續。

第十一條

依法登記的著作權集體管理組織，應當自國務院民政部門發給登記證書之日起30日內，將其登記證書副本報國務院著作權管理部門備案；國務院著作權管理部門應當將報備的登記證書副本以及著作權集體管理組織章程、使用費收取標準、使用費轉付辦法予以公告。

第十二條

著作權集體管理組織設立分支機構，應當經國務院著作權管理部門批准，並依照有關社會團體登記管理的行政法規到國務院民政部門辦理登記手續。經依法登記的，應當將分支機構的登記證書副本報國務院著作權管理部門備案，由國務院著作權管理部門予以公告。

第十三條

著作權集體管理組織應當根據下列因素制定使用費收取標準：

(一) 使用作品、錄音錄像製品等的時間、方式和地域範圍；

(二) 權利的種類；

(三) 訂立許可使用合同和收取使用費工作的繁簡程度。

第十四條

著作權集體管理組織應當根據權利人的作品或者錄音錄像製品等使用情況制定使用費轉付辦法。

第十五條

著作權集體管理組織修改章程，應當將章程修改草案報國務院著作權管理部門批准，並依法經國務院民政部門核准後，由國務院著作權管理部門予以公告。

第十六條

著作權集體管理組織被依法撤銷登記的，自被撤銷登記之日起不得再進行著作權集體管理業務活動。

第三章　著作權集體管理組織的機構

第十七條

著作權集體管理組織會員大會（以下簡稱會員大會）為著作權集體管理組織的權力機構。

會員大會由理事會依照本條例規定負責召集。理事會應當于會員大會召開60日以前將會議的時間、地點和擬審議事項予以公告；出席會員大會的會員，應當于會議召開30日以前報名。報名出席會員大會的會員少於章程規定的最低人數時，理事會應當將會員大會報名情況予以公告，會員可以于會議召開5日以前補充報名，並由全部報名出席會員大會的會員舉行會員大會。

會員大會行使下列職權：

(一) 制定和修改章程；

(二) 制定和修改使用費收取標準；

(三) 制定和修改使用費轉付辦法；

(四) 選舉和罷免理事；

(五) 審議批准理事會的工作報告和財務報告；

(六) 制定內部管理制度；

(七) 決定使用費轉付方案和著作權集體管理組織提取管理費的比例；

(八) 決定其它重大事項。

會員大會每年召開一次；經10%以上會員或者理事會提議，可以召開臨時會員大會。會員大會作出決定，應當經出席會議的會員過半數表決通過。

第十八條

著作權集體管理組織設立理事會,對會員大會負責,執行會員大會決定。理事會成員不得少於9人。

理事會任期為4年,任期屆滿應當進行換屆選舉。因特殊情況可以提前或者延期換屆,但是換屆延期不得超過1年。

第四章 著作權集體管理活動

第十九條

權利人可以與著作權集體管理組織以書面形式訂立著作權集體管理合同,授權該組織對其依法享有的著作權或者與著作權有關的權利進行管理。權利人符合章程規定加入條件的,著作權集體管理組織應當與其訂立著作權集體管理合同,不得拒絕。

權利人與著作權集體管理組織訂立著作權集體管理合同並按照章程規定履行相應手續後,即成為該著作權集體管理組織的會員。

第二十條

權利人與著作權集體管理組織訂立著作權集體管理合同後,不得在合同約定期限內自己行使或者許可他人行使合同約定的由著作權集體管理組織行使的權利。

第二十一條

權利人可以依照章程規定的程序,退出著作權集體管理組織,終止著作權集體管理合同。但是,著作權集體管理組織已經與他人訂立許可使用合同的,該合同在期限屆滿前繼續有效;該合同有效期內,權利人有權獲得相應的使用費並可以查閱有關業務材料。

第二十二條

外國人、無國籍人可以通過與中國的著作權集體管理組織訂立相互代表協議的境外同類組織,授權中國的著作權集體管理組織管理其依法在中國境內享有的著作權或者與著作權有關的權利。

前款所稱相互代表協議,是指中國的著作權集體管理組織與境外的同類組織相互授權對方在其所在國家或者地區進行集體管理活動的協議。

著作權集體管理組織與境外同類組織訂立的相互代表協議應當報國務院著作權管理部門備案,由國務院著作權管理部門予以公告。

第二十三條

著作權集體管理組織許可他人使用其管理的作品、錄音錄像製品等，應當與使用者以書面形式訂立許可使用合同。

著作權集體管理組織不得與使用者訂立專有許可使用合同。

使用者以合理的條件要求與著作權集體管理組織訂立許可使用合同，著作權集體管理組織不得拒絕。

許可使用合同的期限不得超過2年；合同期限屆滿可以續訂。

第二十四條

著作權集體管理組織應當建立權利信息查詢系統，供權利人和使用者查詢。權利信息查詢系統應當包括著作權集體管理組織管理的權利種類和作品、錄音錄像製品等的名稱、權利人姓名或者名稱、授權管理的期限。

權利人和使用者對著作權集體管理組織管理的權利的信息進行咨詢時，該組織應當予以答復。

第二十五條

除著作權法第二十三條、第三十三條第二款、第四十條第三款、第四十三條第二款和第四十四條規定應當支付的使用費外，著作權集體管理組織應當根據國務院著作權管理部門公告的使用費收取標準，與使用者約定收取使用費的具體數額。

第二十六條

兩個或者兩個以上著作權集體管理組織就同一使用方式向同一使用者收取使用費，可以事先協商確定由其中一個著作權集體管理組織統一收取。統一收取的使用費在有關著作權集體管理組織之間經協商分配。

第二十七條

使用者向著作權集體管理組織支付使用費時，應當提供其使用的作品、錄音錄像製品等的名稱、權利人姓名或者名稱和使用的方式、數量、時間等有關使用情況；許可使用合同另有約定的除外。

使用者提供的有關使用情況涉及該使用者商業秘密的，著作權集體管理組織負有保密義務。

第二十八條

著作權集體管理組織可以從收取的使用費中提取一定比例作為管理費，用於維持其正常的業務活動。

著作權集體管理組織提取管理費的比例應當隨著使用費收入的增加而逐步降低。

第二十九條

著作權集體管理組織收取的使用費，在提取管理費後，應當全部轉付給權利人，不得挪作他用。

著作權集體管理組織轉付使用費，應當編制使用費轉付記錄。使用費轉付記錄應當載明使用費總額、管理費數額、權利人姓名或者名稱、作品或者錄音錄像製品等的名稱、有關使用情況、向各權利人轉付使用費的具體數額等事項，並應當保存10年以上。

第五章　對著作權集體管理組織的監督

第三十條

著作權集體管理組織應當依法建立財務、會計制度和資產管理制度，並按照國家有關規定設置會計賬簿。

第三十一條

著作權集體管理組織的資產使用和財務管理受國務院著作權管理部門和民政部門的監督。

著作權集體管理組織應當在每個會計年度結束時製作財務會計報告，委託會計師事務所依法進行審計，並公布審計結果。

第三十二條

著作權集體管理組織應當對下列事項進行記錄，供權利人和使用者查閱：

(一) 作品許可使用情況；

(二) 使用費收取和轉付情況；

(三) 管理費提取和使用情況。

權利人有權查閱、複製著作權集體管理組織的財務報告、工作報告和其它業務材料；著作權集體管理組織應當提供便利。

第三十三條

權利人認為著作權集體管理組織有下列情形之一的，可以向國務院著作權管理部門檢舉：

(一) 權利人符合章程規定的加入條件要求加入著作權集體管理組織，或者會員依照章程規定的程序要求退出著作權集體管理組織，著作權集體管理組織拒絕

的；

(二) 著作權集體管理組織不按照規定收取、轉付使用費，或者不按照規定提取、使用管理費的；

(三) 權利人要求查閱本條例第三十二條規定的記錄、業務材料，著作權集體管理組織拒絕提供的。

第三十四條

使用者認為著作權集體管理組織有下列情形之一的，可以向國務院著作權管理部門檢舉：

(一) 著作權集體管理組織違反本條例第二十三條規定拒絕與使用者訂立許可使用合同的；

(二) 著作權集體管理組織未根據公告的使用費收取標準約定收取使用費的具體數額的；

(三) 使用者要求查閱本條例第三十二條規定的記錄，著作權集體管理組織拒絕提供的。

第三十五條

權利人和使用者以外的公民、法人或者其它組織認為著作權集體管理組織有違反本條例規定的行為的，可以向國務院著作權管理部門舉報。

第三十六條

國務院著作權管理部門應當自接到檢舉、舉報之日起60日內對檢舉、舉報事項進行調查並依法處理。

第三十七條

國務院著作權管理部門可以採取下列方式對著作權集體管理組織進行監督，並應當對監督活動作出記錄：

(一) 檢查著作權集體管理組織的業務活動是否符合本條例及其章程的規定；

(二) 核查著作權集體管理組織的會計賬簿、年度預算和決算報告及其它有關業務材料；

(三) 派員列席著作權集體管理組織的會員大會、理事會等重要會議。

第三十八條

著作權集體管理組織應當依法接受國務院民政部門和其它有關部門的監督。

第六章　法律責任

第三十九條

著作權集體管理組織有下列情形之一的，由國務院著作權管理部門責令限期改正：

(一) 違反本條例第二十二條規定，未將與境外同類組織訂立的相互代表協議報國務院著作權管理部門備案的；

(二) 違反本條例第二十四條規定，未建立權利信息查詢系統的；

(三) 未根據公告的使用費收取標準約定收取使用費的具體數額的。

著作權集體管理組織超出業務範圍管理權利人的權利的，由國務院著作權管理部門責令限期改正，其與使用者訂立的許可使用合同無效；給權利人、使用者造成損害的，依法承擔民事責任。

第四十條

著作權集體管理組織有下列情形之一的，由國務院著作權管理部門責令限期改正；逾期不改正的，責令會員大會或者理事會根據本條例規定的權限罷免或者解聘直接負責的主管人員：

(一) 違反本條例第十九條規定拒絕與權利人訂立著作權集體管理合同的，或者違反本條例第二十一條的規定拒絕會員退出該組織的要求的；

(二) 違反本條例第二十三條規定，拒絕與使用者訂立許可使用合同的；

(三) 違反本條例第二十八條規定提取管理費的；

(四) 違反本條例第二十九條規定轉付使用費的；

(五) 拒絕提供或者提供虛假的會計賬簿、年度預算和決算報告或者其它有關業務材料的。

第四十一條

著作權集體管理組織自國務院民政部門發給登記證書之日起超過6個月無正當理由未開展著作權集體管理活動，或者連續中止著作權集體管理活動6個月以上的，由國務院著作權管理部門吊銷其著作權集體管理許可證，並由國務院民政部門撤銷登記。

第四十二條

著作權集體管理組織從事營利性經營活動的，由工商行政管理部門依法予以取締，沒收違法所得；構成犯罪的，依法追究刑事責任。

第四十三條

違反本條例第二十七條的規定,使用者能夠提供有關使用情況而拒絕提供,或者在提供有關使用情況時弄虛作假的,由國務院著作權管理部門責令改正;著作權集體管理組織可以中止許可使用合同。

第四十四條

擅自設立著作權集體管理組織或者分支機構,或者擅自從事著作權集體管理活動的,由國務院著作權管理部門或者民政部門依照職責分工予以取締,沒收違法所得;構成犯罪的,依法追究刑事責任。

第四十五條

依照本條例規定從事著作權集體管理組織審批和監督工作的國家行政機關工作人員玩忽職守、濫用職權、徇私舞弊,構成犯罪的,依法追究刑事責任;尚不構成犯罪的,依法給予行政處分。

第七章　附　則

第四十六條

本條例施行前已經設立的著作權集體管理組織,應當自本條例生效之日起3個月內,將其章程、使用費收取標準、使用費轉付辦法及其它有關材料報國務院著作權管理部門審核,並將其與境外同類組織訂立的相互代表協議報國務院著作權管理部門備案。

第四十七條

依照著作權法第二十三條、第三十三條第二款、第四十條第三款的規定使用他人作品,未能依照《中華人民共和國著作權法實施條例》第三十二條的規定向權利人支付使用費的,應當將使用費連同郵資以及使用作品的有關情況送交管理相關權利的著作權集體管理組織,由該著作權集體管理組織將使用費轉付給權利人。負責轉付使用費的著作權集體管理組織應當建立作品使用情況查詢系統,供權利人、使用者查詢。

負責轉付使用費的著作權集體管理組織可以從其收到的使用費中提取管理費,管理費按照會員大會決定的該集體管理組織管理費的比例減半提取。除管理費外,該著作權集體管理組織不得從其收到的使用費中提取其它任何費用。

第四十八條

本條例自2005年3月1日起施行。

七、信息網路傳播權保護條例（2006年施行）

中華人民共和國國務院令第634號

《國務院關於修改〈信息網絡傳播權保護條例〉的決定》已經2013年1月
16日國務院第231次常務會議通過，現予公布，自2013年3月1日起施行。

總理　溫家寶

2013年1月30日

國務院關於修改《信息網絡傳播權保護條例》的決定

國務院決定對《信息網絡傳播權保護條例》作如下修改：

將第十八條、第十九條中的「並可處以10萬元以下的罰款」修改為：「非
法經營額5萬元以上的，可處非法經營額1倍以上5倍以下的罰款；沒有非
法經營額或者非法經營額5萬元以下的，根據情節輕重，可處25萬元以下
的罰款」。

本決定自2013年3月1日起施行。

《信息網絡傳播權保護條例》根據本決定作相應修改，重新公布。

《信息網絡傳播權保護條例》

（2006年5月18日中華人民共和國國務院令第468號公布根據2013年1月30日《國
務院關於修改〈信息網絡傳播權保護條例〉的決定》修訂）

第一條

為保護著作權人、表演者、錄音錄像製作者（以下統稱權利人）的信息網絡傳播
權，鼓勵有益於社會主義精神文明、物質文明建設的作品的創作和傳播，根據
《中華人民共和國著作權法》（以下簡稱著作權法），制定本條例。

第二條

權利人享有的信息網絡傳播權受著作權法和本條例保護。除法律、行政法規另有
規定的外，任何組織或者個人將他人的作品、表演、錄音錄像製品通過信息網絡
向公眾提供，應當取得權利人許可，並支付報酬。

第三條

依法禁止提供的作品、表演、錄音錄像製品，不受本條例保護。

權利人行使信息網絡傳播權，不得違反憲法和法律、行政法規，不得損害公共利益。

第四條

為了保護信息網絡傳播權，權利人可以採取技術措施。

任何組織或者個人不得故意避開或者破壞技術措施，不得故意製造、進口或者向公眾提供主要用於避開或者破壞技術措施的裝置或者部件，不得故意為他人避開或者破壞技術措施提供技術服務。但是，法律、行政法規規定可以避開的除外。

第五條

未經權利人許可，任何組織或者個人不得進行下列行為：

(一) 故意刪除或者改變通過信息網絡向公眾提供的作品、表演、錄音錄像製品的權利管理電子信息，但由於技術上的原因無法避免刪除或者改變的除外；

(二) 通過信息網絡向公眾提供明知或者應知未經權利人許可被刪除或者改變權利管理電子信息的作品、表演、錄音錄像製品。

第六條

通過信息網絡提供他人作品，屬於下列情形的，可以不經著作權人許可，不向其支付報酬：

(一) 為介紹、評論某一作品或者說明某一問題，在向公眾提供的作品中適當引用已經發表的作品；

(二) 為報道時事新聞，在向公眾提供的作品中不可避免地再現或者引用已經發表的作品；

(三) 為學校課堂教學或者科學研究，向少數教學、科研人員提供少量已經發表的作品；

(四) 國家機關為執行公務，在合理範圍內向公眾提供已經發表的作品；

(五) 將中國公民、法人或者其他組織已經發表的、以漢語言文字創作的作品翻譯成的少數民族語言文字作品，向中國境內少數民族提供；

(六) 不以營利為目的，以盲人能夠感知的獨特方式向盲人提供已經發表的文字作品；

(七) 向公眾提供在信息網絡上已經發表的關於政治、經濟問題的時事性文章；

(八) 向公眾提供在公眾集會上發表的講話。

第七條

圖書館、檔案館、紀念館、博物館、美術館等可以不經著作權人許可，通過信息網絡向本館館舍內服務對象提供本館收藏的合法出版的數字作品和依法為陳列或者保存版本的需要以數字化形式複製的作品，不向其支付報酬，但不得直接或者間接獲得經濟利益。當事人另有約定的除外。

前款規定的為陳列或者保存版本需要以數字化形式複製的作品，應當是已經損毀或者瀕臨損毀、丟失或者失竊，或者其存儲格式已經過時，並且在市場上無法購買或者只能以明顯高於標定的價格購買的作品。

第八條

為通過信息網絡實施九年制義務教育或者國家教育規劃，可以不經著作權人許可，使用其已經發表作品的片斷或者短小的文字作品、音樂作品或者單幅的美術作品、攝影作品製作課件，由製作課件或者依法取得課件的遠程教育機構通過信息網絡向註冊學生提供，但應當向著作權人支付報酬。

第九條

為扶助貧困，通過信息網絡向農村地區的公眾免費提供中國公民、法人或者其他組織已經發表的種植養殖、防病治病、防災減災等與扶助貧困有關的作品和適應基本文化需求的作品，網絡服務提供者應當在提供前公告擬提供的作品及其作者、擬支付報酬的標準。自公告之日起30日內，著作權人不同意提供的，網絡服務提供者不得提供其作品；自公告之日起滿30日，著作權人沒有異議的，網絡服務提供者可以提供其作品，並按照公告的標準向著作權人支付報酬。網絡服務提供者提供著作權人的作品後，著作權人不同意提供的，網絡服務提供者應當立即刪除著作權人的作品，並按照公告的標準向著作權人支付提供作品期間的報酬。

依照前款規定提供作品的，不得直接或者間接獲得經濟利益。

第十條

依照本條例規定不經著作權人許可、通過信息網絡向公眾提供其作品的，還應當遵守下列規定：

(一) 除本條例第六條第一項至第六項、第七條規定的情形外，不得提供作者事先聲明不許提供的作品；

(二) 指明作品的名稱和作者的姓名（名稱）；

(三) 依照本條例規定支付報酬；

(四) 採取技術措施，防止本條例第七條、第八條、第九條規定的服務對象以外的其他人獲得著作權人的作品，並防止本條例第七條規定的服務對象的複製行為對著作權人利益造成實質性損害；

(五) 不得侵犯著作權人依法享有的其他權利。

第十一條

通過信息網絡提供他人表演、錄音錄像製品的，應當遵守本條例第六條至第十條的規定。

第十二條

屬於下列情形的，可以避開技術措施，但不得向他人提供避開技術措施的技術、裝置或者部件，不得侵犯權利人依法享有的其他權利：

(一) 為學校課堂教學或者科學研究，通過信息網絡向少數教學、科研人員提供已經發表的作品、表演、錄音錄像製品，而該作品、表演、錄音錄像製品只能通過信息網絡獲取；

(二) 不以營利為目的，通過信息網絡以盲人能夠感知的獨特方式向盲人提供已經發表的文字作品，而該作品只能通過信息網絡獲取；

(三) 國家機關依照行政、司法程序執行公務；

(四) 在信息網絡上對計算機及其系統或者網絡的安全性能進行測試。

第十三條

著作權行政管理部門為了查處侵犯信息網絡傳播權的行為，可以要求網絡服務提供者提供涉嫌侵權的服務對象的姓名（名稱）、聯繫方式、網絡地址等資料。

第十四條

對提供信息存儲空間或者提供搜索、鏈接服務的網絡服務提供者，權利人認為其服務所涉及的作品、表演、錄音錄像製品，侵犯自己的信息網絡傳播權或者被刪除、改變了自己的權利管理電子信息的，可以向該網絡服務提供者提交書面通知，要求網絡服務提供者刪除該作品、表演、錄音錄像製品，或者斷開與該作品、表演、錄音錄像製品的鏈接。通知書應當包含下列內容：

(一) 權利人的姓名（名稱）、聯繫方式和地址；

(二) 要求刪除或者斷開鏈接的侵權作品、表演、錄音錄像製品的名稱和網絡地址；

(三) 構成侵權的初步證明材料。

權利人應當對通知書的真實性負責。

第十五條

網絡服務提供者接到權利人的通知書後，應當立即刪除涉嫌侵權的作品、表演、錄音錄像製品，或者斷開與涉嫌侵權的作品、表演、錄音錄像製品的鏈接，並同時將通知書轉送提供作品、表演、錄音錄像製品的服務對象；服務對象網絡地址不明、無法轉送的，應當將通知書的內容同時在信息網絡上公告。

第十六條

服務對象接到網絡服務提供者轉送的通知書後，認為其提供的作品、表演、錄音錄像製品未侵犯他人權利的，可以向網絡服務提供者提交書面說明，要求恢復被刪除的作品、表演、錄音錄像製品，或者恢復與被斷開的作品、表演、錄音錄像製品的鏈接。書面說明應當包含下列內容：

(一) 服務對象的姓名（名稱）、聯繫方式和地址；

(二) 要求恢復的作品、表演、錄音錄像製品的名稱和網絡地址；

(三) 不構成侵權的初步證明材料。

服務對象應當對書面說明的真實性負責。

第十七條

網絡服務提供者接到服務對象的書面說明後，應當立即恢復被刪除的作品、表演、錄音錄像製品，或者可以恢復與被斷開的作品、表演、錄音錄像製品的鏈接，同時將服務對象的書面說明轉送權利人。權利人不得再通知網絡服務提供者刪除該作品、表演、錄音錄像製品，或者斷開與該作品、表演、錄音錄像製品的鏈接。

第十八條

違反本條例規定，有下列侵權行為之一的，根據情況承擔停止侵害、消除影響、賠禮道歉、賠償損失等民事責任；同時損害公共利益的，可以由著作權行政管理部門責令停止侵權行為，沒收違法所得，非法經營額5萬元以上的，可處非法經營額1倍以上5倍以下的罰款；沒有非法經營額或者非法經營額5萬元以下的，根據情節輕重，可處25萬元以下的罰款；情節嚴重的，著作權行政管理部門可以沒收主要用於提供網絡服務的計算機等設備；構成犯罪的，依法追究刑事責任：

(一) 通過信息網絡擅自向公眾提供他人的作品、表演、錄音錄像製品的；

(二) 故意避開或者破壞技術措施的；

(三) 故意刪除或者改變通過信息網絡向公眾提供的作品、表演、錄音錄像製品的權利管理電子信息，或者通過信息網絡向公眾提供明知或者應知未經權利人許可而被刪除或者改變權利管理電子信息的作品、表演、錄音錄像製品的；

(四) 為扶助貧困通過信息網絡向農村地區提供作品、表演、錄音錄像製品超過規定範圍，或者未按照公告的標準支付報酬，或者在權利人不同意提供其作品、表演、錄音錄像製品後未立即刪除的；

(五) 通過信息網絡提供他人的作品、表演、錄音錄像製品，未指明作品、表演、錄音錄像製品的名稱或者作者、表演者、錄音錄像製作者的姓名（名稱），或者未支付報酬，或者未依照本條例規定採取技術措施防止服務對象以外的其他人獲得他人的作品、表演、錄音錄像製品，或者未防止服務對象的複製行為對權利人利益造成實質性損害的。

第十九條

違反本條例規定，有下列行為之一的，由著作權行政管理部門予以警告，沒收違法所得，沒收主要用於避開、破壞技術措施的裝置或者部件；情節嚴重的，可以沒收主要用於提供網絡服務的計算機等設備；非法經營額5萬元以上的，可處非法經營額1倍以上5倍以下的罰款；沒有非法經營額或者非法經營額5萬元以下的，根據情節輕重，可處25萬元以下的罰款；構成犯罪的，依法追究刑事責任：

(一) 故意製造、進口或者向他人提供主要用於避開、破壞技術措施的裝置或者部件，或者故意為他人避開或者破壞技術措施提供技術服務的；

(二) 通過信息網絡提供他人的作品、表演、錄音錄像製品，獲得經濟利益的；

(三) 為扶助貧困通過信息網絡向農村地區提供作品、表演、錄音錄像製品，未在提供前公告作品、表演、錄音錄像製品的名稱和作者、表演者、錄音錄像製作者的姓名（名稱）以及報酬標準的。

第二十條

網絡服務提供者根據服務對象的指令提供網絡自動接入服務，或者對服務對象提供的作品、表演、錄音錄像製品提供自動傳輸服務，並具備下列條件的，不承擔賠償責任：

(一) 未選擇並且未改變所傳輸的作品、表演、錄音錄像製品；

(二) 向指定的服務對象提供該作品、表演、錄音錄像製品，並防止指定的服務對

象以外的其他人獲得。

第二十一條

網絡服務提供者為提高網絡傳輸效率，自動存儲從其他網絡服務提供者獲得的作品、表演、錄音錄像製品，根據技術安排自動向服務對象提供，並具備下列條件的，不承擔賠償責任：

(一) 未改變自動存儲的作品、表演、錄音錄像製品；

(二) 不影響提供作品、表演、錄音錄像製品的原網絡服務提供者掌握服務對象獲取該作品、表演、錄音錄像製品的情況；

(三) 在原網絡服務提供者修改、刪除或者屏蔽該作品、表演、錄音錄像製品時，根據技術安排自動予以修改、刪除或者屏蔽。

第二十二條

網絡服務提供者為服務對象提供信息存儲空間，供服務對象通過信息網絡向公眾提供作品、表演、錄音錄像製品，並具備下列條件的，不承擔賠償責任：

(一) 明確標示該信息存儲空間是為服務對象所提供，並公開網絡服務提供者的名稱、聯繫人、網絡地址；

(二) 未改變服務對象所提供的作品、表演、錄音錄像製品；

(三) 不知道也沒有合理的理由應當知道服務對象提供的作品、表演、錄音錄像製品侵權；

(四) 未從服務對象提供作品、表演、錄音錄像製品中直接獲得經濟利益；

(五) 在接到權利人的通知書後，根據本條例規定刪除權利人認為侵權的作品、表演、錄音錄像製品。

第二十三條

網絡服務提供者為服務對象提供搜索或者鏈接服務，在接到權利人的通知書後，根據本條例規定斷開與侵權的作品、表演、錄音錄像製品的鏈接的，不承擔賠償責任；但是，明知或者應知所鏈接的作品、表演、錄音錄像製品侵權的，應當承擔共同侵權責任。

第二十四條

因權利人的通知導致網絡服務提供者錯誤刪除作品、表演、錄音錄像製品，或者錯誤斷開與作品、表演、錄音錄像製品的鏈接，給服務對象造成損失的，權利人應當承擔賠償責任。

第二十五條

網絡服務提供者無正當理由拒絕提供或者拖延提供涉嫌侵權的服務對象的姓名（名稱）、聯繫方式、網絡地址等資料的，由著作權行政管理部門予以警告；情節嚴重的，沒收主要用於提供網絡服務的計算機等設備。

第二十六條

本條例下列用語的含義：

信息網絡傳播權，是指以有線或者無線方式向公眾提供作品、表演或者錄音錄像製品，使公眾可以在其個人選定的時間和地點獲得作品、表演或者錄音錄像製品的權利。

技術措施，是指用於防止、限制未經權利人許可瀏覽、欣賞作品、表演、錄音錄像製品的或者通過信息網絡向公眾提供作品、表演、錄音錄像製品的有效技術、裝置或者部件。

權利管理電子信息，是指說明作品及其作者、表演及其表演者、錄音錄像製品及其製作者的信息，作品、表演、錄音錄像製品權利人的信息和使用條件的信息，以及表示上述信息的數字或者代碼。

第二十七條

本條例自2006年7月1日起施行。

八、中華人民共和國知識產權海關保護條例（2010年施行）

中華人民共和國國務院令第572號

《國務院關於修改〈中華人民共和國知識產權海關保護條例〉的決定》已經2010年3月17日國務院第103次常務會議通過，現予公布，自2010年4月1日起施行。

總理　溫家寶

2010年3月24日

《中華人民共和國知識產權海關保護條例》

（2003年12月2日中華人民共和國國務院令第395號公布、根據2010年3月24日《國務院關於修改〈中華人民共和國知識產權海關保護條例〉的決定》修訂）

第一章　總　則

第一條

為了實施知識產權海關保護，促進對外經濟貿易和科技文化交往，維護公共利益，根據《中華人民共和國海關法》，制定本條例。

第二條

本條例所稱知識產權海關保護，是指海關對與進出口貨物有關並受中華人民共和國法律、行政法規保護的商標專用權、著作權和與著作權有關的權利、專利權（以下統稱知識產權）實施的保護。

第三條

國家禁止侵犯知識產權的貨物進出口。

海關依照有關法律和本條例的規定實施知識產權保護，行使《中華人民共和國海關法》規定的有關權力。

第四條

知識產權權利人請求海關實施知識產權保護的，應當向海關提出採取保護措施的申請。

第五條

進口貨物的收貨人或者其代理人、出口貨物的發貨人或者其代理人應當按照國家規定，向海關如實申報與進出口貨物有關的知識產權狀況，並提交有關證明文件。

第六條

海關實施知識產權保護時，應當保守有關當事人的商業秘密。

第二章　知識產權的備案

第七條

知識產權權利人可以依照本條例的規定，將其知識產權向海關總署申請備案;申請備案的，應當提交申請書。申請書應當包括下列內容：

(一) 知識產權權利人的名稱或者姓名、註冊地或者國籍等；

(二) 知識產權的名稱、內容及其相關信息；

(三) 知識產權許可行使狀況；

(四) 知識產權權利人合法行使知識產權的貨物的名稱、產地、進出境地海關、進出口商、主要特徵、價格等；

(五) 已知的侵犯知識產權貨物的製造商、進出口商、進出境地海關、主要特徵、價格等。

前款規定的申請書內容有證明文件的，知識產權權利人應當附送證明文件。

第八條

海關總署應當自收到全部申請文件之日起30個工作日內作出是否准予備案的決定，並書面通知申請人；不予備案的，應當說明理由。

有下列情形之一的，海關總署不予備案：

(一) 申請文件不齊全或者無效的；

(二) 申請人不是知識產權權利人的；

(三) 知識產權不再受法律、行政法規保護的。

第九條

海關發現知識產權權利人申請知識產權備案未如實提供有關情況或者文件的，海關總署可以撤銷其備案。

第十條

知識產權海關保護備案自海關總署准予備案之日起生效，有效期為10年。

知識產權有效的，知識產權權利人可以在知識產權海關保護備案有效期屆滿前6個月內，向海關總署申請續展備案。每次續展備案的有效期為10年。

知識產權海關保護備案有效期屆滿而不申請續展或者知識產權不再受法律、行政法規保護的，知識產權海關保護備案隨即失效。

第十一條

知識產權備案情況發生改變的，知識產權權利人應當自發生改變之日起30個工作日內，向海關總署辦理備案變更或者注銷手續。

知識產權權利人未依照前款規定辦理變更或者注銷手續，給他人合法進出口或者海關依法履行監管職責造成嚴重影響的，海關總署可以根據有關利害關係人的申請撤銷有關備案，也可以主動撤銷有關備案。

第三章　扣留侵權嫌疑貨物的申請及其處理

第十二條

知識產權權利人發現侵權嫌疑貨物即將進出口的，可以向貨物進出境地海關提出扣留侵權嫌疑貨物的申請。

第十三條

知識產權權利人請求海關扣留侵權嫌疑貨物的，應當提交申請書及相關證明文件，並提供足以證明侵權事實明顯存在的證據。

申請書應當包括下列主要內容：

(一) 知識產權權利人的名稱或者姓名、註冊地或者國籍等；

(二) 知識產權的名稱、內容及其相關信息；

(三) 侵權嫌疑貨物收貨人和發貨人的名稱；

(四) 侵權嫌疑貨物名稱、規格等；

(五) 侵權嫌疑貨物可能進出境的口岸、時間、運輸工具等。

侵權嫌疑貨物涉嫌侵犯備案知識產權的，申請書還應當包括海關備案號。

第十四條

知識產權權利人請求海關扣留侵權嫌疑貨物的，應當向海關提供不超過貨物等值的擔保，用於賠償可能因申請不當給收貨人、發貨人造成的損失，以及支付貨物

由海關扣留後的倉儲、保管和處置等費用；知識產權權利人直接向倉儲商支付倉儲、保管費用的，從擔保中扣除。具體辦法由海關總署制定。

第十五條

知識產權權利人申請扣留侵權嫌疑貨物，符合本條例第十三條的規定，並依照本條例第十四條的規定提供擔保的，海關應當扣留侵權嫌疑貨物，書面通知知識產權權利人，並將海關扣留憑單送達收貨人或者發貨人。

知識產權權利人申請扣留侵權嫌疑貨物，不符合本條例第十三條的規定，或者未依照本條例第十四條的規定提供擔保的，海關應當駁回申請，並書面通知知識產權權利人。

第十六條

海關發現進出口貨物有侵犯備案知識產權嫌疑的，應當立即書面通知知識產權權利人。知識產權權利人自通知送達之日起3個工作日內依照本條例第十三條的規定提出申請，並依照本條例第十四條的規定提供擔保的，海關應當扣留侵權嫌疑貨物，書面通知知識產權權利人，並將海關扣留憑單送達收貨人或者發貨人。知識產權權利人逾期未提出申請或者未提供擔保的，海關不得扣留貨物。

第十七條

經海關同意，知識產權權利人和收貨人或者發貨人可以查看有關貨物。

第十八條

收貨人或者發貨人認為其貨物未侵犯知識產權權利人的知識產權的，應當向海關提出書面說明並附送相關證據。

第十九條

涉嫌侵犯專利權貨物的收貨人或者發貨人認為其進出口貨物未侵犯專利權的，可以在向海關提供貨物等值的擔保金後，請求海關放行其貨物。知識產權權利人未能在合理期限內向人民法院起訴的，海關應當退還擔保金。

第二十條

海關發現進出口貨物有侵犯備案知識產權嫌疑並通知知識產權權利人後，知識產權權利人請求海關扣留侵權嫌疑貨物的，海關應當自扣留之日起30個工作日內對被扣留的侵權嫌疑貨物是否侵犯知識產權進行調查、認定；不能認定的，應當立即書面通知知識產權權利人。

第二十一條

海關對被扣留的侵權嫌疑貨物進行調查，請求知識產權主管部門提供協助的，有關知識產權主管部門應當予以協助。

知識產權主管部門處理涉及進出口貨物的侵權案件請求海關提供協助的，海關應當予以協助。

第二十二條

海關對被扣留的侵權嫌疑貨物及有關情況進行調查時，知識產權權利人和收貨人或者發貨人應當予以配合。

第二十三條

知識產權權利人在向海關提出採取保護措施的申請後，可以依照《中華人民共和國商標法》、《中華人民共和國著作權法》、《中華人民共和國專利法》或者其他有關法律的規定，就被扣留的侵權嫌疑貨物向人民法院申請採取責令停止侵權行為或者財產保全的措施。

海關收到人民法院有關責令停止侵權行為或者財產保全的協助執行通知的，應當予以協助。

第二十四條

有下列情形之一的，海關應當放行被扣留的侵權嫌疑貨物：

(一) 海關依照本條例第十五條的規定扣留侵權嫌疑貨物，自扣留之日起20個工作日內未收到人民法院協助執行通知的；

(二) 海關依照本條例第十六條的規定扣留侵權嫌疑貨物，自扣留之日起50個工作日內未收到人民法院協助執行通知，並且經調查不能認定被扣留的侵權嫌疑貨物侵犯知識產權的；

(三) 涉嫌侵犯專利權貨物的收貨人或者發貨人在向海關提供與貨物等值的擔保金後，請求海關放行其貨物的；

(四) 海關認為收貨人或者發貨人有充分的證據證明其貨物未侵犯知識產權權利人的知識產權的；

(五) 在海關認定被扣留的侵權嫌疑貨物為侵權貨物之前，知識產權權利人撤回扣留侵權嫌疑貨物的申請的。

第二十五條

海關依照本條例的規定扣留侵權嫌疑貨物，知識產權權利人應當支付有關倉儲、

保管和處置等費用。知識產權權利人未支付有關費用的，海關可以從其向海關提供的擔保金中予以扣除，或者要求擔保人履行有關擔保責任。

侵權嫌疑貨物被認定為侵犯知識產權的，知識產權權利人可以將其支付的有關倉儲、保管和處置等費用計入其為制止侵權行為所支付的合理開支。

第二十六條

海關實施知識產權保護發現涉嫌犯罪案件的，應當將案件依法移送公安機關處理。

第四章　法律責任

第二十七條

被扣留的侵權嫌疑貨物，經海關調查後認定侵犯知識產權的，由海關予以沒收。

海關沒收侵犯知識產權貨物後，應當將侵犯知識產權貨物的有關情況書面通知知識產權權利人。

被沒收的侵犯知識產權貨物可以用於社會公益事業的，海關應當轉交給有關公益機構用於社會公益事業；知識產權權利人有收購意願的，海關可以有償轉讓給知識產權權利人。被沒收的侵犯知識產權貨物無法用於社會公益事業且知識產權權利人無收購意願的，海關可以在消除侵權特徵後依法拍賣，但對進口假冒商標貨物，除特殊情況外，不能僅清除貨物上的商標標識即允許其進入商業渠道；侵權特徵無法消除的，海關應當予以銷毀。

第二十八條

海關接受知識產權保護備案和採取知識產權保護措施的申請後，因知識產權權利人未提供確切情況而未能發現侵權貨物、未能及時採取保護措施或者採取保護措施不力的，由知識產權權利人自行承擔責任。

知識產權權利人請求海關扣留侵權嫌疑貨物後，海關不能認定被扣留的侵權嫌疑貨物侵犯知識產權權利人的知識產權，或者人民法院判定不侵犯知識產權權利人的知識產權的，知識產權權利人應當依法承擔賠償責任。

第二十九條

進口或者出口侵犯知識產權貨物，構成犯罪的，依法追究刑事責任。

第三十條

海關工作人員在實施知識產權保護時，玩忽職守、濫用職權、拘私舞弊，構成犯

罪的，依法追究刑事責任；尚不構成犯罪的，依法給予行政處分。

第五章　附則

第三十一條

個人攜帶或者郵寄進出境的物品，超出自用、合理數量，並侵犯本條例第二條規定的知識產權的，按照侵權貨物處理。

第三十二條

知識產權權利人將其知識產權向海關總署備案的，應當按照國家有關規定繳納備案費。

第三十三條

本條例自2004年3月1日起施行。1995年7月5日國務院發布的《中華人民共和國知識產權海關保護條例》同時廢止。

九、實施國際著作權條約的規定（1992年施行）

中華人民共和國國務院令第105號

現發布《實施國際著作權條約的規定》，自1992年9月30日起施行。

總理　李鵬

1992年9月25日

《實施國際著作權條約的規定》

第一條

為實施國際著作條約，保護外國作品著作權人的合法權益，制定本規定。

第二條

對外國作品的保護，適用《中華人民共和國著作權法》（以下稱著作權法）、《中華人民共和國著作權法實施條例》、《計算機軟件保護條例》和本規定。

第三條

本規定所稱國際著作權條約，是指中華人民共和國（以下稱中國）參加的《伯爾尼保護文學和藝術作品公約》（以下稱伯爾尼公約）和與外國簽訂的有關著作權的雙邊協定。

第四條

本規定所稱外國作品，包括：

(一) 作者或者作者之一，其他著作權人或者著作權人之一是國際著作權條約成員國的國民或者在該條約的成員國有經常居所的居民的作品；

(二) 作者不是國際著作權條約成員國的國民或者在該條約的成員國有經常居所的居民，但是在該條約的成員國首次或者同時發表的作品；

(三) 中外合資經營企業、中外合作經營企業和外資企業按照合同約定是著作權人或者著作權人之一的，其委託他人創作的作品。

第五條

對未發表的外國作品的保護期，適用著作權法第二十條、第二十一條的規定。

第六條

對外國實用藝術作品的保護期，為自該作品完成起二十五年。

美術作品（包括動畫形象設計）用於工業製品的，不適用前款規定。

第七條

外國計算機程序作為文學作品保護，可以不履行登記手續，保護期為自該程序首次發表之年年底起五十年。

第八條

外國作品是由不受保護的材料編輯而成，但是在材料的選取或者編排上有獨創性的，依照著作權法第十四條的規定予以保護。此種保護不排斥他人利用同樣的材料進行編輯。

第九條

外國錄像製品根據國際著作權條約構成電影作品的，作為電影作品保護。

第十條

將外國人已經發表的以漢族文字創作的作品，翻譯成少數民族文字出版發行的，應當事先取得著作權人的授權。

第十一條

外國作品著作權人，可以授權他人以任何方式、手段公開表演其作品或者公開傳播對其作品的表演。

第十二條

外國電影、電視和錄像作品的著作權人可以授權他人公開表演其作品。

第十三條

報刊轉載外國作品，應當事先取得著作權人的授權；但是，轉載有關政治、經濟等社會問題的時事文章除外。

第十四條

外國作品的著作權人在授權他人發行其作品的複製品後，可以授權或者禁止出租其作品的複製品。

第十五條

外國作品的著作權人有權禁止進口其作品的下列複製品：

(一) 侵權複製品；

(二) 來自對其作品不予保護的國家的複製品。

第十六條

表演、錄音或者廣播外國作品，適用伯爾尼公約的規定；有集體管理組織的，應

當事先取得該組織的授權。

第十七條

國際著作權條約在中國生效之日尚未在起源國進入公有領域的外國作品，按照著作權法和本規定規定的保護期受保護，到期滿為止。

前款規定不適用於國際著作權條約在中國生效之日前發生的對外國作品的使用。

中國公民或者法人在國際著作權條約在中國生效之日前為特定目的而擁有和使用外國作品的特定複製本的，可以繼續使用該作品的複製本而不承擔責任；但是，該複製本不得以任何不合理地損害該作品著作權人合法權益的方式複製和使用。

前三款規定依照中國同有關國家簽訂的有關著作權的雙邊協定的規定實施。

第十八條

本規定第五條、第十二條、第十四條、第十五條、第十七條適用於錄音製品。

第十九條

本規定施行前，有關著作權的行政法規與本規定有不同規定的，適用本規定。本規定與國際著作權條約有不同規定的，適用國際著作權條約。

第二十條

國家版權局負責國際著作權條約在中國的實施。

第二十一條

本規定由國家版權局負責解釋。

第二十二條

本規定自一九九二年九月三十日起施行。

十、中華人民共和國刑法（節選）（1997年施行）

中華人民共和國主席令第83號

《中華人民共和國刑法》已由中華人民共和國第八屆全國人民代表大會第五次會議於1997年3月14日修訂，現將修訂後的《中華人民共和國刑法》公布，自1997年10月1日起施行。

中華人民共和國主席　江澤民

1997年3月14日

《中華人民共和國刑法》

第二編　分則

　第三章　破壞社會主義市場經濟秩序罪

　　第七節　侵犯知識產權罪

第二百一十七條

以營利為目的，有下列侵犯著作權情形之一，違法所得數額較大或者有其他嚴重情節的，處三年以下有期徒刑或者拘役，並處或者單處罰金；違法所得數額巨大或者有其他特別嚴重情節的，處三年以上七年以下有期徒刑，並處罰金：

(一) 未經著作權人許可，複製發行其文字作品、音樂、電影、電視、錄像作品、計算機軟件及其他作品的；

(二) 出版他人享有專有出版權的圖書的；

(三) 未經錄音錄像製作者許可，複製發行其製作的錄音錄像的；

(四) 製作、出售假冒他人署名的美術作品的。

第二百一十八條

以營利為目的，銷售明知是本法第二百一十七條規定的侵權複製品，違法所得數額巨大的，處三年以下有期徒刑或者拘役，並處或者單處罰金。

第二百二十條

單位犯本節第二百一十三條至第二百一十九條規定之罪的，對單位判處罰金，並對其直接負責的主管人員和其他直接責任人員，依照本節各該條的規定處罰。

十一、公安部、國家版權局關於在打擊侵犯著作權違法犯罪工作中加強銜接配合的暫行規定（2006年試行）

公安部、國家版權局2006年3月26日頒布公通字（2006）35號

自頒布日起試行

第一條

為加強公安機關和著作權管理部門（以下簡稱雙方）的協作與配合，嚴厲打擊侵犯著作權違法犯罪活動，保護文學、藝術和科學作品作者的著作權及相關權益，促進社會主義文化和科學事業的發展和繁榮，根據《中華人民共和國刑法》、《中華人民共和國著作權法》、《行政執法機關移送涉嫌犯罪案件的規定》及相關法律、法規，制定本規定。

第二條

雙方加強打擊侵犯著作權違法犯罪工作的銜接配合，包括通報涉嫌侵犯著作權違法犯罪和會商打擊策略，依法移送和接受涉嫌侵犯著作權違法犯罪案件，相互通報打擊侵犯著作權違法犯罪活動的情報信息，共同開展保護著作權領域的宣傳和國際交流等事項。

第三條

雙方在打擊侵犯著作權違法犯罪工作中的銜接配合，由公安機關治安管理部門和著作權行政執法部門歸口管理。

第四條

公安部治安管理局、國家版權局版權管理司以及各省級、地市級公安機關治安管理部門和著作權行政執法部門應當建立打擊涉嫌侵犯著作權違法犯罪聯席會議制度。聯席會議由公安機關、著作權管理部門負責查處涉嫌侵犯著作權違法犯罪案件部門的負責人和其他相關職能部門的負責人組成。

縣級公安機關應當與同級著作權管理部門建立打擊侵犯著作權違法犯罪銜接配合機制，並根據當地實際情況確定具體形式和參加單位。

對沒有設立著作權管理部門的，縣級以上公安機關應當與同級新聞出版或者文化等承擔著作權行政執法職責的部門共同建立打擊侵犯著作權違法犯罪銜接配合機

制。

第五條

聯席會議每年召開一次，由公安機關治安管理部門、著作權行政執法部門輪流召集，輪值方負責會議的籌備和組織工作。如遇重大、緊急情況或者需要聯合部署重要工作，可以召開臨時聯席會議。

聯席會議的主要內容是總結銜接配合工作情況，制定工作措施和計劃，研究重大案件的辦理工作，交流打擊侵犯著作權違法犯罪工作的情報信息。各級聯席會議決定的有關事項，應當報送雙方上級主管機關。

第六條

著作權管理部門在執法過程中，發現涉嫌侵犯著作權犯罪案件線索，應當及時通報同級公安機關。

公安機關對於在工作中發現的涉嫌侵犯著作權違法案件線索，應當及時通報同級著作權管理部門。

第七條

著作權管理部門向公安機關通報案件線索時，應當附有下列材料：

(一) 案件（線索）通報函；

(二) 涉嫌犯罪案件情況的認定調查報告；

(三) 侵權複製品樣品材料；

(四) 侵權證明材料；

(五) 其他有關材料。

第八條

公安機關向著作權管理部門通報行政違法案件線索時，應當附有下列材料：

(一) 案件（線索）通報函；

(二) 涉嫌行政違法案件情況的認定調查報告；

(三) 相關證據材料；

(四) 其他有關材料。

第九條

公安機關應當自接到著作權管理部門通報之日起3個工作日內，依法對所通報的案件線索進行審查，並可商請著作權管理部門提供必要的協助。認為有犯罪事實，應當追究刑事責任的，依法決定立案，書面通知通報線索的著作權管理部

門；認為情節較輕，不構成犯罪的，應當說明理由，並書面通知通報線索的著作權管理部門。

著作權管理部門應當自接受公安機關通報的違法案件線索之日起3個工作日內，依法對所通報的案件線索進行審查，認為存在侵犯著作權等行政違法事實的，依法決定立案，書面通知通報線索的公安機關；認為不存在侵犯著作權等行政違法事實的，不予立案並書面通知通報線索的公安機關。

第十條

著作權行政執法部門在立案查出著作權違法案件過程中，對涉嫌犯罪的案件，應當依照國務院《行政執法機關移送涉嫌犯罪案件的規定》及有關規定向公安機關移送案件，不得以行政處罰代替刑事處罰。

著作權行政執法部門移送案件，原則上應一案一送。如果擬移送的案件數量較多，或者案情複雜、案件性質難以把握，著作權管理部門可與公安機關召開案件協調會。對決定移送的，著作權管理部門應當製作《涉嫌犯罪案件移送書》，連同著作權證明等材料匯總移送公安機關。

第十一條

公安機關、著作權管理部門應當共同加強著作權鑒定工作，並推動組建著作權鑒定機構，為打擊侵犯著作權違法犯罪案件提供相應的執法保障。

第十二條

對於工作中發現的重大案件線索，公安機關、著作權管理部門可以召開臨時聯席會議，必要時邀請其他執法機關代表參加，共同會商、研究案情和決定打擊對策，開展聯合打擊工作。

聯合打擊工作應以「精確打擊」和「全程打擊」為方針，採取協同作戰的方式，查明盜版侵權複製品的生產、銷售、運輸、包裝等各個環節的策劃者、組織者、參與者，摧毀整個犯罪網絡。

本條所稱「重大案件」，是指社會危害巨大、社會反映強烈、涉案價值巨大、涉及跨國境犯罪團夥或其他雙方研究決定應當聯合打擊的案件。

第十三條

著作權管理部門接到重大案件線索舉報，或者在執法現場查獲重大案件，認為涉嫌犯罪的，應當立即通知公安機關，公安機關應當派員到場，共同研究查處工作。雙方認為符合移送條件的，應當按照《行政執法機關移送涉嫌犯罪案件的規

定》，立即交由公安機關處理。

第十四條

在公安機關決定立案通知書送達後3個工作日內，著作權管理部門應當向公安機關辦理有關侵權複製品和用於違法犯罪行為的材料、工具、設備等的移交手續。公安機關需要到場查驗有關涉案物品或者收集必要的侵權複製品樣材的，著作權行政執法部門應當予以積極協助。

第十五條

公安機關就有關行為是否構成侵犯著作權問題需要諮詢著作權管理部門意見的，應當向同級著作權管理部門書面提出認定要求，並應當附送涉嫌侵權複製品的樣材、照片、文字說明等材料。除案情複雜的以外，著作權管理部門應當在收到函件後15個工作日內答覆，著作權管理部門認定意見可以作為公安機關辦案的參考。

地方公安機關對於案情重大、複雜，就有關行為是否構成侵犯著作權問題需要諮詢上一級著作權管理部門意見的，應當先將有關情況上報上一級公安機關，由上一級公安機關向同級著作權管理部門徵求意見。

第十六條

公安機關、著作權管理部門應當在執法過程中加強相互支持協助，並可根據實際需要，在當地黨委政府和上級公安機關、著作權管理部門的領導下，共同開展專項行動。

第十七條

雙方發揮各自的資源優勢，共同組織開展培訓、宣傳、表彰等活動。在國際執法合作中要密切配合，共同參與有關國際交流活動。

第十八條

公安部治安管理局、國家版權局版權管理司對雙方執行本規定的情況進行聯合監督；各省、自治區、直轄市公安機關和著作權管理部門對本轄區內執行情況進行監督。

第十九條

本規定自公布之日起試行。

十二、著作權行政處罰實施辦法（2009年施行）

中華人民共和國國家版權局令第6號

《著作權行政處罰實施辦法》已經2009年4月21日國家版權局第1次局務會議通過，現予公布，自2009年6月15日起施行。

國家版權局局長　柳斌杰

2009年5月7日

《著作權行政處罰實施辦法》

第一章　總　則

第一條

為規範著作權行政管理部門的行政處罰行為，保護公民、法人和其他組織的合法權益，根據《中華人民共和國行政處罰法》（以下稱行政處罰法）、《中華人民共和國著作權法》（以下稱著作權法）和其他有關法律、行政法規，制定本辦法。

第二條

國家版權局以及地方人民政府享有著作權行政執法權的有關部門（以下稱著作權行政管理部門），在法定職權範圍內就本辦法列舉的違法行為實施行政處罰。法律、法規另有規定的，從其規定。

第三條

本辦法所稱的違法行為是指：

(一) 著作權法第四十七條列舉的侵權行為，同時損害公共利益的；

(二) 《計算機軟件保護條例》第二十四條列舉的侵權行為，同時損害公共利益的；

(三) 《信息網絡傳播權保護條例》第十八條列舉的侵權行為，同時損害公共利益的；第十九條、第二十五條列舉的侵權行為；

(四) 《著作權集體管理條例》第四十一條、第四十四條規定的應予行政處罰的行為；

(五) 其他有關著作權法律、法規、規章規定的應給予行政處罰的違法行為。

第四條

對本辦法列舉的違法行為，著作權行政管理部門可以依法責令停止侵權行為，並給予下列行政處罰：

(一) 警告；

(二) 罰款；

(三) 沒收違法所得；

(四) 沒收侵權製品；

(五) 沒收安裝存儲侵權製品的設備；

(六) 沒收主要用於製作侵權製品的材料、工具、設備等；

(七) 法律、法規、規章規定的其他行政處罰。

第二章　管轄和適用

第五條

本辦法列舉的違法行為，由侵權行為實施地、侵權結果發生地、侵權製品儲藏地或者依法查封扣押地的著作權行政管理部門負責查處。法律、行政法規另有規定的除外。

侵犯信息網絡傳播權的違法行為由侵權人住所地、實施侵權行為的網絡服務器等設備所在地或侵權網站備案登記地的著作權行政管理部門負責查處。

第六條

國家版權局可以查處在全國有重大影響的違法行為，以及認為應當由其查處的其他違法行為。地方著作權行政管理部門負責查處本轄區發生的違法行為。

第七條

兩個以上地方著作權行政管理部門對同一違法行為均有管轄權時，由先立案的著作權行政管理部門負責查處該違法行為。

地方著作權行政管理部門因管轄權發生爭議或者管轄不明時，由爭議雙方協商解決；協商不成的，報請共同的上一級著作權行政管理部門指定管轄；其共同的上一級著作權行政管理部門也可以直接指定管轄。

上級著作權行政管理部門在必要時，可以處理下級著作權行政管理部門管轄的有重大影響的案件，也可以將自己管轄的案件交由下級著作權行政管理部門處理；

下級著作權行政管理部門認為其管轄的案件案情重大、複雜，需要由上級著作權行政管理部門處理的，可以報請上一級著作權行政管理部門處理。

第八條

著作權行政管理部門發現查處的違法行為，根據我國刑法規定涉嫌構成犯罪的，應當由該著作權行政管理部門依照國務院《行政執法機關移送涉嫌犯罪案件的規定》將案件移送司法部門處理。

第九條

著作權行政管理部門對違法行為予以行政處罰的時效為兩年，從違法行為發生之日起計算。違法行為有連續或者繼續狀態的，從行為終了之日起計算。侵權製品仍在發行或仍在向公眾進行傳播的，視為違法行為仍在繼續。

違法行為在兩年內未被發現的，不再給予行政處罰。法律另有規定的除外。

第三章　處罰程序

第十條

除行政處罰法規定適用簡易程序的情況外，著作權行政處罰適用行政處罰法規定的一般程序。

第十一條

著作權行政管理部門適用一般程序查處違法行為，應當立案。

對本辦法列舉的違法行為，著作權行政管理部門可以自行決定立案查處，或者根據有關部門移送的材料決定立案查處，也可以根據被侵權人、利害關係人或者其他知情人的投訴或者舉報決定立案查處。

第十二條

投訴人就本辦法列舉的違法行為申請立案查處的，應當提交申請書、權利證明、被侵權作品（或者製品）以及其他證據。

申請書應當說明當事人的姓名（或者名稱）、地址以及申請查處所根據的主要事實、理由。

投訴人委託代理人代為申請的，應當由代理人出示委託書。

第十三條

著作權行政管理部門應當在收到所有投訴材料之日起十五日內，決定是否受理並通知投訴人。不予受理的，應當書面告知理由。

第十四條

立案時應當填寫立案審批表，同時附上相關材料，包括投訴或者舉報材料、上級著作權行政管理部門交辦或者有關部門移送案件的有關材料、執法人員的檢查報告等，由本部門負責人批准，指定兩名以上辦案人員負責調查處理。

辦案人員與案件有利害關係的，應當自行回避；沒有回避的，當事人可以申請其回避。辦案人員的回避，由本部門負責人批准。負責人的回避，由本級人民政府批准。

第十五條

執法人員在執法過程中，發現違法行為正在實施，情況緊急來不及立案的，可以採取下列措施：

(一) 對違法行為予以制止或者糾正；

(二) 對涉嫌侵權製品、安裝存儲涉嫌侵權製品的設備和主要用於違法行為的材料、工具、設備等依法先行登記保存；

(三) 收集、調取其他有關證據。

執法人員應當及時將有關情況和材料報所在著作權行政管理部門，並於發現情況之日起七日內辦理立案手續。

第十六條

立案後，辦案人員應當及時進行調查，並要求法定舉證責任人在著作權行政管理部門指定的期限內舉證。

辦案人員取證時可以採取下列手段收集、調取有關證據：

(一) 查閱、複製與涉嫌違法行為有關的文件檔案、賬簿和其他書面材料；

(二) 對涉嫌侵權製品進行抽樣取證；

(三) 對涉嫌侵權製品、安裝存儲涉嫌侵權製品的設備、涉嫌侵權的網站網頁、涉嫌侵權的網站服務器和主要用於違法行為的材料、工具、設備等依法先行登記保存。

第十七條

辦案人員在執法中應當向當事人或者有關人員出示由國家版權局或者地方人民政府制發的行政執法證件。

第十八條

辦案時收集的證據包括：

(一) 書證；

(二) 物證；

(三) 證人證言；

(四) 視聽資料；

(五) 當事人陳述；

(六) 鑒定結論；

(七) 檢查、勘驗筆錄。

第十九條

當事人提供的涉及著作權的底稿、原件、合法出版物、作品登記證書、著作權合同登記證書、認證機構出具的證明、取得權利的合同，以及當事人自行或者委託他人以訂購、現場交易等方式購買侵權複製品而取得的實物、發票等，可以作為證據。

第二十條

辦案人員抽樣取證、先行登記保存有關證據，應當有當事人在場。對有關物品應當當場製作清單一式兩份，由辦案人員和當事人簽名、蓋章後，分別交由當事人和辦案人員所在著作權行政管理部門保存。當事人不在場或者拒絕簽名、蓋章的，由現場兩名以上辦案人員注明情況。

第二十一條

辦案人員先行登記保存有關證據，應當經本部門負責人批准，並向當事人交付證據先行登記保存通知書。當事人或者有關人員在證據保存期間不得轉移、損毀有關證據。

先行登記保存的證據，應當加封著作權行政管理部門先行登記保存封條，由當事人就地保存。先行登記保存的證據確需移至他處的，可以移至適當的場所保存。情況緊急來不及辦理本條規定的手續時，辦案人員可以先行採取措施，事後及時補辦手續。

第二十二條

對先行登記保存的證據，應當在交付證據先行登記保存通知書後七日內作出下列處理決定：

(一) 需要鑒定的，送交鑒定；

(二) 違法事實成立，應當予以沒收的，依照法定程序予以沒收；

(三) 應當移送有關部門處理的，將案件連同證據移送有關部門處理；

(四) 違法事實不成立，或者依法不應予以沒收的，解除登記保存措施；

(五) 其他有關法定措施。

第二十三條

著作權行政管理部門在查處案件過程中，委託其他著作權行政管理部門代為調查的，須出具委託書。受委託的著作權行政管理部門應當積極予以協助。

第二十四條

對查處案件中的專業性問題，著作權行政管理部門可以委託專門機構或者聘請專業人員進行鑑定。

第二十五條

調查終結後，辦案人員應當提交案件調查報告，說明有關行為是否違法，提出處理意見及有關事實、理由和依據，並附上全部證據材料。

第二十六條

著作權行政管理部門擬作出行政處罰決定的，應當由本部門負責人簽發行政處罰事先告知書，告知當事人擬作出行政處罰決定的事實、理由和依據，並告知當事人依法享有的陳述權、申辯權和其他權利。

行政處罰事先告知書應當由著作權行政管理部門直接送達當事人，當事人應當在送達回執上簽名、蓋章。當事人拒絕簽收的，由送達人員注明情況，把送達文書留在受送達人住所，並報告本部門負責人。著作權行政管理部門也可以採取郵寄送達方式告知當事人。無法找到當事人時，可以以公告形式告知。

第二十七條

當事人要求陳述、申辯的，應當在被告知後七日內，或者自發布公告之日起三十日內，向著作權行政管理部門提出陳述、申辯意見以及相應的事實、理由和證據。當事人在此期間未行使陳述權、申辯權的，視為放棄權利。

採取直接送達方式告知的，以當事人簽收之日為被告知日期；採取郵寄送達方式告知的，以回執上注明的收件日期為被告知日期。

第二十八條

辦案人員應當充分聽取當事人的陳述、申辯意見，對當事人提出的事實、理由和證據進行復核，並提交復核報告。

著作權行政管理部門不得因當事人申辯加重處罰。

第二十九條

著作權行政管理部門負責人應當對案件調查報告及復核報告進行審查，並根據審查結果分別作出下列處理決定：

(一) 確屬應當予以行政處罰的違法行為的，根據侵權人的過錯程度、侵權時間長短、侵權範圍大小及損害後果等情節，予以行政處罰；

(二) 違法行為輕微並及時糾正，沒有造成危害後果的，不予行政處罰；

(三) 違法事實不成立的，不予行政處罰；

(四) 違法行為涉嫌構成犯罪的，移送司法部門處理。

對情節複雜或者重大的違法行為給予較重的行政處罰，由著作權行政管理部門負責人集體討論決定。

第三十條

著作權行政管理部門作出罰款決定時，罰款數額應當依照《中華人民共和國著作權法實施條例》第三十六條、《計算機軟件保護條例》第二十四條的規定和《信息網絡傳播權保護條例》第十八條、第十九條的規定確定。

第三十一條

違法行為情節嚴重的，著作權行政管理部門可以沒收主要用於製作侵權製品的材料、工具、設備等。

具有下列情形之一的，屬於前款所稱「情節嚴重」：

(一) 違法所得數額（即獲利數額）二千五百元以上的；

(二) 非法經營數額在一萬五千元以上的；

(三) 經營侵權製品在二百五十冊（張或份）以上的；

(四) 因侵犯著作權曾經被追究法律責任，又侵犯著作權的；

(五) 造成其他重大影響或者嚴重後果的。

第三十二條

對當事人的同一違法行為，其他行政機關已經予以罰款的，著作權行政管理部門不得再予罰款，但仍可以視具體情況予以本辦法第四條所規定的其他種類的行政處罰。

第三十三條

著作權行政管理部門作出較大數額罰款決定或者法律、行政法規規定應當聽證的其他行政處罰決定前，應當告知當事人有要求舉行聽證的權利。

前款所稱「較大數額罰款」，是指對個人處以兩萬元以上、對單位處以十萬元以上的罰款。地方性法規、規章對聽證要求另有規定的，依照地方性法規、規章辦理。

第三十四條

當事人要求聽證的，著作權行政管理部門應當依照行政處罰法第四十二條規定的程序組織聽證。當事人不承擔組織聽證的費用。

第三十五條

著作權行政管理部門決定予以行政處罰的，應當製作行政處罰決定書。

著作權行政管理部門認為違法行為輕微，決定不予行政處罰的，應當製作不予行政處罰通知書，說明不予行政處罰的事實、理由和依據，並送達當事人；違法事實不成立的，應當製作調查結果通知書，並送達當事人。

著作權行政管理部門決定移送司法部門處理的案件，應當製作涉嫌犯罪案件移送書，並連同有關材料和證據及時移送有管轄權的司法部門。

第三十六條

行政處罰決定書應當由著作權行政管理部門在宣告後當場交付當事人。當事人不在場的，應當在七日內送達當事人。

第三十七條

當事人對國家版權局的行政處罰不服的，可以向國家版權局申請行政復議；當事人對地方著作權行政管理部門的行政處罰不服的，可以向該部門的本級人民政府或者其上一級著作權行政管理部門申請行政復議。

當事人對行政處罰或者行政復議決定不服的，可以依法提起行政訴訟。

第四章　執行程序

第三十八條

當事人收到行政處罰決定書後，應當在行政處罰決定書規定的期限內予以履行。當事人申請行政復議或者提起行政訴訟的，行政處罰不停止執行。法律另有規定的除外。

第三十九條

沒收的侵權製品應當銷毀，或者經被侵權人同意後以其他適當方式處理。

銷毀侵權製品時，著作權行政管理部門應當指派兩名以上執法人員監督銷毀過

程，核查銷毀結果，並製作銷毀記錄。

對沒收的主要用於製作侵權製品的材料、工具、設備等，著作權行政管理部門應當依法公開拍賣或者依照國家有關規定處理。

第四十條

上級著作權行政管理部門作出的行政處罰決定，可以委託下級著作權行政管理部門代為執行。代為執行的下級著作權行政管理部門，應當將執行結果報告該上級著作權行政管理部門。

第五章　附　　則

第四十一條

本辦法所稱的侵權製品包括侵權複製品和假冒他人署名的作品。

第四十二條

著作權行政管理部門應當按照國家統計法規建立著作權行政處罰統計制度，每年向上一級著作權行政管理部門提交著作權行政處罰統計報告。

第四十三條

行政處罰決定或者復議決定執行完畢後，著作權行政管理部門應當及時將案件材料立卷歸檔。

立卷歸檔的材料主要包括：行政處罰決定書、立案審批表、案件調查報告、復核報告、復議決定書、聽證筆錄、聽證報告、證據材料、財物處理單據以及其他有關材料。

第四十四條

本辦法涉及的有關法律文書，應當參照國家版權局確定的有關文書格式製作。

第四十五條

本辦法自2009年6月15日起施行。國家版權局2003年9月1日發布的《著作權行政處罰實施辦法》同時廢止，本辦法施行前發布的其他有關規定與本辦法相牴觸的，依照本辦法執行。

十三、互聯網著作權行政保護辦法（2005年施行）

中華人民共和國國家版權局、中華人民共和國信息產業部令第5號
《互聯網著作權行政保護辦法》現予公布，自2005年5月30日起施行。

國家版權局局長　石宗源

信息產業部部長　王旭東

2005年4月29日

《互聯網著作權行政保護辦法》

第一條

為了加強互聯網信息服務活動中信息網絡傳播權的行政保護，規範行政執法行為，根據《中華人民共和國著作權法》及有關法律、行政法規，制定本辦法。

第二條

本辦法適用於互聯網信息服務活動中根據互聯網內容提供者的指令，通過互聯網自動提供作品、錄音錄像製品等內容的上載、存儲、鏈接或搜索等功能，且對存儲或傳輸的內容不進行任何編輯、修改或選擇的行為。

互聯網信息服務活動中直接提供互聯網內容的行為，適用著作權法。

本辦法所稱「互聯網內容提供者」是指在互聯網上發布相關內容的上網用戶。

第三條

各級著作權行政管理部門依照法律、行政法規和本辦法對互聯網信息服務活動中的信息網絡傳播權實施行政保護。國務院信息產業主管部門和各省、自治區、直轄市電信管理機構依法配合相關工作。

第四條

著作權行政管理部門對侵犯互聯網信息服務活動中的信息網絡傳播權的行為實施行政處罰，適用《著作權行政處罰實施辦法》。

侵犯互聯網信息服務活動中的信息網絡傳播權的行為由侵權行為實施地的著作權行政管理部門管轄。侵權行為實施地包括提供本辦法第二條所列的互聯網信息服務活動的服務器等設備所在地。

第五條

著作權人發現互聯網傳播的內容侵犯其著作權，向互聯網信息服務提供者或者其委託的其他機構（以下統稱「互聯網信息服務提供者」）發出通知後，互聯網信息服務提供者應當立即採取措施移除相關內容，並保留著作權人的通知6個月。

第六條

互聯網信息服務提供者收到著作權人的通知後，應當記錄提供的信息內容及其發布的時間、互聯網地址或者域名。互聯網接入服務提供者應當記錄互聯網內容提供者的接入時間、用戶帳號、互聯網地址或者域名、主叫電話號碼等信息。

前款所稱記錄應當保存60日，並在著作權行政管理部門查詢時予以提供。

第七條

互聯網信息服務提供者根據著作權人的通知移除相關內容的，互聯網內容提供者可以向互聯網信息服務提供者和著作權人一併發出說明被移除內容不侵犯著作權的反通知。反通知發出後，互聯網信息服務提供者即可恢復被移除的內容，且對該恢復行為不承擔行政法律責任。

第八條

著作權人的通知應當包含以下內容：

(一) 涉嫌侵權內容所侵犯的著作權權屬證明；

(二) 明確的身分證明、住址、聯繫方式；

(三) 涉嫌侵權內容在信息網絡上的位置；

(四) 侵犯著作權的相關證據；

(五) 通知內容的真實性聲明。

第九條

互聯網內容提供者的反通知應當包含以下內容：

(一) 明確的身分證明、住址、聯繫方式；

(二) 被移除內容的合法性證明；

(三) 被移除內容在互聯網上的位置；

(四) 反通知內容的真實性聲明。

第十條

著作權人的通知和互聯網內容提供者的反通知應當採取書面形式。

著作權人的通知和互聯網內容提供者的反通知不具備本辦法第八條、第九條所規

定內容的，視為未發出。

第十一條

互聯網信息服務提供者明知互聯網內容提供者通過互聯網實施侵犯他人著作權的行為，或者雖不明知，但接到著作權人通知後未採取措施移除相關內容，同時損害社會公共利益的，著作權行政管理部門可以根據《中華人民共和國著作權法》第四十七條的規定責令停止侵權行為，並給予下列行政處罰：

(一) 沒收違法所得；

(二) 處以非法經營額3倍以下的罰款；非法經營額難以計算的，可以處10萬元以下的罰款。

第十二條

沒有證據表明互聯網信息服務提供者明知侵權事實存在的，或者互聯網信息服務提供者接到著作權人通知後，採取措施移除相關內容的，不承擔行政法律責任。

第十三條

著作權行政管理部門在查處侵犯互聯網信息服務活動中的信息網絡傳播權案件時，可以按照《著作權行政處罰實施辦法》第十二條規定要求著作權人提交必備材料，以及向互聯網信息服務提供者發出的通知和該互聯網信息服務提供者未採取措施移除相關內容的證明。

第十四條

互聯網信息服務提供者有本辦法第十一條規定的情形，且經著作權行政管理部門依法認定專門從事盜版活動，或有其他嚴重情節的，國務院信息產業主管部門或者省、自治區、直轄市電信管理機構依據相關法律、行政法規的規定處理；互聯網接入服務提供者應當依據國務院信息產業主管部門或者省、自治區、直轄市電信管理機構的通知，配合實施相應的處理措施。

第十五條

互聯網信息服務提供者未履行本辦法第六條規定的義務，由國務院信息產業主管部門或者省、自治區、直轄市電信管理機構予以警告，可以並處三萬元以下罰款。

第十六條

著作權行政管理部門在查處侵犯互聯網信息服務活動中的信息網絡傳播權案件過程中，發現互聯網信息服務提供者的行為涉嫌構成犯罪的，應當依照國務院《行

政執法機關移送涉嫌犯罪案件的規定》將案件移送司法部門，依法追究刑事責任。

第十七條

表演者、錄音錄像製作者等與著作權有關的權利人通過互聯網向公眾傳播其表演或者錄音錄像製品的權利的行政保護適用本辦法。

第十八條

本辦法由國家版權局和信息產業部負責解釋。

第十九條

本辦法自2005年5月30日起施行。

十四、作品自願登記試行辦法（1995年試行）

國家版權局1994年12月31日頒布國權（94）78號
自1995年1月1日起生效

第一條

為維護作者或其他著作權人和作品使用者的合法權益，有助於解決因著作權歸屬
造成的著作權糾紛，並為解決著作權糾紛提供初步證據，特制定本辦法。

第二條

作品實行自願登記。作品不論是否登記，作者或其他著作權人依法取得的著作權
不受影響。

第三條

各省、自治區、直轄市版權局負責本轄區的作者或其他著作權人的作品登記工
作。國家版權局負責外國以及臺灣、香港和澳門地區的作者或其他著作權人的作
品登記工作。

第四條

作品登記申請者應當是作者、其他享有著作權的公民、法人或者非法人單位和專
有權所有人及其代理人。

第五條

屬於下列情況之一的作品，作品登記機關不予登記：

1. 不受著作權法保護的作品；
2. 超過著作權保護期的作品；
3. 依法禁止出版、傳播的作品。

第六條

有下列情況的，作品登記機關應撤銷其登記：

1. 登記後發現有本辦法第五條所規定的情況的；
2. 登記後發現與事實不相符的；
3. 申請人申請撤銷原作品登記的；
4. 登記後發現是重複登記的。

第七條

作者或其他享有著作權的公民的所屬轄區，原責上以其身分證上住址所在地的所屬轄區為准。合作作者及有多個著作權人情況的，以受託登記者所屬轄區為准。法人或者非法人單位所屬轄區以其營業場所所在地所屬轄區為准。

第八條

作者或其他著作權人申請作品登記應出示身分證明和提供表明作品權利歸屬的證明（如：封面及版權頁的複印件、部分手稿的複印件及照片、樣本等），填寫作品登記表，並交納登記費。其他著作權人申請作品登記還應出示表明著作權人身分的證明（如繼承人應出示繼承人身分證明；委託作品的委託人應出示委託合同）。專有權所有人應出示證明其享有專有權的合同。

第九條

登記作品經作品登記機關核查後，由作品登記機關發給作品登記證。作品登記證按本辦法所附樣本由登記機關製作。登記機關的核查期限為一個月，該期限自登記機關收到申請人提交的所有申請登記的材料之日起計算。

第十條

作品登記表和作品登記證應載有作品登記號。作品登記號格式為作登字：（地區編號）—（年代）—（作品分類號）—（順序號）號。國家版權局負責登記的作品登記號不含地區編號。

第十一條

各省、自治區、直轄市版權局應每月將本地區作品登記情況報國家版權局。

第十二條

作品登記應實行計算機數據庫管理，並對公眾開放。查閱作品應填寫查閱登記表，交納查閱費。

第十三條

有關作品登記和查閱的費用標準另行制定。

第十四條

錄音、錄像製品的登記參照本辦法執行。

第十五條

計算機軟件登記按《計算機軟件著作權登記辦法》執行。

第十六條

本辦法由國家版權局負責解釋。

第十七條

本辦法自一九九五年一月一日起生效。

十五、計算機軟件著作權登記辦法（2002年施行）

中華人民共和國國家版權局令第1號

現發布《計算機軟件著作權登記辦法》，自發布之日起施行。

局長　石宗源

2002年2月20日

《計算機軟件著作權登記辦法》

第一章　總　則

第一條

為貫徹《計算機軟件保護條例》（以下簡稱《條例》）制定本辦法。

第二條

為促進我國軟件產業發展，增強我國信息產業的創新能力和競爭能力，國家著作權行政管理部門鼓勵軟件登記，並對登記的軟件予以重點保護。

第三條

本辦法適用於軟件著作權登記、軟件著作權專有許可合同和轉讓合同登記。

第四條

軟件著作權登記申請人應當是該軟件的著作權人以及通過繼承、受讓或者承受軟件著作權的自然人、法人或者其他組織。

軟件著作權合同登記的申請人，應當是軟件著作權專有許可合同或者轉讓合同的當事人。

第五條

申請人或者申請人之一為外國人、無國籍人的，適用本辦法。

第六條

國家版權局主管全國軟件著作權登記管理工作。

國家版權局認定中國版權保護中心為軟件登記機構。

經國家版權局批准，中國版權保護中心可以在地方設立軟件登記辦事機構。

第二章　登記申請

第七條

申請登記的軟件應是獨立開發的，或者經原著作權人許可對原有軟件修改後形成的在功能或者性能方面有重要改進的軟件。

第八條

合作開發的軟件進行著作權登記的，可以由全體著作權人協商確定一名著作權人作為代表辦理。著作權人協商不一致的，任何著作權人均可在不損害其他著作權人利益的前提下申請登記，但應當注明其他著作權人。

第九條

申請軟件著作權登記的，應當向中國版權保護中心提交以下材料：

(一) 按要求填寫的軟件著作權登記申請表；

(二) 軟件的鑑別材料；

(三) 相關的證明文件。

第十條

軟件的鑑別材料包括程序和文檔的鑑別材料。

程序和文檔的鑑別材料應當由源程序和任何一種文檔前、後各連續30頁組成。整個程序和文檔不到60頁的，應當提交整個源程序和文檔。除特定情況外，程序每頁不少於50行，文檔每頁不少於30行。

第十一條

申請軟件著作權登記的，應當提交以下主要證明文件：

(一) 自然人、法人或者其他組織的身分證明；

(二) 有著作權歸屬書面合同或者項目任務書的，應當提交合同或者項目任務書；

(三) 經原軟件著作權人許可，在原有軟件上開發的軟件，應當提交原著作權人的許可證明；

(四) 權利繼承人、受讓人或者承受人，提交權利繼承、受讓或者承受的證明。

第十二條

申請軟件著作權登記的，可以選擇以下方式之一對鑑別材料作例外交存：

(一) 源程序的前、後各連續的30頁，其中的機密部分用黑色寬斜線覆蓋，但覆蓋部分不得超過交存源程序的50%；

(二) 源程序連續的前10頁，加上源程序的任何部分的連續的50頁；

(三) 目標程序的前、後各連續的30頁，加上源程序的任何部分的連續的20頁。
文檔作例外交存的，參照前款規定處理。

第十三條

軟件著作權登記時，申請人可以申請將源程序、文檔或者樣品進行封存。除申請人或者司法機關外，任何人不得啟封。

第十四條

軟件著作權轉讓合同或者專有許可合同當事人可以向中國版權保護中心申請合同登記。申請合同登記時，應當提交以下材料：

(一) 按要求填寫的合同登記表；

(二) 合同複印件；

(三) 申請人身分證明。

第十五條

申請人在登記申請批准之前，可以隨時請求撤回申請。

第十六條

軟件著作權登記人或者合同登記人可以對已經登記的事項作變更或者補充。申請登記變更或者補充時，申請人應當提交以下材料：

(一) 按照要求填寫的變更或者補充申請表；

(二) 登記證書或者證明的複印件；

(三) 有關變更或者補充的材料。

第十七條

登記申請應當使用中國版權保護中心制定的統一表格，並由申請人蓋章（簽名）。申請表格應當使用中文填寫。提交的各種證件和證明文件是外文的，應當附中文譯本mm（長×寬）紙張。

第十八條

申請文件可以直接遞交或者掛號郵寄。申請人提交有關申請文件時，應當注明申請人、軟件的名稱，有受理號或登記號的，應當注明受理號。

第十九條

對於本辦法第九條和第十四條所指的申請，以收到符合本辦法第二章規定的材料之日為受理日，並書面通知申請人。

第二十條

中國版權保護中心應當自受理日起60日內審查完成所受理的申請,申請符合《條例》和本辦法規定的,予以登記,發給相應的登記證書,並予以公告。

第二十一條

有下列情況之一的,不予登記並書面通知申請人:

(一) 表格內容填寫不完整、不規範,且未在指定期限內補正的;

(二) 提交的鑒別材料不是《條例》規定的軟件程序和文檔的;

(三) 申請文件中出現的軟件名稱、權利人署名不一致,且未提交證明文件的;

(四) 申請登記的軟件存在權屬爭議的。

第二十二條

中國版權保護中心要求申請人補正其他登記材料的,申請人應當在30日內補正,逾期未補正的,視為撤回申請。

第二十三條

國家版權局根據下列情況之一,可以撤銷登記:

(一) 最終的司法判決;

(二) 著作權行政管理部門作出的行政處罰決定。

第二十四條

中國版權保護中心可以根據申請人的申請,撤銷登記。

第二十五條

登記證書遺失或損壞的,可申請補發或換發。

第三章　軟件登記公告

第二十六條

除本辦法另有規定外,任何人均可查閱軟件登記公告以及可公開的有關登記文件。

第二十七條

軟件登記公告的內容如下:

(一) 軟件著作權的登記;

(二) 軟件著作權合同登記事項;

(三) 軟件登記的撤銷;

(四) 其他事項。

第四章　費　用

第二十八條

申請軟件登記或者辦理其他事項，應當交納下列費用：

(一) 軟件著作權登記費；

(二) 軟件著作權合同登記費；

(三) 變更或補充登記費；

(四) 登記證書費；

(五) 封存保管費；

(六) 例外交存費；

(七) 查詢費；

(八) 撤銷登記申請費；

(九) 其他需交納的費用。

具體收費標準由國家版權局會同國務院價格主管部門規定並公布。

第二十九條

申請人自動撤回申請或者登記機關不予登記的，所交費用不予退回。

第三十條

本辦法第二十八條規定的各種費用，可以通過郵局或銀行匯付，也可以直接向中國版權保護中心交納。

第五章　附　則

第三十一條

本辦法規定的、中國版權保護中心指定的各種期限，第一日不計算在內。期限以年或者月計算的，以最後一個月的相應日為屆滿日；該月無相應日的，以該月的最後一日為屆滿日。屆滿日是法定節假日的，以節假日後的第一個工作日為屆滿日。

第三十二條

申請人向中國版權保護中心郵寄的各種文件，以寄出的郵戳日為遞交日。信封上寄出的郵戳日不清晰的，除申請人提出證明外，以收到日為遞交日。中國版權保

護中心郵寄的各種文件，送達地是省會、自治區首府及直轄市的，自文件發出之日滿十五日，其他地區滿二十一日，推定為收件人收到文件之日。

第三十三條

申請人因不可抗力或其他正當理由，延誤了本辦法規定或者中國版權保護中心指定的期限，在障礙消除後三十日內，可以請求順延期限。

第三十四條

本辦法由國家版權局負責解釋和補充修訂。

第三十五條

本辦法自發布之日起實施。

十六、著作權質權登記辦法（2011年施行）

中華人民共和國國家版權局令第8號

《著作權質權登記辦法》已經2010年10月19日國家版權局第1次局務會議通過，現予公布，自2011年1月1日起施行。

局長　柳斌杰

2010年11月25日

《著作權質權登記辦法》

第一條

為規範著作權出質行為，保護債權人合法權益，維護著作權交易秩序，根據《中華人民共和國物權法》、《中華人民共和國擔保法》和《中華人民共和國著作權法》的有關規定，制定本辦法。

第二條

國家版權局負責著作權質權登記工作。

第三條

《中華人民共和國著作權法》規定的著作權以及與著作權有關的權利（以下統稱「著作權」）中的財產權可以出質。

以共有的著作權出質的，除另有約定外，應當取得全體共有人的同意。

第四條

以著作權出質的，出質人和質權人應當訂立書面質權合同，並由雙方共同向登記機構辦理著作權質權登記。

出質人和質權人可以自行辦理，也可以委託代理人辦理。

第五條

著作權質權的設立、變更、轉讓和消滅，自記載於《著作權質權登記簿》時發生效力。

第六條

申請著作權質權登記的，應提交下列文件：

(一) 著作權質權登記申請表；

(二) 出質人和質權人的身分證明；

(三) 主合同和著作權質權合同；

(四) 委託代理人辦理的，提交委託書和受託人的身分證明；

(五) 以共有的著作權出質的，提交共有人同意出質的書面文件；

(六) 出質前授權他人使用的，提交授權合同；

(七) 出質的著作權經過價值評估的、質權人要求價值評估的或相關法律法規要求
　　 價值評估的，提交有效的價值評估報告；

(八) 其他需要提供的材料。

提交的文件是外文的，需同時附送中文譯本。

第七條

著作權質權合同一般包括以下內容：

(一) 出質人和質權人的基本信息；

(二) 被擔保債權的種類和數額；

(三) 債務人履行債務的期限；

(四) 出質著作權的內容和保護期；

(五) 質權擔保的範圍和期限；

(六) 當事人約定的其他事項。

第八條

申請人提交材料齊全的，登記機構應當予以受理。提交的材料不齊全的，登記機構不予受理。

第九條

經審查符合要求的，登記機構應當自受理之日起10日內予以登記，並向出質人和質權人發放《著作權質權登記證書》。

第十條

經審查不符合要求的，登記機構應當自受理之日起10日內通知申請人補正。補正通知書應載明補正事項和合理的補正期限。無正當理由逾期不補正的，視為撤回申請。

第十一條

《著作權質權登記證書》的內容包括：

(一) 出質人和質權人的基本信息；

(二) 出質著作權的基本信息；

(三) 著作權質權登記號；

(四) 登記日期。

《著作權質權登記證書》應當標明：著作權質權自登記之日起設立。

第十二條

有下列情形之一的，登記機構不予登記：

(一) 出質人不是著作權人的；

(二) 合同違反法律法規強制性規定的；

(三) 出質著作權的保護期屆滿的；

(四) 債務人履行債務的期限超過著作權保護期的；

(五) 出質著作權存在權屬爭議的；

(六) 其他不符合出質條件的。

第十三條

登記機構辦理著作權質權登記前，申請人可以撤回登記申請。

第十四條

著作權出質期間，未經質權人同意，出質人不得轉讓或者許可他人使用已經出質的權利。

出質人轉讓或者許可他人使用出質的權利所得的價款，應當向質權人提前清償債務或者提存。

第十五條

有下列情形之一的，登記機構應當撤銷質權登記：

(一)　登記後發現有第十二條所列情形的；

(二) 根據司法機關、仲裁機關或行政管理機關作出的影響質權效力的生效裁決或
　　　行政處罰決定書應當撤銷的；

(三) 著作權質權合同無效或者被撤銷的；

(四) 申請人提供虛假文件或者以其他手段騙取著作權質權登記的；

(五) 其他應當撤銷的。

第十六條

著作權出質期間，申請人的基本信息、著作權的基本信息、擔保的債權種類及數額，或者擔保的範圍等事項發生變更的，申請人持變更協議、原《著作權質權登

記證書》和其他相關材料向登記機構申請變更登記。

第十七條

申請變更登記的，登記機構自受理之日起10日內完成審查。經審查符合要求的，對變更事項予以登記。

變更事項涉及證書內容變更的，應交回原登記證書，由登記機構發放新的證書。

第十八條

有下列情形之一的，申請人應當申請註銷質權登記：

(一) 出質人和質權人協商一致同意註銷的；

(二) 主合同履行完畢的；

(三) 質權實現的；

(四) 質權人放棄質權的；

(五) 其他導致質權消滅的。

第十九條

申請註銷質權登記的，應當提交註銷登記申請書、註銷登記證明、申請人身分證明等材料，並交回原《著作權質權登記證書》。

登記機構應當自受理之日起10日內辦理完畢，並發放註銷登記通知書。

第二十條

登記機構應當設立《著作權質權登記簿》，記載著作權質權登記的相關信息，供社會公眾查詢。

《著作權質權登記證書》的內容應當與《著作權質權登記簿》的內容一致。記載不一致的，除有證據證明《著作權質權登記簿》確有錯誤外，以《著作權質權登記簿》為准。

第二十一條

《著作權質權登記簿》應當包括以下內容：

(一) 出質人和質權人的基本信息；

(二) 著作權質權合同的主要內容；

(三) 著作權質權登記號；

(四) 登記日期；

(五) 登記撤銷情況；

(六) 登記變更情況；

(七) 登記註銷情況；

(八) 其他需要記載的內容。

第二十二條

《著作權質權登記證書》滅失或者毀損的，可以向登記機構申請補發或換發。登記機構應自收到申請之日起5日內予以補發或換發。

第二十三條

登記機構應當通過國家版權局網站公布著作權質權登記的基本信息。

第二十四條

本辦法由國家版權局負責解釋。

第二十五條

本辦法自2011年1月1日起施行。1996年9月23日國家版權局發布的《著作權質押合同登記辦法》同時廢止。

十七、廣播電台電視台播放錄音製品支付報酬暫行辦法（2010年施行）

中華人民共和國國務院令第566號

《廣播電臺電視臺播放錄音製品支付報酬暫行辦法》已經2009年5月6日國務院第62次常務會議通過，現予公布，自2010年1月1日起施行。

總理　溫家寶

2009年11月10日

中華人民共和國國務院令第588號

《國務院關於廢止和修改部分行政法規的決定》已經2010年12月29日國務院第138次常務會議通過，現予公布，自公布之日起施行。

總理　溫家寶

2011年1月8日

《廣播電臺電視臺播放錄音製品支付報酬暫行辦法》

第一條

為了保障著作權人依法行使廣播權，方便廣播電臺、電視臺播放錄音製品，根據《中華人民共和國著作權法》（以下稱著作權法）第四十四條的規定，制定本辦法。

第二條

廣播電臺、電視臺可以就播放已經發表的音樂作品向著作權人支付報酬的方式、數額等有關事項與管理相關權利的著作權集體管理組織進行約定。

廣播電臺、電視臺播放已經出版的錄音製品，已經與著作權人訂立許可使用合同的，按照合同約定的方式和標準支付報酬。

廣播電臺、電視臺依照著作權法第四十四條的規定，未經著作權人的許可播放已經出版的錄音製品（以下稱播放錄音製品）的，依照本辦法向著作權人支付報酬。

第三條

本辦法所稱播放，是指廣播電臺、電視臺以無線或者有線的方式進行的首播、重播和轉播。

第四條

廣播電臺、電視臺播放錄音製品，可以與管理相關權利的著作權集體管理組織約定每年向著作權人支付固定數額的報酬；沒有就固定數額進行約定或者約定不成的，廣播電臺、電視臺與管理相關權利的著作權集體管理組織可以以下列方式之一為基礎，協商向著作權人支付報酬：

(一) 以本台或者本台各頻道（頻率）本年度廣告收入扣除15%成本費用後的餘額，乘以本辦法第五條或者第六條規定的付酬標準，計算支付報酬的數額；

(二) 以本台本年度播放錄音製品的時間總量，乘以本辦法第七條規定的單位時間付酬標準，計算支付報酬的數額。

第五條

以本辦法第四條第(一)項規定方式確定向著作權人支付報酬的數額的，自本辦法施行之日起5年內，按照下列付酬標準協商支付報酬的數額：

(一) 播放錄音製品的時間占本台或者本頻道（頻率）播放節目總時間的比例（以下稱播放時間比例）不足1%的，付酬標準為0.01%；

(二) 播放時間比例為1%以上不足3%的，付酬標準為0.02%；

(三) 播放時間比例為3%以上不足6%的，相應的付酬標準為0.09%到0.15%，播放時間比例每增加1%，付酬標準相應增加0.03%；

(四) 播放時間比例為6%以上10%以下的，相應的付酬標準為0.24%到0.4%，播放時間比例每增加1%，付酬標準相應增加0.04%；

(五) 播放時間比例超過10%不足30%的，付酬標準為0.5%；

(六) 播放時間比例為30%以上不足50%的，付酬標準為0.6%；

(七) 播放時間比例為50%以上不足80%的，付酬標準為0.7%；

(八) 播放時間比例為80%以上的，付酬標準為0.8%。

第六條

以本辦法第四條第(一)項規定方式確定向著作權人支付報酬的數額的，自本辦法施行屆滿5年之日起，按照下列付酬標準協商支付報酬的數額：

(一) 播放時間比例不足1%的，付酬標準為0.02%；

(二) 播放時間比例為1%以上不足3%的，付酬標準為0.03%；

(三) 播放時間比例為3%以上不足6%的，相應的付酬標準為0.12%到0.2%，播放時間比例每增加1%，付酬標準相應增加0.04%；

(四) 播放時間比例為6%以上10%以下的，相應的付酬標準為0.3%到0.5%，播放時間比例每增加1%，付酬標準相應增加0.05%；

(五) 播放時間比例超過10%不足30%的，付酬標準為0.6%；

(六) 播放時間比例為30%以上不足50%的，付酬標準為0.7%；

(七) 播放時間比例為50%以上不足80%的，付酬標準為0.8%；

(八) 播放時間比例為80%以上的，付酬標準為0.9%。

第七條

以本辦法第四條第(二)項規定的方式確定向著作權人支付報酬的數額的，按照下列付酬標準協商支付報酬的數額：

(一) 廣播電臺的單位時間付酬標準為每分鐘0.30元；

(二) 電視臺的單位時間付酬標準自本辦法施行之日起5年內為每分鐘1.50元，自本辦法施行屆滿5年之日起為每分鐘2元。

第八條

廣播電臺、電視臺播放錄音製品，未能依照本辦法第四條的規定與管理相關權利的著作權集體管理組織約定支付報酬的固定數額，也未能協商確定應支付報酬的，應當依照本辦法第四條第(一)項規定的方式和第五條、第六條規定的標準，確定向管理相關權利的著作權集體管理組織支付報酬的數額。

第九條

廣播電臺、電視臺轉播其他廣播電臺、電視臺播放的錄音製品的，其播放錄音製品的時間按照實際播放時間的10%計算。

第十條

中部地區的廣播電臺、電視臺依照本辦法規定方式向著作權人支付報酬的數額，自本辦法施行之日起5年內，按照依據本辦法規定計算出的數額的50%計算。

西部地區的廣播電臺、電視臺以及全國專門對少年兒童、少數民族和農村地區等播出的專業頻道（頻率），依照本辦法規定方式向著作權人支付報酬的數額，自本辦法施行之日起5年內，按照依據本辦法規定計算出的數額的10%計算；自本辦法施行屆滿5年之日起，按照依據本辦法規定計算出的數額的50%計算。

第十一條

縣級以上人民政府財政部門將本級人民政府設立的廣播電臺、電視臺播放錄音製品向著作權人支付報酬的支出作為核定其收支的因素，根據本地區財政情況綜合考慮，統籌安排。

第十二條

廣播電臺、電視臺向著作權人支付報酬，以年度為結算期。

廣播電臺、電視臺應當於每年度第一季度將其上年度應當支付的報酬交由著作權集體管理組織轉付給著作權人。

廣播電臺、電視臺通過著作權集體管理組織向著作權人支付報酬時，應當提供其播放作品的名稱、著作權人姓名或者名稱、播放時間等情況，雙方已有約定的除外。

第十三條

廣播電臺、電視臺播放錄音製品，未向管理相關權利的著作權集體管理組織會員以外的著作權人支付報酬的，應當按照本辦法第十二條的規定將應支付的報酬送交管理相關權利的著作權集體管理組織；管理相關權利的著作權集體管理組織應當向著作權人轉付。

第十四條

著作權集體管理組織向著作權人轉付報酬，除本辦法已有規定外，適用《著作權集體管理條例》的有關規定。

第十五條

廣播電臺、電視臺依照本辦法規定將應當向著作權人支付的報酬交給著作權集體管理組織後，對著作權集體管理組織與著作權人之間的糾紛不承擔責任。

第十六條

廣播電臺、電視臺與著作權人或者著作權集體管理組織因依照本辦法規定支付報酬產生糾紛的，可以依法向人民法院提起民事訴訟，或者根據雙方達成的書面仲裁協議向仲裁機構申請仲裁。

第十七條

本辦法自2010年1月1日起施行。

十八、錄音法定許可付酬標準暫行規定（1993年發布）

國家版權局1993.8.1發布

第一條

根據《中華人民共和國著作權法》第三十七條的規定以錄音的形式使用已發表的作品，依本規定向著作權人付酬，但著作權人聲明不得使用的除外。

第二條

錄製發行錄音製品採用版稅的方式付酬，即錄音製品批發份×版稅率×錄音製品發行數。

第三條

錄製發行錄音製品付酬標準為：

不含文字的純音樂作品版稅率為百分之三點五；

歌曲、歌劇作品版稅率為百分之三點五，其中音樂部分占版稅所得百分之六十，文字部分占版稅所得百分之四十；

純文字作品（含外國文字）版稅率為百分之三；

國家機關通過行政措施保障發行的錄音製品（如教材）版稅率為百分之一點五。

第四條

錄音製品中涉及兩個或兩個以上作品的，按照版稅的方式以及相對應的版稅率計算出錄音製品中所有作品的報酬總額，再根據每一作品在整個錄音製品中所占時間比例，確定其具體報酬。

第五條

使用改編作品進行錄音，依第三條和第四條的規定確定具體報酬後，向作品的著作權人支付百分之七十，向原作品著作權人支付百分之三十。原作品已超過著作權保護期或不適用著作權法的，只按上述比例向被錄製作品的著作權人付酬。

第六條

本規定由國家版權局負責解釋。

十九、出版文字作品報酬規定（1999年施行）

國家版權局1999年4月5日頒布，1999年6月1日起施行（國權[1999]8號）

第一條
為保護文字作品作者的著作權，維護文字作品出版者的合法權益，促進文字作品的創作與傳播，根據《中華人民共和國著作權法》，制定本規定。

第二條
本規定只適用以紙介質出版的文字作品。

第三條
除著作權人與出版者另有約定外，出版社、報刊社出版文字作品，應當按本規定向著作權人支付報酬。

第四條
支付報酬可以選擇基本稿酬加印數稿酬，或版稅，或一次性付酬的方式。

基本稿酬加印數稿酬，指出版者按作品的字數，以千字為單位向作者支付一定報酬（即基本稿酬），再根據圖書的印數，以千冊為單位按基本稿酬的一定比例向著作權人支付報酬（即印數稿酬）。作品重印時只付印數稿酬，不再付基本稿酬。

版稅，指出版者以圖書定價×發行數×版稅率的方式向作者付酬。

一次性付酬，指出版者按作品的質量、篇幅、經濟價值等情況計算出報酬，並一次向作者付清。

通過行政手段大量印刷發行的九年義務教育教材，國家規劃教材、法律法規彙編、學習或考試指定用書等作品，不適用版稅付酬方式。

報刊刊載作品只適用一次性付酬方式。

第五條
圖書出版者出版作品，應在出版合同中與著作權人約定支付報酬的方式和標準。

第六條
基本稿酬標準

(一) 原創作品：每千字30－100元

(二) 演繹作品：

　　(1) 改編：每千字10－50元

　　(2) 彙編：每千字3－10元

　　(3) 翻譯：每千字20－80元

　　(4) 注釋：注釋部分參照原創作品的標準執行。

出版者出版演繹作品，除合同另有約定或原作品已進入公有領域之外，出版者還應取得原作品著作權人的授權，並按原創作品基本稿酬標準向原作品的著作權人支付報酬。

第七條

支付基本稿酬以千字為單位，不足千字部分按千字計算。

支付報酬的字數按實有正文計算，即以排印的版面每行字數乘以全部實有的行數計算。末尾排不足一行或占行題目的，按一行計算。

詩詞每10行作一千字計算。每一作品不足10行的按10行計算。

辭書類作品按雙欄排版的版面折合的字數計算。

非漢字作品，一般情況按相同版面相同字號漢字數付酬標準的80%計酬。

報刊刊載作品，不足五百字的按千字作半計算；超過五百字不足千字的按千字計算。

第八條

印數稿酬標準和計算方法

每印一千冊，按基本稿酬的一定比例支付。不足一千冊的，按一千冊計算。

原創作品和演繹作品均按基本稿酬的1%支付。

九年義務教育教材年累計印數超過10萬冊的，對超過部分按基本稿酬的0.2%支付；通過行政手段大量印刷發行的國家規劃教材、法律法規彙編、學習或考試指定用書等作品，年累計超過10萬冊的，對超出部分按基本稿酬的0.3%支付。

第九條

版稅標準和計算方法

版稅率：

(一) 原創作品：3%－10%

(二) 演繹作品：1%－7%

出版者出版演繹作品，除合同另有約定或原作品已進入公有領域之外，出版者還

應取得原作品著作權人的授權，並按原創作品版稅標準向原作品的著作權人支付報酬。

第十條

一次性付酬標準

一次性付酬標準可參照本規定第六、第七條規定的標準和辦法執行。

第十一條

採用基本稿酬加印數稿酬的付酬方式的，著作權人可以與出版者在合同中約定，在交付作品時由出版者預付總報酬的30％－50％。除非合同另有約定，作品一經出版，出版者應在六個月內付清全部報酬。作品重印的，應在重印後六人付清印數稿酬。

第十二條

採用版稅方式付酬的，著作權人可與出版者在合同中約定，在交付作品時由出版者向著作權人預付最低保底發行數的版稅。作品發行後出版者應於每年年終與著作權人結算一次版稅。首次出版發行數不足千冊的，按千冊支付版稅，但在下次結算版稅時對已經支付版稅部分不再重複支付。

第十三條

圖書出版者出版作品，沒有與著作權人簽訂書面合同，或簽訂了書面合同但沒有約定付酬方式和標準，與著作權人發生爭議的，應按本規定第六條或第九條規定的付酬標準的上限向著作權人支付報酬，並不得以出版物抵作報酬。

第十四條

出版社對其出版的作品，經著作權人授權許可他人在境外出版，除合同另有約定外，出版社應將所得全部報酬的60％支付給著作權人。

第十五條

出版者已與著作權人簽訂出版合同，由於非著作權人原因導致作品未能出版的，除合同另有約定外，出版者應按合同約定使用作品付酬標準的60％向著作權人支付違約金。

第十六條

作者主動向圖書出版社投稿，出版社應在六個月內決定是否採用。滿六個月，既不與作者簽訂合同、不予採用又不通知作者的，出版社應按第六條規定的同為作品付酬標準平均值的30％向作者支付經濟補償，並將書稿退還作者。

第十七條

報刊刊載作品，應在刊載後一個月內向著作權人支付報酬。

報刊刊載作品，未與著作權人約定付酬標準的，應按每千字不低於50元的付酬標準向著作權人支付報酬。

第十八條

報刊轉載、摘編其他報刊已發表的產品，應按每千字50元的付酬標準向著作權人付酬。社會科學、自然科學純理論學術性專業報刊，經國家版權局特別批准可適當下調付酬標準。

報刊轉載、摘編其他報刊上已發表的作品，著作權人或著作權人地址不明的，應在一個月內將報酬寄送中國版權保護中心代為收轉。到期不按規定寄送的，每遲付一月，加付應付報酬5%的滯付費。

第十九條

本規定第六條規定的基本稿酬標準為可變標準，國家版權局將根據國家公布的物價漲落指數和書價漲落情況，不定期作相應調整。

第二十條

作者自費出版的，不適用本規定。

第二十一條

出版社、報刊社可根據本規定，視具體情況制定實施本規定的付酬辦法，並報國家版權局備案。

少數享受國家財政補貼或情況特殊的出版單位，經國家版權局特別批准，可適當下調付酬標準。

第二十二條

本規定由國家版權局負責解釋。

第二十三條

本規定自1999年6月1日起施行。本規定施行前的有關出版文字作品報酬規定同時廢止。

附：國家版權局關於貫徹實施《出版文字作品報酬規定》的意見

（國家版權局1999年8月3日發布）

各省、自治區、直轄市版權局，中國版權保護中心：

　　1999年4月，國家版權局頒佈了《出版文字作品報酬規定》（以下簡稱《規定》），該《規定》已於1999年6月1日起實行。為保證《規定》的順利實施，現就《規定》中的若干問題說明如下：

一、《規定》是依據我國現行著作權法的基本原則及具體規定制定的，體現了國家在現階段條件下平衡著作權人與作品使用者利益關係的基本政策和導向：

　　1. 一般情況下，《規定》確定的付酬標準是著作權人和作品使用者約定著作權使用費的依據；

　　2. 報刊轉載、摘編其他報刊已發表的作品，《規定》的付酬標準是強制性的；

　　3. 不簽訂合同或合同沒有具體約定付酬標準的，則必須執行《規定》的付酬標準；

　　4. 通過行政手段大量印刷發行的九年義務教育教材、規劃教材、學習用書等，不適用版稅付酬方式，且印數稿酬只能按照第八條的規定計算；

　　5. 除上述2、4兩種情況外，著作權人和作品使用者在平等、自願的基礎上約定低於或高於《規定》的付酬標準的，《規定》不予禁止。

二、《規定》只適用於圖書、報紙、期刊等以紙介質為載體，經合法授權出版的文字作品。電子出版物、網上使用作品等情況下使用作品，不適用《規定》。有關美術作品、攝影作品等作品的付酬標準，國家版權局將另行制定。

三、《規定》所指的「九年義務教育教材」是指國家教育主管部門統一審定的實行九年義務教育的學校所使用的正規教材。「規劃教材」是指已經列入國家教育主管部門制定的教材編寫、出版規劃目錄的教材。「學習或考試指定用書」，是指中央及省一級黨政機關指定的思想政治及業務學習用書，或全國統一考試指定用書。

四、出版社將其出版的作品未經著作權人授權許可他人在境外出版，不適用《規定》第十四條的規定。

五、第十五條規定的違約金，僅指出版者作為違約方，在合同未對違約金作出約

定的情況下應向著作權人支付的違約金。根據新合同法第114條的規定，約定的違約金低於造成的損失的，著作權人還可以請求人民法院或仲裁機構予以增加。

六、報刊社通過發公告或聲明的方式向外界公布其付酬標準的，如著作權人向其投稿，該報刊社採用的，視為已完成第十七條所指的「約定」，付酬標準遵從其公告或聲明中明示的標準；報刊社在其公告或聲明中未明示付酬標準的，或在沒有聲明的情況下，應按照《規定》的付酬標準。公告或聲明應為每年定期或不定期在本報刊顯著位置刊登。

七、報刊轉載、摘編其他報刊已發表的作品，轉載報酬由中國版權保護中心或該中心委託的地方代辦機構代為收轉。

八、《規定》生效以後使用作品的，適用《規定》；《規定》生效以前簽定的出版合同，現在仍在合同有效期的，按照雙方簽定的合同履行。

各地版權局應認真貫徹實施《規定》，並根據本說明作好宣傳、解釋工作，發現問題及時報告國家版權局。

二十、最高人民法院關於審理著作權民事糾紛案件適用法律若干問題的解釋（2002年施行）

中華人民共和國最高人民法院公告　（法釋[2002]31號）

《最高人民法院關於審理著作權民事糾紛案件應用法律若干問題的解釋》已於2002年10月12日由最高人民法院審判委員會第1246次會議通過，現予公布，自2002年10月15日起施行。

最高人民法院

2002年10月12日

《最高人民法院關於審理著作權民事糾紛案件應用法律若干問題的解釋》

為了正確審理著作權民事糾紛案件，根據《中華人民共和國民法通則》、《中華人民共和國合同法》、《中華人民共和國著作權法》、《中華人民共和國民事訴訟法》等法律的規定，就適用法律若干問題解釋如下：

第一條

人民法院受理以下著作權民事糾紛案件：

(一) 著作權及與著作權有關權益權屬、侵權、合同糾紛案件；

(二) 申請訴前停止侵犯著作權、與著作權有關權益行為，申請訴前財產保全、訴前證據保全案件；

(三) 其他著作權、與著作權有關權益糾紛案件。

第二條

著作權民事糾紛案件，由中級以上人民法院管轄。

各高級人民法院根據本轄區的實際情況，可以確定若干基層人民法院管轄第一審著作權民事糾紛案件。

第三條

對著作權行政管理部門查處的侵犯著作權行為，當事人向人民法院提起訴訟追究該行為人民事責任的，人民法院應當受理。

人民法院審理已經過著作權行政管理部門處理的侵犯著作權行為的民事糾紛案

件，應當對案件事實進行全面審查。

第四條

因侵犯著作權行為提起的民事訴訟，由著作權法第四十六條、第四十七條所規定侵權行為的實施地、侵權複製品儲藏地或者查封扣押地、被告住所地人民法院管轄。

前款規定的侵權複製品儲藏地，是指大量或者經常性儲存、隱匿侵權複製品所在地；查封扣押地，是指海關、版權、工商等行政機關依法查封、扣押侵權複製品所在地。

第五條

對涉及不同侵權行為實施地的多個被告提起的共同訴訟，原告可以選擇其中一個被告的侵權行為實施地人民法院管轄；僅對其中某一被告提起的訴訟，該被告侵權行為實施地的人民法院有管轄權。

第六條

依法成立的著作權集體管理組織，根據著作權人的書面授權，以自己的名義提起訴訟，人民法院應當受理。

第七條

當事人提供的涉及著作權的底稿、原件、合法出版物、著作權登記證書、認證機構出具的證明、取得權利的合同等，可以作為證據。

在作品或者製品上署名的自然人、法人或者其他組織視為著作權、與著作權有關權益的權利人，但有相反證明的除外。

第八條

當事人自行或者委託他人以定購、現場交易等方式購買侵權複製品而取得的實物、發票等，可以作為證據。

公證人員在未向涉嫌侵權的一方當事人表明身分的情況下，如實對另一方當事人按照前款規定的方式取得的證據和取證過程出具的公證書，應當作為證據使用，但有相反證據的除外。

第九條

著作權法第十條第(一)項規定的「公之於眾」，是指著作權人自行或者經著作權人許可將作品向不特定的人公開，但不以公眾知曉為構成條件。

第十條

著作權法第十五條第二款所指的作品，著作權人是自然人的，其保護期適用著作權法第二十一條第一款的規定；著作權人是法人或其他組織的，其保護期適用著作權法第二十一條第二款的規定。

第十一條

因作品署名順序發生的糾紛，人民法院按照下列原則處理：有約定的按約定確定署名順序；沒有約定的，可以按照創作作品付出的勞動、作品排列、作者姓氏筆劃等確定署名順序。

第十二條

按照著作權法第十七條規定委託作品著作權屬於受託人的情形，委託人在約定的使用範圍內享有使用作品的權利；雙方沒有約定使用作品範圍的，委託人可以在委託創作的特定目的範圍內免費使用該作品。

第十三條

除著作權法第十一條第三款規定的情形外，由他人執筆，本人審閱定稿並以本人名義發表的報告、講話等作品，著作權歸報告人或者講話人享有。著作權人可以支付執筆人適當的報酬。

第十四條

當事人合意以特定人物經歷為題材完成的自傳體作品，當事人對著作權權屬有約定的，依其約定；沒有約定的，著作權歸該特定人物享有，執筆人或整理人對作品完成付出勞動的，著作權人可以向其支付適當的報酬。

第十五條

由不同作者就同一題材創作的作品，作品的表達系獨立完成並且有創作性的，應當認定作者各自享有獨立著作權。

第十六條

通過大眾傳播媒介傳播的單純事實消息屬於著作權法第五條第(二)項規定的時事新聞。傳播報道他人採編的時事新聞，應當注明出處。

第十七條

著作權法第三十二條第二款規定的轉載，是指報紙、期刊登載其他報刊已發表作品的行為。轉載未注明被轉載作品的作者和最初登載的報刊出處的，應當承擔消除影響、賠禮道歉等民事責任。

第十八條

著作權法第二十二條第十項規定的室外公共場所的藝術作品,是指設置或者陳列在室外社會公眾活動處所的雕塑、繪畫、書法等藝術作品。

對前款規定藝術作品的臨摹、繪畫、攝影、錄像人,可以對其成果以合理的方式和範圍再行使用,不構成侵權。

第十九條

出版者、製作者應當對其出版、製作有合法授權承擔舉證責任,發行者、出租者應當對其發行或者出租的複製品有合法來源承擔舉證責任。舉證不能的,依據著作權法第四十六條、第四十七條的相應規定承擔法律責任。

第二十條

出版物侵犯他人著作權的,出版者應當根據其過錯、侵權程度及損害後果等承擔民事賠償責任。

出版者對其出版行為的授權、稿件來源和署名、所編輯出版物的內容等未盡到合理注意義務的,依據著作權法第四十八條的規定,承擔賠償責任。

出版者盡了合理注意義務,著作權人也無證據證明出版者應當知道其出版涉及侵權的,依據民法通則第一百一十七條第一款的規定,出版者承擔停止侵權、返還其侵權所得利潤的民事責任。

出版者所盡合理注意義務情況,由出版者承擔舉證責任。

第二十一條

計算機軟件用戶未經許可或者超過許可範圍商業使用計算機軟件的,依據著作權法第四十七條第(一)項、《計算機軟件保護條例》第二十四條第(一)項的規定承擔民事責任。

第二十二條

著作權轉讓合同未採取書面形式的,人民法院依據合同法第三十六條、第三十七條的規定審查合同是否成立。

第二十三條

出版者將著作權人交付出版的作品丟失、毀損致使出版合同不能履行的,依據著作權法第五十三條、民法通則第一百一十七條以及合同法第一百二十二條的規定追究出版者的民事責任。

第二十四條

權利人的實際損失，可以根據權利人因侵權所造成複製品發行減少量或者侵權複製品銷售量與權利人發行該複製品單位利潤乘積計算。發行減少量難以確定的，按照侵權複製品市場銷售量確定。

第二十五條

權利人的實際損失或者侵權人的違法所得無法確定的，人民法院根據當事人的請求或者依職權適用著作權法第四十八條第二款的規定確定賠償數額。

人民法院在確定賠償數額時，應當考慮作品類型、合理使用費、侵權行為性質、後果等情節綜合確定。

當事人按照本條第一款的規定就賠償數額達成協議的，應當准許。

第二十六條

著作權法第四十八條第一款規定的制止侵權行為所支付的合理開支，包括權利人或者委託代理人對侵權行為進行調查、取證的合理費用。

人民法院根據當事人的訴訟請求和具體案情，可以將符合國家有關部門規定的律師費用計算在賠償範圍內。

第二十七條

在著作權法修改決定施行前發生的侵犯著作權行為起訴的案件，人民法院于該決定施行後做出判決的，可以參照適用著作權法第四十八條的規定。

第二十八條

侵犯著作權的訴訟時效為二年，自著作權人知道或者應當知道侵權行為之日起計算。權利人超過二年起訴的，如果侵權行為在起訴時仍在持續，在該著作權保護期內，人民法院應當判決被告停止侵權行為；侵權損害賠償數額應當自權利人向人民法院起訴之日起向前推算二年計算。

第二十九條

對著作權法第四十七條規定的侵權行為，人民法院根據當事人的請求除追究行為人民事責任外，還可以依據民法通則第一百三十四條第三款的規定給予民事制裁，罰款數額可以參照《中華人民共和國著作權法實施條例》的有關規定確定。

著作權行政管理部門對相同的侵權行為已經給予行政處罰的，人民法院不再予以民事制裁。

第三十條

對2001年10月27日前發生的侵犯著作權行為，當事人于2001年10月27日後向人民法院提出申請採取責令停止侵權行為或者證據保全措施的，適用著作權法第四十九條、第五十條的規定。

人民法院採取訴前措施，參照《最高人民法院關於訴前停止侵犯注冊商標專用權行為和保全證據適用法律問題的解釋》的規定辦理。

第三十一條

除本解釋另行規定外，2001年10月27日以後人民法院受理的著作權民事糾紛案件，涉及2001年10月27日前發生的民事行為的，適用修改前著作權法的規定；涉及該日期以後發生的民事行為的，適用修改後著作權法的規定；涉及該日期前發生，持續到該日期後的民事行為的，適用修改後著作權法的規定。

第三十二條

以前的有關規定與本解釋不一致的，以本解釋為准。

二十一、最高人民法院關於審理侵害信息網絡傳播權民事糾紛案件適用法律若干問題的規定（2013施行）

中華人民共和國最高人民法院公告法釋〔2012〕20號

《最高人民法院關於審理侵害信息網絡傳播權民事糾紛案件適用法律若干問題的規定》已於2012年11月26日由最高人民法院審判委員會第1561次會議通過，現予公布，自2013年1月1日起施行。

最高人民法院

2012年12月17日

為正確審理侵害信息網絡傳播權民事糾紛案件，依法保護信息網絡傳播權，促進信息網絡產業健康發展，維護公共利益，根據《中華人民共和國民法通則》《中華人民共和國侵權責任法》《中華人民共和國著作權法》《中華人民共和國民事訴訟法》等有關法律規定，結合審判實際，制定本規定。

第一條

人民法院審理侵害信息網絡傳播權民事糾紛案件，在依法行使裁量權時，應當兼顧權利人、網絡服務提供者和社會公眾的利益。

第二條

本規定所稱信息網絡，包括以計算機、電視機、固定電話機、移動電話機等電子設備為終端的計算機互聯網、廣播電視網、固定通信網、移動通信網等信息網絡，以及向公眾開放的局域網絡。

第三條

網絡用戶、網絡服務提供者未經許可，通過信息網絡提供權利人享有信息網絡傳播權的作品、表演、錄音錄像製品，除法律、行政法規另有規定外，人民法院應當認定其構成侵害信息網絡傳播權行為。

通過上傳到網絡服務器、設置共享文件或者利用文件分享軟件等方式，將作品、表演、錄音錄像製品置於信息網絡中，使公眾能夠在個人選定的時間和地點以下載、瀏覽或者其他方式獲得的，人民法院應當認定其實施了前款規定的提供行為。

第四條

有證據證明網絡服務提供者與他人以分工合作等方式共同提供作品、表演、錄音錄像製品，構成共同侵權行為的，人民法院應當判令其承擔連帶責任。網絡服務提供者能夠證明其僅提供自動接入、自動傳輸、信息存儲空間、搜索、鏈接、文件分享技術等網絡服務，主張其不構成共同侵權行為的，人民法院應予支持。

第五條

網絡服務提供者以提供網頁快照、縮略圖等方式實質替代其他網絡服務提供者向公眾提供相關作品的，人民法院應當認定其構成提供行為。

前款規定的提供行為不影響相關作品的正常使用，且未不合理損害權利人對該作品的合法權益，網絡服務提供者主張其未侵害信息網絡傳播權的，人民法院應予支持。

第六條

原告有初步證據證明網絡服務提供者提供了相關作品、表演、錄音錄像製品，但網絡服務提供者能夠證明其僅提供網絡服務，且無過錯的，人民法院不應認定為構成侵權。

第七條

網絡服務提供者在提供網絡服務時教唆或者幫助網絡用戶實施侵害信息網絡傳播權行為的，人民法院應當判令其承擔侵權責任。

網絡服務提供者以言語、推介技術支持、獎勵積分等方式誘導、鼓勵網絡用戶實施侵害信息網絡傳播權行為的，人民法院應當認定其構成教唆侵權行為。

網絡服務提供者明知或者應知網絡用戶利用網絡服務侵害信息網絡傳播權，未採取刪除、屏蔽、斷開鏈接等必要措施，或者提供技術支持等幫助行為的，人民法院應當認定其構成幫助侵權行為。

第八條

人民法院應當根據網絡服務提供者的過錯，確定其是否承擔教唆、幫助侵權責任。網絡服務提供者的過錯包括對於網絡用戶侵害信息網絡傳播權行為的明知或者應知。

網絡服務提供者未對網絡用戶侵害信息網絡傳播權的行為主動進行審查的，人民法院不應據此認定其具有過錯。

網絡服務提供者能夠證明已採取合理、有效的技術措施，仍難以發現網絡用戶侵

害信息網絡傳播權行為的，人民法院應當認定其不具有過錯。

第九條

人民法院應當根據網絡用戶侵害信息網絡傳播權的具體事實是否明顯，綜合考慮以下因素，認定網絡服務提供者是否構成應知：

(一) 基於網絡服務提供者提供服務的性質、方式及其引發侵權的可能性大小，應當具備的管理信息的能力；

(二) 傳播的作品、表演、錄音錄像製品的類型、知名度及侵權信息的明顯程度；

(三) 網絡服務提供者是否主動對作品、表演、錄音錄像製品進行了選擇、編輯、修改、推薦等；

(四) 網絡服務提供者是否積極採取了預防侵權的合理措施；

(五) 網絡服務提供者是否設置便捷程序接收侵權通知並及時對侵權通知作出合理的反應；

(六) 網絡服務提供者是否針對同一網絡用戶的重複侵權行為採取了相應的合理措施；

(七) 其他相關因素。

第十條

網絡服務提供者在提供網絡服務時，對熱播影視作品等以設置榜單、目錄、索引、描述性段落、內容簡介等方式進行推薦，且公眾可以在其網頁上直接以下載、瀏覽或者其他方式獲得的，人民法院可以認定其應知網絡用戶侵害信息網絡傳播權。

第十一條

網絡服務提供者從網絡用戶提供的作品、表演、錄音錄像製品中直接獲得經濟利益的，人民法院應當認定其對該網絡用戶侵害信息網絡傳播權的行為負有較高的注意義務。

網絡服務提供者針對特定作品、表演、錄音錄像製品投放廣告獲取收益，或者獲取與其傳播的作品、表演、錄音錄像製品存在其他特定聯繫的經濟利益，應當認定為前款規定的直接獲得經濟利益。網絡服務提供者因提供網絡服務而收取一般性廣告費、服務費等，不屬本款規定的情形。

第十二條

有下列情形之一的，人民法院可以根據案件具體情況，認定提供信息存儲空間服

務的網絡服務提供者應知網絡用戶侵害信息網絡傳播權：

(一) 將熱播影視作品等置於首頁或者其他主要頁面等能夠為網絡服務提供者明顯
  感知的位置的；

(二) 對熱播影視作品等的主題、內容主動進行選擇、編輯、整理、推薦，或者為
  其設立專門的排行榜的；

(三) 其他可以明顯感知相關作品、表演、錄音錄像製品為未經許可提供，仍未採
  取合理措施的情形。

第十三條

網絡服務提供者接到權利人以書信、傳真、電子郵件等方式提交的通知，未及時
採取刪除、屏蔽、斷開鏈接等必要措施的，人民法院應當認定其明知相關侵害信
息網絡傳播權行為。

第十四條

人民法院認定網絡服務提供者採取的刪除、屏蔽、斷開鏈接等必要措施是否及
時，應當根據權利人提交通知的形式，通知的準確程度，採取措施的難易程度，
網絡服務的性質，所涉作品、表演、錄音錄像製品的類型、知名度、數量等因素
綜合判斷。

第十五條

侵害信息網絡傳播權民事糾紛案件由侵權行為地或者被告住所地人民法院管轄。
侵權行為地包括實施被訴侵權行為的網絡服務器、計算機終端等設備所在地。侵
權行為地和被告住所地均難以確定或者在境外的，原告發現侵權內容的計算機終
端等設備所在地可以視為侵權行為地。

第十六條

本規定施行之日起，《最高人民法院關於審理涉及計算機網絡著作權糾紛案件適
用法律若干問題的解釋》（法釋〔2006〕11號）同時廢止。

本規定施行之後尚未終審的侵害信息網絡傳播權民事糾紛案件，適用本規定。本
規定施行前已經終審，當事人申請再審或者按照審判監督程序決定再審的，不適
用本規定。

二十二、最高人民法院關於審理非法出版物刑事案件具體應用法律若干問題的解釋（摘錄）（1998年施行）

中華人民共和國最高人民法院公告（法釋[1998]30號）

《最高人民法院關於審理非法出版物刑事案件具體應用法律若干問題的解釋》已於1998年12月11日由最高人民法院審判委員會第1032次會議通過，現予公布，自1998年12月23日起施行。

最高人民法院
1998年12月17日

《最高人民法院關於審理非法出版物刑事案件具體應用法律若干問題的解釋》

為依法懲治非法出版物犯罪活動，根據刑法的有關規定，現對審理非法出版物刑事案件具體應用法律的若干問題解釋如下：
………

第二條

以營利為目的，實施刑法第二百一十七條所列侵犯著作權行為之一，個人違法所得數額在五萬元以上，單位違法所得數額在二十萬元以上的，屬於「違法所得數額較大」；具有下列情形之一的，屬於"有其他嚴重情節」：

(一) 因侵犯著作權曾經兩次以上被追究行政責任或者民事責任，兩年內又實施刑法第二百一十七條所列侵犯著作權行為之一的；

(二) 個人非法經營數額在二十萬元以上，單位非法經營數額在一百萬元以上的；

(三) 造成其他嚴重後果的。

以營利為目的，實施刑法第二百一十七條所列侵犯著作權行為之一，個人違法所得數額在二十萬元以上，單位違法所得數額在一百萬元以上的，屬於「違法所得數額巨大」；具有下列情形之一的，屬於「有其他特別嚴重情節」：

(一) 個人非法經營數額在一百萬元以上，單位非法經營數額在五百萬元以上的；

(二) 造成其他特別嚴重後果的。

第三條

刑法第二百一十七條第(一)項中規定的「複製發行」，是指行為人以營利為目的，未經著作權人許可而實施的複製、發行或者既複製又發行其文字作品、音樂、電影、電視、錄像作品、計算機軟件及其他作品的行為。

第四條

以營利為目的，實施刑法第二百一十八條規定的行為，個人違法所得數額在十萬元以上，單位違法所得數額在五十萬元以上的，依照刑法第二百一十八的規定，以銷售侵權複製品罪定處罰。

第五條

實施刑法第二百一十七條規定的侵犯著作行為，又銷售該侵權複製品，違法所得數額巨大的，只定侵犯著作權罪，不實行數罪並罰。實施刑法第二百一十七條規定的侵犯著作權的犯罪行為，又明知是他人的侵權複製品而予以銷售，構成犯罪的，應當實行數罪並罰。

………

第十六條

出版單位與他人事前通謀，向其出售、出租或者以其他形式轉讓該出版單位的名稱、書號、刊號、版號，他人實施本解釋第二條、第四條、第八條、第九條、第十條、第十一條規定的行為，構成犯罪的，對該出版單位應當以共犯論處。

第十七條

本解釋所稱「經營數額」，是指以非法出版物的定價數額乘以行為人經營的非法出版物數量所得的數額。

本解釋所稱「違法所得數額」，是指獲利數額。

非法出版物沒有定價或者以境外貨幣定價的，其單價數額應當按照行為人實際出售的價格認定。

二十三、最高人民法院、最高人民檢察院關於辦理侵犯知識產權刑事案件具體應用法律若干問題的解釋（摘錄）（2004年施行）

中華人民共和國最高人民法院、中華人民共和國最高人民檢察院 公告

法釋〔2004〕19號

《最高人民法院、最高人民檢察院關於辦理侵犯知識產權刑事案件具體應用法律若干問題的解釋》已於2004年11月2日由最高人民法院審判委員會第1331次會議、2004年11月11日由最高人民檢察院第十屆檢察委員會第28次會議通過，現予公布，自2004年12月22日起施行。

最高人民法院、最高人民檢察院

2004年12月8日

《最高人民法院、最高人民檢察院關於辦理侵犯知識產權刑事案件具體應用法律若干問題的解釋》

為依法懲治侵犯知識產權犯罪活動，維護社會主義市場經濟秩序，根據刑法有關規定，現就辦理侵犯知識產權刑事案件具體應用法律的若干問題解釋如下：

………

第五條

以營利為目的，實施刑法第二百一十七條所列侵犯著作權行為之一，違法所得數額在三萬元以上的，屬於「違法所得數額較大」；具有下列情形之一的，屬於「有其它嚴重情節」，應當以侵犯著作權罪判處三年以下有期徒刑或者拘役，並處或者單處罰金：

(一) 非法經營數額在五萬元以上的；

(二) 未經著作權人許可，複製發行其文字作品、音樂、電影、電視、錄像作品、計算機軟件及其它作品，複製品數量合計在一千張（份）以上的；

(三) 其它嚴重情節的情形。

以營利為目的，實施刑法第二百一十七條所列侵犯著作權行為之一，違法所得數

額在十五萬元以上的，屬於「違法所得數額巨大」；具有下列情形之一的，屬於「有其它特別嚴重情節」，應當以侵犯著作權罪判處三年以上七年以下有期徒刑，並處罰金：

(一) 非法經營數額在二十五萬元以上的；

(二) 未經著作權人許可，複製發行其文字作品、音樂、電影、電視、錄像作品、計算機軟件及其它作品，複製品數量合計在五千張（份）以上的；

(三) 其它特別嚴重情節的情形。

第六條

以營利為目的，實施刑法第二百一十八條規定的行為，違法所得數額在十萬元以上的，屬於「違法所得數額巨大」，應當以銷售侵權複製品罪判處三年以下有期徒刑或者拘役，並處或者單處罰金。

………

第十一條

以刊登收費廣告等方式直接或者間接收取費用的情形，屬於刑法第二百一十七條規定的「以營利為目的」。

刑法第二百一十七條規定的「未經著作權人許可」，是指沒有得到著作權人授權或者偽造、塗改著作權人授權許可文件或者超出授權許可範圍的情形。

通過信息網絡向公眾傳播他人文字作品、音樂、電影、電視、錄像作品、計算機軟件及其它作品的行為，應當視為刑法第二百一十七條規定的「複製發行」。

第十二條

本解釋所稱「非法經營數額」，是指行為人在實施侵犯知識產權行為過程中，製造、儲存、運輸、銷售侵權產品的價值。已銷售的侵權產品的價值，按照實際銷售的價格計算。製造、儲存、運輸和未銷售的侵權產品的價值，按照標價或者已經查清的侵權產品的實際銷售平均價格計算。侵權產品沒有標價或者無法查清其實際銷售價格的，按照被侵權產品的市場中間價格計算。

多次實施侵犯知識產權行為，未經行政處理或者刑事處罰的，非法經營數額、違法所得數額或者銷售金額累計計算。

本解釋第三條所規定的「件」，是指標有完整商標圖樣的一份標識。

………

第十四條

實施刑法第二百一十七條規定的侵犯著作權犯罪，又銷售該侵權複製品，構成犯罪的，應當依照刑法第二百一十七條的規定，以侵犯著作權罪定罪處罰。

實施刑法第二百一十七條規定的侵犯著作權犯罪，又銷售明知是他人的侵權複製品，構成犯罪的，應當實行數罪並罰。

第十五條

單位實施刑法第二百一十三條至第二百一十九條規定的行為，按照本解釋規定的相應個人犯罪的定罪量刑標準的三倍定罪量刑。

第十六條

明知他人實施侵犯知識產權犯罪，而為其提供貸款、資金、賬號、發票、證明、許可證件，或者提供生產、經營場所或者運輸、儲存、代理進出口等便利條件、幫助的，以侵犯知識產權犯罪的共犯論處。

第十七條

以前發布的有關侵犯知識產權犯罪的司法解釋，與本解釋相牴觸的，自本解釋施行後不再適用。

二十四、最高人民法院、最高人民檢察院關於辦理侵犯知識產權刑事案件具體應用法律若干問題的解釋（二）（2007年施行）

中華人民共和國最高人民法院、中華人民共和國最高人民檢察院 公告

法釋〔2007〕6號

《最高人民法院、最高人民檢察院關於辦理侵犯知識產權刑事案件具體應用法律若干問題的解釋(二)》已於2007年4月4日由最高人民法院審判委員會第1422次會議、最高人民檢察院第十屆檢察委員會第75次會議通過，現予公布，自2007年4月5日起施行。

最高人民法院、最高人民檢察院

2007年4月5日

《最高人民法院、最高人民檢察院關於辦理侵犯知識產權刑事案件具體應用法律若干問題的解釋(二)》

為維護社會主義市場經濟秩序，依法懲治侵犯知識產權犯罪活動，根據刑法、刑事訴訟法有關規定，現就辦理侵犯知識產權刑事案件具體應用法律的若干問題解釋如下：

第一條

以營利為目的，未經著作權人許可，複製發行其文字作品、音樂、電影、電視、錄影作品、電腦軟體及其他作品，複製品數量合計在五百張（份）以上的，屬於刑法第二百一十七條規定的「有其他嚴重情節」；複製品數量在二千五百張（份）以上的，屬於刑法第二百一十七條規定的「有其他特別嚴重情節」。

第二條

刑法第二百一十七條侵犯著作權罪中的「複製發行」，包括複製、發行或者既複製又發行的行為。

侵權產品的持有人通過廣告、征訂等方式推銷侵權產品的，屬於刑法第二百一十七條規定的「發行」。

非法出版、複製、發行他人作品，侵犯著作權構成犯罪的，按照侵犯著作權罪定罪處罰。

第三條

侵犯知識產權犯罪，符合刑法規定的緩刑條件的，依法適用緩刑。有下列情形之一的，一般不適用緩刑：

(一) 因侵犯知識產權被刑事處罰或者行政處罰後，再次侵犯知識產權構成犯罪的；

(二) 不具有悔罪表現的；

(三) 拒不交出違法所得的；

(四) 其他不宜適用緩刑的情形。

第四條

對於侵犯知識產權犯罪的，人民法院應當綜合考慮犯罪的違法所得、非法經營數額、給權利人造成的損失、社會危害性等情節，依法判處罰金。罰金數額一般在違法所得的一倍以上五倍以下，或者按照非法經營數額的50%以上一倍以下確定。

第五條

被害人有證據證明的侵犯知識產權刑事案件，直接向人民法院起訴的，人民法院應當依法受理；嚴重危害社會秩序和國家利益的侵犯知識產權刑事案件，由人民檢察院依法提起公訴。

第六條

單位實施刑法第二百一十三條至第二百一十九條規定的行為，按照《最高人民法院、最高人民檢察院關於辦理侵犯知識產權刑事案件具體應用法律若干問題的解釋》和本解釋規定的相應個人犯罪的定罪量刑標準定罪處罰。

第七條

以前發布的司法解釋與本解釋不一致的，以本解釋為准。

二十五、最高人民法院、最高人民檢察院、公安部關於辦理 侵犯知識產權刑事案件適用法律若干問題的意見 （摘錄）（2011）

最高人民法院　最高人民檢察院　公安部
印發《關於辦理侵犯知識產權刑事案件適用法律若干問題的意見》的通知
　　各省、自治區、直轄市高級人民法院、人民檢察院、公安廳（局），
解放軍軍事法院、軍事檢察院，總政治部保衛部，新疆維吾爾自治區高級
人民法院生產建設兵團分院，新疆生產建設兵團人民檢察院、公安局：
　　為解決近年來公安機關、人民檢察院、人民法院在辦理侵犯知識產權
刑事案件中遇到的新情況、新問題，依法懲治侵犯知識產權犯罪活動，維
護社會主義市場經濟秩序，最高人民法院、最高人民檢察院、公安部在深
入調查研究、廣泛徵求各方意見的基礎上，制定了《關於辦理侵犯知識
產權刑事案件適用法律若干問題的意見》。現印發給你們，請認真組織學
習，切實貫徹執行。執行中遇到的重要問題，請及時層報最高人民法院、
最高人民檢察院、公安部。

2011年1月10日

為解決近年來公安機關、人民檢察院、人民法院在辦理侵犯知識產權刑事案件中
遇到的新情況、新問題，依法懲治侵犯知識產權犯罪活動，維護社會主義市場經
濟秩序，根據刑法、刑事訴訟法及有關司法解釋的規定，結合偵查、起訴、審判
實踐，制定本意見。

一、關於侵犯知識產權犯罪案件的管轄問題

　　侵犯知識產權犯罪案件由犯罪地公安機關立案偵查。必要時，可以由犯罪嫌
疑人居住地公安機關立案偵查。侵犯知識產權犯罪案件的犯罪地，包括侵權產品
製造地、儲存地、運輸地、銷售地，傳播侵權作品、銷售侵權產品的網站服務器
所在地、網絡接入地、網站建立者或者管理者所在地，侵權作品上傳者所在地，
權利人受到實際侵害的犯罪結果發生地。對有多個侵犯知識產權犯罪地的，由最

初受理的公安機關或者主要犯罪地公安機關管轄。多個侵犯知識產權犯罪地的公安機關對管轄有爭議的，由共同的上級公安機關指定管轄，需要提請批准逮捕、移送審查起訴、提起公訴的，由該公安機關所在地的同級人民檢察院、人民法院受理。

　　對於不同犯罪嫌疑人、犯罪團夥跨地區實施的涉及同一批侵權產品的製造、儲存、運輸、銷售等侵犯知識產權犯罪行為，符合並案處理要求的，有關公安機關可以一併立案偵查，需要提請批准逮捕、移送審查起訴、提起公訴的，由該公安機關所在地的同級人民檢察院、人民法院受理。

二、關於辦理侵犯知識產權刑事案件中行政執法部門收集、調取證據的效力問題

　　行政執法部門依法收集、調取、製作的物證、書證、視聽資料、檢驗報告、鑒定結論、勘驗筆錄、現場筆錄，經公安機關、人民檢察院審查，人民法院庭審質證確認，可以作為刑事證據使用。

　　行政執法部門製作的證人證言、當事人陳述等調查筆錄，公安機關認為有必要作為刑事證據使用的，應當依法重新收集、製作。

三、關於辦理侵犯知識產權刑事案件的抽樣取證問題和委託鑒定問題

　　公安機關在辦理侵犯知識產權刑事案件時，可以根據工作需要抽樣取證，或者商請同級行政執法部門、有關檢驗機構協助抽樣取證。法律、法規對抽樣機構或者抽樣方法有規定的，應當委託規定的機構並按照規定方法抽取樣品。

　　公安機關、人民檢察院、人民法院在辦理侵犯知識產權刑事案件時，對於需要鑒定的事項，應當委託國家認可的有鑒定資質的鑒定機構進行鑒定。

　　公安機關、人民檢察院、人民法院應當對鑒定結論進行審查，聽取權利人、犯罪嫌疑人、被告人對鑒定結論的意見，可以要求鑒定機構作出相應說明。

四、關於侵犯知識產權犯罪自訴案件的證據收集問題

　　人民法院依法受理侵犯知識產權刑事自訴案件，對於當事人因客觀原因不能取得的證據，在提起自訴時能夠提供有關線索，申請人民法院調取的，人民法院應當依法調取。

………

十、關於侵犯著作權犯罪案件「以營利為目的」的認定問題

除銷售外，具有下列情形之一的，可以認定為「以營利為目的」：

(一) 以在他人作品中刊登收費廣告、捆綁第三方作品等方式直接或者間接收取費用的；

(二) 通過信息網絡傳播他人作品，或者利用他人上傳的侵權作品，在網站或者網頁上提供刊登收費廣告服務，直接或者間接收取費用的；

(三) 以會員制方式通過信息網絡傳播他人作品，收取會員註冊費或者其他費用的；

(四) 其他利用他人作品牟利的情形。

十一、關於侵犯著作權犯罪案件「未經著作權人許可」的認定問題

「未經著作權人許可」一般應當依據著作權人或者其授權的代理人、著作權集體管理組織、國家著作權行政管理部門指定的著作權認證機構出具的涉案作品版權認證文書，或者證明出版者、複製發行者偽造、塗改授權許可文件或者超出授權許可範圍的證據，結合其他證據綜合予以認定。

在涉案作品種類眾多且權利人分散的案件中，上述證據確實難以一一取得，但有證據證明涉案複製品系非法出版、複製發行的，且出版者、複製發行者不能提供獲得著作權人許可的相關證明材料的，可以認定為「未經著作權人許可」。但是，有證據證明權利人放棄權利、涉案作品的著作權不受我國著作權法保護，或者著作權保護期限已經屆滿的除外。

十二、關於刑法第二百一十七條規定的「發行」的認定及相關問題

「發行」，包括總發行、批發、零售、通過信息網絡傳播以及出租、展銷等活動。

非法出版、複製、發行他人作品，侵犯著作權構成犯罪的，按照侵犯著作權罪定罪處罰，不認定為非法經營罪等其他犯罪。

十三、關於通過信息網絡傳播侵權作品行為的定罪處罰標準問題

以營利為目的，未經著作權人許可，通過信息網絡向公眾傳播他人文字作品、音樂、電影、電視、美術、攝影、錄像作品、錄音錄像製品、計算機軟件及

其他作品，具有下列情形之一的，屬於刑法第二百一十七條規定的「其他嚴重情節」：

(一) 非法經營數額在五萬元以上的；

(二) 傳播他人作品的數量合計在五百件（部）以上的；

(三) 傳播他人作品的實際被點擊數達到五萬次以上的；

(四) 以會員制方式傳播他人作品，註冊會員達到一千人以上的；

(五) 數額或者數量雖未達到第(一)項至第(四)項規定標準，但分別達到其中兩項以上標準一半以上的；

(六) 其他嚴重情節的情形。

　　實施前款規定的行為，數額或者數量達到前款第(一)項至第(五)項規定標準五倍以上的，屬於刑法第二百一十七條規定的「其他特別嚴重情節」。

十四、關於多次實施侵犯知識產權行為累計計算數額問題

　　依照《最高人民法院、最高人民檢察院關於辦理侵犯知識產權刑事案件具體應用法律若干問題的解釋》第十二條第二款的規定，多次實施侵犯知識產權行為，未經行政處理或者刑事處罰的，非法經營數額、違法所得數額或者銷售金額累計計算。

　　二年內多次實施侵犯知識產權違法行為，未經行政處理，累計數額構成犯罪的，應當依法定罪處罰。實施侵犯知識產權犯罪行為的追訴期限，適用刑法的有關規定，不受前述二年的限制。

十五、關於為他人實施侵犯知識產權犯罪提供原材料、機械設備等行為的定性問題

　　明知他人實施侵犯知識產權犯罪，而為其提供生產、製造侵權產品的主要原材料、輔助材料、半成品、包裝材料、機械設備、標簽標識、生產技術、配方等幫助，或者提供互聯網接入、服務器託管、網絡存儲空間、通訊傳輸通道、代收費、費用結算等服務的，以侵犯知識產權犯罪的共犯論處。

十六、關於侵犯知識產權犯罪競合的處理問題

　　行為人實施侵犯知識產權犯罪，同時構成生產、銷售偽劣商品犯罪的，依照侵犯知識產權犯罪與生產、銷售偽劣商品犯罪中處罰較重的規定定罪處罰。

二十六、北京市高級人民法院關於網絡著作權糾紛案件若干問題的指導意見（一）（試行）（2010）

京高法發[2010]166號

市第一、第二中級人民法院；各區、縣人民法院：

　　現將《北京市高級人民法院審理涉及網絡環境下著作權糾紛案件若干問題的指導意見(一)（試行）》已經北京市高級人民法院審判委員會2010年5月17日第七次會議討論通過，現予印發，望認真貫徹執行。執行中有何問題，請及時報告我院民三庭。本指導意見中所涉及意見如與法律法規、司法解釋有衝突的，以法律法規、司法解釋為准。

　　特此通知

一、網絡服務提供者侵權責任的構成要件

　　1. 網絡服務提供者構成對信息網絡傳播權的侵犯、承擔侵權的民事責任，應具備違法行為、損害後果、違法行為與損害後果具有因果關係和過錯四個要件。

二、信息網絡傳播行為的判斷及其法律調整

(一) 信息網絡傳播行為的判斷及法律調整

　　2. 信息網絡傳播行為是指將作品、表演、錄音錄像製品上傳至或以其他方式將其置於向公眾開放的網絡服務器中，使公眾可以在選定的時間和地點獲得作品、表演、錄音錄像製品的行為。

　　將作品、表演、錄音錄像製品上傳至或以其他方式置於向公眾開放的網絡服務器中，使作品、表演、錄音錄像製品處於公眾可以在選定的時間和地點下載、瀏覽或以其他方式在線獲得，即構成信息網絡傳播行為，無需當事人舉證證明實際進行過下載、瀏覽或以其他方式在線獲得的事實。

　　3. 網絡服務提供者為服務對象提供自動接入、自動傳輸、信息存儲空間、搜索、鏈接、P2P（點對點）等服務的，屬於為服務對象傳播的信息在網絡上傳播提供技術、設施支持的幫助行為，不構成直接的信息網絡傳播行

為。

4. 網絡服務提供者的行為是否構成信息網絡傳播行為，通常應以傳播的作品、表演、錄音錄像製品是否由網絡服務提供者上傳或以其它方式置於向公眾開放的網絡服務器上為標準。

  原告主張網絡服務提供者所提供服務的形式使用戶誤認為系網絡服務提供者傳播作品、表演、錄音錄像製品，但網絡服務提供者能夠提供證據證明其提供的僅是自動接入、自動傳輸、信息存儲空間、搜索、鏈接、P2P（點對點）等服務的，不應認為網絡服務提供者的行為構成信息網絡傳播行為。

5. 網絡服務提供者主張其僅提供信息存儲空間、搜索、鏈接、P2P（點對點）等技術、設備服務，但其與提供作品、表演、錄音錄像製品的網絡服務提供者在頻道、欄目等內容方面存在合作關係的，可以根據合作的具體情況認定其實施了信息網絡傳播行為。

6. 提供信息存儲空間服務的網絡服務提供者對服務對象提供的作品、表演、錄音錄像製品的主題、質量、內容等進行審查或者對作品、表演、錄音錄像製品進行了涉及內容的選擇、編輯、整理，以決定是否在網絡上發布的，其行為構成直接的信息網絡傳播行為，但基於法律、法規和部門規章的要求對著作權狀況之外的內容進行審查的除外。

7. 提供搜索、鏈接服務的網絡服務提供者所提供服務的形式使用戶誤認為系其提供作品、表演、錄音錄像製品，被鏈網站經營者主張其構成侵權的，可以依據反不正當競爭法予以調整。

8. 網絡服務提供者主張其僅為被訴侵權的作品、表演、錄音錄像製品提供了信息存儲空間、搜索、鏈接、P2P（點對點）等服務的，應舉證證明。網絡服務提供者不能提供證據證明被訴侵權的作品、表演、錄音錄像製品系由他人提供並置於向公眾開放的網絡服務器中的，可以推定該服務提供者實施了信息網絡傳播行為。

9. 將作品、表演、錄音錄像製品上傳至或以其他方式置於向公眾開放的局域網中，使公眾可以在其個人選定的時間和地點獲得的，屬於信息網絡傳播行為。

10. 網絡服務提供者通過信息網絡按照事先安排的時間表向公眾提供作品的

在線播放的，不構成信息網絡傳播行為，應適用著作權法第十條第一款第(十七)項進行調整。

(二)「快照」的性質及法律責任

11. 網絡服務提供者在提供搜索服務時以「快照」形式在其服務器上生成作品、表演、錄音錄像製品的複製件並通過信息網絡向公眾提供，使得公眾能夠在選定的時間和地點獲得作品的，構成信息網絡傳播行為。

12. 網絡服務提供者主張其提供的網頁「快照」服務屬於《信息網絡傳播權保護條例》第二十一條所稱的提供系統緩存服務、應當免責，如「快照」服務系網絡服務提供者事先把被訴侵權作品、表演、錄音錄像製品存儲在網絡服務器中，或者其行為不符合《信息網絡傳播權保護條例》第二十一條規定的三個免責條件的，不能夠援引該條款免責。

13. 網絡服務提供者以提供網頁「快照」的形式使用他人網站上傳播的作品、表演、錄音錄像製品，未影響他人網站對作品、表演、錄音錄像製品的正常使用，亦未不合理地損害他人網站對於作品、表演、錄音錄像製品的合法權益，從而未實質性代替用戶對他人網站的訪問，並符合法律規定的其他條件的，可以認定構成合理使用。

三、網絡技術、設備服務提供行為的法律性質、服務提供者的過錯判斷及其法律適用

(一)網絡技術、設備服務行為的法律性質

14. 提供信息存儲空間、搜索、鏈接、P2P（點對點）等服務的網絡服務提供者通過網絡參與、教唆、幫助他人實施侵犯著作權、表演者權、錄音錄像製作者權的行為，並有過錯的，承擔共同侵權責任。

15. 提供信息存儲空間、搜索、鏈接、P2P（點對點）等服務的網絡服務提供者構成侵權應當以他人實施了直接侵權行為為前提條件，即第三人利用信息存儲空間、搜索、鏈接、P2P（點對點）等服務傳播作品、表演、錄音錄像製品的行為系侵犯他人的信息網絡傳播權的行為。

(二)網絡技術、設備服務提供者過錯的標準及其判斷

16. 判斷提供信息存儲空間、搜索、鏈接、P2P（點對點）等服務的網絡服務提供者有無過錯，應審查網絡服務提供者對其行為的不良後果是否知道

或者有合理理由知道。是否知道或者有合理理由知道應以網絡服務提供者的預見能力和預見範圍為基礎，又要區別通常預見水平和專業預見水平等情況。

網絡服務提供者對其行為的不良後果知道或者有合理理由知道，一般指網絡服務提供者知道或者有合理理由知道他人利用其服務傳播被訴作品、表演、錄音錄像製品構成侵權。

「知道」指網絡服務提供者實際知道侵權行為存在；「有合理理由知道」指因存在著明顯侵權行為的事實或者情況，網絡服務提供者從中應當意識到侵權行為的存在。

17. 提供信息存儲空間、搜索、鏈接、P2P（點對點）等服務的網絡服務提供者對他人利用其服務傳播作品、表演、錄音錄像製品是否侵權一般不負有事先進行主動審查、監控的義務。

依照相關法律及其規定應當進行審查的，應當審查。

18. 根據服務對象的指令，通過信息網絡自動為被訴侵權作品、表演、錄音錄像製品提供信息存儲空間、搜索、鏈接、P2P（點對點）等服務，且對被訴侵權的作品、表演、錄音錄像製品不進行編輯、修改或選擇的，除非有網絡服務提供者知道或者有合理理由知道存在侵權行為的其他情形，否則不應認定網絡服務提供者有過錯。

19. 在下列情況下，提供信息存儲空間服務的網絡服務提供者應當知道也能夠知道被訴作品、表演、錄音錄像製品侵權的，可以認定其有過錯：

(1) 存儲的被訴侵權的內容為處於檔期或者熱播、熱映期間的視聽作品、流行的音樂作品或知名度較高的其他作品及與之相關的表演、錄音錄像製品，且上述作品、表演、錄音錄像製品位於首頁、其他主要頁面或者其他可為服務提供者明顯所見的位置的；

(2) 被訴侵權的作品、表演、錄音錄像製品位於BBS首頁或其他主要頁面，在合理期間內網絡服務提供者未採取移除措施的；

(3) 將被訴侵權的專業製作且內容完整的視聽作品，或者處於檔期或者熱播、熱映期間的視聽作品置於顯要位置，或者對其進行推薦，或者為其設立專門的排行榜或者「影視」頻道等影視作品分類目錄的；

(4) 對服務對象上傳的被訴侵權作品、表演、錄音錄像製品進行選擇、整

理、分類的：

(5) 其他。

20. 提供搜索、鏈接、P2P（點對點）等服務的網絡服務提供者按照自己的意志，在搜集、整理、分類的基礎上，對被訴侵權的作品、表演、錄音錄像製品製作相應的分類、列表，網絡服務提供者知道或者有理由知道被訴侵權作品、表演、錄音錄像製品構成侵權的，可以認定其有過錯。

(三) P2P（點對點）服務的法律適用

21. 提供P2P（點對點）服務的網絡服務提供者通過P2P（點對點）服務參與、教唆、幫助他人實施侵權行為從而構成侵權的，應當適用《民法通則》第一百三十條規定和最高人民法院2006年12月修正的《關於審理涉及計算機網絡著作權糾紛案件適用法律若干問題的解釋》第三條的規定。

(四) 網絡技術、設備服務提供者的免責條件

22. 《信息網絡傳播權保護條例》第二十條、第二十一條、第二十二條、第二十三條針對提供自動接入、自動傳輸、系統緩存、信息存儲空間、搜索、鏈接服務的網絡服務提供者所規定的免責條件僅指免除損害賠償的責任；網絡服務提供者是否承擔其他責任，應依據《民法通則》、《著作權法》等法律法規的規定予以確定。

23. 網絡服務提供者主張其符合《信息網絡傳播權保護條例》規定的免責條件的，應對所依據的相關事實負舉證責任。

24. 《信息網絡傳播權保護條例》第二十二條規定所稱「改變」，是指對服務對象提供的作品、表演、錄音錄像製品的內容進行了改變。

下列行為不應視為對服務對象提供的作品、表演、錄音錄像製品進行了「改變」：

(1) 僅對作品、表演、錄音錄像製品的存儲格式進行了改變；

(2) 對作品、表演、錄音錄像加注數字水印等網站標識；

(3) 在作品、表演、錄音錄像之前或結尾處投放廣告以及在作品、表演、錄音錄像中插播廣告。

25. 網絡服務提供者因提供信息存儲空間服務，按照時間、流量等向用戶收取標準費用的，不屬於《信息網絡傳播權保護條例》第二十二條第(四)

項所稱的「從服務對象提供作品、表演、錄音錄像製品中直接獲得經濟利益」。

網絡服務提供者因提供信息存儲空間服務而收取的廣告費，一般不應認定為直接獲得的經濟利益；網絡服務提供者針對特定作品、表演、錄音錄像製品而投放的廣告，可以根據案件的具體情況，在認定網絡服務提供者是否存在過錯時酌情予以綜合考慮。

26. 根據《信息網絡傳播權保護條例》第二十三條的規定免除提供搜索、鏈接服務的網絡服務提供者的損害賠償責任的，應同時具備以下兩個條件：一是提供搜索、鏈接服務的網絡服務提供者對所鏈接的作品、表演、錄音錄像製品是否侵權不明知並且不應知；二是提供搜索、鏈接服務的網絡服務提供者接到權利人的通知書後，根據本條例規定斷開與侵權的作品、表演、錄音錄像製品的鏈接。

27. 權利人向提供信息存儲空間、搜索、鏈接服務的網絡服務提供者提交的通知應符合《信息網絡傳播權保護條例》第十四條的規定。

28. 權利人提交的通知未包含被訴侵權的作品、表演、錄音錄像製品的網絡地址，但網絡服務提供者根據該通知提供的信息對被訴侵權的作品、表演、錄音錄像製品能夠足以準確定位的，可以認定權利人提交的通知屬於最高人民法院《關於審理涉及計算機網絡著作權糾紛案件適用法律若干問題的解釋》第四條所稱的「確有證據的警告」。

29. 對被訴侵權的作品、表演、錄音錄像製品是否能夠足以準確定位，應當考慮網絡服務提供者提供的服務類型、權利人要求刪除或斷開鏈接的文字作品或者表演、錄音錄像製品的文件類型以及作品、表演、錄音錄像製品的名稱是否具有特定性等具體情況認定。

30. 接到權利人符合《信息網絡傳播權保護條例》第十四條規定的通知或者最高人民法院《關於審理涉及計算機網絡著作權糾紛案件適用法律若干問題的解釋》第四條所稱的「確有證據的警告」後，網絡服務提供者在合理期限內未及時刪除權利人認為侵權的作品、表演、錄音錄像製品，或者在合理期限內未及時斷開與侵權的作品、表演、錄音錄像製品的鏈接的，如權利人通知的內容屬實，可以認定網絡服務提供者存在過錯，對損害的擴大部分承擔相應的法律責任。

31. 網絡服務提供者是否在合理期限內及時刪除侵權的作品、表演、錄音錄像製品，或者斷開與侵權作品、表演、錄音錄像製品的鏈接，應根據權利人提交的通知的形式、通知的準確性、通知中涉及的文件數量、刪除或者斷開鏈接的難易程度、網絡服務的性質等因素綜合認定。

四、技術措施

32. 《信息網絡傳播權保護條例》第二十六條規定的技術措施是指為保護權利人在著作權法上的正當利益而採取的控制瀏覽、欣賞或者控制使用作品、表演、錄音錄像製品的技術措施。

下列情形中的技術措施不應認定為應受著作權法保護的技術措施。

(1) 用於實現作品、表演、錄音錄像製品與產品或者服務的捆綁銷售的；

(2) 用於實現作品、表演、錄音錄像製品價格區域劃分的；

(3) 用於破壞未經許可使用作品、表演、錄音錄像製品的用戶的計算機系統的；

(4) 其他妨害公共利益保護、與權利人在著作權法上的正當利益無關的技術措施。

33. 受著作權法保護的技術措施應為有效的技術措施。技術措施是否有效，應以一般用戶掌握的通常方法是否能夠避開或者破解位標準。技術專家能夠通過某種方式避開或者破解技術措施的，不影響技術措施的有效性。

五、網站經營者的認定

34. 網站登記備案信息、網站中標示的信息載明的經營者，是網站經營者。網站登記備案信息、網站中標示的信息所載明的經營者不一致的，除有相反證據證明外，可以認定網站登記備案信息、網站中標示的信息所載明的經營者為共同經營者。

35. 域名持有者註冊信息可以作為證明網站經營者身分的初步證據，但有相反證明的除外。

二十七、北京市高級人民法院關於確定著作權侵權損害賠償責任的指導意見（2005）

2005.1.11 京高法發[2005]12號

　　為切實維護著作權人和與著作權有關的權利人的合法權益，有效制裁侵權行為，規範文化市場秩序，統一執法標準，根據《中華人民共和國民法通則》、《中華人民共和國著作權法》及《最高人民法院關於審理著作權民事糾紛案件適用法律若干問題的解釋》的規定，結合北京市法院著作權審判工作實際，現就如何確定著作權侵權損害賠償責任提出如下意見：

損害賠償責任的認定

第一條

被告因過錯侵犯著作權人或者與著作權有關的權利人的合法權利且造成損害的，應當承擔賠償損失的民事責任。

原告應當提交被告侵權的相關證據。被告主張自己沒有過錯的，應當承擔舉證責任，否則須承擔不利的法律後果。

第二條

被告具有下列情形之一的，可以認定其具有過錯：

(一) 經權利人提出確有證據的警告，被告沒有合理理由仍未停止其行為的；

(二) 未盡到法律法規、行政規章規定的審查義務的；

(三) 未盡到與公民年齡、文化程度、職業、社會經驗和法人經營範圍、行業要求等相適應的合理注意義務的；

(四) 合同履行過程中或合同終止後侵犯合同相對人著作權或者與著作權有關的權利的；

(五) 其他可以認定具有過錯的情形。

第三條

被告雖無過錯但侵犯著作權人或者與著作權有關的權利人的合法權利且造成損害的，不承擔損害賠償責任，但可判令其返還侵權所得利潤。如果被告因其行為獲

利較大,或者給原告造成較大損失的,可以依據公平原則,酌情判令被告給予原告適當補償。

第四條

共同被告構成共同侵權的,應當承擔連帶賠償責任。

明知或者應知他人實施侵權行為,而仍為其提供經營場所或其他幫助的,應當承擔連帶賠償責任。

商標許可人、特許經營的特許人,明知或者應知被許可人實施侵權行為,並有義務也有能力予以制止,卻未採取有效措施的,應當承擔連帶賠償責任。

二個以上被告均構成侵權,但不具有共同過錯的,應當分別承擔賠償責任。

損害賠償的原則及方法

第五條

確定的侵權賠償數額應當能夠全面而充分地彌補原告因被侵權而受到的損失。

在原告訴訟請求數額的範圍內,如有證據表明被告侵權所得高於原告實際損失的,可以將被告侵權所得作為賠償數額。

第六條

確定著作權侵權損害賠償數額的主要方法有:

(一) 權利人的實際損失;

(二) 侵權人的違法所得;

(三) 法定賠償。

適用上述計算方法時,應將原告為制止侵權所支付的合理開支列入賠償範圍,並與其他損失一併作為賠償數額在判決主文中表述。

對權利人的實際損失和侵權人的違法所得可以基本查清,或者根據案件的具體情況,依據充分證據,運用市場規律,可以對賠償數額予以確定的,不應直接適用法定賠償方法。

第七條

本規定第六條第一款第(一)項所稱「權利人的實際損失」可以依據以下方法計算:

(一) 被告侵權使原告利潤減少的數額;

(二) 被告以報刊、圖書出版或類似方式侵權的,可參照國家有關稿酬的規定;

(三) 原告合理的許可使用費；

(四) 原告複製品銷量減少的數量乘以該複製品每件利潤之積；

(五) 被告侵權複製品數量乘以原告每件複製品利潤之積；

(六) 因被告侵權導致原告許可使用合同不能履行或難以正常履行產生的預期利潤
損失；

(七) 因被告侵權導致原告作品價值下降產生的損失；

(八) 其他確定權利人實際損失的方法。

第八條

本規定第六條第一款第(二)項所稱「侵權人的違法所得」包括以下三種情況：

(一) 產品銷售利潤；

(二) 營業利潤；

(三) 淨利潤。

一般情況下，應當以被告營業利潤作為賠償數額。

被告侵權情節或者後果嚴重的，可以產品銷售利潤作為賠償數額。

侵權情節輕微，且訴訟期間已經主動停止侵權的，可以淨利潤作為賠償數額。

適用上述方法，應當由原告初步舉證證明被告侵權所得，或者闡述合理理由後，
由被告舉證反駁；被告沒有證據，或者證據不足以證明其事實主張的，可以支持
原告的主張。

第九條

適用本規定第六條第一款第(三)項所稱「法定賠償」應當根據以下因素綜合確定
賠償數額：

(一) 通常情況下，原告可能的損失或被告可能的獲利；

(二) 作品的類型，合理許可使用費，作品的知名度和市場價值，權利人的知名
度，作品的獨創性程度等；

(三) 侵權人的主觀過錯、侵權方式、時間、範圍、後果等。

第十條

適用法定賠償方法應當以每件作品作為計算單位。

第十一條

原告提出象徵性索賠的，在認定侵權成立，並查明原告存在實際損失基本事實的
情況下，應當予以支持。

第十二條

被控侵權行為在訴訟期間仍在持續，原告在一審法庭辯論終結前提出增加賠償的請求並提供相應證據，應當將訴訟期間原告擴大的損失一併列入賠償範圍。

二審訴訟期間原告損失擴大需要列入賠償範圍的，二審法院應當就賠償數額進行調解，調解不成的，可以就賠償數額重新作出判決，並在判決書中說明理由。

第十三條

本規定第六條第二款所稱「合理開支」包括：

(一) 律師費；

(二) 公證費及其他調查取證費；

(三) 審計費；

(四) 交通食宿費；

(五) 訴訟材料印製費；

(六) 權利人為制止侵權或訴訟支付的其他合理開支。

對上述開支的合理性和必要性應當進行審查。

第十四條

本規定第十三條第一款第(一)項所稱「律師費」是指當事人與其代理律師依法協議確定的律師費。可以按照以下原則確定予以支持的賠償數額：

(一) 根據案件的專業性或複雜程度，確實有必要委託律師代理訴訟的；

(二) 被告侵權行為基本成立，且應當承擔損害賠償責任的，按照判決確定的賠償數額與訴訟請求數額比例確定支持的律師費；同時判決支持其他訴訟請求的，應當適當提高賠償數額；

(三) 被告不承擔損害賠償責任，但被判令承擔停止侵權、賠禮道歉等民事責任的，按照原告訴訟請求被支持情況酌情確定支持的律師費，但一般不高於律師費的三分之一。

第十五條

本規定第十三條第一款第(二)項所稱「公證費」符合以下條件的由被告承擔：

(一) 侵權基本成立；

(二) 公證證明被作為認定案件事實的證據。

第十六條

本規定第十三條第一款第(三)項所稱「審計費」按照判決確定的賠償數額占訴訟

請求數額比例予以支持。

第十七條

被告因侵犯著作權或者與著作權有關的權利，曾經兩次以上被追究刑事、行政或民事責任的，應當在依據本規定確定的賠償數額的限度內，從重確定賠償數額。

第十八條

判決書中針對賠償數額所作論述的詳略程度，應當根據案件的複雜程度、當事人的爭議大小等具體情況分別確定。

第十九條

被告實施著作權法第四十七條規定的侵權行為，情節嚴重，並損害公共利益的，可以給予以下民事制裁：

(一) 罰款。其數額不高於判決確定的賠償數額的3倍；

(二) 沒收、銷毀侵權複製品；

(三) 沒收主要用於製作侵權複製品的材料、工具、設備等。

第二十條

原告基於不正當目的，以提起訴訟為手段，虛構事實，被駁回起訴或訴訟請求的，可以判令原告支付被告為訴訟支付的合理開支，包括：

(一) 律師費；

(二) 交通食宿費；

(三) 調查取證費；

(四) 誤工費；

(五) 其他為訴訟支出的合理費用。

精神損害賠償

第二十一條

侵犯原告著作人身權或者表演者人身權情節嚴重，適用停止侵權、消除影響、賠禮道歉仍不足以撫慰原告所受精神損害的，應當判令被告支付原告精神損害撫慰金。

法人或者其他組織以著作人身權或者表演者人身權受到侵害為由，起訴請求賠償精神損害的，不予受理。

第二十二條

具有以下情形之一的，可以判令被告支付原告精神損害撫慰金：

(一) 未經原告許可，嚴重違背其意願發表其作品，並給原告的信譽、社會評價帶來負面影響的；

(二) 抄襲原告作品數量大、影響廣，並使被告因此獲得較大名譽的；

(三) 嚴重歪曲、篡改他人作品的；

(四) 未經許可，將原告主要參加創作的合作作品以個人名義發表，並使被告獲得較大名譽的；

(五) 沒有參加創作，為謀取個人名利，在原告作品上署名的；

(六) 嚴重歪曲表演形象，給原告的社會形象帶來負面影響的；

(七) 製作、出售假冒原告署名的作品，影響較大的；

(八) 其他應當支付權利人精神損害撫慰金的情形。

第二十三條

精神損害撫慰金的數額應當根據被告的過錯程度、侵權方式、侵權情節、影響範圍、侵權獲利情況、承擔賠償責任的能力等因素綜合確定。

精神損害撫慰金一般不低於2000元，不高於5萬元。

第二十四條

著作權人或者表演者權人死亡後，其近親屬以被告侵犯著作人身權或表演者人身權使自己遭受精神痛苦為由，起訴請求賠償精神損害的，應當受理。

常見侵權賠償數額的確定

第二十五條

依據本規定第七條第一款第(二)項所述方法確定原告損失的，可以參考以下因素，在國家有關稿酬規定的2至5倍內確定賠償數額：

(一) 作品的知名度及侵權期間的市場影響力；

(二) 作者的知名度；

(三) 被告的過錯程度；

(四) 作品創作難度及投入的創作成本。

文字作品字數不足千字的以千字計算。

原告如證明類似情況下收取的合理稿酬標準，應予考慮。

第二十六條

在網絡上傳播文字、美術、攝影等作品的，可以參照國家有關稿酬規定確定賠償數額。

第二十七條

以廣告方式使用文字、美術、攝影等作品，包括用於報刊廣告、戶外廣告、網絡廣告、店面廣告、產品說明書等，可以根據廣告主的廣告投入、廣告製作者收取的製作費、廣告發布者收取的廣告費，以及作品的知名度、在廣告中的作用、被告的經營規模、侵權方式和範圍等因素綜合確定賠償數額。

原告如證明類似情況下的合理許可使用費，應予考慮。

第二十八條

商業用途使用文字、美術、攝影等作品，如用於商品包裝裝潢、商品圖案、有價票證、郵品等，可以根據作品的知名度、在產品中的顯著性、被告的經營規模、侵權方式、範圍、獲利等因素綜合確定賠償數額，所確定的賠償數額一般應高於按照本規定第七條第一款第(二)項及第二十五條確定的賠償數額。

第二十九條

侵犯音樂作品著作權、音像製品權利人權利的，可以按照以下方法確定賠償數額：

(一) 原告合理的許可使用費；

(二) 著作權集體管理組織提起訴訟的，按其許可費標準；

(三) 商業用途使用的，可以參考本規定第二十八條確定賠償數額的方法。

第三十條

提供圖片、音樂等下載服務的，可以按照以下方法確定賠償數額：

(一) 原告合理的許可使用費；

(二) 著作權集體管理組織提起訴訟的，按其許可費標準；

(三) 被告提供侵權服務獲得的利潤。

第三十一條

軟件最終用戶侵犯計算機軟件著作權的，可以按照以下方法確定賠償數額：

(一) 原告合理的許可使用費；

(二) 正版軟件市場價格。

第三十二條

依據本規定第二十六條至第三十一條的方法確定賠償數額的，可以同時根據第二十五條第一款規定的因素，在上述數額的2至5倍內確定具體的賠償數額。

第三十三條

被告在被控侵權出版物或者廣告宣傳中表明的侵權複製品的數量高於其在訴訟中的陳述，除其提供證據或者合理理由予以否認，應以出版物或廣告宣傳中表明的數量作為確定賠償數額的依據。

第三十四條

圖書、音像製品的出版商、複製商、發行商等侵犯著作權或者與著作權有關的權利的，其應當能夠提供有關侵權複製品的具體數量卻拒不舉證，或所提證據不能采信的，可以按照以下數量確定侵權複製品數量：

(一) 圖書不低於3000冊；

(二) 音像製品不低於2萬盤。

附則

第三十五條

本規定自下發之日起施行。

二十八、廣東省高級人民法院關於審理侵犯音像著作權糾紛案件若干問題的指導意見（2009）

粵高法發[2009]21號　2009年3月2日印發

一、訴權及原告資格的認定

1. 在侵犯音像著作權糾紛中，境外民事主體作為權利人，授權我國境內的代理人代為起訴，代理人憑有效授權文書簽署起訴狀的，人民法院應當受理。

2. 原告與多個著作權人、與著作權有關的權利人訂立專有使用權的許可使用合同，同時亦就其所獲授權作品與多個著作權使用人訂立轉許可使用合同，並在訴訟發生時以自己的名義起訴被控侵權行為人侵犯其著作權專有使用權，若原告的行為不損害國家、社會公眾及權利人利益的，人民法院應當受理。

3. 音樂作品的著作權人與中國音樂著作權協會之間存在授權管理協議，但未約定由中國音樂著作權協會行使訴權，著作權人以自己的名義起訴被控侵權行為人的，人民法院應當受理。

二、侵犯音像著作權糾紛中原告的舉證責任

4. 原告提交取得權利的合同證明其擁有著作權或與著作權有關的權利的，根據《最高人民法院關於審理著作權民事糾紛案件適用法律若干問題的解釋》第7條的規定，該合同可作為原告擁有權利的證據。被控侵權行為人若抗辯主張原告取得權利的合同不成立、或應當被撤銷或無效的，應當對其主張承擔舉證責任。

5. 當事人提交在國（境）內簽訂的涉外著作權轉讓或者許可使用合同作為證據，根據《最高人民法院關於民事訴訟證據的若干規定》第11條的規定，無須再對國（境）內形成的涉外合同辦理公證認證手續。

6. 原告提交域外形成的從公共渠道可以獲得的公開出版物，或者作品登記證書等官方文本作為證據，被控侵權人以該證據未辦理公證認證等證明手續要求法院不予采信的，不予支持。

7. 在侵犯音像著作權糾紛中，錄音、錄像製作者作為鄰接權人，提交公開出版

的署名製品、自己製作製品的證據或者委託他人製作製品的合同及製品原件等，證明自己系權利人的，即已完成舉證責任。被控侵權行為人主張錄音、錄像製作者的出版、製作未取得著作權人合法授權的，應對其主張承擔舉證責任。

三、侵犯音像著作權糾紛中侵權責任的認定

8. 在侵犯音像著作權糾紛中，複製人若以其與委託複製人之間存在授權複製合同進行抗辯，主張其行為沒有過錯，不承擔賠償責任的，應當視以下具體情況作出認定：

   (1) 複製人以磨蝕、偽造、覆蓋等手法人為破壞音像製品的來源識別碼（SID碼）的，其侵權的主觀心態明顯出於惡意，具有主觀過錯，應承擔賠償責任。

   (2) 複製人不存在侵權故意，但無法證明其已驗證委託單位的《音像製品出版許可證》、委託單位營業執照副本、著作權人和與著作權有關的權利人的授權書，並已根據權利人的授權書向權利人核實授權情況的，應認定其對委託人是否確屬權利人未盡審查義務，並承擔賠償責任。

9. 未經錄音錄像製作者許可發行、出租音像製品，能夠證明自己發行、出租的製品有合法來源的，可以免予承擔賠償責任，但應當承擔停止侵權的民事責任；發行人、出租人因未經許可發行、出租製品獲得不當得利的，應向錄音錄像製作者返還不當得利。

10. 認定音像製品是否具有合法來源，應當審查以下事實綜合判斷：

    (1) 發行人、出租人的音像製品是否來源於有《音像製品出版許可證》並經工商行政管理部門登記的音像出版單位；

    (2) 音像製品及其包裝物上是否標明了出版單位的名稱、地址、音像製品的版號、出版時間、責任編輯、著作權人、條形碼以及進口批准文號等；

    (3) 發行人、出租人與出版者之間是否簽署商業合同、開具發票；

    (4) 音像製品的銷售價格是否不合理的低於同類製品的市場價格等等。

11. 發行人、出租人有下列行為的，不應認定其發行、出租的音像製品具有合法來源：

    (1) 發行、出租以磨蝕、偽造、覆蓋等手法人為破壞來源識別碼(SID碼)

的音像製品的；

(2) 在收到權利人要求停止發行、出租的律師函後，拒不停止發行、出租或者拒收權利人律師函的。

12. 使用已被他人製作成錄音製品並傳播的音樂作品另行製作錄音製品並出版、複製、發行，著作權人沒有聲明不許使用，且出版者、發行人、複製人就錄音製品依法向著作權人支付報酬的，出版者、發行人、複製人的行為符合《著作權法》第39條第三款法定許可的規定，不構成侵權。出版者、發行人、複製人向著作權人支付報酬的時間，可以在使用作品之前，或之後的合理期限內。

13. 涉外錄音錄像製品轉讓合同或涉外錄音錄像製品許可使用合同已生效，尚未獲得內容審查的行政批准的，根據《關貿總協定與貿易有關的知識產權協議》（《Trips協議》）第14條第2項、《伯爾尼保護文學和藝術作品公約》第2條、第3條及《中華人民共和國民法通則》第142條的規定，相關權利人享有禁止他人未經許可複製其製品的權利。

14. 著作權人與錄音錄像製作權人之間的授權使用合同對使用期限屆滿後停止發行的期限沒有約定或約定不明的，錄音錄像製作權人及其許可銷售人在期限屆滿之日起3個月內銷售在使用期限內出版、發行的錄音錄像製品的，不構成侵權。

四、侵犯音像著作權糾紛中全面賠償原則的適用

15. 在依照《中華人民共和國民事訴訟法》第48條和最高人民法院《關於審理著作權民事糾紛案件適用法律若干問題的解釋》第25條的規定酌情確定音像製品權人應獲得的賠償額時，應區分複製人、批發商和零售商各自侵權行為的性質及後果的不同，公平合理地確定賠償數額。

16. 複製人、發行人、出租人具有本《意見》第8條第(1)項及第11條行為的，應提高賠償數額及進行民事處罰。

17. 權利人單獨主張制止侵權的合理費用並查證屬實的，人民法院應當全額予以支持。權利人訴請將制止侵權的合理費用與遭致的損失一併酌情判決的，不應當限制制止侵權的合理開支在總賠償額中所占的比例。

18. 適用最高人民法院《關於審理著作權民事糾紛案件適用法律若干問題的解

釋》第26條的規定認定權利人主張的律師費，當事人支付的律師費數額符合國家、省、市相關部門的收費實施辦法的相關規定的，應當全額予以支持。

19. 在沒有證據顯示原告濫用訴權，故意提出不存在的巨額賠償導致訴訟費不合理增加情形的，即使原告的賠償請求沒有得到全額支持，也可以判決被控侵權人承擔全部或絕大部分訴訟費用。

五、關於通過網絡侵犯音像著作權糾紛的若干法律問題

20. 只有在被告所在地及實施被訴侵權行為的網絡服務器、計算機終端等設備所在地等侵權行為地無法確定的情況下，才能將原告發現侵權內容的計算機終端等設備所在地視為侵權所在地。

21. P2P軟件最終用戶未經權利人許可，將音像製品上傳到P2P軟件在該用戶計算機設定的「共享目錄」中，使其他使用者可以通過互聯網絡進行下載的，構成侵犯他人信息網絡傳播權的直接侵權行為，應承擔停止侵權，賠償損失，消除影響，賠禮道歉等民事責任。

22. 網絡服務提供者明知或應知他人實施直接侵權行為，仍然為其提供P2P軟件下載、BBS、用戶登錄及註冊、目錄索引、搜索及鏈接等一系列相關服務，幫助後者完成侵權或擴大侵權損失的，構成通過網絡幫助他人侵權，與直接侵權行為人共同承擔侵權責任。

23. P2P網絡服務提供者構成幫助直接侵權行為人侵權，需要滿足下列條件：
    (1) 直接侵權行為人有擅自上傳音像製品供其他網絡用戶下載的行為；
    (2) 網絡服務提供者客觀上有提供P2P軟件下載、BBS、用戶登錄及註冊、目錄索引、搜索、鏈接等一系列服務幫助他人實施侵權的行為；
    (3) 網絡服務提供者主觀上存在過錯，即明知或應知他人正在實施直接侵權行為仍然予以幫助；
    (4) 「應知」的判斷標準，是一個理性、謹慎、具有網絡專業知識的網絡服務商應有的水準，而非一個不具備網絡專業知識的普通人應有的水準。

24. 權利人發出通知後，P2P網絡服務提供者是否採取相關措施停止幫助侵權的行為，可以作為認定其是否明知的證據。但若有證據證明P2P網絡服務提供者應當知道的，其仍然不能免除賠償責任。

六、關於侵犯音像著作權糾紛的訴訟時效問題

25. 在侵犯音像著作權糾紛中，若原告必須向公安部光盤生產源鑑定中心申請進行生產源鑑定的，訴訟時效應從鑑定結果送達原告之日起計算。被告主張從原告獲取被控侵權光盤之日起或光盤送交鑑定單位之日起開始起計訴訟時效的，不予支持。

二十九、上海市著作權管理若干規定（2010年修正發布）

（2000年1月3日上海市人民政府發布，根據2002年4月1日起施行的《上海市人民政府關於修改〈上海市植物檢疫實施辦法〉等19件政府規章的決定》修正，根據2010年12月20日上海市人民政府令第52號公布的《上海市人民政府關於修改〈上海市農機事故處理暫行規定〉等148件市政府規章的決定》修正並重新發布）

第一條（目的和依據）

為了加強著作權管理，保護著作權人和作品使用者、傳播者的合法權益，鼓勵有益於社會主義精神文明、物質文明建設的作品的創作和傳播，促進本市對外科技、經濟、文化合作與交流，根據《中華人民共和國著作權法》、《中華人民共和國著作權法實施條例》和其他有關法律、法規，結合本市實際情況，制定本規定。

第二條（適用範圍）

本市行政區域內著作權以及與著作權有關權益的行使及其管理，適用本規定。

第三條（主管和協管部門）

上海市版權局（以下簡稱市版權局）是本市著作權管理的行政主管部門，負責本規定的具體實施。

各級工商、新聞出版、廣播電影電視、文化、公安、海關、科學技術、教育、技術監督、對外經濟貿易、測繪等行政管理部門按照各自職責，做好著作權管理工作。

第四條（版權保護協會）

上海版權保護協會是依法維護著作權人和作品使用者、傳播者的合法權益的社會團體法人，在市版權局的指導和監督下，按照其章程開展著作權業務培訓與學術交流，提供著作權業務諮詢。

第五條（著作權轉讓）

著作權中的財產權可以部分轉讓，也可以全部轉讓。轉讓著作權中的財產權的，轉讓人與受讓人應當訂立書面合同。

第六條（無主著作權的行使）

享有著作權的法人或者其他組織終止後，無法人或者其他組織承受其權利義務的，作品的使用權和獲得報酬權在法定保護期內，由市版權局代表國家行使。

享有著作權的公民死亡後，其著作權無人繼承又無人受遺贈的，作品的使用權和獲得報酬權在法定保護期內，由下列組織代為行使：

(一) 作者生前是集體經濟組織成員的，由所在集體經濟組織行使；

(二) 作者生前是非集體經濟組織成員的，由市版權局代表國家行使。

市版權局按照本條第一款、第二款規定代為行使作品的使用權和獲得報酬權的，應當提前發布公告，並將作品使用報酬上交國庫。

第七條（法定許可使用作品的報酬支付）

報社、雜誌社、廣播電臺、電視臺、錄音製品製作者使用他人已發表的作品，按照《中華人民共和國著作權法》規定可以不經著作權人許可，但需要支付報酬的，使用人應當按照國家規定的付酬標準，在使用前或者自使用作品之日起30日內向著作權人支付報酬，著作權人姓名或者地址不詳的，可以通過下列組織轉付：

(一) 使用音樂作品的報酬，由中國音樂著作權協會駐上海辦事機構轉付；

(二) 使用其他作品的報酬，由市版權局指定的機構轉付。

舉辦營業性組台演出的，應當由演出組織者支付報酬。

第八條（商業經營活動使用作品的報酬支付）

在商業經營活動中，通過技術設備使用他人作品的，經營者應當取得著作權人或者著作權集體管理組織的許可，並支付報酬。

第九條（作品登記申請與受理）

本市實行作品自願登記制度。除計算機軟件作品以外，其他作品的著作權人向市版權局或者其指定的登記機構（以下統稱作品登記機構）申請作品登記的，應當提供下列材料：

(一) 作品原件或者作品的出版物等複製件；

(二) 公民的身分證明，或者法人、其他組織的批准設立、登記註冊證明；

(三) 法律、法規和規章規定的其他材料。

作品登記機構應當自收到前款規定材料之日起30日內進行核查。對超過著作權法定保護期的作品和依法禁止出版、傳播的作品，作品登記機構不予登記；對准予

登記的作品，由作品登記機構發給申請人作品登記證。

如無相反證明，作品登記證可以作為著作權人主張權利的證明。

作品登記機構應當對自願登記的著作權人及其作品予以公告。

第十條（作品登記的撤銷）

作品登記機構發現有下列情形之一的，應當撤銷作品登記，收回作品登記證：

(一) 作品登記資料與司法判決、仲裁裁決或者事實情況不相符的；

(二) 已登記的作品超過著作權法定保護期的；

(三) 申請人申請撤銷原作品登記的。

第十一條（作品登記資料的查詢）

作品登記機構應當妥善保管作品登記資料，並向公眾提供作品登記資料查詢服務。查詢服務的具體管理辦法，由市版權局另行規定。

第十二條（著作權質押合同的登記）

以著作權中的財產權出質的，出質人與質權人應當訂立書面合同，並向國家版權局辦理質押合同登記。

第十三條（音像製品、電子出版物的使用）

未經音像製品和電子出版物製作者授權，任何組織和個人不得將音像製品和電子出版物複製、發行。

音像出版單位和電子出版單位出版時聲明供家庭專用的音像製品和電子出版物，不得用於營業性播放。

第十四條（境外作品出版合同的登記）

圖書和電子出版物出版單位出版外國或者香港特別行政區、澳門特別行政區、臺灣地區著作權人的圖書和電子出版物，應當與著作權人訂立出版合同，並向市版權局辦理出版合同登記。

第十五條（境外作品複製合同的登記）

音像製品和電子出版物複製單位接受委託，複製外國或者香港特別行政區、澳門特別行政區、臺灣地區的組織和個人製作的音像製品和電子出版物，應當與複製委託人訂立委託複製合同，並在複製的15日前向市版權局辦理委託複製合同登記。

第十六條（出版、複製和播放合同的登記程序）

市版權局應當自收到根據本規定第十四條、第十五條規定應當登記的合同之日起

15日內,對合同的有關著作權內容進行核實。經核實未發現有侵犯著作權內容的,予以登記;發現有侵犯著作權內容的,不予登記,並書面告知合同登記辦理人。

市版權局可以委託有關版權保護組織辦理合同登記手續。

第十七條(舉辦境外著作權貿易活動的備案)

舉辦外國或者香港特別行政區、澳門特別行政區、臺灣地區組織或者個人的作品著作權貿易活動的,舉辦者應當在著作權貿易活動日的15日前報市版權局備案。

第十八條(應用解釋部門)

市版權局可以對本規定的具體應用問題進行解釋。

第十九條(施行日期)

本規定自2000年3月1日起施行。

三十、著作權法修正草案第一稿（2012年3月31日公開）

中華人民共和國著作權法
（修改草案）
（國家版權局2012年3月）[1]

目　錄

1　參見http://www.ncac.gov.cn/cms/html/309/3502/201203/740608.html（2012/10/09）。

第一章　總則

第一條

為保護文學、藝術和科學作品作者的著作權，以及傳播者的相關權，鼓勵有益於社會主義精神文明、物質文明建設的作品的創作和傳播，促進社會主義文化、科學和經濟的發展與繁榮，根據憲法制定本法。

第二條

中國自然人、法人或者其他組織的作品，不論是否發表，受本法保護。

外國人、無國籍人的作品，根據其作者所屬國或者經常居住地國同中國簽訂的協議或者共同參加的國際條約，受本法保護。

未與中國簽訂協議或者共同參加國際條約的國家的作者和無國籍人的作品，首次在中國參加的國際條約的成員國出版的，或者在成員國和非成員國同時出版的，受本法保護。

中國自然人、法人或者其他組織的版式設計、表演、錄音製品和廣播電視節目，受本法保護。

外國人、無國籍人的版式設計、表演、錄音製品和廣播電視節目，根據其所屬國或者經常居住地國同中國簽訂的協議或者共同參加的國際條約，受本法保護。

外國人、無國籍人的追續權、實用藝術作品、版式設計、本法第二十五條以及第三十六條規定的權利，根據其所屬國或者經常居住地國的法律適用對等保護。

第三條

本法所稱的作品，是指文學、藝術和科學領域內具有獨創性並能以某種形式固定的智力成果。

作品包括以下種類：

(一) 文字作品，是指小說、詩詞、散文、論文等以文字形式表現的作品；

(二) 口述作品，是指即興的演說、授課、法庭辯論等以口頭語言形式表現的作品；

(三) 音樂作品，是指歌曲、交響樂等能夠演唱或者演奏的帶詞或者不帶詞的作品；

(四) 戲劇作品，是指話劇、歌劇、地方戲等供舞臺演出的作品；

(五) 曲藝作品，是指相聲、快書、大鼓、評書等以說唱為主要形式表演的作品；

(六) 舞蹈作品，是指通過連續的動作、姿勢、表情等表現思想情感的作品；

(七) 雜技藝術作品，是指雜技、魔術、馬戲等通過形體動作和技巧表現的作品；

(八) 美術作品，是指繪畫、書法、雕塑等以線條、色彩或者其他方式構成的有審美意義的平面或者立體的造型藝術作品；

(九) 實用藝術作品，是指具有實際用途的藝術作品；

(十) 建築作品，是指以建築物或者構築物形式表現的有審美意義的作品；

(十一) 攝影作品，是指借助器械在感光材料或者其他介質上記錄客觀物體形象的藝術作品；

(十二) 視聽作品，是指固定在一定介質上，由一系列有伴音或者無伴音的畫面組成，並且借助技術設備放映或者以其他方式傳播的作品；

(十三) 圖形作品，是指為施工、生產繪製的工程設計圖、產品設計圖，以及反映地理現象、說明事物原理或者結構的地圖、示意圖等作品；

(十四) 模型作品，是指為展示、試驗或者觀測等用途，根據物體的形狀和結構，按照一定比例製成的立體作品；

(十五) 計算機程序，是指為了得到某種結果而可以由計算機等具有信息處理能力的裝置執行的代碼化指令序列，或者可以被自動轉換成代碼化指令序列的符號化指令序列或者符號化語句序列，同一計算機程序的源程序和目標程序為同一作品；

(十六) 其他文學、藝術和科學作品。

著作權自作品創作完成之日起自動產生，無需履行任何手續。

第四條

本法所稱的相關權，指出版者對其出版的圖書或者期刊的版式設計享有的權利，表演者對其表演享有的權利，錄音製作者對其製作的錄音製品享有的權利，廣播電臺、電視臺對其播放的廣播電視節目享有的權利。

相關權自使用版式設計的圖書或者期刊首次出版、表演發生、錄音製品首次製作和廣播電視節目首次播放之日起自動產生，無需履行任何手續。

第五條

著作權人行使著作權、相關權人行使相關權，不得違反憲法和法律，不得損害公共利益。

國家對作品的傳播依法進行監督管理。

第六條

著作權人和相關權人可以向國務院著作權行政管理部門設立的專門登記機構進行著作權或者相關權登記。登記文書是登記事項屬實的初步證明。

登記應當繳納費用，收費標準由國務院著作權行政管理部門會同國務院價格管理部門確定。

著作權和相關權登記管理辦法由國務院著作權行政管理部門另行制定。

第七條

著作權保護及於表達，不延及思想、過程、原理、數學概念、操作方法等。

本法不適用於：

(一) 法律、法規，國家機關的決議、決定、命令和其他具有立法、行政、司法性質的文件，及其官方正式譯文；

(二) 通過報紙、期刊、廣播電臺、電視臺、信息網絡等媒體報道的單純事實消息；

(三) 曆法、通用數表、通用表格和公式。

第八條

民間文學藝術表達的保護辦法由國務院另行規定。

第九條

國務院著作權行政管理部門主管全國的著作權和相關權管理工作；地方人民政府著作權行政管理部門主管本行政區域的著作權和相關權管理工作。

第二章　著作權

第一節　著作權人及其權利

第十條

著作權人包括：

(一) 作者；

(二) 其他依照本法享有著作權的自然人、法人或者其他組織。

第十一條

著作權包括人身權利和財產權利。

著作權中的人身權利包括：

(一) 發表權，即決定作品是否公之於眾的權利；

(二) 署名權，即決定是否表明作者身分以及如何表明作者身分的權利；

(三) 保護作品完整權，即修改作品以及禁止歪曲、篡改作品的權利。

著作權中的財產權利包括：

(一) 複製權，即以印刷、複印、錄製、翻拍以及數字化等任何方式將作品製作一份或者多份的權利；

(二) 發行權，即以出售、贈與或者其他轉讓所有權的方式向公眾提供作品的原件或者複製件的權利；

(三) 出租權，即有償許可他人臨時使用視聽作品、計算機程序或者包含作品的錄音製品的原件或者複製件的權利，計算機程序不是出租的主要標的的除外；

(四) 展覽權，即公開陳列美術作品、攝影作品的原件或者複製件的權利；

(五) 表演權，即以各種方式公開表演作品，以及用各種手段公開播送作品的表演的權利；

(六) 放映權，即通過放映機、幻燈機等技術設備公開再現美術、攝影、視聽作品等的權利；

(七) 播放權，即以無線或者有線方式向公眾播放作品或者轉播該作品的播放，以及通過技術設備向公眾傳播該作品的播放的權利；

(八) 信息網絡傳播權，即在信息網絡環境下，以無線或者有線方式向公眾提供作品，包括直播、轉播或者使公眾可以在其個人選定的時間和地點獲得作品的權利；

(九) 攝製權，即將作品攝製成視聽作品的權利；

(十) 改編權，即將作品轉換成除視聽作品以外的不同體裁或者種類的新作品的權利；

(十一) 翻譯權，即將作品從一種語言文字轉換成另一種語言文字的權利；

(十二) 修改權，即對計算機程序進行增補、刪節，或者改變指令、語句順序的權利；

(十三) 追續權，即美術作品、攝影作品的原件或者作家、作曲家的手稿首次轉讓後，作者或者其繼承人、受遺贈人對該原件或者手稿的每一次轉售享有分享收益的權利，追續權不得轉讓或者放棄；

(十四) 應當由著作權人享有的其他權利。

信息網絡傳播權、追續權的保護辦法由國務院另行規定。

第二節　著作權的歸屬

第十二條

著作權屬于作者，本法另有規定的除外。

創作作品的自然人是作者。

由法人或者其他組織主持和投資，代表法人或者其他組織意志創作，以法人、其他組織或者其代表人名義發表，並由法人或者其他組織承擔責任的作品，法人或者其他組織視為作者。

如無相反證明，在作品上署名的自然人、法人或者其他組織為作者。

第十三條

以改編、翻譯、注釋、整理等方式利用已有作品而產生的新作品為演繹作品，其著作權由演繹者享有。

使用演繹作品應當取得演繹作品的著作權人和原作品著作權人許可，並支付報酬。

第十四條

兩人以上合作創作的作品，著作權由合作作者共同享有。沒有參加創作的人，不能成為合作作者。

合作作品可以分割使用的，作者對各自創作的部分可以單獨享有著作權，但行使著作權時不得妨礙合作作品的正常使用。

合作作品不可以分割使用的，其著作權由各合作作者共同享有，通過協商一致行使；不能協商一致，又無正當理由的，任何一方不得阻止他方使用或者許可他人使用合作作品，但是所得收益應當合理分配給所有合作作者。

他人侵犯合作作品著作權的，任何合作作者可以以自己的名義提起訴訟，但其所獲得的賠償應當合理分配給所有合作作者。

第十五條

彙編若干作品、作品的片段或者不構成作品的數據或者其他材料，對其內容的選擇或者編排體現獨創性的作品，為彙編作品，其著作權由彙編人享有。

使用彙編作品應當取得彙編作品的著作權人和原作品著作權人許可，並支付報酬。

第十六條

如當事人無相反書面約定，視聽作品著作權由製片者享有，但編劇、導演、攝

影、作詞、作曲等作者享有署名權。

製片者使用劇本、音樂等作品攝製視聽作品，應當取得作者的許可，並支付報酬。

編劇、作詞、作曲等作者有權就製片者使用或授權他人使用該視聽作品獲得合理報酬，合同另有約定除外。

視聽作品中可以單獨使用的劇本、音樂等作品，作者可以單獨行使著作權，但不得妨礙視聽作品的正常使用。

第十七條

職工為完成工作任務所創作的作品為職務作品，其著作權歸屬由當事人約定。

如無約定或者約定不明的，職務作品的著作權由職工享有，但工程設計圖、產品設計圖、計算機程序、受聘於報刊社或者通訊社創作的作品、以及大型辭書等作品的著作權由單位享有，作者享有署名權；職務作品的著作權由職工享有的，單位可以在其業務範圍內免費使用該作品。

第十八條

受委託創作的作品，其著作權歸屬由委託人和受託人約定。

如無約定或者約定不明的，著作權由受託人享有，但委託人在約定的使用範圍內可以免費使用該作品。當事人沒有約定使用範圍的，委託人可以在委託創作的特定目的範圍內免費使用該作品。

第十九條

作品原件所有權的移轉，不產生著作權的移轉。

美術作品、攝影作品原件的所有人可以展覽該原件。

作者將未發表的美術作品、攝影作品原件轉讓給他人，受讓人展覽該原件不構成對作者發表權的侵犯。

第二十條

作者死亡後，其著作權中的署名權和保護作品完整權由作者的繼承人或受遺贈人保護。

著作權無人繼承又無人受遺贈的，其署名權權和保護作品完整權由著作權行政管理部門保護。

第二十一條

作者生前未發表的作品，如果作者未明確表示不發表，作者死亡後五十年內，其

發表權可由其繼承人或受遺贈人行使；沒有繼承人又無人受遺贈的，其發表權由作品原件的所有人行使。

第二十二條

著作權屬於自然人的，自然人死亡後，著作權中的財產權利在本法規定的保護期內，依照繼承法的規定轉移。

著作權屬于法人或者其他組織的，法人或者其他組織變更、終止後，著作權中的財產權利在本法規定的保護期內，由承受其權利義務的法人或者其他組織享有；沒有承受其權利義務的法人或者其他組織的，由國家享有。

第二十三條

合作作者之一死亡後，其對合作作品享有的著作權中的財產權利無人繼承又無人受遺贈的，由其他合作作者享有。

第二十四條

作者身分不明的作品，其著作權除署名權外由作品原件的所有人行使。作者身分確定後，其著作權由作者或者其繼承人行使。

第二十五條

下列著作權的保護期尚未屆滿的作品，使用者可以向國務院著作權行政管理部門申請提存使用費後使用作品：

(一) 作者身分不明且作品原件的所有人經盡力查找無果的；

(二) 作者身分確定但經盡力查找無果的。

前款具體事項，由國務院著作權行政管理部門另行規定。

第三節　著作權的保護期

第二十六條

署名權、保護作品完整權的保護期不受限制。

第二十七條

自然人的作品，其發表權、著作權中的財產權利的保護期為作者終身及其死亡後五十年；如果是不可分割的合作作品，其保護期計算以最後死亡的作者為准。

法人或者其他組織的作品、著作權由法人或者其他組織享有的職務作品，其著作權中的財產權利的保護期為首次發表後五十年，但作品自創作完成後五十年內未發表的，本法不再保護。

視聽作品，其著作權中的財產權利的保護期為首次發表後五十年，但作品自創作完成後五十年內未發表的，本法不再保護。

本條第二、三款作品，其發表權的保護期為五十年，但作品自創作完成後五十年內未發表的，本法不再保護。

實用藝術作品，其著作權中的財產權利的保護期為首次發表後二十五年，但作品自創作完成後二十五年內未發表的，本法不再保護；其發表權的保護期為二十五年，但作品自創作完成後二十五年內未發表的，本法不再保護。

前五款所稱的保護期，自作者死亡、相關作品首次發表或者作品創作完成後次年1月1日起算。

第二十八條

作者身分不明的作品，其著作權中的財產權利的保護期為五十年，自該作品首次發表後次年1月1日起算。作者身分確定後適用本法第二十七條規定。

第三章　相關權

第一節　出版者

第二十九條

本法所稱的出版，是指複製並發行。

本法所稱的版式設計，是指對圖書和期刊的版面格式的設計，包括對版心、排式、用字、行距、標題、引文以及標點符號等版面佈局因素的安排。

第三十條

出版者有權許可他人使用其出版的圖書、期刊的版式設計。

前款規定的權利的保護期為十年，自使用該版式設計的圖書或者期刊首次出版後次年1月1日起算。

第二節　表演者

第三十一條

本法所稱的表演者，是指以朗誦、歌唱、演奏以及其他方式表演文學藝術作品或民間文學藝術的人或者演出單位。

第三十二條

表演者對其表演享有下列權利：

(一) 表明表演者身分；

(二) 保護表演形象不受歪曲；

(三) 許可他人以無線或者有線方式播放其現場表演；

(四) 許可他人錄製其表演；

(五) 許可他人複製、發行、出租其表演的錄製品或者該錄製品的複製品；

(六) 許可他人在信息網絡環境下通過無線或者有線的方式向公眾提供其表演，使
該表演可為公眾在其個人選定的時間和地點獲得。

前款第(一)項、第(二)項規定的權利的保護期不受限制；第(三)項至第(六)項規定
的權利的保護期為五十年，自該表演發生後次年1月1日起算。

被許可人以第一款第(三)項至第(六)項規定的方式使用作品，還應當取得著作權
人許可。

第三十三條

如當事人無相反書面約定，視聽作品中的表演者權利由製片者享有，但表演者享
有表明表演者身分的權利。

製片者聘用表演者攝製視聽作品，應當簽訂書面合同並支付報酬。

表演者有權就製片者使用或授權他人使用該視聽作品獲得合理報酬，合同另有約
定除外。

第三節　錄音製作者

第三十四條

本法所稱的錄音製品，是指任何對表演的聲音和其他聲音的錄製品。

本法所稱的錄音製作者，是指錄音製品的首次製作人。

第三十五條

錄音製作者對其製作的錄音製品享有許可他人複製、發行、出租、在信息網絡環
境下通過無線或者有線的方式向公眾提供錄音製品使公眾可以在其個人選定的時
間和地點獲得該錄音製品的權利。

前款規定的權利的保護期為五十年，自錄音製品首次製作完成後次年1月1日起
算。

被許可人複製、發行、出租、通過信息網絡向公眾傳播錄音製品，還應當取得著
作權人、表演者許可。

第三十六條

將錄音製品用於無線或者有線播放，或者通過技術設備向公眾傳播，表演者和錄音製品製作者共同享有獲得合理報酬的權利。

第四節　廣播電臺、電視臺

第三十七條

本法所稱的廣播電視節目，是指廣播電臺、電視臺首次播放的載有內容的信號。

第三十八條

廣播電臺、電視臺有權禁止以下行為：

(一) 其他廣播電臺、電視臺以無線或者有線方式轉播其廣播電視節目；

(二) 錄製其廣播電視節目；

(三) 複製其廣播電視節目的錄製品；

(四) 在信息網絡環境下通過無線或者有線的方式向公眾轉播其廣播電視節目。

前款規定的權利的保護期為五十年，自廣播電視節目首次播放後的次年1月1日起算。

第四章　權利的限制

第三十九條

依照本法規定，不經著作權人許可使用其已經發表作品的，不得影響該作品的正常使用，也不得不合理地侵害著作權人的合法權益。

第四十條

在下列情況下使用作品，可以不經著作權人許可，不向其支付報酬，但應當指明作者姓名、作品名稱、作品出處，並且不得侵犯著作權人依照本法享有的其他權利：

(一) 為個人學習、研究，複製一份他人已經發表的作品；

(二) 為介紹、評論某一作品或者說明某一問題，在作品中適當引用他人已經發表的作品；

(三) 為報道時事新聞，在報紙、期刊、廣播電臺、電視臺等媒體中不可避免地再現或者引用已經發表的作品；

(四) 報紙、期刊、廣播電臺、電視臺等媒體刊登或者播放其他報紙、期刊、廣播

電臺、電視臺等媒體已經發表的關於政治、經濟、宗教問題的時事性文章，但作者聲明不許刊登、播放的除外；

(五) 報紙、期刊、廣播電臺、電視臺等媒體刊登或者播放在公眾集會上發表的講話，但作者聲明不許刊登、播放的除外；

(六) 為學校課堂教學或者科學研究，翻譯或者少量複製已經發表的作品，供教學或者科研人員使用，但不得出版發行；

(七) 國家機關為執行公務在合理範圍內使用已經發表的作品；

(八) 圖書館、檔案館、紀念館、博物館、美術館等為陳列或者保存版本的需要，複製本館收藏的作品；

(九) 免費表演已經發表的作品，該表演未向公眾收取費用，也未向表演者支付報酬；

(十) 對設置或者陳列在室外公共場所的藝術作品進行臨摹、繪畫、攝製；

(十一) 將中國自然人、法人或者其他組織已經發表的以漢語言文字創作的作品翻譯成少數民族語言文字作品在國內出版發行；

(十二) 將已經發表的作品改成盲文出版。

第四十一條

計算機程序的合法授權使用者可以從事以下行為：

(一) 根據使用的需要把該程序裝入計算機等具有信息處理能力的裝置內；

(二) 為了防止計算機程序損壞而製作備份複製件。這些備份複製件不得通過任何方式提供給他人使用，並在本人喪失合法授權時，負責將備份複製件銷毀；

(三) 為了把該程序用於實際的計算機應用環境或者改進其功能、性能而進行必要的修改；未經該程序的著作權人許可，不得向任何第三方提供修改後的程序。

第四十二條

為了學習和研究計算機程序內含的設計思想和原理，通過安裝、顯示、傳輸或者存儲等方式使用計算機程序的，可以不經計算機程序著作權人許可，不向其支付報酬。

第四十三條

計算機程序的合法授權使用者在通過正常途徑無法獲取必要的兼容性信息時，可以不經該程序著作權人許可，複製和翻譯該程序中與兼容性信息有關的部分內

容。

適用前款規定獲取的信息，不得超出計算機程序兼容的目的使用，不得提供給他人，不得用於開發、生產或銷售實質性相似的計算機程序，不得用於任何侵犯著作權的行為。

第四十四條

為實施九年制義務教育和國家教育規劃而編寫教科書，可以依照本法第四十八條規定的條件，不經著作權人許可，在教科書中彙編已經發表的作品片段或者短小的文字作品、音樂作品或者單幅的美術作品、攝影作品、圖形作品。

第四十五條

中國自然人、法人和其他組織的文字作品在報刊上刊登後，其他報刊可以依照本法第四十八條規定的條件，不經作者許可進行轉載或者作為文摘、資料刊登。

報刊對其刊登的作品根據作者的授權享有專有出版權，並在其出版的報刊顯著位置作出聲明的，其他報刊不得進行轉載或刊登。

第四十六條

錄音製品首次出版3個月後，其他錄音製作者可以依照本法第四十八條規定的條件，不經著作權人許可，使用其音樂作品製作錄音製品。

第四十七條

廣播電臺、電視臺可以依照本法第四十八條規定的條件，不經著作權人許可，播放其已經發表的作品；但播放他人的視聽作品，應當取得製片者許可。

第四十八條

根據本法第四十四條、第四十五條、第四十六條和第四十七條的規定，不經著作權人許可使用其已發表的作品，必須符合下列條件：

(一) 在使用前向國務院著作權行政管理部門申請備案；

(二) 在使用時指明作者姓名、作品名稱和作品出處；

(三) 在使用後一個月內按照國務院著作權行政管理部門制定的標準向著作權集體管理組織支付使用費，同時報送使用作品的作品名稱、作者姓名和作品出處等相關信息。

使用者申請法定許可備案的，國務院著作權行政管理部門應在其官方網站公告備案信息。

著作權集體管理組織應當將第一款所述使用費及時轉付給相關權利人，並建立作

品使用情況查詢系統供權利人免費查詢作品使用情況和使用費支付情況。

第五章　權利的行使

第一節　著作權和相關權合同

第四十九條

著作權人可以通過許可、轉讓、設立質權或者法律允許的其他形式利用著作權中的財產權利。

第五十條

使用他人作品應當同著作權人訂立許可使用合同，本法規定可以不經許可的除外。

許可使用合同包括下列主要內容：

(一) 作品名稱；

(二) 許可使用的權利種類和使用方式；

(三) 許可使用的權利是專有使用權或者非專有使用權；

(四) 許可使用的地域範圍、期間；

(五) 付酬標準和辦法；

(六) 違約責任；

(七) 雙方認為需要約定的其他內容。

使用作品的付酬標準可以由當事人約定，當事人沒有約定或者約定不明的，按照市場價格或者國務院著作權行政管理部門會同有關部門制定的付酬標準支付報酬。

第五十一條

使用他人作品，許可使用的權利是專有使用權的，應當採取書面形式。

合同中未明確約定許可使用的權利是專有使用權的，視為許可使用的權利為非專有使用權。

合同中約定許可使用的權利是專有使用權，但對專有使用權的內容沒有約定或者約定不明的，視為被許可人有權排除包括著作權人在內的任何人以同樣的方式使用作品。

報刊與作者簽訂專有出版權合同的，專有出版權的期限不得超過一年。

第五十二條

圖書出版合同中約定圖書出版者享有專有出版權但沒有明確其具體內容的，視為圖書出版者享有在合同有效期內和在合同約定的地域範圍內以同種文字的原版、修訂版出版圖書的專有權利。

第五十三條

圖書出版者重印、再版作品的，應當通知著作權人，並支付報酬。

圖書脫銷後，圖書出版者拒絕重印、再版的，著作權人有權終止合同。著作權人寄給圖書出版者的兩份訂單在6個月內未得到履行，視為圖書脫銷。

第五十四條

表演他人作品的，應當由演出組織者或者演出單位取得著作權人授權。

第五十五條

轉讓著作權中的財產權利，應當訂立書面合同。

權利轉讓合同包括下列主要內容：

(一) 作品的名稱；

(二) 轉讓的權利種類、地域範圍；

(三) 轉讓金；

(四) 交付轉讓金的日期和方式；

(五) 違約責任；

(六) 雙方認為需要約定的其他內容。

第五十六條

許可使用合同和轉讓合同中著作權人未明確許可、轉讓的權利，未經著作權人同意，被許可人不得行使。

未經著作權人同意，被許可人不得許可第三人行使同一權利。

第五十七條

與著作權人訂立專有許可合同或轉讓合同的，可以向國務院著作權行政管理部門設立的專門登記機構登記。經登記的專有許可合同和轉讓合同，可以對抗第三人。

合同登記應當繳納費用，收費標準由國務院著作權行政管理部門會同國務院價格管理部門確定。

第五十八條

以著作權出質的，由出質人和質權人向國務院著作權行政管理部門辦理出質登記。著作權出質登記應當繳納費用，收費標準由國務院著作權行政管理部門會同國務院價格管理部門、財政管理部門確定。

第二節　著作權集體管理

第五十九條

著作權集體管理組織是根據著作權人和相關權人的授權或者法律規定，以集體管理的方式行使著作權或者相關權的非營利性組織。

著作權集體管理組織管理權利時，可以以自己的名義為著作權人和相關權人主張權利，並可以作為當事人進行著作權或者相關權的訴訟、仲裁活動。

國務院著作權行政管理部門負責著作權集體管理組織的審批和監督管理。

第六十條

著作權集體管理組織取得權利人授權並能在全國範圍代表權利人利益的，可以向國務院著作權行政管理部門申請代表全體權利人行使著作權或者相關權，權利人書面聲明不得集體管理的除外。

第六十一條

著作權集體管理組織的授權使用收費標準由國務院著作權行政管理部門公告實施，有異議的，由國務院著作權行政管理部門組織專門委員會裁定，裁定為最終結果，裁定期間收費標準不停止執行。

第六十二條

兩個以上著作權集體管理組織就同一使用方式向同一使用者收取使用費的，應當事先協商確定由一個集體管理組織統一收取，但當事人另有約定的除外。

第六十三條

著作權集體管理組織的設立方式、權利義務、著作權許可使用費的收取和分配，對其監督和管理，授權使用收費標準異議裁定等事宜由國務院另行規定。

第六章　技術保護措施和權利管理信息

第六十四條

本法所稱的技術保護措施，是指權利人為防止、限制其作品、表演、錄音製品或

者計算機程序被複製、瀏覽、欣賞、運行或者通過信息網絡傳播而採取的有效技術、裝置或者部件。

本法所稱的權利管理信息，是指說明作品及其作者、表演及其表演者、錄音製品及其製作者的信息，作品、表演、錄音製品權利人的信息和使用條件的信息，以及表示上述信息的數字或者代碼。

第六十五條

為保護著作權和相關權，權利人可以採用技術保護措施。

任何組織或者個人不得故意避開或者破壞技術保護措施，不得故意製造、進口或者向公眾提供主要用於避開或者破壞技術保護措施的裝置或部件，不得故意為他人避開或者破壞技術保護措施提供技術服務，但是法律、行政法規另有規定的除外。

第六十六條

未經權利人許可，不得進行下列行為：

(一) 故意刪除或者改變權利管理信息，但由於技術上的原因無法避免刪除或者改變的除外；

(二) 向公眾提供知道或者應當知道未經權利人許可被刪除或者改變權利管理信息的作品、表演、錄音製品。

第六十七條

下列情形可以避開技術保護措施，但不得向他人提供避開技術保護措施的技術、裝置或者部件，不得侵犯權利人依法享有的其他權利：

(一) 為學校課堂教學或者科學研究，向少數教學、科研人員提供已經發表的作品、表演、錄音製品，而該作品、表演、錄音製品無法通過正常途徑獲取；

(二) 不以營利為目的，以盲人能夠感知的獨特方式向盲人提供已經發表的文字作品，而該作品無法通過正常途徑獲取；

(三) 國家機關依照行政、司法程序執行公務；

(四) 對計算機及其系統或者網絡的安全性能進行測試。

第七章　權利的保護

第六十八條

侵犯著作權或者相關權，違反本法規定的技術保護措施或者權利管理信息義務

的，應當承擔停止侵害、消除影響、賠禮道歉、賠償損失等民事責任。

第六十九條

網絡服務提供者為網絡用戶提供存儲、搜索或者鏈接等單純網絡技術服務時，不承擔與著作權或相關權有關的信息審查義務。

網絡用戶利用網絡服務實施侵犯著作權或者相關權行為的，被侵權人可以書面通知網絡服務提供者，要求其採取刪除、屏蔽、斷開鏈接等必要措施。網絡服務提供者接到通知後及時採取必要措施的，不承擔賠償責任；未及時採取必要措施的，與該網絡用戶承擔連帶責任。

網絡服務提供者知道或者應當知道網絡用戶利用其網絡服務侵害著作權，未採取必要措施的，與該網絡用戶承擔連帶責任。

第七十條

使用者依照與著作權集體管理組織簽訂的合同或法律規定向著作權集體管理組織支付報酬的，對權利人就同一權利和同一使用方式提起訴訟，不承擔賠償責任，但應當停止使用，並按照相應的集體管理使用費標準支付報酬。

第七十一條

計算機程序的複製件持有人不知道也沒有合理理由知道該程序是侵權複製件的，不承擔賠償責任；但是應當停止使用、銷毀該侵權複製件。如果停止使用並銷毀該侵權複製件將給複製件使用人造成重大損失的，複製件使用人可以在向計算機程序著作權人支付合理費用後繼續使用。

第七十二條

侵犯著作權或者相關權的，侵權人應當按照權利人的實際損失給予賠償；實際損失難以計算的，可以按照侵權人的違法所得給予賠償。權利人的實際損失或者侵權人的違法所得難以確定的，參照通常的權利交易費用的合理倍數確定。賠償數額應當包括權利人為制止侵權行為所支付的合理開支。

權利人的實際損失、侵權人的違法所得和通常的權利交易費用均難以確定，並且經著作權或者相關權登記、專有許可合同或者轉讓合同登記的，由人民法院根據侵權行為的情節，判決給予一百萬元以下的賠償。

對於兩次以上故意侵犯著作權或者相關權的，應當根據前兩款賠償數額的一至三倍確定賠償數額。

第七十三條

下列侵權行為，同時破壞社會主義市場經濟秩序的，可以由著作權行政管理部門責令停止侵權行為，沒收違法所得，沒收、銷毀侵權複製品，並可處以罰款；情節嚴重的，著作權行政管理部門還可以沒收主要用於製作侵權複製件的材料、工具、設備等；構成犯罪的，依法追究刑事責任：

(一) 未經著作權人許可，複製、發行、出租、表演、放映、播放、通過信息網絡向公眾傳播其作品的，本法另有規定的除外；

(二) 違反本法第四十八條規定使用他人作品的；

(三) 出版他人享有專有出版權的圖書的；

(四) 未經表演者許可，播放、錄製其表演，複製、發行、出租錄有其表演的錄音製品，或者通過信息網絡向公眾傳播其表演的，本法另有規定的除外；

(五) 未經錄音製作者許可，複製、發行、出租、通過信息網絡向公眾傳播其製作的錄音製品的，本法另有規定的除外；

(六) 未經廣播電臺、電視臺許可，轉播、錄製、複製、通過信息網絡向公眾傳播其廣播電視節目的，本法另有規定的除外；

(七) 製作、出售假冒他人署名的作品的。

第七十四條

下列違法行為，可以由著作權行政管理部門予以警告，沒收違法所得，沒收主要用於避開、破壞技術保護措施的裝置或者部件；情節嚴重的，沒收相關的材料、工具和設備，並可處以罰款；構成犯罪的，依法追究刑事責任：

(一) 未經許可，故意避開或者破壞權利人採取的技術保護措施的，法律、行政法規另有規定的除外；

(二) 未經許可，故意製造、進口或者向他人提供主要用於避開、破壞技術保護措施的裝置或者部件，或者故意為他人提供避開或者破壞技術保護措施提供技術服務的；

(三) 未經許可，故意刪除或者改變權利管理信息的，法律、行政法規另有規定的除外；

(四) 未經許可，知道或者應當知道權利管理信息被刪除或者改變，仍然複製、發行、出租、表演、放映、播放、通過信息網絡向公眾傳播相關作品、表演和錄音製品的。

第七十五條

著作權行政管理部門對與著作權或者相關權有關的涉嫌違法行為進行查處時，可以詢問有關當事人，調查與涉嫌違法行為有關的情況；對當事人涉嫌違法行為的場所實施現場檢查；查閱、複製與涉嫌違法行為有關的合同、發票、帳簿以及其他有關資料；檢查與涉嫌違法行為有關的產品，對於涉嫌侵犯著作權或者相關權的產品，可以查封或者扣押。

著作權行政管理部門依法行使前款規定的職權時，當事人應當予以協助、配合，無正當理由拒絕、阻撓或者拖延提供前款材料的，可以由著作權行政管理部門予以警告；情節嚴重的，沒收相關的材料、工具和設備。

第七十六條

當事人對行政處罰不服的，可以自收到行政處罰決定書之日起六十日內向有關行政機關申請行政覆議，或者自收到行政處罰決定書之日起三個月內向人民法院提起訴訟，期滿不申請行政覆議或者提起訴訟，又不履行的，著作權行政管理部門可以申請人民法院執行。

第七十七條

製作者不能證明其複製行為有合法授權，網絡用戶不能證明其通過信息網絡向公眾傳播的作品或者複製件有合法授權，出租者不能證明其出租的視聽作品、計算機程序或者錄音製品有合法授權，以及發行者不能證明其發行的複製件有合法來源的，應當承擔民事或者行政法律責任。

第七十八條

著作權人或者相關權人有證據證明他人正在實施或者即將實施侵犯其權利的行為，如不及時制止將會使其合法權益受到難以彌補的損害的，可以在起訴前向人民法院申請採取責令停止有關行為和財產保全的措施。

人民法院處理前款申請，適用《中華人民共和國民事訴訟法》第九十三條至第九十六條和第九十九條的規定。

第七十九條

為制止侵權行為，在證據可能滅失或者以後難以取得的情況下，著作權人或者相關權人可以在起訴前向人民法院申請保全證據。

人民法院接受申請後，必須在四十八小時內作出裁定；裁定採取保全措施的，應當立即開始執行。

人民法院可以責令申請人提供擔保，申請人不提供擔保的，駁回申請。

申請人在人民法院採取保全措施後十五日內不起訴的，人民法院應當解除保全措施。

第八十條

人民法院審理案件，對於侵犯著作權或者相關權的，可以沒收違法所得、侵權複製品以及進行違法活動的財物。

第八十一條

當事人不履行合同義務或者履行合同義務不符合約定條件的，應當依照《中華人民共和國民法通則》、《中華人民共和國合同法》等有關法律規定承擔民事責任。

第八十二條

著作權和相關權糾紛的當事人可以按照《中華人民共和國仲裁法》向仲裁機構申請仲裁，或者向人民法院起訴，也可以申請行政調解。

第八十三條

著作權行政管理部門設立著作權糾紛調解委員會，負責著作權和相關權糾紛的調解。調解協議具有法律拘束力，一方當事人不履行調解協議的，另一方當事人可以申請人民法院司法確認和強制執行。

著作權調解委員會的組成、調解程序以及其他事項，由國務院著作權行政管理機關另行規定。

第八十四條

著作權人和相關權人對進口或者出口涉嫌侵害其著作權或者相關權的物品，可以申請海關查處。具體辦法由國務院另行規定。

第八章 附 則

第八十五條

本法所稱的著作權即版權。

第八十六條

相關權的限制和行使適用本法中著作權的相關規定。

第八十七條

本法規定的著作權人和相關權人的權利，在本法施行之日尚未超過本法規定的保

護期的，依照本法予以保護。

本法施行前發生的侵權或者違約行為，依照侵權或者違約行為發生時的有關規定和政策處理。

第八十八條

本法自1991年6月1日起施行。

三十一、著作權法修正草案第二稿（2012年7月6日公開）

中華人民共和國著作權法

（修改草案第二稿）

（國家版權局2012年7月）[2]

目　錄

2　請參閱http://www.ncac.gov.cn/cms/html/309/3502/201207/759779.html（2012/10/09）。

第一章　總　則

第一條

為保護文學、藝術和科學作品作者的著作權，以及傳播者的相關權，鼓勵有益於社會主義精神文明、物質文明建設的作品的創作和傳播，促進社會主義文化、科學和經濟的發展與繁榮，根據憲法制定本法。

第二條

中國自然人、法人或者其他組織的作品，不論是否發表，受本法保護。

外國人、無國籍人的作品，根據其作者所屬國或者經常居住地國同中國簽訂的協議或者共同參加的國際條約，受本法保護。

未與中國簽訂協議或者共同參加國際條約的國家的作者和無國籍人的作品，首次在中國參加的國際條約的成員國出版的，或者在成員國和非成員國同時出版的，受本法保護。

中國自然人、法人或者其他組織的版式設計、表演、錄音製品和廣播電視節目，受本法保護。

外國人、無國籍人的版式設計、表演、錄音製品和廣播電視節目，根據其所屬國或者經常居住地國同中國簽訂的協議或者共同參加的國際條約，受本法保護。

未與中國簽訂協議或者共同參加國際條約的國家的外國人和無國籍人，其在中國境內的表演或者在中國境內製作、發行的錄音製品，受本法保護。

第三條

本法所稱的作品，是指文學、藝術和科學領域內具有獨創性並能以某種形式固定的智力成果。

作品包括以下種類：

(一) 文字作品，是指小說、詩詞、散文、論文等以文字形式表現的作品；

(二) 口述作品，是指即興的演說、授課等以口頭語言形式表現的作品；

(三) 音樂作品，是指歌曲、樂曲等能夠演唱或者演奏的帶詞或者不帶詞的作品；

(四) 戲劇作品，是指戲曲、話劇、歌劇、舞劇等供舞臺演出的作品；

(五) 曲藝作品，是指相聲小品、快板快書、鼓曲唱曲、評書評話、彈詞等以說唱為主要形式表演的作品；

(六) 舞蹈作品，是指通過連續的動作、姿勢、表情等表現思想情感的作品；

(七) 雜技藝術作品，是指雜技、魔術、馬戲、滑稽等通過形體和動作表現的作

品；

(八) 美術作品，是指繪畫、書法、雕塑等以線條、色彩或者其他方式構成的有審美意義的平面或者立體的造型藝術作品；

(九) 實用藝術作品，是指具有實際用途並有審美意義的作品；

(十) 建築作品，是指以建築物或者構築物形式表現的有審美意義的作品，包括作為其施工基礎的平面圖、設計圖、草圖和模型；

(十一) 攝影作品，是指借助器械在感光材料或者其他介質上記錄客觀物體形象的藝術作品；

(十二) 視聽作品，是指由一系列有伴音或者無伴音的畫面組成，並且借助技術設備向公眾傳播的作品；

(十三) 圖形作品，是指為施工、生產繪製的工程設計圖、產品設計圖，以及反映地理現象、說明事物原理或者結構的地圖、示意圖等作品；

(十四) 立體作品，是指為生產產品或者展示地理地形而製作的三維作品；

(十五) 計算機程序，是指為了得到某種結果而可以由計算機等具有信息處理能力的裝置執行的代碼化指令序列，或者可以被自動轉換成代碼化指令序列的符號化指令序列或者符號化語句序列，同一計算機程序的源程序和目標程序為同一作品；

(十六) 其他文學、藝術和科學作品。

著作權自作品創作完成之日起自動產生，無需履行任何手續。

外國人、無國籍人的實用藝術作品，其作者所屬國或者經常居住地國對中國作者的實用藝術作品給予保護的，受本法保護。

第四條

本法所稱的相關權，指出版者對其出版的圖書或者期刊的版式設計享有的權利，表演者對其表演享有的權利，錄音製作者對其製作的錄音製品享有的權利，廣播電臺、電視臺對其播放的廣播電視節目享有的權利。

相關權自使用版式設計的圖書或者期刊首次出版、表演發生、錄音製品首次製作和廣播電視節目首次播放之日起自動產生，無需履行任何手續。

第五條

著作權人行使著作權、相關權人行使相關權，不得違反憲法和法律，不得損害公共利益。

國家對作品的傳播依法進行監督管理。

第六條

著作權人和相關權人可以向國務院著作權行政管理部門設立的專門登記機構進行著作權或者相關權登記。登記文書是登記事項屬實的初步證明。

登記應當繳納費用，收費標準由國務院財政、價格管理部門確定。

著作權和相關權登記管理辦法由國務院著作權行政管理部門另行制定。

第七條

著作權保護延及表達，不延及思想、過程、原理、數學概念、操作方法等。

本法不適用於：

(一) 法律、法規，國家機關的決議、決定、命令和其他具有立法、行政、司法性質的文件，及其官方正式譯文；

(二) 通過報紙、期刊、廣播電臺、電視臺、信息網絡等媒體報道的單純事實消息；

(三) 曆法、通用數表、通用表格和公式。

第八條

民間文學藝術表達的保護辦法由國務院另行規定。

第九條

國務院著作權行政管理部門主管全國的著作權和相關權管理工作；地方人民政府著作權行政管理部門主管本行政區域的著作權和相關權管理工作。

第二章　著作權

第一節　著作權人及其權利

第十條

著作權人包括：

(一) 作者；

(二) 其他依照本法享有著作權的自然人、法人或者其他組織。

第十一條

著作權包括人身權和財產權。

著作權中的人身權包括：

(一) 發表權，即決定作品是否公之於眾的權利；

(二) 署名權，即決定是否表明作者身分以及如何表明作者身分的權利；

(三) 保護作品完整權，即授權他人修改作品以及禁止歪曲、篡改作品的權利。

著作權中的財產權包括：

(一) 複製權，即以印刷、複印、錄製、翻拍以及數字化等方式將作品固定在有形
　　載體上的權利；

(二) 發行權，即以出售、贈與或者其他轉讓所有權的方式向公眾提供作品的原件
　　或者複製件的權利；

(三) 出租權，即有償許可他人臨時使用視聽作品、計算機程序或者包含作品的錄
　　音製品的原件或者複製件的權利，計算機程序不是出租的主要標的的除外；

(四) 展覽權，即公開陳列美術作品、攝影作品的原件或者複製件的權利；

(五) 表演權，即以各種方式公開表演作品，以及通過技術設備向公眾傳播作品的
　　表演的權利；

(六) 播放權，即以無線或者有線方式公開播放作品或者轉播該作品的播放，以及
　　通過技術設備向公眾傳播該作品的播放的權利；

(七) 信息網絡傳播權，即以無線或者有線方式向公眾提供作品，使公眾可以在其
　　個人選定的時間和地點獲得作品，以及通過技術設備向公眾傳播以前述方式
　　提供的作品的權利；

(八) 改編權，即將作品改變成視聽作品以外的不同體裁、種類或者形式的新作
　　品，以及對計算機程序進行增補、刪節，改變指令、語句順序或者其他變動
　　的權利；

(九) 翻譯權，即將作品從一種語言文字轉換成另一種語言文字的權利；

(十) 攝製權，即將作品攝製成視聽作品的權利；

(十一) 應當由著作權人享有的其他權利。

信息網絡傳播權的保護辦法由國務院另行規定。

第十二條

美術、攝影作品的原件或者文字、音樂作品的手稿首次轉讓後，作者或者其繼承
人、受遺贈人對原件或者手稿的所有人通過拍賣方式轉售該原件或者手稿享有分
享收益的權利，該權利不得轉讓或者放棄，其保護辦法由國務院另行規定。

外國人、無國籍人其所屬國或者經常居住地國承認中國作者享有同等權利的，享
有前款規定的權利。

第二節　著作權的歸屬

第十三條

著作權屬于作者，本法另有規定的除外。

創作作品的自然人是作者。

由法人或者其他組織主持或者投資，代表法人或者其他組織意志創作，以法人、其他組織或者其代表人名義發表，並由法人或者其他組織承擔責任的作品，法人或者其他組織視為作者。

如無相反證明，在作品上署名的自然人、法人或者其他組織推定為作者。

第十四條

以改編、翻譯、注釋、整理等方式利用已有作品而產生的新作品為演繹作品，其著作權由演繹者享有。

使用演繹作品應當取得演繹作品的著作權人和原作品著作權人許可，並支付報酬。

第十五條

兩人以上合作創作的作品，著作權由合作作者共同享有。沒有參加創作的人，不能成為合作作者。

合作作品可以分割使用的，作者對各自創作的部分單獨享有著作權，但行使著作權時不得妨礙合作作品的正常使用。

合作作品不可以分割使用的，其著作權由各合作作者共同享有，通過協商一致行使；不能協商一致，又無正當理由的，任何一方不得阻止他方使用或者許可他人使用，但是所得收益應當合理分配給所有合作作者。

他人侵犯合作作品著作權的，任何合作作者可以以自己的名義提起訴訟，但其所獲得的賠償應當合理分配給所有合作作者。

第十六條

彙編若干作品、作品的片段或者不構成作品的數據或者其他材料，對其內容的選擇或者編排體現獨創性的作品，為彙編作品，其著作權由彙編人享有。

使用彙編作品應當取得彙編作品的著作權人和原作品著作權人許可，並支付報酬。

第十七條

製片者使用劇本、音樂等作品攝製視聽作品，應當取得著作權人的許可，並支付

報酬。

視聽作品的著作權由製片者享有，但原作作者、編劇、導演、攝影、作詞、作曲等作者享有署名權。

原作作者、編劇、導演、作詞、作曲作者有權就他人使用視聽作品獲得合理報酬。

視聽作品中可以單獨使用的劇本、音樂等作品，作者可以單獨行使著作權，但不得妨礙視聽作品的正常使用。

第十八條

職工為完成工作任務所創作的作品為職務作品，其著作權歸屬由當事人約定。

當事人沒有約定或者約定不明的，職務作品的著作權由職工享有，但工程設計圖、產品設計圖、地圖、計算機程序以及受聘於報刊社或者通訊社的記者為完成報道任務創作的作品的著作權由單位享有，作者享有署名權。

依本條第一款和第二款規定，職務作品的著作權由職工享有的，單位可以在其業務範圍內免費使用該作品。

第十九條

受委託創作的作品，其著作權歸屬由當事人約定。

當事人沒有約定或者約定不明的，委託作品的著作權由受託人享有，但委託人在約定的使用範圍內可以免費使用該作品；當事人沒有約定使用範圍的，委託人可以在委託創作的特定目的範圍內免費使用該作品。

第二十條

作品原件所有權的移轉，不產生著作權的移轉。

美術、攝影作品原件的所有人可以展覽該原件。

作者將未發表的美術或者攝影作品的原件轉讓給他人，受讓人展覽該原件不構成對作者發表權的侵犯。

陳列於公共場所的美術作品的原件為該作品的唯一載體的，該原件所有人對其進行拆除、損毀等事實處分前，應當在合理的期限內通知作者，作者可以通過回購、複製等方式保護其著作權，當事人另有約定的除外。

第二十一條

作者死亡後，其著作權中的署名權和保護作品完整權由作者的繼承人或者受遺贈人保護。

著作權無人繼承又無人受遺贈的，其署名權和保護作品完整權由著作權行政管理部門保護。

第二十二條

作者生前未發表的作品，如果作者未明確表示不發表，作者死亡後五十年內，其發表權可由其繼承人或者受遺贈人行使；沒有繼承人又無人受遺贈的，其發表權由作品原件的所有人行使。

第二十三條

著作權屬於自然人的，自然人死亡後，著作權中的財產權在本法規定的保護期內，依照《中華人民共和國繼承法》的規定轉移。

著作權屬於法人或者其他組織的，法人或者其他組織變更、終止後，著作權中的財產權在本法規定的保護期內，由承受其權利義務的法人或者其他組織享有；沒有承受其權利義務的法人或者其他組織的，由國家享有。

第二十四條

合作作者之一死亡後，其對合作作品享有的著作權中的財產權無人繼承又無人受遺贈的，由其他合作作者享有。

第二十五條

作者身分不明的作品，其著作權除署名權外由作品原件的所有人行使。作者身分確定後，其著作權由作者或者其繼承人、受遺贈人行使。

第二十六條

報刊社對已經出版的報刊中的作品進行數字化形式的複製，其他使用者以數字化形式複製或者通過信息網絡向公眾傳播作品，應當取得著作權人的許可。對著作權的保護期未屆滿的作品，使用者盡力查找權利人無果，符合下列條件的，可以向國務院著作權行政管理部門指定的機構申請並提存使用費後使用：

(一) 作者以及作品原件所有人均身分不明的；

(二) 作者身分不明，作品原件所有人身分確定但無法聯繫的；

(三) 作者身分確定但無法聯繫的。

前款具體事項，由國務院著作權行政管理部門另行規定。

第三節　著作權的保護期

第二十七條

署名權、保護作品完整權的保護期不受限制。

第二十八條

自然人的作品，其發表權、著作權中的財產權的保護期為作者終身及其死亡後五十年；如果是合作作品，其保護期計算以最後死亡的作者為准。

法人或者其他組織的作品、著作權（署名權除外）由單位享有的職務作品、視聽作品，其發表權的保護期為五十年，但作品自創作完成後五十年內未發表的，本法不再保護；其著作權中的財產權的保護期為首次發表後五十年，但作品自創作完成後五十年內未發表的，本法不再保護。

實用藝術作品，其發表權的保護期為二十五年，但作品自創作完成後二十五年內未發表的，本法不再保護；其著作權中的財產權的保護期為首次發表後二十五年，但作品自創作完成後二十五年內未發表的，本法不再保護。

前四款所稱的保護期，自作者死亡、相關作品首次發表或者作品創作完成後次年1月1日起算。

第二十九條

作者身分不明的作品，其著作權中的財產權的保護期為五十年，自該作品首次發表後次年1月1日起算。作者身分確定後適用本法第二十八條規定。

第三章　相關權

第一節　出版者

第三十條

本法所稱的出版，是指複製並發行。

本法所稱的版式設計，是指對圖書和期刊的版面格式的設計。

第三十一條

出版者有權許可他人使用其出版的圖書、期刊的版式設計。

前款規定的權利的保護期為十年，自使用該版式設計的圖書或者期刊首次出版後次年1月1日起算。

第二節　表演者

第三十二條

本法所稱的表演者，是指以朗誦、歌唱、演奏以及其他方式表演文學藝術作品或者民間文學藝術表達的自然人。

第三十三條

表演者對其表演享有下列權利：

(一) 表明表演者身分；

(二) 保護表演形象不受歪曲；

(三) 許可他人以無線或者有線方式公開播放其現場表演；

(四) 許可他人錄製其表演；

(五) 許可他人複製、發行、出租其表演的錄製品或者該錄製品的複製件；

(六) 許可他人以無線或者有線方式向公眾提供其表演，使公眾可以在其個人選定的時間和地點獲得該表演，以及通過技術設備向公眾傳播以前述方式提供的表演。

前款第(一)項、第(二)項規定的權利的保護期不受限制；第(三)項至第(六)項規定的權利的保護期為五十年，自該表演發生後次年1月1日起算。

被許可人以本條第一款第(三)項至第(六)項規定的方式使用作品，還應當取得著作權人許可。

第三十四條

演出組織者組織表演的，由該演出組織者取得著作權人許可。

第三十五條

表演者為完成工作任務進行的表演為職務表演，其權利歸屬由當事人約定。

當事人沒有約定或者約定不明的，職務表演的權利由表演者享有，但集體性職務表演的權利由演出單位享有，表演者享有署名權。

依本條第一款和第二款規定，職務表演的權利由表演者享有的，演出單位可以在其業務範圍內免費使用該表演。

第三十六條

製片者聘用表演者攝製視聽作品，應當簽訂書面合同並支付報酬。

視聽作品中的表演者根據第三十三條第(五)項和第(六)項規定的權利由製片者享有，但主要表演者享有署名權。

主要表演者有權就他人使用該視聽作品獲得合理報酬。

第三節　錄音製作者

第三十七條

本法所稱的錄音製品，是指任何對表演的聲音和其他聲音的錄製品。

本法所稱的錄音製作者，是指錄音製品的首次製作人。

第三十八條

錄音製作者對其製作的錄音製品享有下列權利：

(一) 許可他人複製其錄音製品；

(二) 許可他人發行其錄音製品；

(三) 許可他人出租其錄音製品；

(四) 許可他人以無線或者有線方式向公眾提供其錄音製品，使公眾可以在其個人選定的時間和地點獲得該錄音製品，以及通過技術設備向公眾傳播以前述方式提供的錄音製品。

前款規定的權利的保護期為五十年，自錄音製品首次製作完成後次年1月1日起算。

被許可人複製、發行、出租、通過信息網絡向公眾傳播錄音製品，還應當取得著作權人、表演者許可。

第三十九條

以下列方式使用錄音製品的，其表演者和錄音製作者享有獲得合理報酬的權利：

(一) 以無線或者有線方式公開播放錄音製品或者轉播該錄音製品的播放，以及通過技術設備向公眾傳播該錄音製品的播放；

(二) 通過技術設備向公眾傳播錄音製品。

外國人、無國籍人其所屬國或者經常居住地國承認中國表演者和錄音製作者享有同等權利的，享有本條第一款規定的權利。

第四節　廣播電臺、電視臺

第四十條

本法所稱的廣播電視節目，是指廣播電臺、電視臺首次播放的載有聲音或者圖像的信號。

第四十一條

廣播電臺、電視臺對其播放的廣播電視節目享有下列權利：

(一) 許可他人以無線或者有線方式轉播其廣播電視節目；

(二) 許可他人錄製其廣播電視節目；

(三) 許可他人複製其廣播電視節目的錄製品。

前款規定的權利的保護期為五十年，自廣播電視節目首次播放後的次年1月1日起算。

被許可人以本條第一款規定的方式使用作品、表演和錄音製品的，還應當取得著作權人、表演者和錄音製作者的許可。

第四章　權利的限制

第四十二條

在下列情況下使用作品，可以不經著作權人許可，不向其支付報酬，但應當指明作者姓名、作品名稱、作品出處，並且不得侵犯著作權人依照本法享有的其他權利：

(一) 為個人學習、研究，複製他人已經發表的文字作品的片段；

(二) 為介紹、評論某一作品或者說明某一問題，在作品中適當引用他人已經發表的作品，引用部分不得構成引用人作品的主要或者實質部分；

(三) 為報道時事新聞，在報紙、期刊、廣播電臺、電視臺、信息網絡等媒體中不可避免地再現或者引用已經發表的作品；

(四) 報紙、期刊、廣播電臺、電視臺、信息網絡等媒體刊登或者播放其他報紙、期刊、廣播電臺、電視臺、信息網絡等媒體已經發表的關於政治、經濟、宗教問題的時事性文章，但作者聲明不得使用的除外；

(五) 報紙、期刊、廣播電臺、電視臺、信息網絡等媒體刊登或者播放在公眾集會上發表的講話，但作者聲明不得使用的除外；

(六) 為學校課堂教學或者科學研究，翻譯或者少量複製已經發表的作品，供教學或者科研人員使用，但不得出版發行；

(七) 國家機關為執行公務在合理範圍內使用已經發表的作品；

(八) 圖書館、檔案館、紀念館、博物館、美術館等為陳列或者保存版本的需要，複製本館收藏的作品；

(九) 免費表演已經發表的作品，該表演未向公眾收取費用，也未向表演者支付報酬；

(十) 對設置或者陳列在室外公共場所的藝術作品進行臨摹、繪畫、攝影、錄像並向公眾提供，但不得以該藝術作品的相同方式複製、陳列以及公開傳播；

(十一) 將中國自然人、法人或者其他組織已經發表的以漢語言文字創作的作品翻譯成少數民族語言文字作品在國內出版發行；

(十二) 將已經發表的作品改成盲文出版；

(十三) 其他情形。

以前款規定的方式使用作品，不得影響作品的正常使用，也不得不合理地損害著作權人的合法利益。

第四十三條

計算機程序的合法授權使用者可以從事以下行為：

(一) 根據使用的需要把該程序裝入計算機等具有信息處理能力的裝置內；

(二) 為了防止計算機程序損壞而製作備份複製件。這些備份複製件不得通過任何方式提供給他人使用，並在本人喪失合法授權時，負責將備份複製件銷毀；

(三) 為了把該程序用於實際的計算機應用環境或者改進其功能、性能而進行必要的修改；未經該程序的著作權人許可，不得向任何第三方提供修改後的程序。

第四十四條

為了學習和研究計算機程序內含的設計思想和原理，通過安裝、顯示、傳輸或者存儲等方式使用計算機程序的，可以不經計算機程序著作權人許可，不向其支付報酬。

第四十五條

計算機程序的合法授權使用者在通過正常途徑無法獲取必要的兼容性信息時，可以不經該程序著作權人許可，複製和翻譯該程序中與兼容性信息有關的部分內容。

適用前款規定獲取的信息，不得超出計算機程序兼容的目的使用，不得提供給他人，不得用於開發、生產或者銷售實質性相似的計算機程序，不得用於任何侵犯著作權的行為。

第四十六條

為實施九年制義務教育和國家教育規劃而編寫教科書，可以依照本法第四十八條規定的條件，不經著作權人許可，在教科書中彙編已經發表的作品片段或者短小的文字作品、音樂作品或者單幅的美術作品、攝影作品、圖形作品。

第四十七條

文字作品在報刊上刊登後，其他報刊可以依照本法第四十八條規定的條件，不經作者許可進行轉載或者作為文摘、資料刊登。

報刊社對其刊登的作品根據作者的授權享有專有出版權，並在其出版的報刊顯著位置作出不得轉載或者刊登的聲明的，其他報刊不得進行轉載或者刊登。

第四十八條

根據本法第四十六條、第四十七條的規定，不經著作權人許可使用其已發表的作品，必須符合下列條件：

(一) 在首次使用前向相應的著作權集體管理組織申請備案；

(二) 在使用特定作品時指明作者姓名、作品名稱和作品出處；

(三) 在使用特定作品後一個月內按照國務院著作權行政管理部門制定的標準直接向權利人或者通過著作權集體管理組織向權利人支付使用費，同時提供使用作品的作品名稱、作者姓名和作品出處等相關信息。

著作權集體管理組織應當及時公告前款規定的備案信息，並建立作品使用情況查詢系統供權利人免費查詢作品使用情況和使用費支付情況。

著作權集體管理組織應當在合理時間內及時向權利人轉付本條第一款所述的使用費。

第五章　權利的行使

第一節　著作權和相關權合同

第四十九條

著作權人可以通過許可、轉讓、設立質權或者法律允許的其他形式利用著作權中的財產權利。

第五十條

使用他人作品，應當同著作權人訂立許可使用合同，本法規定可以不經許可的除外。

許可使用合同包括下列主要內容：

(一) 作品的名稱；

(二) 許可使用的權利種類和使用方式；

(三) 許可使用的是專有使用權或者非專有使用權；

(四) 許可使用的地域範圍、期限；

(五) 付酬標準和辦法；

(六) 違約責任；

(七) 雙方認為需要約定的其他內容。

使用作品的付酬標準由當事人約定，當事人沒有約定或者約定不明的，按照市場價格或者國務院著作權行政管理部門會同有關部門制定的付酬標準支付報酬。

第五十一條

許可使用的方式為專有使用權的，許可使用合同應當採取書面形式。

合同中未明確約定許可使用的權利是專有使用權的，視為許可使用的權利為非專有使用權。

合同中約定許可使用的方式是專有使用權，但對專有使用權的內容沒有約定或者約定不明的，視為被許可人有權排除包括著作權人在內的任何人以同樣的方式使用作品。

報刊社與著作權人簽訂專有出版權合同，但對專有出版權的期限沒有約定或者約定不明的，專有出版權的期限推定為一年。

第五十二條

圖書出版合同中約定圖書出版者享有專有出版權但沒有明確其具體內容的，視為圖書出版者享有在合同有效期內和在合同約定的地域範圍內以同種文字的原版、修訂版出版圖書的專有權利。

第五十三條

圖書出版者重印、再版作品的，應當通知著作權人，並支付報酬。

圖書脫銷後，圖書出版者拒絕重印、再版的，著作權人有權終止合同。著作權人寄給圖書出版者的兩份訂單在6個月內未得到履行，視為圖書脫銷。

第五十四條

轉讓著作權中的財產權利，應當訂立書面合同。

權利轉讓合同包括下列主要內容：

(一) 作品的名稱；

(二) 轉讓的權利種類、地域範圍；

(三) 轉讓金；

(四) 交付轉讓金的日期和方式；

(五) 違約責任；

(六) 雙方認為需要約定的其他內容。

第五十五條

許可使用合同和轉讓合同中著作權人未明確許可或者轉讓的權利，未經著作權人同意，被許可人或者受讓人不得行使。

未經著作權人同意，被許可人不得許可第三人行使同一權利。

第五十六條

與著作權人訂立專有許可合同或者轉讓合同的，可以向國務院著作權行政管理部門設立的專門登記機構登記。經登記的專有許可合同和轉讓合同，可以對抗第三人。

合同登記應當繳納費用，收費標準由國務院財政、價格管理部門確定。

第五十七條

以著作權出質的，由出質人和質權人向國務院著作權行政管理部門辦理出質登記。著作權出質登記應當繳納費用，收費標準由國務院財政、價格管理部門確定。

第二節　著作權集體管理

第五十八條

著作權集體管理組織是根據著作權人和相關權人的授權或者法律規定，以集體管理的方式行使權利人難以行使和難以控制的著作權或者相關權的非營利性社會組織。

著作權集體管理組織管理權利時，可以以自己的名義為著作權人和相關權人主張權利，並可以作為當事人進行著作權或者相關權的訴訟、仲裁活動。

第五十九條

著作權集體管理組織的授權使用收費標準由國務院著作權行政管理部門公告實施，有異議的，由國務院著作權行政管理部門組織專門委員會裁定，裁定為最終

結果，裁定期間收費標準不停止執行。

第六十條

著作權集體管理組織取得權利人授權並能在全國範圍內代表權利人利益的，可以就下列使用方式代表全體權利人行使著作權或者相關權，權利人書面聲明不得集體管理的除外：

(一) 廣播電臺、電視臺播放已經發表的文字、音樂、美術或者攝影作品；

(二) 自助點歌經營者通過自助點歌系統向公眾傳播已經發表的音樂或者視聽作品。

著作權集體管理組織在轉付相關使用費時，應當平等對待所有權利人。

第六十一條

兩個以上著作權集體管理組織就同一使用方式向同一使用者收取使用費的，應當事先協商確定由一個著作權集體管理組織統一收取，但當事人另有約定的除外。

第六十二條

國務院著作權行政管理部門主管全國的著作權集體管理工作，負責著作權集體管理組織的設立、變更、注銷以及其他登記事項的審批和監督管理。

國務院其他主管部門在各自職責範圍內對著作權集體管理組織進行監督管理。

第六十三條

著作權集體管理組織的設立方式、權利義務、著作權許可使用費的收取和分配，對其監督和管理，授權使用收費標準異議裁定等事宜由國務院另行規定。

第六章　技術保護措施和權利管理信息

第六十四條

本法所稱的技術保護措施，是指權利人為防止、限制其作品、表演、錄音製品或者廣播電視節目被複製、瀏覽、欣賞、運行或者通過信息網絡傳播而採取的有效技術、裝置或者部件。

本法所稱的權利管理信息，是指說明作品及其作者、表演及其表演者、錄音製品及其製作者的信息、廣播電視節目及其廣播電臺電視臺，作品、表演、錄音製品以及廣播電視節目權利人的信息和使用條件的信息，以及表示上述信息的數字或者代碼。

第六十五條

為保護著作權和相關權，權利人可以採用技術保護措施。

未經許可，任何組織或者個人不得故意避開或者破壞技術保護措施，不得故意製造、進口或者向公眾提供主要用於避開或者破壞技術保護措施的裝置或部件，不得故意為他人避開或者破壞技術保護措施提供技術服務，但是法律、行政法規另有規定的除外。

第六十六條

未經權利人許可，不得進行下列行為：

(一) 故意刪除或者改變權利管理信息，但由於技術上的原因無法避免刪除或者改變的除外；

(二) 知道或者應當知道相關權利管理信息被未經許可刪除或者改變，仍然向公眾提供該作品、表演、錄音製品或者廣播電視節目。

第六十七條

下列情形可以避開技術保護措施，但不得向他人提供避開技術保護措施的技術、裝置或者部件，不得侵犯權利人依法享有的其他權利：

為學校課堂教學或者科學研究，向少數教學、科研人員提供已經發表的作品、表演、錄音製品或者廣播電視節目，而該作品、表演、錄音製品或者廣播電視節目無法通過正常途徑獲取；

不以營利為目的，以盲人能夠感知的獨特方式向盲人提供已經發表的文字作品，而該作品無法通過正常途徑獲取；

國家機關依照行政、司法程序執行公務；

對計算機及其系統或者網絡的安全性能進行測試。

第七章　權利的保護

第六十八條

侵犯著作權或者相關權，違反本法規定的技術保護措施或者權利管理信息有關義務的，應當承擔停止侵害、消除影響、賠禮道歉、賠償損失等民事責任。

第六十九條

網絡服務提供者為網絡用戶提供存儲、搜索或者鏈接等單純網絡技術服務時，不承擔與著作權或者相關權有關的審查義務。

他人利用網絡服務實施侵犯著作權或者相關權行為的，權利人可以書面通知網絡服務提供者，要求其採取刪除、屏蔽、斷開鏈接等必要措施。網絡服務提供者接到通知後及時採取必要措施的，不承擔賠償責任；未及時採取必要措施的，與該侵權人承擔連帶責任。

網絡服務提供者知道或者應當知道他人利用其網絡服務侵害著作權或者相關權，未及時採取必要措施的，與該侵權人承擔連帶責任。

網絡服務提供者教唆或者幫助他人侵犯著作權或者相關權的，與該侵權人承擔連帶責任。

網絡服務提供者通過信息網絡向公眾提供他人作品、表演或者錄音製品，不適用本條第一款規定。

第七十條

使用者使用權利人難以行使和難以控制的權利，依照與著作權集體管理組織簽訂的合同向其支付報酬後，非會員權利人就同一權利和同一使用方式提起訴訟的，使用者應當停止使用，並按照相應的著作權集體管理使用費標準賠償損失。

下列情形不適用前款規定：

使用者知道非會員權利人作出不得以集體管理方式行使其權利的聲明，仍然使用其作品的；

非會員權利人通知使用者不得使用其作品，使用者仍然使用的；

(三) 使用者履行非會員訴訟裁決停止使用後，再次使用的。

第七十一條

計算機程序的複製件持有人不知道也不應當知道該程序是侵權複製件的，不承擔賠償責任；但是應當停止使用、銷毀該侵權複製件。如果停止使用並銷毀該侵權複製件將給複製件使用人造成重大損失的，複製件使用人可以在向計算機程序著作權人支付合理費用後繼續使用。

第七十二條

侵犯著作權或者相關權的，侵權人應當按照權利人的實際損失給予賠償；實際損失難以計算的，可以按照侵權人的違法所得給予賠償。權利人的實際損失或者侵權人的違法所得難以確定的，參照通常的權利交易費用的合理倍數確定。賠償數額應當包括權利人為制止侵權行為所支付的合理開支。

權利人的實際損失、侵權人的違法所得和通常的權利交易費用均難以確定的，由

人民法院根據侵權行為的情節，判決給予一百萬元以下的賠償。

對於兩次以上故意侵犯著作權或者相關權的，應當根據前兩款計算的賠償數額的二至三倍確定賠償數額。

第七十三條

下列侵權行為，同時破壞社會主義市場經濟秩序的，可以由著作權行政管理部門責令停止侵權行為，予以警告，沒收違法所得，沒收、銷毀侵權複製件，並可處以罰款；情節嚴重的，著作權行政管理部門可以沒收主要用於製作侵權複製件的材料、工具、設備等；構成犯罪的，依法追究刑事責任：

(一) 未經著作權人許可，複製、發行、出租、展覽、表演、播放、通過信息網絡向公眾傳播其作品的，本法另有規定的除外；

(二) 未經表演者許可，播放、錄製其表演，複製、發行、出租錄有其表演的錄音製品，或者通過信息網絡向公眾傳播其表演的，本法另有規定的除外；

(三) 未經錄音製作者許可，複製、發行、出租、通過信息網絡向公眾傳播其錄音製品的，本法另有規定的除外；

(四) 未經廣播電臺、電視臺許可，轉播、錄製、複製其廣播電視節目的，本法另有規定的除外；

(五) 使用他人享有專有使用權的作品、表演、錄音製品或者廣播電視節目的；

(六) 違反本法第四十八條規定使用他人作品的；

(七) 未經許可，使用權利人難以行使和難以控制的著作權或者相關權的，本法第七十條第一款規定的情形除外；

(八) 製作、出售假冒他人署名的作品的。

第七十四條

下列違法行為，可以由著作權行政管理部門予以警告，沒收違法所得，沒收主要用於避開、破壞技術保護措施的裝置或者部件；情節嚴重的，沒收相關的材料、工具和設備，並可處以罰款；構成犯罪的，依法追究刑事責任：

(一) 未經許可，故意避開或者破壞權利人採取的技術保護措施的，法律、行政法規另有規定的除外；

(二) 未經許可，故意製造、進口或者向他人提供主要用於避開、破壞技術保護措施的裝置或者部件，或者故意為他人避開或者破壞技術保護措施提供技術服務的；

(三) 未經許可，故意刪除或者改變權利管理信息的，本法另有規定的除外；

(四) 未經許可，知道或者應當知道權利管理信息被刪除或者改變，仍然複製、發
　　行、出租、表演、播放、通過信息網絡向公眾傳播相關作品、表演、錄音製
　　品或者廣播電視節目的。

第七十五條

著作權行政管理部門對涉嫌侵權和違法行為進行查處時，可以詢問有關當事人，調查與涉嫌侵權和違法行為有關的情況；對當事人涉嫌侵權和違法行為的場所和物品實施現場檢查；查閱、複製與涉嫌侵權和違法行為有關的合同、發票、帳簿以及其他有關資料；對於涉嫌侵權和違法行為的物品，可以查封或者扣押。

著作權行政管理部門依法行使前款規定的職權時，當事人應當予以協助、配合，無正當理由拒絕、阻撓或者拖延提供前款材料的，可以由著作權行政管理部門予以警告；情節嚴重的，沒收相關的材料、工具和設備。

第七十六條

當事人對行政處罰不服的，可以自收到行政處罰決定書之日起六十日內向有關行政機關申請行政覆議，或者自收到行政處罰決定書之日起三個月內向人民法院提起訴訟，期滿不申請行政覆議或者提起訴訟，又不履行的，著作權行政管理部門可以申請人民法院執行。

第七十七條

著作權和相關權的使用者在下列情形下，應當承擔民事或者行政法律責任：

複製件的出版者、製作者不能證明其出版、製作有合法授權的；

網絡用戶不能證明其通過信息網絡向公眾傳播的作品有合法授權的；

出租者不能證明其出租視聽作品、計算機程序或者錄音製品的原件或者複製件有合法授權的；

發行者不能證明其發行的複製件有合法來源的。

第七十八條

著作權人或者相關權人有證據證明他人正在實施或者即將實施侵犯其權利的行為，如不及時制止將會使其合法權益受到難以彌補的損害的，可以在起訴前向人民法院申請採取責令停止有關行為和財產保全的措施。

人民法院處理前款申請，適用《中華人民共和國民事訴訟法》第九十三條至第九十六條和第九十九條的規定。

第七十九條

為制止侵權行為，在證據可能滅失或者以後難以取得的情況下，著作權人或者相關權人可以在起訴前向人民法院申請保全證據。

人民法院接受申請後，必須在四十八小時內作出裁定；裁定採取保全措施的，應當立即開始執行。

人民法院可以責令申請人提供擔保，申請人不提供擔保的，駁回申請。

申請人在人民法院採取保全措施後十五日內不起訴的，人民法院應當解除保全措施。

第八十條

人民法院審理案件，對於侵犯著作權或者相關權的，可以沒收違法所得、侵權複製件以及進行違法活動的財物。

第八十一條

當事人不履行合同義務或者履行合同義務不符合約定條件的，應當依照《中華人民共和國民法通則》、《中華人民共和國合同法》等有關法律規定承擔民事責任。

第八十二條

著作權和相關權糾紛的當事人可以按照《中華人民共和國仲裁法》向仲裁機構申請仲裁，或者向人民法院起訴，也可以申請行政調解。

第八十三條

著作權行政管理部門可以設立著作權糾紛調解委員會，負責著作權和相關權糾紛的調解。調解協議具有法律拘束力，一方當事人不履行調解協議的，另一方當事人可以申請人民法院司法確認和強制執行。

著作權調解委員會的組成、調解程序以及其他事項，由國務院著作權行政管理機關另行規定。

第八十四條

著作權人和相關權人對進口或者出口涉嫌侵害其著作權或者相關權的物品，可以申請海關查處。具體辦法由國務院另行規定。

第八章　附　則

第八十五條
本法所稱的著作權即版權。

第八十六條
相關權的限制和行使適用本法中著作權的相關規定。

第八十七條
本法規定的著作權人和相關權人的權利，在本法施行之日尚未超過本法規定的保護期的，依照本法予以保護。

本法施行前發生的侵權或者違約行為，依照侵權或者違約行為發生時的有關規定和政策處理。

第八十八條
本法自1991年6月1日起施行。

國家圖書館出版品預行編目資料

中國大陸著作權法令暨案例評析／蕭雄淋著.
－－初版.－－臺北市：五南，2013.12
　面；　公分
ISBN 978-957-11-7443-3（平裝）
1.著作權法　2.論述分析　3.個案研究　4.中
國
588.34　　　　　　　　　102023957

4T66

中國大陸著作權法令暨案例評析

作　　　者 － 蕭雄淋(390)　幸秋妙(461)　蕭又華(388.9)

發 行 人 － 楊榮川

總 編 輯 － 王翠華

主　　　編 － 劉靜芬

責任編輯 － 宋肇昌

封面設計 － 佳慈創意設計

出 版 者 － 五南圖書出版股份有限公司

地　　　址：106台北市大安區和平東路二段339號4樓

電　　　話：(02)2705-5066　　傳　　真：(02)2706-6100

網　　　址：http://www.wunan.com.tw

電子郵件：wunan@wunan.com.tw

劃撥帳號：０１０６８９５３

戶　　　名：五南圖書出版股份有限公司

台中市駐區辦公室/台中市中區中山路6號

電　　　話：(04)2223-0891　　傳　　真：(04)2223-3549

高雄市駐區辦公室/高雄市新興區中山一路290號

電　　　話：(07)2358-702　　傳　　真：(07)2350-236

法律顧問　林勝安律師事務所　林勝安律師

出版日期　２０１３年１２月初版一刷

定　　　價　新臺幣６００元